# 现代西方经济学教程

## 上 册

## （第二版）

魏　埙　蔡继明
刘骏民　柳　欣　编著

南开大学出版社
天津

**图书在版编目(CIP)数据**

现代西方经济学教程. 上 / 魏埙等编著. —2 版. 天津:南开大学出版社,2001.4 ( 2017.8重印 )
ISBN 978-7-310-00443-0

Ⅰ.现... Ⅱ.魏... Ⅲ.现代资产阶级经济学—教材 Ⅳ.F091.3

中国版本图书馆 CIP 数据核字(2001)第 05840 号



南开大学出版社出版发行
出版人:刘立松
地址:天津市南开区卫津路 94 号 邮政编码:300071
营销部电话:(022)23508339 23500755
营销部传真:(022)23508542 邮购部电话:(022)23502200
*
天津泰宇印务有限公司印刷
全国各地新华书店经销
*
2001 年 4 月第 2 版 2017 年 8 月第 27 次印刷
880×1230 毫米 32 开本 12.375 印张 308 千字
定价: 28.00元

如遇图书印装质量问题,请与本社营销部联系调换,电话:(022)23507125

# 前　言

这本教材,是为适应高等院校经济学科本科生教学需要,并在我们几年来教学实践的基础上,编写而成的。

现代西方经济学基础原理,主要包括微观和宏观两大部分。我们把这本教材统称为《现代西方经济学教程》,分上下两册出版。上册为微观经济学原理,下册为宏观经济学原理。

国外这种教材很多,新版本层出不穷。总的说来,虽然大同小异,但在内容和严谨性上还是不断有所充实和改进。近些年来,我国国内有关这种教材的译本和编著也已出版了很多,各有优点和特点。我们这本教材,则是在参考国内外已有版本的基础上,兼收并蓄,扬长避短,力求在系统、全面、严谨、深入浅出、吸收最新成果上有所努力和进步。

目前,我国高等院校的财经专业大都同时开设了马克思主义政治经济学和现代西方经济学这两门基础理论课程。我们认为,对二者不能同等视之。马克思主义政治经济学是各个经济学科的理论基础。开设现代西方经济学,是为了开阔眼界,增加专业知识,批判地吸收其合理的、有用的成分,为我国的社会主义现代化建设所用。因此,必须明确开设现代西方经济学这门课程的目的性;并且在同时学习马克思主义政治经济学和现代西方经济学的过程中,必须以前者为指导,明辨是非,有比较、有鉴别、有批判地学习后者。

限于我们的水平,本教材有不足甚至错误之处,望批评指正。

编　者

1991 年 6 月

# 目 录

# 第一章　导　论

本章既是全书（微观经济学和宏观经济学）的导论，又是本册（微观经济学）的导论。作为前者，它主要阐述现代西方经济学的研究对象和研究方法，以使学生对现代西方经济学的性质和特点有一个概括的了解；作为后者，它着重介绍不同体制下资源配置的方式以及价格制度与微观经济学的关系，从而使学生对微观经济学的研究领域预先有一个初步的认识。

## 第一节　经济学的研究对象

任何一门科学都有自己特定的研究对象。一般地说，经济学是研究社会经济问题的一门社会科学。而要具体阐明经济学的研究对象，就必须首先从任何社会都面临的基本经济问题谈起。

### 一、需要的无限性和资源的稀缺性

人类社会产生伊始，就面临着一个基本矛盾，这就是人类需要的无限性和满足需要的手段即资源的稀缺性之间的矛盾。

需要也叫欲望。人类的需要就是人们想要得到的任何东西，它包括物品、劳务、娱乐、旅游和一定质量的生活环境等。美国心理学家马斯洛认为，每个人都有一个必须被满足的需要层次，其范围从基本的生理要求到爱、乃至受尊重和自我实现。当一个需要满足时，情绪层次中下一个较高水平的需要便支配了意识功能；缺乏食物、住所及感到自己所处环境不安全的人不能表现出对高一层次的需要。[1]

一般地说，同一个人在一定时期内对同一种物品（比如说面包或牛奶）的需要是有限的，但从总体上看，人类的需要或欲望是无限的：有黑白电视机的人想换成彩色电视机，有了普通彩色电视机，又希望得到直角平面和大屏幕彩色；步行的人想得到一辆自行车，骑自行车的人想驾驶摩托车，有了摩托车的人又希望开小汽车；游览了本国名胜古迹的人希望周游世界，居住在地球上的人又企望遨游太空。原有的一种需要满足了，一种新的需要又产生了。所谓"欲壑难填"，讲的就是这个道理。

总之，人类的需要是无限多样、永无止境的。而另一方面，社会满足需要的手段即资源则是稀缺的。所谓资源就是用来生产能满足需要的物品的东西和劳务。资源又分为经济资源和自由取用资源，前者是稀缺的，以至要使用它就必须付出一定的代价；后者如空气，其数量如此丰富以至人们不付分文便可以得到它。判断一种资源是经济资源还是自由取用资源的标准是价格：经济资源要求有一个大于零的价格，而自由取用资源则无价格。[2]

用于生产和提供各种物品或服务的经济资源叫作投入或生产要素。现代西方经济学家通常把经济资源或生产要素分为四种类型，即劳动、土地、资本和企业家才能。劳动是由人类提供的所有努力，包括体力和脑力。土地是一切自然资源的统称，它包括由大自然提供的一切，诸如土地本身、空间场所、矿产、森林、水域等。土地和劳动通常被称为"初级生产要素"，它们的存在是由于物理上和

---

① 见马斯洛：《动机与人格》（1954 年英文版）和《存在心理学的建立》（1962 年英文版）。中国有句古话，叫作"衣食足而知荣辱，仓廪实而知礼仪"，其意思也是说人的需要由低到高，表现为不同的层次。

② 土地无疑是一种稀缺的经济资源，但大多数社会主义国家的土地长期以来一直实行无偿使用，这一方面加剧了这种资源的短缺状况，另一方面又造成了土地使用中的大量浪费，这种不正常的现象正在通过改革而逐渐消除。

生物上的因素，而不是由于经济上的因素。资本也叫做资本品，它是由劳动和土地生产出来、再用于生产过程的生产要素，包括机器、厂房、设备、道路、原料和存货等。资本与前述初级生产要素不同，它既是一种投入品，同时又是经济社会的产出品。[①] 企业家才能是使其他经济资源组织起来并使之具有活力的另一种生产要素，它包括组织、经营、管理、创新、承担风险等活动。

在现实社会中，几乎没有什么资源丰富到可以使任何人无需付出什么代价就能得到，也许只有空气是一个例外。而相对于人的需要来说，绝大多数资源都是数量有限的或稀缺的经济资源。这种资源的稀缺性决定了人类的需要只能得到部分的满足，而不可能完全满足。即使像美国那样拥有丰富的资源的国家，要使每个公民达到他所期望的生活水平，也是不可能的。[②]

由于资源的稀缺性是任何社会和任何时代都存在的一个基本事实，所以，如何利用稀缺的资源以满足人们的需要，也就成了任何社会都共同面临的基本经济问题，而经济学正是为了研究这一基本经济问题的需要而产生的。一般地说，经济学就是研究如何实现资源的最佳配置以使人类需要得到最大限度满足的一门社会科学。也可以简要地说，经济学就是研究如何节约的，[③] 因为资源的稀缺迫使我们必须节约。如果资源是无限的，能够无限量地生产每

---

① 应该注意的是，这里所说的资本概念与马克思主义经济学中的资本概念是完全不同的。马克思认为，资本是带来剩余价值的价值，资本不是物，而是一种社会关系，它反映着资本家对雇佣劳动者的剥削。资本在实物形态上不仅包括上述资本品(马克思称之为不变资本)，而且包括劳动力(马克思称之为可变资本，它是产生剩余价值的源泉)。

② 中国虽然地大物博，但由于人口众多，人均占有的自然资源远远低于世界平均水平，这无疑是制约国民经济发展和居民物质文化生活水平提高的一个重要因素。中国必须以只占世界7%的耕地养活占世界20%的人口。

③ 无论是在英文中还是在中文中，“经济”(Economy)这个词都有“节约”的意思。马克思也曾指出，时间节约和社会总劳动按比例分配，是存在于任何社会的一般经济规律(见《马克思恩格斯全集》第46卷上册，第120页)。

一种物品，每个社会成员都能随心所欲地得到他所需要的任何东西，那就不存在任何经济问题，经济学也就无从产生了。

### 二、生产可能性曲线和技术

如前所述，人的需要虽然具有无限多样性，但这些无限多样的需要在一定时期内是有轻重缓急之分的。同样地，经济资源也具有多种用途。一定的经济资源一般能够用于生产许多种物品。例如，土地既可以用来生产粮食，又可以作为建筑用地，还可以作为交通用地和绿地。但是，由于资源的稀缺性，用于生产某一种物品的资源多了，用于生产其他物品的资源就会相应地减少。在一定的技术条件下，一个社会或一国的全部资源所能够生产的各种物品或劳务的最大量总是一定的。假定一国将全部资源只用于两种物品（如消费品和资本品）的生产，则这两种物品的产量的各种组合如图1.1所示：

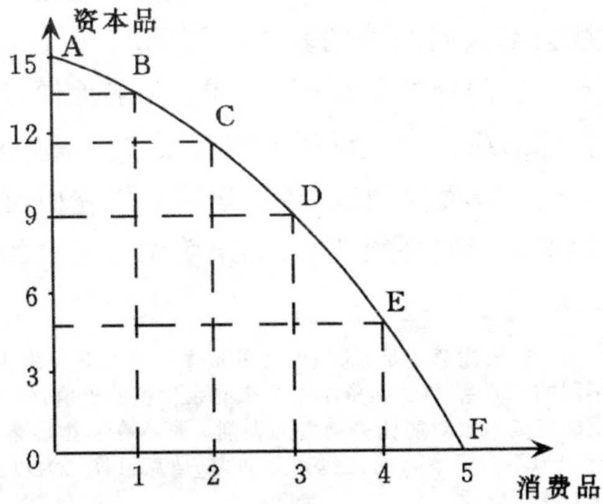


**图 1.1　生产可能性曲线**

图 1.1 中横轴表示消费品的数量，纵轴表示资本品的数量，$A$、$B$、$C$、$D$、$E$、$F$ 点分别表示该国在技术一定的条件下，利用既定

的资源所可能生产的资本品与消费品之最大数量的各种组合。$AF$曲线即为该国的生产可能性曲线，或称作生产可能性边界。从图1.1中可以看出，当全部资源用于资本品生产时，所能生产的资本品的最大数量为15个单位。随着资源逐渐由资本品的生产转向消费品的生产，资本品的数量逐渐减少，消费品的数量则逐渐增多，当全部资源都用于消费品生产时，所能生产的消费品的最大数量为5个单位。

很明显，任何一个社会或国家都不可能把全部资源都用于资本品的生产，因为这意味着该社会的成员必须放弃全部现时的消费；同样地，任何一个社会也不可能把全部资源都用于消费品的生产，因为这样一来，下一年连简单再生产都不能维持了。在现实生活中，人们只能在上述两种极端的可能性之间作出某种选择，节约也并非完全放弃这一种商品，只要另一种商品，而是决定是否这个多一点，那个少一点。而所谓资源配置，就是把资源分配到各种可供选择的用途中，以生产出能够满足人们不同需要的不同物品。

由此可见，资源的稀缺性迫使我们必须作出选择。实际上，经济学就产生于资源的稀缺性以及由此而引起的选择的需要。所以，经济学家又对经济学的研究对象作了如下较为具体的规定：经济学研究人们如何进行选择，以便使用稀缺的或有限的资源来生产各种商品并把它们分配给不同的社会成员以供消费。

要作出选择，就得作出某种牺牲。所以，人们在配置资源时，不仅要根据需要的轻重缓急，还要考虑到机会成本。所谓的机会成本是指把一定的资源用于生产某种产品时所放弃的该资源所能生产的另一种产品的价值。更确切地说，机会成本就是以失去的其他最佳选择中的收益所计量的成本。以图1.1为例，15个单位资本品的机会成本就是用同样的资源所能生产的5个单位消费品，而9个单位资本品的机会成本就是2个单位消费品。例如，一个人在大学脱产读书的全部成本，除了学费和书费外，还包括机会成本，即如果他不是读书而是就业时所挣得的货币收入。

在资源既定的情况下,生产可能性曲线或生产可能性边界的位置取决于技术水平。技术泛指根据生产实践经验和自然科学原理而发展成的各种工艺操作方法和技能。技术的重要性在于它对从既定的资源中所能获得的物品的数量和种类给予了一定的限制。举例说,在资源不变的情况下,如果原有的技术水平提高了,图1.1中的生产可能性曲线就会向右移动,这标志着人类需要的满足程度提高了;如果原有的技术水平下降了,其生产可能性曲线就会向左移动,这意味着需要的满足程度降低了。

## 三、经济系统的功能和经济学的研究对象

经济学自然要涉及经济系统的功能,正如生态学要涉及生态系统的功能一样。一个社会的经济系统通常必须执行如下5项功能。

1. 一个经济系统必须决定产出的水平和构成

这也就是说,一个经济系统必须决定生产什么和生产多少。如前所述,人类的需要是无限的,而作为满足需要的手段的资源则是稀缺的。所以,一个社会的经济系统必须决定该社会的全部资源应在多大程度上用于军工生产,应在多大程度上用于城市建设,应在多大程度上用于生产棉花、毛料和人造纤维,应在多大程度上用于生产服装、鞋帽等等,以便最大限度地满足人们的需要。

2. 一个经济系统必须决定采用什么样的生产方法或资源配置方式来生产预期水平和构成的产品

也就是说,必须决定如何生产。由于各种生产要素一般都有多种用途,各生产要素之间也大都存在着一定的技术替代关系,所以,同一种产品的生产往往可以采用多种方法。比如,农民为了生产既定产量的小麦,可以多使用资本和劳动,少使用土地,即采用集约耕作的方式;也可以少使用劳动和资本,多使用土地,即采用

粗放耕作的方式。一个工厂为生产既定的产品，也往往可以使用不同种类和数量的设备、不同质量和数量的原料、不同数量和质量的劳动（质量与数量之间也有一定的替代关系：一般地说，为完成同一项生产任务，质量较高但数量较少的原料和劳动，可以替代质量较低但数量较多的原料和劳动）、不同的生产场所、不同的运输和销售其产品的手段。究竟应该采取哪一种生产方法，一方面取决于各种生产要素的效率，另一方面取决于各种生产要素的相对价格。假定一个社会所要求的产出水平和构成是已知的，该社会的经济系统必须作出抉择：在各种可供选择的生产方法或资源组合中，选择哪一种是最合算、最有利的。

3．一个经济系统还必须决定所生产的物品和劳务如何在社会成员之间进行分配

也就是说，必须解决为谁生产的问题。一个社会的年产品，必须按一定的方式在其各个成员之间进行分配。在不同的社会，其分配原则和机制是不同的。有的人赞成收入差别相对较大的社会，有的人更喜欢相对平等的社会。究竟哪一种分配制度是公平的，这是一个过去、现在和将来都存在激烈争论的问题。

4．经济系统的另一个功能是规定社会所要求并能够达到的人均国民收入增长率

经济增长是任何社会都追求的重要经济目标之一，特别是在非洲、亚洲和南美洲的发展中国家，它们积极采用先进技术、增加资本存量、普及教育并加强对劳动力的训练，以此来促进人均国民收入的增长。而近些年来，在已经工业化的国家，经济增长目标引起越来越多的争议。一些学者对于经济增长所带来的好处能否抵偿它在社会混乱、污染等方面的代价提出疑问。但没有迹象表明发达的工业化国家已经对进一步的经济增长失去了兴趣。

5．一个社会的经济系统还必须保证和促进该社会的全部资源都得到充分的利用，使国民收入实现均衡稳定的增长，或者说，

把资源的闲置、浪费和失业率降到最低限度

以上所描述的经济系统的5个功能，也是任何社会都共同面临并必须予以解决的5个基本经济问题。其中前3个问题，即“生产什么、如何生产和为谁生产”，是微观经济学具体研究的问题，而后2个问题则是宏观经济学要着重考察的问题。

### 四、经济学的地位和作用

以上我们从人类社会所面临的基本经济问题和经济系统所必须完成的基本功能等方面，阐述了经济学的研究对象。那么，经济学在整个社会科学中的地位如何？为什么要学习经济学？对于这些问题，许多著名的经济学家都作了精辟的阐述。

20世纪西方最有影响的经济学家凯恩斯曾经说过：“经济学家的思想无论是否正确，其力量之大都超过对它们的通常理解。事实上，世界总是受这些思想统治的。许多自以为不受任何理论影响的实践家却往往是某个已故经济学家的奴隶。”①

现代西方主流经济学的代表人物，美国的著名经济学家萨缪尔逊说：“政治经济学是最古老的艺术，最新颖的科学——的确，它在社会科学中居于首要地位。”②

马克思也曾指出：“法的关系正像国家的形式一样，既不能从它们本身来理解，也不能从所谓人类精神的一般发展来理解，相反，它们根源于物质的生活关系，这种物质的生活关系的总和，黑格尔按照18世纪的英国人和法国人的先例，称之为‘市民社会’，而对市民社会的解剖应该到政治经济学中去寻求。”③ 正是由于意识到政治经济学在整个社会科学中所占有的重要地位，马克思才

---

① 〔英〕凯恩斯：《就业利息和货币通论》，纽约1965年版，第383页。
② 萨缪尔逊：《经济学》上册，商务印书馆，1979年版(下同)，第1页。
③ 《马克思恩格斯全集》第13卷，第8页。

把他的研究领域由最初的法学、历史和哲学最终转移到政治经济学，并以毕生的精力写出了一部改变了无产阶级历史命运的政治经济学巨著《资本论》。

值得指出的是，在美国的唐斯博士所列举的对世界产生影响的16本巨著中，有三部是经济学著作。①

经济学之所以具有这种力量，是因为它在人们的生活中起着重要的作用：它能帮助我们认识我们社会的性质和组织机构，参加有关重大的公共政策的讨论，并为企业和其他经济单位的决策行为提供指导。人们要成为一个行之有效的行政官员，认真负责的公民以及聪明的消费者，就必须懂得一些经济学知识。

### 五、经济学与政治经济学

在19世纪，经济学通常被叫作政治经济学。政治经济学(*Political Economy*)这一名称始见于法国重商主义者蒙克莱贤在1615年发表的题名为《献给皇上皇后的政治经济学论》。马克思指出："政治经济学作为一门独立的科学，是在工场手工业时期才产生的。"② 政治经济学这一概念中的"政治"即*Political*一词来源于希腊文*Politikos*。苏联学者认为，*Political*的意思是指社会结构，兰格认为，*Political*的意思是"社会的"，政治经济学与社会经济学是一个意思；而德国人则习惯使用"国民经济学"的概念。德国旧历史学派的创始人罗雪尔的名著之一就题名为《历史方法的国民经济学讲义大纲》。罗莎·卢森堡的名著也叫作《国民经济学入门》，她认为，所谓政治经济学，不过是国民经济学一词的外来语而已。

---

① 这三部经济学著作是：亚当·斯密的《国富论》、马尔萨斯的《人口论》、马克思的《资本论》(见香港《明报》1981年12月13日文章)。其实，凯恩斯的《就业、利息和货币通论》对西方国家的经济社会和经济学的发展所产生的影响更不能低估。

② 《马克思恩格斯全集》第23卷，第404页。

英法两国早期的经济学家，大都把他们的经济学著作题名为政治经济学，如李嘉图的《政治经济学及赋税原理》，斯图亚特的《政治经济学原理研究》，马尔萨斯的《政治经济学原理》，萨伊的《政治经济学概论》，西斯蒙第的《政治经济学新原理》等。即使是马克思的《资本论》，其副标题也用的是“政治经济学批判”。法国经济学家夏尔·季德等人指出：现在通常认为政治经济学这一概念中“政治的”这个形容词是不必要的，并试图用“经济科学”或“社会经济学”的等名称来代替。在1755年《大百科全书》上卢梭写的关于“政治经济学”一篇论文，把政治学与经济学混在一起，说明它不是完全无意义的。论文认为政治经济学总是涉及国家的事务方面，特别涉及人民的物质福利方面。①

关于经济学与政治经济学之间到底有什么区别，目前在西方经济学界也没有明确而统一的界定，但应该指出的一点是，不同的作者在使用经济学或政治经济学这一概念时，往往赋予它们不同的含义和内容：古典学派一般都把他们的著作命名为政治经济学；新古典学派和新古典综合派的代表人物如马歇尔和萨缪尔逊，则把政治经济学与经济学当作互相替换的名词使用；② 而在中国和其他社会主义国家的大学中，政治经济学一词通常特指马克思主义经济学（包括资本主义、帝国主义和社会主义三部分），非马克思主义经济学则被统称为西方经济学。可见，为一门学科正名固然是必要的，但更重要的还是要看各个名称所代表或所包含的实际内容。

---

① 〔法〕夏尔·季德等著：《经济学说史》上册，商务印书馆，1986年版，第13页。

② 比如，马歇尔说：“政治经济学或经济学是一门研究人类一般生活事务的学问”（〔英〕马歇尔：《经济学原理》上卷，商务印书馆，1981年版，第23页）。萨缪尔逊则把政治经济学看作是经济学的更合乎传统的名称（见萨缪尔逊：《经济学》上册，第1页）。

## 第二节 经济学的研究方法

任何一门科学都有一定的研究方法。经济学家在研究社会经济问题时，主要采用以下几种方法。

### 一、实证分析方法和规范分析方法

经济学中的实证分析就是描述经济现象“是什么”以及社会经济问题“实际上是如何解决的”，或者说，实证分析就是揭示有关经济变量之间的函数关系和因果联系，它回答的问题是：如果作出了某种选择，将会带来什么样的后果。当经济理论把自己局限于表述经济活动的原因与结果以及各经济变量之间的函数关系时，这种理论就称为实证经济学。

经济学中的规范分析则是研究经济活动“应该是什么”，或者说研究社会经济问题“应该是怎样解决的”，这就涉及伦理标准和价值判断。当经济学的研究把因果分析与价值判断结合在一起时，这种经济学就叫作规范经济学。

一般地说，微观经济学主要采用的是实证分析方法。但由于近些年来福利经济学日益受到重视，微观经济学的规范分析色彩，特别是在分配理论中似乎有所加强，但还不如宏观经济学那样显著。而福利经济学和制度经济学，则基本上采用的是规范分析方法。西方学者常常把实证经济学比喻为“天文学”，而把规范经济学比喻为“占星学”。因为前者只研究经济运行的规律而不对其作出评价，正如天文学只研究天体运行规律，对天文现象本身不进行评价一样；而后者则要对经济活动作出价值判断，正如占星学要根据星相，预言吉凶祸福一样。但在西方经济学界，除少数人主张经济学应该成为像自然科学一样的纯实证科学外，大多数人还是认为经济学既要采用实证分析方法，又要采用规范分析方法。

## 二、均衡分析方法

均衡即平衡，它是物理学中的一个概念，指的是作用在质点[①]上的所有力的合力（或矢量和）为零时的状况。在平衡状态下的物体，除非受外力的扰动，否则就没有线加速度或角加速度，它会一直处于平衡状态。

经济中的均衡是指当经济决策单位意识到若重新调整资源配置方式或购买方式已不能获得更多利益，从而不再改变其经济行为时的状况。而均衡分析就是假定经济变量中的自变量为已知的和固定不变的，然后考察因变量达到均衡状态时所出现的情况以及实现均衡的条件。

均衡分析包括一般均衡分析和局部均衡分析。按照一般均衡分析，一种商品的价格不仅取决于它本身的供给和需求状况，也要受到其他商品的价格和供求状况的影响。因此，一种商品的价格和供求的均衡，只有在所有商品的价格和供求都达到均衡时才能决定。而按照局部均衡分析，当考察一种商品的价格如何由供求两种力量的作用而达到均衡时，总是假定"其他条件不变"，即假定一种商品的均衡价格只取决于这种商品本身的供求状况，而不受其他商品的价格和供求状况的影响。

## 三、静态分析、比较静态分析和动态分析

静态分析是与均衡分析密切联系的。所谓静态分析，就是分析经济现象的均衡状态以及有关的经济变量达到均衡状态所需具备的条件，但并不论及达于均衡状态的过程。应用静态分析方法的经济学，被称为静态经济学。例如，假定对某种商品的需求状况和供

① 质点是力学中的一个科学抽象概念，它是指具有一定质量而没有大小和形状的物体。

给状况为已知，就可据此找出该商品的需求和供给达于均衡(相等)时应有的价格(即均衡价格)和产量(即均衡产量)。只要上述供求状况不变，由此达到的均衡价格和均衡产量就会处于静止不变状态。

所谓比较静态分析，就是在原有的已知条件发生了变化的情况下，考察或比较在这些条件变化以后均衡状态相应地发生了什么样的变化，但并不论及怎样从原来的均衡状态过渡到新的均衡状态的实际变化过程。应用这种方法分析的经济学，被称为比较静态经济学。例如，假定由于人们的嗜好发生了变化，以致对某商品的需求有所提高，则在供给状况保持不变的情况下，当该商品的供求达到新的均衡时，其价格和产量都将比以前有所提高。可见，比较静态分析仅仅是就个别经济现象一次变动的前后以及两个或两个以上的均衡位置进行分析研究。而完全抛开了对转变期间和变动过程本身的分析。换句话说，所谓“比较”静态分析，就是比较一个变动过程的起点和落点。

与上述两种分析方法不同，动态分析则是要考察经济活动的实际发展和变化的过程，它在假定人口、生产技术、资本数量、生产组织和消费者偏好等因素在时间过程中是发生变化的情况下，研究这些因素的变化如何影响一个经济体系的运动发展。因为动态分析方法要求经济变量所属的时间必须明显地表示出来，并且认为某些经济变量在某一时点上的数值，要受以前时点上有关经济变量数值的制约，这就需要把经济运动过程划分为连续的分析“期间”，以便考察有关经济变量在继起的各个期间的变化情况。所以，动态分析方法也称作“期间分析”或“序列分析”方法。例如，微观经济学中的“蛛网理论”，就是分析一种商品怎样由于在一个生产周期内供求不平衡而造成的价格涨跌，引起继起的各个生产周期内供求量的增减和价格的涨跌。采用动态分析方法的经济学，称为动态经济学。[1]

## 四、经济模型的建立

经济学家在研究经济问题时，其基本程序是建立模型。一个模型是由能够从中推演出某些结论和预测的若干假定组成的。例如，假定我们要建立一个太阳系模型，我们可以把每一个行星表示为宇宙中的一个点，并假定每个行星位置的变化是按一定的数学公式进行的。根据这一模型，我们可以预测日蚀或月蚀会在什么时候出现。

经济模型是指用来描述与所研究的经济现象有关的经济变量之间相互关系的理论结构，它既可以用文字来说明，也可以用数字公式来表示，还可以用几何图形来表示。

由于任何经济现象都是由许多复杂的因素和变量决定的，所以，要建立一个模型，就必须进行抽象、简化和假定。只有去掉大量无关紧要的、非本质的、外在的因素和信息，才能发现经济现象的本质和内在的、主要的东西。这对于任何科学研究来说都是必要的：有关原子和分子的化学理论，来自对外界物理现象的抽象；而有关真空和无摩擦力平面的物理理论，则舍掉了空气压力和摩擦力。企图一下子便了解一切，必然会由于来自我们周围世界大量混杂的信息而遭到失败。要获得对某种事物因果联系的正确认识，就必须放弃某些无关的或外在的因素和零散的信息。著名经济学家肯尼斯·包尔丁曾经把这一过程描述为“顺序减少信息”法。也有的经济学家把这种方法称为“逐步法”，就是说，我们可以通过建立经济模型把大的、几乎不能解决的复杂问题，分解为较小的、能一次一个地加以解决的简单问题。我们可以从极简单的情况开始，然

① 美国经济学家克拉克在《财富的分配》(1899 年英文版)一书中，最先明确地区分了静态经济学和动态经济学。

后逐步加进复杂的因素，考察由于这些因素的加入会产生什么影响，这样我们就能够逐渐地达到对现实世界更具体、更切近的认识。

### 五、归纳法与演绎法

经济学家还经常运用归纳法观察事实，把这些事实加以分类，然后考察它们之间的因果联系。例如，当他发现在春季鸡蛋的价格下降时，他就把这一现象同每年这个季节鸡蛋供给量的增加联系起来，并从中得出一个结论：如果其他情况不变，供给量的增加使价格下降。归纳法的缺点是科学家无法确信他所确定的原则是否百分之百的可靠。因此，只要有可能，他就尽量要用演绎法来证实他用归纳法得到的结论。

科学家运用演绎法是从建立一些假想的前提着手的，然后通过一系列的逻辑推理从这些假设中得出结论。这一方法也就是前述“建立模型”法。

## 第三节　微观经济学与宏观经济学的划分

现代西方经济学根据其具体考察的领域和角度的不同，通常被分为微观经济学和宏观经济学两部分。

### 一、微观经济学的对象和研究范围

微观经济学是研究单个经济决策单位（如消费者、厂商和资源所有者）的经济行为，它所考察的是单个商品市场上的价格和供求是如何变动的，单个消费者的消费行为受哪些因素的制约，单个生产者的成本、价格和产量是如何决定的，收入如何在各资源所有者之间进行分配等。概括地说，微观经济学就是要研究消费者对各种商品的需求与生产者对市场的供给如何决定每一种商品的数量及价格，生产要素的供给和需求如何决定每一种生产要素的使用量和价格以及相应的收入分配。

由于微观经济学所研究的是个别厂商、个别消费者和个别资源所有者以及个别行业和个别市场的经济行为或经济活动，所以微观经济分析也称为个量分析或个体分析。当然，微观经济学也包括考察一个社会的全部经济活动的内容。例如，福利经济学是以一个社会的经济福利为研究对象的，一般均衡分析同时考察所有各种产品和各种生产要素的供求及相互作用。但是，由于福利经济学和一般均衡分析都是以单个消费者和单个厂商的行为为出发点来考察社会经济运行的，所以，经济学家一般都把这二者归入微观经济学的研究范围之内。

微观经济学是现代西方理论经济学（即一般经济学或经济学原理）的一个分支，它是由奥地利学派（以门格尔、维塞尔和庞巴维克等人为代表）、洛桑学派（以瓦尔拉斯和帕累托为代表）、剑桥学派（以马歇尔为代表）、瑞典学派（以威克塞尔为代表）和美国学派（以克拉克等人为代表）的经济理论汇合而成的，这些理论统称为新古典经济学（以别于由斯密、李嘉图等人为代表的古典经济学）。本书所介绍的微观经济学主要包括马歇尔在其《经济学原理》中所阐述的局部均衡理论以及后来发展起来的垄断竞争理论和福利经济学等基本原理。

**二、宏观经济学的对象**

宏观经济学是研究整个国民经济活动的，它分析的是诸如一国国民生产总值和国民收入的变动及其与社会就业、经济周期波动、通货膨胀、经济增长、财政金融之间的关系等问题。如果说微观经济学是“小经济学”（微观经济学 *Micro－Economics* 中的 *Micro* 原意就是“微小的”），那么，宏观经济学则是“大经济学”（宏观经济学 *Macro－Economics* 中的 *Macro* 的原意就是“宏大的”）。

由于宏观经济学所考察的都是诸如国民生产总值、国民收入、总投资、总消费支出、银行信贷总额、货币发行量及物价总水平等国民经济中有关经济总量的变动，所以，宏观经济分析亦称总量分析。

宏观经济学是现代西方理论经济学的另一个分支，属于这一分支学科的有凯恩斯学派、货币学派、新古典宏观经济学(理性预期)学派和瑞典学派的经济理论。这些不同的学派各有自己的理论体系和政策主张，它们的共同点在于全部采取宏观经济分析方法。本书所介绍的宏观经济学，主要是凯恩斯学派的经济理论。

### 三、微观经济学与宏观经济学的关系

微观经济学与宏观经济学虽然在具体的研究对象和分析方法上有所不同，但二者作为现代西方理论经济学体系的两大组成部分或两大分支，又存在着密切的联系。

首先，宏观经济分析和微观经济分析是相互补充的。比如，宏观经济学在研究社会就业问题时，着重分析社会总需求、总投资和总产量同社会就业量变动之间的关系，而假定单个工人的货币工资以及单个厂商的成本和利润是既定的，至于这些单个工人的工资率到底是如何决定的，单个厂商的成本、利润以及就业量的变动受哪些因素的影响，这些则是微观经济学所要研究的课题。同样地，微观经济学在研究收入分配问题时，着重考察的是单个厂商和行业劳动、资本、土地等生产要素的使用量的大小以及工资、利润、地租等相对收入份额是如何决定的，而假定社会总就业量是已知的和不变的，至于整个社会的资本总量和劳动者的就业总量以及国民收入是否增加，这些则是宏观经济学所要研究的课题。由此可见，宏观经济学和微观经济学可以同时对某一经济现象从不同的角度进行考察，而这些考察是互相补充的。

其次，二者所假定的制度前提是一样的。无论是宏观经济学还

是微观经济学，在进行分析时都假定制度是既定的。它们不讨论制度变化的原因和后果，而是在假定制度不变的条件下分析经济现象的数量变化。

再次，二者所使用的分析方法(除个量分析与总量分析的区别外)大都是相同的。比如，微观经济学和宏观经济学都使用模型法、静态分析和动态分析方法，在进行数量分析时都采用边际分析的方法等等。

最后，微观经济学是宏观经济学的基础。宏观经济分析总是以一定的微观经济分析为基础的。比如，就业理论和通货膨胀理论作为宏观经济学的重要组成部分，总是要涉及劳动的供求和工资决定的理论以及商品价格如何决定的理论，而充分就业的宏观经济模型，正是建立在以完全竞争为假定前提的价格理论和工资理论的基础上的。而目前凯恩斯主义在宏观经济学中的统治地位之所以面临着严峻的挑战，也正是因为它缺乏宏观经济学的微观基础。①

### 四、对上述划分的反对意见

并非所有的经济学家都同意上述微观经济学与宏观经济学的划分。美国新制度学派的代表人物加尔布雷思曾公开声称，把经济学分为宏观经济学和微观经济学领域“是一种不幸”。新剑桥学派的领袖罗宾逊夫人也激烈地反对这种划分。她指出：微观问题——关于各种商品的相对价格以及个人、厂商和家庭的经济活动——如果不联系它们所赖以存在的经济结构以及周期变动和长期变动的过程，那就无法凭空讨论。同样，关于积累和有效需求的宏观理论，则是微观活动的概括。没有微观理论，就没有宏观理论。

---

① 参见〔美〕凯恩·D.胡佛：《新古典主义宏观经济学》，中国经济出版社，1991年版，第3～5页。

# 第四章　价格制度与微观经济学

本章第一节曾概述了任何一个经济系统都必须发挥的基本经济功能。但是，这些基本功能在不同的社会经济制度和经济体制下所借以实现的方式是不同的。这些经济制度或经济体制大体上可分为自给自足经济、计划经济、市场经济和混合经济。下面分别加以叙述。

## 一、自给自足经济

自给自足经济的基本特征，是每个家庭或每个经济决策单位生产他们自己所消费的每一件物品，确切地说，是每个村落生产他们所消费的每一件物品。为以建造房屋、收获庄稼以及为了其他目的，他们也常在家庭之间合作换工。通常也有些专业工匠（如木匠、铁匠、石匠等）为全村工作。

在自给自足的经济中，生产什么、生产多少、何时生产、如何生产以及为谁生产，完全是由家庭或村落自行决定的，是借助于习惯、本能、民主协商或家长专制来实现的。

随着经济的发展，自给自足经济逐渐向现代交换经济转变，从而逐渐增加了为交换（卖钱）而生产的产品，并相应增加了从外部购买的消费品。但在目前大多数欠发展国家的农村地区，这一转换过程还比较缓慢，自给自足的生产，仍为主要的形式。

## 二、计划经济

这种经济的主要特征是：生产性资源如资本品和土地基本上归国家或政府所有，生产什么、如何生产以及为谁生产，基本上是由中央计划当局的指令性计划决定的。在这种经济中，由于产品的品种、数量、经济资源的分配以及各行各业劳动者的工资收入都是由中央计划当局决定的，所以，各种产品及生产要素的价格的高低对资源配置几乎不发生任何作用，货币和价格只起着核算工具和交换手段的作用。消费者虽然也可以自由地按照其意愿花费他的收入，但他只能在计划当局所决定生产的物品中进行选择。

这种集中的计划管理体制，在商品经济和社会生产力发展水平比较低的条件下，有其存在的客观必然性和巨大的优越性。因为在生产发展水平还相当低的条件下，社会分工还不够发达，社会需求的结构也比较简单明了，社会现有的资源，必须首先用来满足人们最基本的衣食住行的需要。在这种情况下，国家或社会在消费品与投资品以及不同的消费品和不同的投资品之间的选择余地是极为有限的，所以，中央计划当局可以根据宏观需要和一国的生产可能性，在为数不多的几种选择之间进行权衡比较，从而作出比较合理的资源配置决策。这种直接的集中计划决策对于在短期内动员和集中全社会的有限资源以有效地实现既定的经济发展目标，无疑具有巨大的优越性。

但是，随着社会生产力的发展和人们物质文化生活水平的逐渐提高，社会需求的结构越来越复杂多变，生产技术也日新月异，在这种情况下，集中的计划经济面临着越来越多的困难，因为中央计划当局也不可能再像过去管理“大公司”那样来管理一个复杂多变的经济体系，它不可能对一切生产细节作出决策，因为它不可能掌握制定无所不包的计划所需要的全部信息。所以，大多数实行计划经济的国家，目前正通过改革，逐步下放经济管理和决策权力，在计划经济中引入市场机制，实行计划调节与市场调节相结合，以提高资源配置的效率。

### 三、市场经济

西方经济学中所说的市场经济一般是特指生产资源私有、经济决策高度分散的自由私人企业制度。在这种制度中，生产什么、如何生产和为谁生产，是由价格机制决定的。具体地说，生产什么东西取决于消费者的货币选票，即消费者每天作出的购买这种物品而不是那种物品的决策；如何生产取决于生产要素的价格和不同生产者之间的竞争，在这种竞争中，最便宜的生产方法，由于其成本低、效率高，必然会代替费用高的生产方法；为谁生产则取决于生产要素市场的供给与需求，即取决于工资、地租、利息和利润的大小。

总之，在市场经济中，作为一个消费者，他通过价格制度反映出他的需求；作为生产要素的所有者，他试图得到尽可能高的报酬。当某一种商品相对稀缺时，消费者之间就会展开竞争，从而使物价抬高，这就会增加生产要素的收益和生产这种商品的厂商的利润。其结果是更多的生产要素被吸引到这个行业，供给量按照消费者的愿望得到了增加。反之，如果消费者不需要某种商品，其价格就会下降，生产要素的收益就会减少，资源就会转移到别的行业，其结果是供给量就会按照消费者的意愿减少。

但是，正如计划经济并非完美无缺一样，市场经济也不是万能的，市场机制也存在着缺陷，即存在着所谓"市场失灵"的现象。比如，竞争的压力造成环境的污染和恶化；竞争的不完全性或垄断所造成的效率的降低；国防、治安和义务教育等公共物品不会在供求作用下产生出来等等。正因为如此，现实中实行市场经济的国家，都不同程度地引入了政府的干预和调节，以克服市场机制本身所存在的缺陷。

**四、混合经济**

正是因为纯粹的计划经济和完全自由的市场经济都各有其利弊，所以，现实的资本主义经济大都采用的是一种混合经济制度。这里所说的混合经济制度一方面是指其所有制结构是由私人部门

(或私营企业)和公共部门(或公营企业)混合而成的,[①] 另一方面是指其经济运行是由自由市场机制和国家机构共同调节的。

在一个本质上仍然是自由企业经济的混合经济中,生产什么物品主要还是由消费者主权决定的:消费者选择他们所需要的每一种商品及其数量,生产者则根据消费者的决策行事;消费者偏爱和喜欢某种商品的程度是通过他们愿意为这种商品支付的价格表示出来的。然而,消费者主权并没有扩展到混合经济的所有领域,比如,像毒品的消费,社会对个人决策是加以强制限制的。也就是说,在有些领域或方面,国家或政府必须像家长管教任性的孩子一样,限制消费者的决策行为,或者,像一个明智的父亲,一方面允许孩子们有很大程度的个人自由,另一方面又对前景作出预测并制订出计划,以便使这些孩子不致陷入可能会遇到的许许多多的危险。进一步讲,有些物品不可能在市场上买卖,或者即使它们能够,这样做也将是无效率的。这种物品叫作公共物品,如社会治安、国防和有益于健康的环境等,这些物品的生产原则上应该由国家和政府公共部门来进行,或在政府干预和调节下由私人部门来进行。

在混合经济中,如何生产的问题也主要是由私人部门和市场自行解决的,但公共部门和政府的调节也起着很大的作用。比如,对新式武器的研制,价格机制是很少发生作用的,政府往往通过成本监督和派入代理人来控制卖者,并常常决定发明什么武器以及如何发明和生产这些武器。特别是在市场结构的选择上,政府起着相当重要的作用,它常常制定有关反对垄断、保护竞争的政策和法令,并对有些垄断行业加以必要的调节。

那么,混合经济制度又是如何解决为谁生产即收入分配问题的呢?一般地说,个人的收入主要取决于他们所拥有的各种资源的

---

① 当然,资本主义混合经济中的私有部分远远大于公有部分。比如,美国的公营部门只占整个生产的30%。

质量和数量以及他们出卖这些资源所得到的价格:拥有较复杂或较熟练的劳动资源的人将获得较高的工资收入;拥有较多数量资本或土地的人则将获得较多的利息或租金收入。然而,这仅仅是事情的一个方面。另一方面,政府也积极地参与收入的再分配,它通过征收累进的所得税和推行各种社会福利来改善最终的收入分配,克服财富分配上的贫富悬殊,从而确保每个人都具有最低限度的生活水平,每个人都有均等的机会。

最后,在混合经济中,人均国民收入增长率也只是部分地由市场决定的,这是因为在这种制度下,决定人均国民收入增长率的劳动和资本的增长率,也是部分地由价格制度所决定的:较熟练劳动的较高工资刺激人们接受更高程度的教育和训练;资本的积累产生于对利润的预期;由重大的技术进步所带来的效率的提高,也受到价格制度的促进。但是,政府在支持科学研究和技术发展方面发挥着极其重要的作用,特别是在国防、空间、原子能和农业、医疗等方面的研究与发展上,起着统治的作用。至于在社会就业、物价总水平持续稳定的经济增长等方面,政府的宏观调节作用更是举足轻重。

### 五、价格制度与微观经济学

以上的分析表明,即使在资本主义混合经济中,价格制度也是社会的基本经济功能赖以实现的重要形式或手段。因此,要想了解资本主义混合经济制度的运行方式,至少必须具备有关价格制度如何运行的基本知识。微观经济学之所以常常被称为价格理论,是因为它在许多方面都涉及价格制度的运行,它的主要目的之一就是提供一个对价格制度的功能和效率的理解,这种价格制度在混合经济借以运行的方式中起着重要的作用。

具体地说,微观经济学包括以下几方面的内容:(1)供给和需求理论;(2)消费者行为理论;(3)生产者行为理论;(4)市场结构理论;(5)要素价格和收入分配理论;(6)一般均衡和福利经济学。前4部分是有关产品价格决定的,它着重解决生产什么和如何生产的问题;第5部分是关于要素价格决定的,它解决为谁生产即收入分配问题。以上5部分所采用的都是局部均衡分析方法,即在分析某一种产品或要素的价格决定时,假定其他商品或要素的价格及供求状况不发生变化。而第6部分则采用一般均衡分析,即研究一种商品或要素的价格是如何在包括它本身在内的所有产品或要素的供求状况的共同作用下决定的。如果说以上几部分构成所谓实证的价格理论,那么,福利经济学则是所谓规范的价格理论,它考察的是作为个人和全体人民的经济福利。

**复习思考题**

1. 为什么说经济学产生于资源的稀缺性?如何看待西方经济学家关于经济学的定义?

2. 经济学的方法和自然科学的方法有哪些相同点和不同点?

3. 微观经济学和宏观经济学各自的研究对象及其相互关系是什么?

4. 试比较不同经济制度下资源配置的特点。

5. 为什么说微观经济学也就是价格理论?

6. 尽管目前的生活水平比以往任何时候都高,为什么稀缺性仍然存在?你能想象某种商品不是稀缺的情景吗?

7. 稀缺性仅仅存在于工业化前的经济时代和低收入国家中,这一看法是否正确?

8. 下列表述中哪一个是实证性的?

*a*. 政府应提高最低工资以帮助低收入的工人。

*b*. 石油巨头应被分割成较小的公司。

*c*. 政府本应该调节州际之间的货车运输。

*d*. 如果其他的相关因素不发生变化,当某种商品的价格上升时,消费者将减少其购买量。

9. 资本作为一种生产要素,不包括下列中的哪一项:*a*. 工厂;*b*. 机器;*c*.

机器人;*d*. 货币。

10. 由市场来配置资源,意味着:*a*. 该经济中的每个人永远能得到他们所需要的任何东西;*b*. 稀缺的资源售卖给那些出价最高的人;*c*. 政府必须决定每个人应得到的各种资源的数量;*d*. 对极需的物品必须排队购买;*e*. 将不存在自由取用物品。上述几种判断哪一个是正确的?

# 第二章　需求、供给和均衡价格

19 世纪著名的历史学家和作家卡莱尔曾经说过这样一句话："只要教鹦鹉学会说供给与需求，就能把它培养成一个经济学家。"尽管卡莱尔的说法未免过于夸张，但它却恰如其分地强调了需求与供给在经济学中的重要作用。

如前所述，微观经济学的重要目的之一，就是提供一个对价格制度运行的认识，而价格制度运行的核心是市场机制。所谓市场，就是一组为买卖某种物品和劳务而相互发生联系的厂商或个人。每一种商品和劳务的市场，都由买者和卖者或需求和供给两个方面构成，商品和劳务的价格就是由这两个方面共同决定的。所以，在这一章中，我们将首先讨论需求和供给以及需求的价格弹性和供给的价格弹性等基本范畴，然后简略地描述在竞争的市场条件下价格是如何决定的，最后说明本章的研究成果如何用来解决现实的重大政策问题。当然，在这一章中，对这些重要问题的解释和解决，只能是初步的，也是一般的和最基本的。

## 第一节　关于需求的一般原理

经济学中所说的需求，是指消费者愿意和能够购买一定数量的物品和劳务。需求不同于上一章所说的需要，如果说需要是指人们想要得到的物品和劳务的话，那么，需求则是仅仅指有支付能力的那部分需求。这一节只讨论需求的一般原理，有关需求的更具体、更复杂的理论，留待下一章进行论述。

## 一、市场需求表和市场需求曲线及其特点:需求定理

需求可以分为个人需求和市场需求,个人需求的总和就构成市场需求,而恰恰是市场需求,才是决定价格的因素。本章所研究的需求,主要是市场需求。

市场需求可以用市场需求表来表示。所谓市场需求表是一种表示在每一种价格水平下市场上所有的消费者愿意和能够购买的商品量的表,而商品的价格自然是指为获取一单位该商品必须支付的货币量。例如,在一定时期内(比如说 1990 年)煤的市场需求可用市场需求表来表示,如表 2.1 所示。

**表 2.1　煤的市场需求表(1990 年)**

| 价格与需求量的组合 | 每吨价格(美元) | 年需求量(百万吨) |
|---|---|---|
| A | 36 | 565 |
| B | 35 | 570 |
| C | 34 | 580 |
| D | 33 | 590 |
| E | 32 | 600 |
| F | 31 | 610 |
| G | 30 | 630 |

注:表中的数字是假定的。

由表 2.1 可以看出,如果煤的价格为每吨 36 美元,煤的年需求量将是 5.65 亿吨;如果煤的价格为每吨 35 美元,煤的年需求量则为 5.7 亿吨。

市场需求也可以用市场需求曲线来表示,这就是按照市场需求表中的数字绘制成一个曲线图,图的纵坐标表示每单位商品的价格,而横坐标表示单位时间内商品的需求量。例如,图 2.1 所表示的就是根据表 2.1 中的数字绘制而成的煤的市场需求曲线。

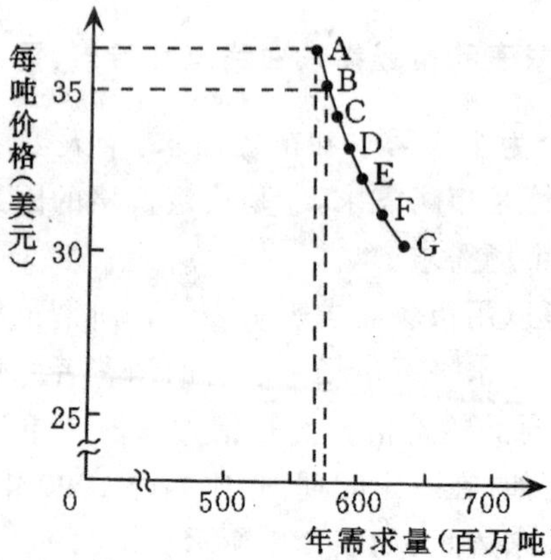


**图 2.1 煤的市场需求曲线(1990 年)**

关于市场需求曲线,应注意以下两点:

第一,市场需求曲线是向右下方倾斜的,其斜率为负,换句话说,商品的需求量随着商品价格的下降而增加,随着商品价格的上升而减少,这就是所谓的需求定理。关于这一定理,也应指出以下两点:其一,只有在影响消费者行为的其他因素如消费者的收入、偏好以及其他商品的价格都保持不变的假定前提下,上述定理才能成立;其二,这一定理虽然对大多数商品的市场需求曲线来说都是适用的,但有些商品则不是这样。在以后的有关章节中,我们将具体分析有关这一定理的例外情况。

第二,任何市场需求曲线,都只适用于某一特定的时期,如图 2.1 中煤的市场需求曲线,只适用于 1990 年。不仅如此,任何市场需求曲线的形状和位置,还取决于这一时期的长短及其他因素。认识到这一点是很重要的,比如,1990 年第一季度煤的市场需求曲线与图 2.1 中适用于 1990 年全年的煤的市场需求曲线是不会相同的,之所以会出现差别,一个重要的原因在于消费者在一年内比在一季度内更能够使其煤的购买量适应煤价的变化。

## 二、影响需求变动的因素：需求函数

除了上述商品本身的价格和时期的长短外，决定和影响需求变动的，还有如下几个因素：

1. 消费者的偏好

消费者偏好也叫消费者嗜好或欲望，它表示在不考虑预算约束的条件下消费者喜欢或愿意消费的各种物品和劳务的数量，或者说，它反映着消费者在具有无限收入的假定条件下，对各种物品和劳务喜欢和愿意消费的程度。

在其他条件既定的情况下，消费者偏好的变化，会影响需求曲线的变动。比如说，如果消费者变得比以前更偏爱喝咖啡，那么，如图 2.2 所示，咖啡的需求曲线就会向右移动，这就是说，在每一种价格水平下，消费者都将比以前购买更多数量的咖啡，反之亦然。

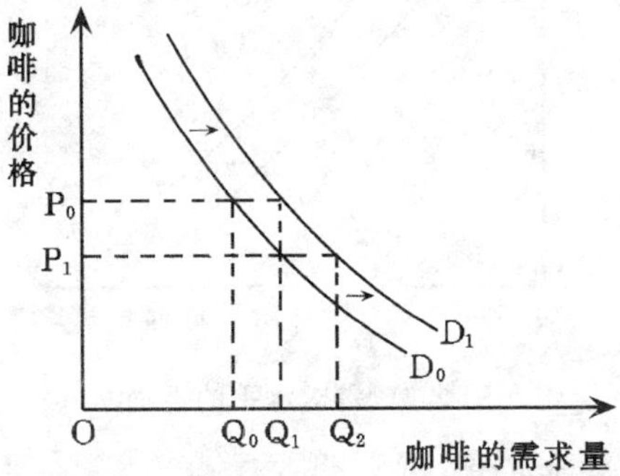


图 2.2 需求水平的提高

2. 消费者的收入

既然需求是指有支付能力的需求，那么，消费者的收入水平自然是决定某种商品市场需求曲线的位置和形状的一个重要因素。

对于某些商品来说，如果每个消费者的收入水平都提高了，其需求曲线会向右移动，而对于另一些商品来说，当每个消费者的收入水平提高时，其需求曲线则向左移动，前一种属于一般情况，后一种属于特殊情况。在下一章，我们将具体分析为什么对于不同的商品会有不同的收入效应。

3. 其他相关商品的价格

影响和决定某种商品市场需求曲线的位置和形状的另一个因素是其他相关商品的价格。例如，既然茶叶作为一种饮料能在一定程度上替代咖啡，所以，对咖啡的需求也取决于茶叶的价格。如果茶叶的价格下降，如图 2.3 所示，咖啡的需求曲线则会向左移动，因为消费者将用较多的茶叶来替代咖啡，从而在咖啡的每一价格水平上，均减少了对咖啡的需求。反之，如果茶叶的价格上升，对咖啡的需求则会增加。

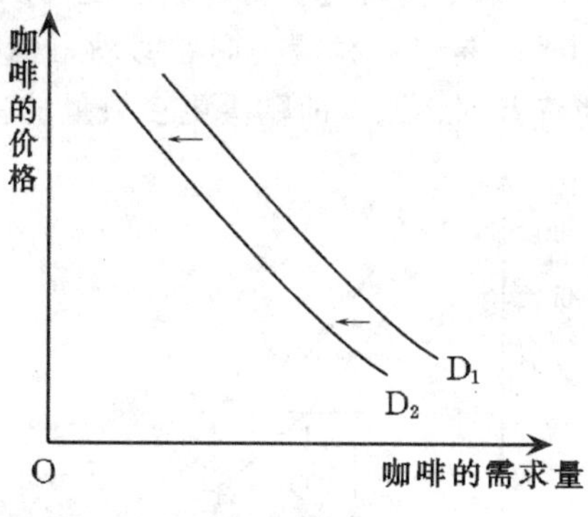


图 2.3 需求水平的下降

4. 预期的商品价格

除了上述因素外，消费者对商品价格的预期也是决定某种商品市场需求曲线的位置和形状的一个因素。这里所说的消费者对商品价格的预期，既包括消费者对该商品本身价格的预期，又包括对相关商品价格的预期。比如，当消费者预期咖啡的价格不久将会上涨时，咖啡的需求曲线就会向右移动，或者，当消费者预期与咖啡相关的商品如茶叶的价格不久将会下降时，咖啡的需求曲线就会向左移动。

将以上决定需求的各种因素综合起来，我们便得到需求函数。所谓需求函数，指的就是在其一特定时期内某种商品的各种可能的购买量和决定这些购买量的因素之间的关系，其公式如下：

$$D=f(P,T,I,P_r,P_e,N) \quad (2.1)$$

公式(2.1)中的 D 表示一定时期内某种商品的需求，P 是该商品的价格，T 表示消费者的偏好，I 表示消费者的收入水平，$P_r$ 表示相关商品的价格，$P_e$ 表示消费者预期的该商品或相关的商品的价格，N 表示该市场上消费者的数量。

### 三、需求水平的变化与需求量变化的区别

前述需求的变化，可以区分为需求水平的变化和需求量的变化。

1. 需求量的变化

所谓需求量的变化是指在决定需求的其他因素(如消费者的收入、偏好、相关商品的价格及预期商品价格等)不变的情况下，只是由于某种商品本身价格的变化所引起的对该商品需求的变化。实际上，任何一个既定的市场需求表或市场需求曲线都是根据上述假定绘制而成的。在上述假定下，某种商品的需求函数所表示的就仅仅是该商品的需求与该商品的价格这两个经济变量之间的关系，这样，公式(2.1)就可以具体化为：

$$Q_D=f(P) \quad (2.2)$$ ①

从需求表来看，需求量的变化表现为同一需求表内价格与购买量的组合的变动。仍以表 2.1 为例，当每吨煤的价格由 36 美元变为 35 美元时，煤的年需求量便由 5.65 亿吨变为 5.7 亿吨。这种由商品价格本身的变化所引起的消费者愿意购买和能够购买的商

① 公式(2.2)中的 $Q_D$ 表示需求量。

品量的变化，即需求量的变化。

从坐标图上看，需求量的变化表现为同一条需求曲线的点的移动。仍以图 2.1 为例，当煤的价格由每吨 36 美元下降为 35 美元时，煤的年需求量就会由 5.65 亿吨增加为 5.7 亿吨，这种需求量的变化也就是在同一条需求曲线上由 A 点到 B 点的移动。

2. 需求水平的变化

与需求量的变化不同，需求水平或需求状况的变化是指在商品本身的价格保持不变的情况下，由于其他因素（如消费者的收入水平和偏好、其他相关商品的价格以及预期的商品价格等因素）所引起的需求的变化。根据这一假定条件，某种商品的需求函数所表示的就是该商品的需求与该商品价格以外的其他决定需求的经济变量之间的关系。这样，公式(2.1)又可具体化为：

$$L_D=f(T,I,P_r,P_e,N)\text{①} \tag{2.3}$$

从需求表来看，需求水平的变化不是同一需求表中原有的价格与消费者愿意并能够购买的商品量的各种组合的变化，而是这种组合本身，即整个需求表的变化。这就是说，需求水平的变化是指在同一价格水平下，消费者愿意和能够购买的商品量的增加或减少。

从坐标图上看，需求水平的变化不是沿着同一需求曲线的移动，而是整个需求曲线的移动。仍以图 2.2 为例，假定原有的需求曲线为 $D_0$，当价格为 $P_0$ 时，消费者愿意和能够购买的咖啡量为 $Q_0$，在其他因素都保持不变的情况下，如果咖啡的价格由 $P_0$ 下降为 $P_1$，则咖啡的需求由 $Q_0$ 增加到 $Q_1$，这就是所谓需求量的变化；现在假定咖啡的价格保持不变，由于消费者对咖啡的偏爱程度增强了，或者由于消费者的收入增加了，或者由于茶叶的价格提高了，那么，当价格仍为 $P_0$ 时，对咖啡的需求则由 $Q_0$ 增加到 $Q_1$，或

---

① 公式(2.3)中的 $L_D$ 表示需求水平。

者说，当价格仍为 $P_1$ 时，对咖啡的需求则由 $Q_1$ 增加到 $Q_2$，这就意味着整个需求曲线由原来的 $D_0$ 移到了 $D_1$，从而表明消费者在每一价格水平下都相应地增加了对咖啡的需求，这种需求的变化就是所谓需求水平的变化。①

## 四、需求的弹性

以上我们分别叙述了决定需求及其变化（包括需求量的变化和需求水平的变化）的各个因素。在现实世界，不同商品或市场的需求曲线的形状和位置之所以不同，除了消费者的偏好差异以外，主要产生于需求变动（包括需求量的变动和需求水平的变动）对价格（包括商品本身的价格、相关商品的价格和预期价格）和收入变动的反应程度或敏感程度不同。为了精确地测定不同商品的需求对价格变动和收入变动的敏感性或反应程度，经济学家广泛使用了弹性这一尺度。在经济学中，弹性是指作为因变量的经济变量的相对变化与作为自变量的经济变量的相对变化之比，而需求的弹性则包括需求的价格弹性、需求的交叉弹性、需求的收入弹性以及需求的价格预期弹性，下面分别加以介绍。

### 1. 需求的价格弹性

需求的价格弹性表示的是一种商品的需求对该商品本身的价格变化的反应程度，它等于需求量的相对变化与价格的相对变化之比，或者说，它等于由百分之一的价格变化所引起的需求量的百分比变化，用公式表示就是：

---

① 在目前流行的西方经济学教科书中，一方面把需求的变化定义为需求曲线的变化，以别于单纯由商品本身的价格变化所引起的需求量的变化，另一方面在讲需求定理时，实际上讲的是需求量的变化规律；而在讲需求函数时，又把需求量（及其变动）和需求（及其变动）混为一谈（有关供给的论述，也存在着类似问题）。为了避免这一混乱，本书对需求、需求定理和需求函数以及有关需求变化的区分，均作了新的规定。

$$E_d = -\frac{\text{需求量变化的百分比}}{\text{价格变化的百分比}} \text{①} \tag{2.4}$$

公式(2.4)中的 $E_d$ 代表需求的价格弹性,因为根据需求定理,商品的需求量与商品的价格成反方向变动,需求的价格弹性值本来为负值,但西方经济学家习惯上用正值来表示需求的价格弹性系数,所以,在公式的右方乘以负 1。

这里需要再次强调指出的是,需求的价格弹性所表示的是价格和需求量的相对变化,而不是绝对变化,这是因为绝对量的变化本身,难以说明实质性问题。例如,假定价格上涨 10 美分,这对于乘坐地铁来说,涨价的幅度是很大的,而对于住房消费来说,则算不了什么。同样地,10 美分的涨价对于一瓶啤酒来说是一个相当大的数目,而对于 50 加仑一桶的啤酒来说,则是微不足道的。常见的一种错误是把需求的价格弹性与需求曲线的斜率混淆起来,但它们绝不是一回事。关于需求的价格弹性,还有以下几点需要说明。

(1)点弹性和弧弹性。

根据价格和需求量变动幅度的大小,需求的价格弹性可以分为点弹性和弧弹性。

所谓点弹性就是需求曲线上某一点的弹性。设商品原来的价格和变化后的价格分别为 $P_1$ 和 $P_2$,与 $P_1$ 和 $P_2$ 相对应的需求量分别为 $Q_1$ 和 $Q_2$,如果价格和需求量的变动很小,则点弹性的公式如下:

$$E_d = -\frac{Q_2 - Q_1}{Q_1} \div \frac{P_2 - P_1}{P_1} \tag{2.5}$$

以表 2.2 为例,如果我们要测算当价格在 99.95 美分和 1 美元之间变动时需求的价格弹性,我们利用公式(2.5)可以得到如下

---

① 参见附录 I [1]。

结果：

$$E_d = -\frac{40002-40000}{40000} \div \frac{99.95-100}{100} = 0.1$$

在这里，由于价格和需求量变动的幅度非常小，所以，我们既可以把1美元和40000单位当作$P_1$和$Q_1$，也可以把99.95美分和40002单位当作$P_1$和$Q_1$，其结果并没有实质性的差别。

**表2.2　各种价格下的需求量（价格增量很小）**

| 每单位商品的价格（美分） | 每单位时间内的需求量 |
| --- | --- |
| 99.95 | 40002 |
| 100.00 | 40000 |
| 100.05 | 39998 |

但是，如果有关价格和需求量变动的幅度很大，那么，不同的计算方法（即选择不同的量作为变化前后的变量）所得出的结果就会有明显的不同。以表2.3为例：

假定我们要测算由4美元到5美元之间的需求的价格弹性，那么，依据$P_1$和$Q_1$所选择的数值不同，其答案将分别是：

**表2.3　各种价格下的需求量（价格增量很大）**

| 单位商品价格（美元） | 单位时间内需求量 |
| --- | --- |
| 3 | 40 |
| 4 | 20 |
| 5 | 3 |

$$E_d = -\frac{20-3}{3} \div \frac{4-5}{5} = 28.33$$

$$E_d = -\frac{3-20}{20} \div \frac{5-4}{4} = 3.40$$

这两种计算结果的差额是很大的，在这种场合，应该使用需求的弧弹性公式。所谓需求的弧弹性是指需求曲线上两点之间的弧的弹性，其公式如下：

$$E_d=-\frac{\frac{Q_2-Q_1}{\frac{Q_2+Q_1}{2}}}{}\div\frac{P_2-P_1}{\frac{P_2+P_1}{2}} \tag{2.6}$$

在公式(2.6)中，由于需求量和价格都取其改变前和改变后的平均值，这就避免了计算上的误差。利用弧弹性公式，我们重新计算表2.3中4美元～5美元之间的需求的价格弹性，其结果如下：

$$E_d=-\frac{20-3}{\frac{20+3}{2}}\div\frac{4-5}{\frac{4+5}{2}}=6.65$$

以上关于点弹性和弧弹性的论述，同样适用于其他需求弹性和供给弹性。

(2)需求的价格弹性的类型。[①]

根据弹性系数的绝对值的大小，需求的价格弹性基本上可分为以下三种：

第一，当 $E_d>1$ 时，我们说需求是富于价格弹性的，或者说需求的价格弹性充足，因为这时需求量的变动幅度会大于价格的变动幅度。或者确切地说，当 $E_d>1$ 时，由1％的价格变动所引起的需求量的变动，会大于1％；如果 $E_d=\infty$，则需求完全富于价格弹性，或者说，需求的价格弹性为无穷大，这时的需求曲线将是与横轴平行的一条直线，它表明价格的任一微小的变化会引起需求量的无穷大的变化，这显然是 $E_d>1$ 时的一种极端的情况。

第二，当 $E_d<1$ 时，我们称需求是缺乏价格弹性的，或者说需求的价格弹性不足，因为这时需求量的相对变化小于价格的相对变化，或者确切地说，由1％的价格变化所引起的需求量的变化小于1％；如果 $E_d=0$，则需求完全缺乏价格弹性，这时的需求曲线将是垂直于横轴的一条直线，它表明无论价格如何变动，需求量都保持不变，这显然是 $E_d<1$ 时的一种极端情况。

---

① 参见附录Ⅰ[2]。

第三，当 $E_d=1$ 时，我们称需求具有单元弹性或单一弹性，因为这时需求量的相对变化等于价格的相对变化，或者确切地说，由1%的价格变化所引起的需求量的变化等于1%。在几何图形中，具有单元弹性的需求曲线是直角形的双曲线，如图 2.4 所示，可以看出，这种需求曲线上的每一点的弹性都等于 1。

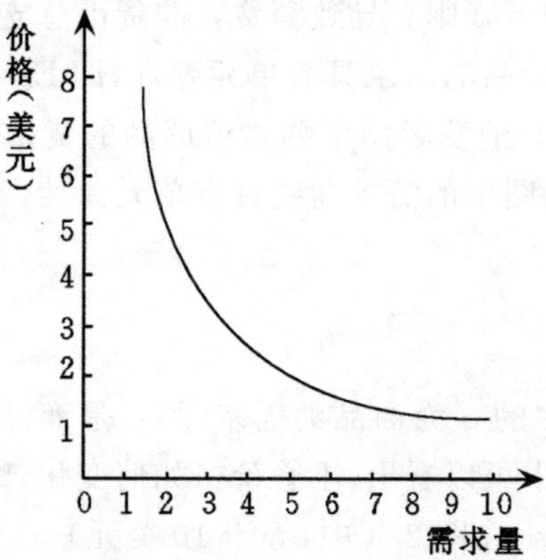


**图 2.4　在所有点上都具有单元弹性的需求曲线**

(3)需求的价格弹性与消费者的货币总支出。

以上我们区分了具有不同弹性系数的需求的价格弹性。经济学家之所以对需求的价格弹性感兴趣，是因为它有助于说明价格变动对消费者货币总支出的影响。消费者在某种商品上的货币总支出对于销售者来说，就是总收益，它等于该商品的需求量(或销售量)乘以单位商品的价格。一般地说，价格的上升一方面会使消费者在单位商品上的货币支出增加，另一方面，根据需求定理，又会引起需求量的减少，反之亦反。那么，价格的变动对消费者的货币总支出究竟会产生什么影响呢？这要取决于需求的价格弹性如何。

假定对某种商品的需求是富于价格弹性的，也就是说，其需求的价格弹性是大于 1 的，那么，由于需求的变动率会高于价格的变动率，所以，价格的上升必然会导致消费者用于购买该商品的货币总量减少，而价格的下降必然会导致消费者在该商品上的货币总支出增加。

如果对某种商品的需求是缺乏价格弹性的，也就是说，其 $E_d<1$，那么，价格的上升会导致消费者用于购买该商品的货币总额增加，而价格的下降则会导致消费者的货币总支出减少。

如果对某种商品的需求具有单元弹性，即 $E_d=1$，则价格的上升或下降均不会对消费者用于购买该商品的货币总额产生影响。仍以图 2.4 为例，图中的需求曲线具有单元弹性，其需求函数的公式如下：

$$q=\frac{a}{p} \tag{2.7}$$

公式(2.7)中的 q 为商品的需求量，p 是商品的价格，a 是常数，从公式(2.7)中可以看出，不管价格如何变化，购买该商品的货币总额将永远是 a(在图 2.4 中，等于 10 美元)。

(4)关于需求的价格弹性的图形测定。①

前面我们曾说明了需求的点弹性和弧弹性的计算方法，下面我们介绍如何用几何方法从图形上对图 2.5 中需求曲线上的某一点，比如说 A 点的需求的价格弹性作出粗略的估算。

我们首先通过 A 点作需求曲线的切线，该切线与纵轴相交于 C 点，与横轴相交于 D 点。当价格从 $OP_1$ 下降为 $OP_2$ 时，需求量的变化大约为 $Q_1Q_2$——如果价格变化较小或需求曲线接近于线性的，这个近似值就是相当可靠的。这样，A 点的弹性大约为

$$E_d=-\frac{Q_1Q_2}{OQ_1}\div\frac{P_2P_1}{OP_1}=-\frac{Q_1Q_2}{P_2P_1}\times\frac{OP_1}{OQ_1}$$

由于 $\Delta AEF \backsim \Delta AQ_1D$，且 $Q_1Q_2=EF$，$P_2P_1=EA$

① 参见附录 I[3]。

所以$\frac{Q_1Q_2}{P_2P_1}=\frac{EF}{EA}=\frac{Q_1D}{Q_1A}=\frac{Q_1D}{OP_1}$，这样：

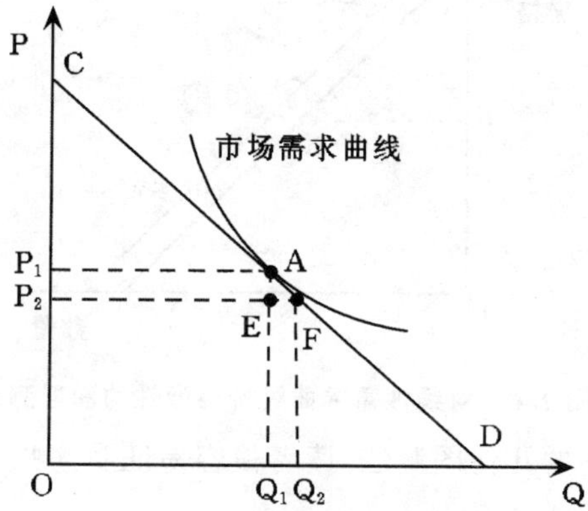


图 2.5　对需求的价格弹性的图形测算

$$E_d=\frac{Q_1D}{OP_1}\times\frac{OP_1}{OQ_1}=\frac{Q_1D}{OQ_1}$$

又因为 $\Delta AQ_1D\backsim\Delta CP_1A$，且 $OQ_1=P_1A$

所以$\frac{Q_1D}{OQ_1}=\frac{AD}{CA}$，这样：

$$E_d=\frac{AD}{CA} \tag{2.8}$$

如果需求曲线是接近于线性的，则上述测算就是很准确的，即使需求曲线不呈线性状态，如果价格的变动很小，上述结果也很接近于实际。

现在，我们运用上述方法来分析图 2.6 中线性的需求曲线 AB。设 AB 的中点为 X，很显然，当价格水平在 OP 以上时，需求的价格弹性大于 1；当价格低于 OP 时，$E_d<1$；当价格＝OP 时，则 $E_d=1$。

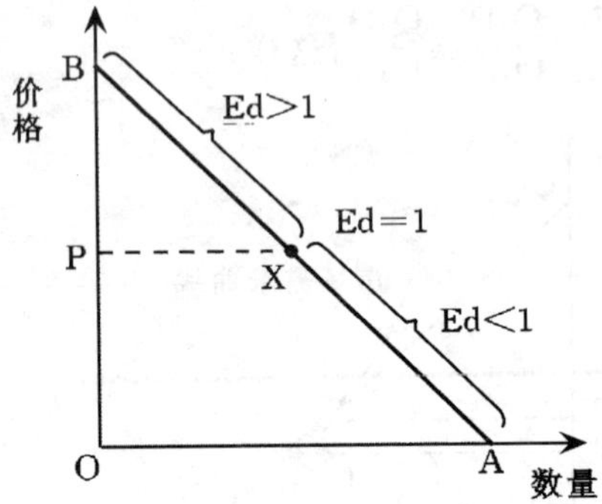


**图 2.6　对线性需求曲线价格弹性的图形测算**

利用上述的几何图测法，读者很容易证明这些判断是正确的。

2. 需求的收入弹性

需求的收入弹性用来表示一种商品的需求（确切地说应该是需求水平）对消费者收入变化的反应程度或敏感程度，它等于需求的相对变化与收入的相对变化之比，或者说，它等于由 1％的收入变化所引起的需求的百分比变化，用公式表示为：

$$E_I=\frac{\Delta Q}{Q}\div\frac{\Delta I}{I} \tag{2.9}$$

这里的 Q 和 I 分别表示原有的需求水平和消费者原有的货币收入，而 ΔQ 是由消费者货币收入的微小变化 ΔI 所引起的需求水平的变化。

有些商品的收入弹性系数是正的，这标志着消费者的收入增加将导致该商品的需求水平的提高，收入弹性为正的商品，如肉禽蛋类食品、家用电器、首饰、毛皮等，通常被当作高档品。有些商品的收入弹性则是负值的，它表明消费者货币收入的增加将导致该商品需求水平的下降，收入弹性为负值的商品，如人造奶油、劣等蔬菜、玉米面、高粱米等，通常被人们看作是低档货。西方经济学家之所以不在需求的收入弹性公式前标上负号，这是因为收入弹性系数本身的正负，可以作为划分高档品和低档品的标志。然而必须指出的是，同一种商品的需求的收入弹性，其正负值可能会随消费者收入水平的变化而改变：在收入水平变化的一定范围内，收入弹性系数可能是正的，而在收入变化的另一范围内，收入弹性系数却可能是负的。图 2.7 表明了市场总需求和消费者货币总收入之间可能存在的各种关系。

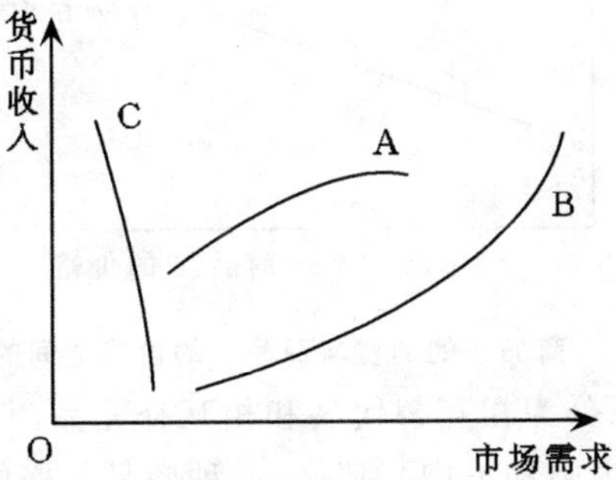


**图 2.7 市场需求与总收入间的各种关系**

图 2.7 中的曲线 A 表明收入弹性大于 1，即货币收入增加 1%将导致总需求的增加大于 1%；曲线 B 表明收入弹性小于 1，即货币收入增加 1%将导致总需求的增加小于 1%；曲线 C 则表明收入弹性为负值，这意味着货币总收入的增加将导致总需求的下降。

3. 需求的交叉价格弹性

需求的交叉价格弹性表示的是商品 x 的需求（确切地说是需求水平）对相关商品 y 的价格变化的反应程度或敏感程度，它等于商品 x 的需求的相对变化与相关商品 y 价格的相对变化之比，或者说，它等于由 1%的相关商品 y 的价格变化所引起的商品 x 需求的百分比变化，用公式表示就是：

$$E_{xy}=\frac{\Delta Q_x}{Q_x}\div\frac{\Delta P_y}{P_y} \tag{2.10}$$

公式(2.10)中的 $E_{xy}$ 表示 x 和 y 两种相关物品需求的交叉价

格弹性，$\Delta Q_x$ 表示由商品 y 价格的变化 $\Delta P_y$ 所引起的商品 x 的需求的变化，$P_y$ 为商品 y 的初始价格，$Q_x$ 为商品 x 的初始需求。

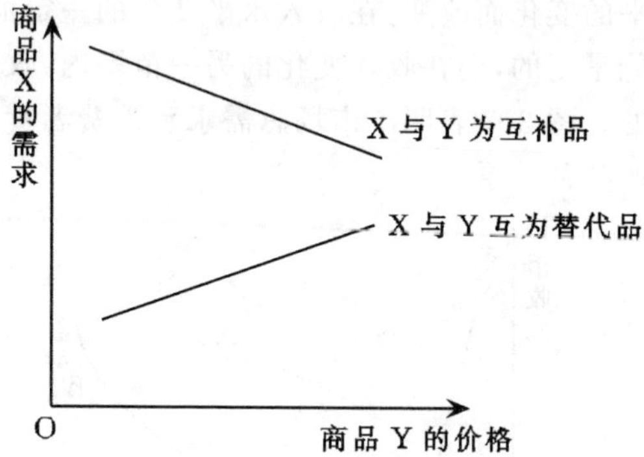


**图 2.8 商品 x 的消费与商品 y 的价格之间的关系**

相关商品可分为相互替代品和相互补充品。[①] 如果两种物品互为替代品（如牛肉和羊肉），那么，一种商品价格的提高会引起另一种商品需求的增加，需求的交叉价格弹性系数为正；如果两种物品为互补品（如汽车和汽油），那么，一种商品价格的提高会引起另一种商品需求的减少，其需求的交叉价格弹性系数为负。反过来，我们也可以从 $E_{xy}$ 的正负号来判断两种物品究竟是替代关系，还是互补关系。当然，如果 $E_{xy}$ 的绝对值接近于零，那么，可以说两种商品之间几乎没有相关性。图 2.8 表明了 x 与 y 互为替代品或互补品时，x 的需求与 y 的价格之间的关系。

4. 价格预期的弹性

前面曾经指出，消费者对价格的预期也是影响需求的一个因素，而这种影响的大小，则取决于价格预期的弹性。

所谓价格预期弹性是预期的未来价格的相对变动与当前价格

---

① 可以在一定程度上相互替代以满足同一种需要的物品为替代品，二者必须互相搭配才能满足同一种需要的物品为互补品。

的相对变动之比，其公式如下：

$$E_e=\frac{\Delta F}{F}\div\frac{\Delta C}{C} \qquad (2.11)$$

公式(2.11)中，$E_e$ 表示价格预期弹性，F 和 C 分别为未来价格和现期价格，ΔF 和 ΔC 则分别为预期价格的变动和现期价格的变动。

如果 $E_e>1$，表明消费者预期未来价格的相对变动将大于现期价格的相对变动，而且方向相同，所以现期价格的提高将导致需求曲线向右移动，反之亦反。

如果 $E_e=1$，表明消费者预期未来价格和现期价格将以相同的百分比变动且方向相同，所以，现期价格的变动对现实的需求水平不会产生影响。

如果 $0<E_e<1$，这表明消费者预期未来价格的相对变动将小于现期价格的相对变动，且变动方向相同。

如果 $E_e=0$，这表明消费者预期现行价格的变动对未来价格没有影响。

如果 $E_e<0$，则意味着消费者预期未来价格将按照与现行价格相反的方向变动。

在上述后三种情况下，现行价格的变动均将导致需求曲线反方向的移动。

5. 决定需求弹性的因素

决定需求弹性系数大小的因素主要有：

(1)替代品的数目及其相近程度。替代品的数目越多，相似程度越大，需求的弹性系数就越大，反之就会越小。

(2)时期的长短。一种消费品在长期内的需求弹性要大于在短期内的需求弹性。

(3)消费品用途的多寡及耐用程度的高低。一般地说，一种消费品的用途越多，其需求弹性越大，而其耐用程度越高，其需求弹性越小。

(4)消费品在消费者预算中所占比重的大小。一般地说,在家庭支出中所占比重越大的商品,其需求弹性越大,反之则越小。

## 第二节　关于供给的一般原理

在上一节我们分析了市场的需求,在这一节,我们将沿着相同的思路,讨论市场供给。所谓供给就是生产者愿意并且能够提供出售一定数量的商品。供给也可以分为单个厂商的供给和整个行业的供给或市场供给,而正是市场供给,才是决定价格的因素之一,本节所着重研究的,也是市场供给。

### 一、市场供给表和市场供给曲线及其特点:供给定理

市场供给可以用市场供给表来表示。所谓市场供给表就是说明在各种价格水平下可能提供给市场的全部商品量的表,它是由与每一价格水平相对应的供给量所组成的。例如,表 2.4 就是所假定的有关煤的市场供给表。从表 2.4 中可以看出,如果每吨煤的价格为 30 美元,煤的市场供给量将为 5 亿吨;如果每吨煤的价格为 31 美元,煤的市场供给量将为 5.5 亿吨。

**表 2.4　煤的市场供给表(2000 年)**

| 价格—供给量组合 | 每吨煤的价格(美元) | 每年的供给量(亿吨) |
|---|---|---|
| A | 30 | 5.00 |
| B | 31 | 5.50 |
| C | 32 | 6.00 |
| D | 33 | 6.50 |
| E | 34 | 6.75 |
| F | 35 | 7.00 |
| G | 36 | 7.25 |

市场供给也可以用市场供给曲线来表示,这就是根据市场需

求表中的数据绘制成一个曲线图,用曲线图的纵轴表示每单位商品的价格,用横轴表示每单位时间供给的商品量。例如,图 2.9 就是根据表 2.4 中的数字绘制而成的煤的市场供给曲线。

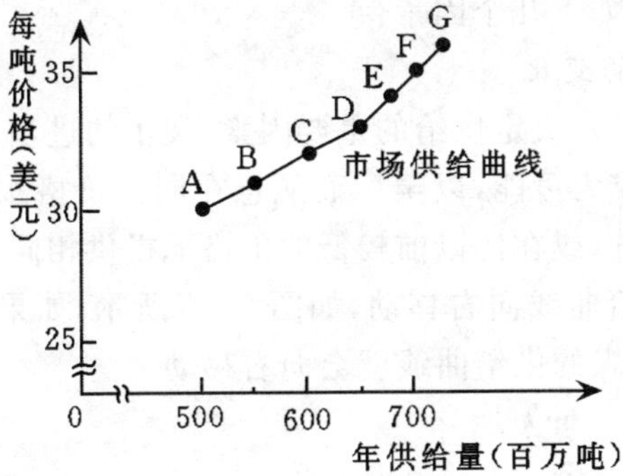


**图 2.9 煤的市场供给曲线(2000 年)**

关于市场供给曲线,也应注意以下两点:

第一,市场供给曲线是向右上方倾斜的,其斜率为正,换句话说,商品的供给量随着价格的上升而增加,随着价格的下降而减少,这就是所谓的供给定理。当然,只有在影响供给的其他因素都保持不变时,上述定理才能成立。另外,虽然这一定理对大多数商品的供给来说都是适用的,但有些特殊商品如劳动的供给则是这一定理的例外。在有关要素市场的章节中,我们将对此作出具体的分析。

第二,任何市场供给曲线,都只适用于某一特定的时期(如图 2.9 中煤的市场供给曲线,就只适用于 2000 年),而且其形状和位置要取决于该时期的长短及其他因素。例如,2000 年 1 月的煤的市场供给曲线,显然不同于适用于全年的煤的市场供给曲线,其差别的产生部分的是由于煤的生产者在一年内比在一个月内更能对价格的变化作出全面的反应。

## 二、影响供给变动的因素：供给函数

除了上述商品本身的价格和时期的长短外，决定和影响供给变动的，还有如下几个因素：

1. 技术的变化

技术水平是决定供给的重要因素。技术的进步，使更便宜地生产某种商品成为可能，以至厂商愿意在同一价格水平下提供比以前较多的产量，或在比以前较低的价格下提供相同的产量，从而引起商品的供给曲线向右移动，如图 2.10 所示，如果生产煤的技术水平提高了，煤的供给曲线就会向右移动。

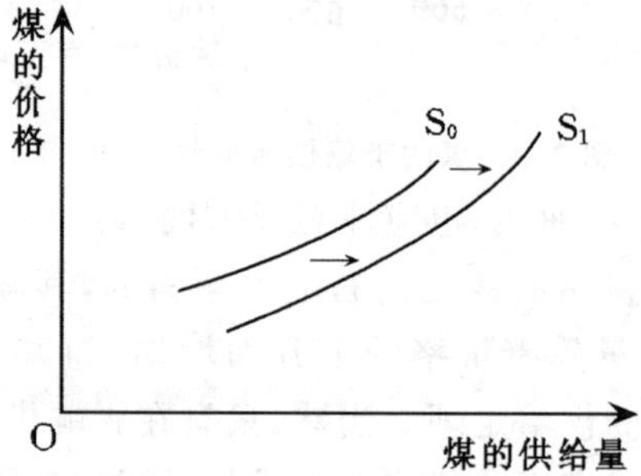


图 2.10　技术变化对煤的市场供给曲线的影响

2. 生产要素的价格水平

生产要素的价格构成厂商的成本，它也是决定产品供给的重要因素。一般地说，要素价格的下降，使较便宜地生产商品成为可能，以至厂商愿意在比以前较低的价格下供给既定的产量，从而导致供给曲线的向右移动，反之亦反。如图 2.11 所示，如果煤矿工人的工资提高了，煤的供给曲线会向左移动。

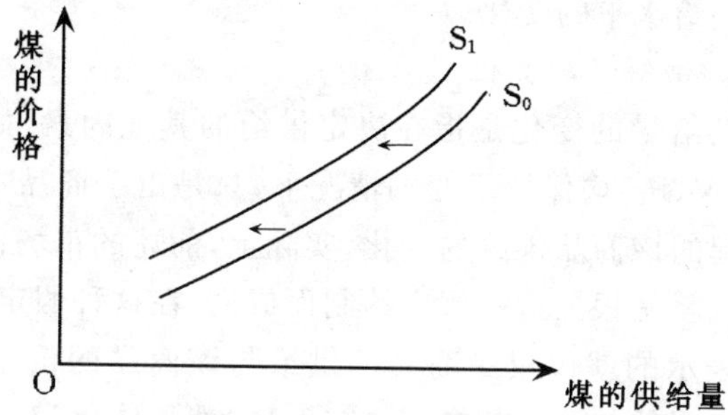


**图 2.11 煤矿工人工资的提高对煤的市场供给曲线的影响**

3. 其他商品的价格

如果能用相同的资源(比如说土地)所生产的其他商品(比如说小麦)的价格发生了变化(比如说提高了),那么,在其他条件不变的情况下,所论及的商品(比如说棉花)的供给曲线就会发生相应的变动(比如说向左移动)。当这两种相关商品的价格均发生变动,但变动的幅度不同时,情况也是这样。

将以上决定供给的各种因素综合起来加以考察,西方经济学家提出了供给函数这一概念。所谓供给函数所表示的就是在某一特定时期内某种商品的供给与决定供给的各因素之间的关系。其公式如下:

$$S=g(P,M,V,P_r) \tag{2.12}$$

公式(2.12)中的 S 表示一定时期内某种商品的供给,P 是该商品的价格,M 为生产该商品的要素价格,V 表示技术水平,$P_r$ 表示用相同的资源所能生产的其他商品的价格。[①]

## 三、供给量的变动与供给水平变动的区别

以上所笼统论述的供给的变化,可以具体区分为供给量的变

① 除了上述 4 个经常起作用的因素外,生产者的目标和对未来价格的预期以及税收政策,也是影响供给的因素,这里把它们舍掉了。

化和供给水平的变化。

1. 供给量的变化

供给量的变化是指在决定供给的其他因素(如公式(2.12)中的M、V、$P_r$)均保持不变的情况下,只是由于商品本身价格的变化所引起的该商品供给的变化。实际上,前述的市场供给表和市场供给曲线就是根据这一假定绘制而成的。在这种假定条件下,供给函数所表示的就仅仅是商品的供给与该商品的价格P这两个经济变量之间的关系。这样,公式(2.12)就具体化为:

$$Q_S = g(P)^{①} \quad (2.13)$$

从供给表来看,供给量的变化表现为同一供给表内价格与供给量组合的变动。例如,当表2.4中价格由30美元变为31美元时,供给由5亿吨变为5.5亿吨,这就是所谓供给量的变化。

从坐标图上看,供给量的变动表现为同一供给曲线上的点的移动。例如,当图2.9中的价格由30美元变为31美元时,供给由A点移到B点,这一变动称为供给量的变动。

2. 供给水平的变化

与供给量的变化不同,供给水平的变化是指在商品本身的价格保持不变的情况下,由其他因素(如公式(2.12)中的M、V、$P_r$等)的变化所引起的供给的变化。按照这一限定条件,供给函数所表示的就是商品的供给与该商品的价格以外的其他决定供给的因素之间的关系。这样,公式(2.12)就具体化为:

$$L_S = g(M, V, P_r)^{②} \quad (2.14)$$

从供给表上看,供给水平的变化不是同一供给表内原有的价格与供给的各种组合的变化,而是每一种组合自身即整个供给表的变化,它表示在同一价格下供给的变动。

---

① 公式(2.13)中的$Q_S$表示供给量。

② 公式(2.14)中的$L_S$表示供给水平。

从坐标图上看，供给水平的变化不是同一供给曲线上的点的移动，而是整个供给曲线的移动。如图 2.10 所示，由于生产煤的技术水平提高了，煤的供给曲线由 $S_0$ 向右移动到 $S_1$，这意味着在同一价格下，生产者愿意并能够提供的煤的数量增加了，从而表明煤的整个供给水平提高了。[①]

### 四、供给的价格弹性

和市场需求曲线类似，不同商品的市场供给曲线在位置和形状上都存在着差别。之所以如此，是因为不同商品的供给对决定供给的有关因素的变化的反应程度或敏感程度是不同的，而这种反应程度或敏感程度是用供给弹性来表示的。供给弹性包括供给的价格弹性、供给的交叉价格弹性和供给的价格预期弹性，这里我们只介绍供给的价格弹性。

供给的价格弹性表示的是一种商品的供给对该商品的价格变化的反应程度，它等于供给量的相对变化与价格的相对变化之比，或者说，它等于由 1%的价格变化所引起的供给量的百分比变化，用公式表示就是：

$$E_S = \frac{\Delta Q_S}{Q} \div \frac{\Delta P}{P} \qquad (2.15)$$

公式(2.15)中的 $E_S$ 表示供给的价格弹性系数，$Q_S$ 表示与原来的价格 P 相对应的供给量，$\Delta Q_S$ 表示由价格的改变量 $\Delta P$ 所引起的供给量的变动。[②]

关于供给的价格弹性，需要进一步说明的有以下几点。

---

① 读者应该注意到本书对供给、供给定理和供给函数以及供给变化的区分所作的规定与流行的教科书的不同之处。参见第 33 页注①。

② 如果 $\Delta P$ 很小，我们可以利用公式(2.15)计算供给的价格点弹性；如果 $\Delta P$ 较大，我们则要利用 $Q_S$ 和 P 的平均值来计算供给的价格弧弹性。其公式为：

$$E_S = \frac{\Delta Q_S}{(Q_1+Q_2)/2} + \frac{\Delta P}{(P_1+P_2)/2}$$

第一，供给的价格弹性和需求的价格弹性一样，它所表达的也是价格和数量的相对变化而不是绝对变化，不能把它与供给的曲线的斜率相混淆。不过，根据供给定理，供给的变动与价格的变动方向相同，所以，在一般情况下，$E_S$ 是正数。

第二，不同商品的供给价格弹性或同一条供给曲线上不同点的价格弹性，一般是不同的：如果 $E_S>1$，我们称供给是富于价格弹性的；如果 $E_S=1$，我们称供给具有单元价格弹性；如果 $E_S<1$，我们称供给的价格弹性不足；如果 $E_S=0$，我们称供给完全缺乏价格弹性，它表示不论价格怎样变化，供给量都保持不变，这时的供给曲线是垂直于横轴的一条直线；如果 $E_S=\infty$，我们称供给完全富于价格弹性，这时的供给曲线是与横轴平行的一条直线，它表明对于某一给定的价格，供给量可以任意增加。图 2.12 所表示的就是同一条供给曲线上不同点的价格弹性。

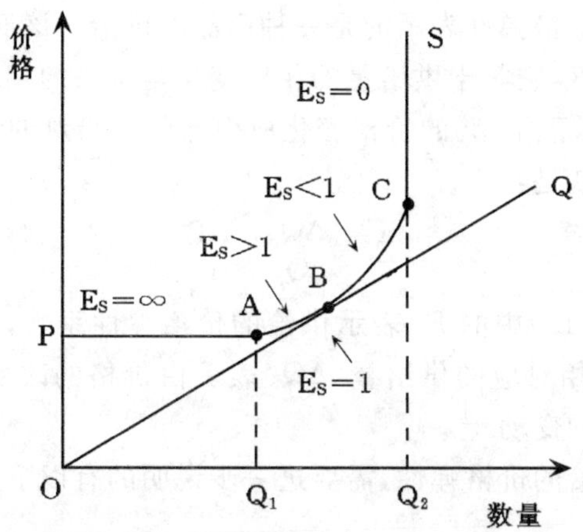


**图 2.12　同一条供给曲线的不同点的 $E_S$**

当供给曲线为水平时，它是完全富有价格弹性的；当它是垂直时，是完全缺乏价格弹性的；在 AB 弧上，供给是富有价格弹性的；在 BC 弧上，供给是缺乏价格弹性的；在 B 点上，$E_S=1$。

第三，我们同样可以用几何方法对供给的价格弹性从图形上进行粗略的测定。

如图 2.13*a* 所示，在供给曲线 S 的 P 点，其价格弹性为：

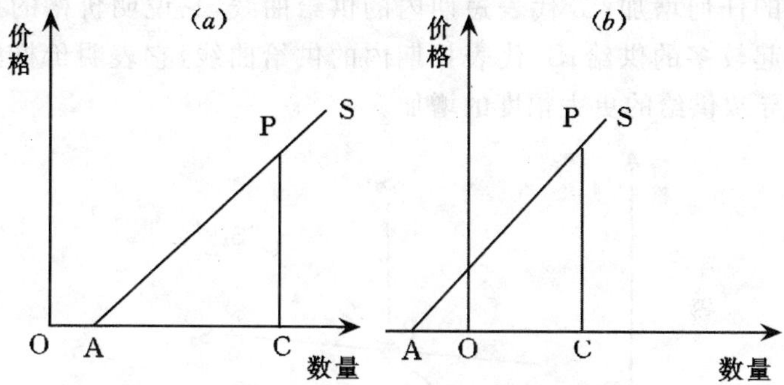


**图 2.13　供给的价格弹性的图形测定**

$$E_S=\frac{P}{Q}\times\frac{\Delta Q}{\Delta P}$$

因为$\frac{P}{Q}=\frac{PC}{OC}$，而$\frac{\Delta Q}{\Delta P}=\frac{AC}{PC}$，所以

$$E_S=\frac{PC}{OC}\times\frac{AC}{PC}=\frac{AC}{OC} \qquad (2.16)$$

从图 2.13*a* 可以看出，因为供给曲线与数量轴相交，所以，$AC<OC$，$E_S<1$，供给是缺乏价格弹性的。如果供给曲线与价格轴相交，如图 2.13*b* 所示，则因为 $AC>OC$，其 $E_S>1$，供给是富于价格弹性的。如果供给曲线是通过原点的一条直线，因为 A 点是在原点上，所以，$\frac{AC}{OC}=1$，该曲线上的每一点都具有单元弹性，即 $E_S=1$。

如果供给曲线是非线性的，它在任何一点的弹性可以通过在该点所画的切线来测定，其规则与上述相同；如果切线与数量轴相交，切点的 $E_S<1$；如果切线与价格轴相交，切点的 $E_S>1$；如果切线通过原点，如图 2.12 所示，切点的 $E_S=1$。

第四，时间对供给的价格弹性的影响要大于对需求的价格弹性的影响，时期越长，供给可能变得越富于价格弹性。

图 2.14 画有三条以价格 P 为轴心的供给曲线，$S_1$ 代表非常短的时期内的供给曲线，其 $E_S=0$，它说明价格的提高不会引起供给量的任何增加；$S_2$ 代表短期内的供给曲线，它说明价格的提高能引起较多的供给；$S_3$ 代表长期内的供给曲线，它表明价格的提高将导致供给的更大幅度的增加。

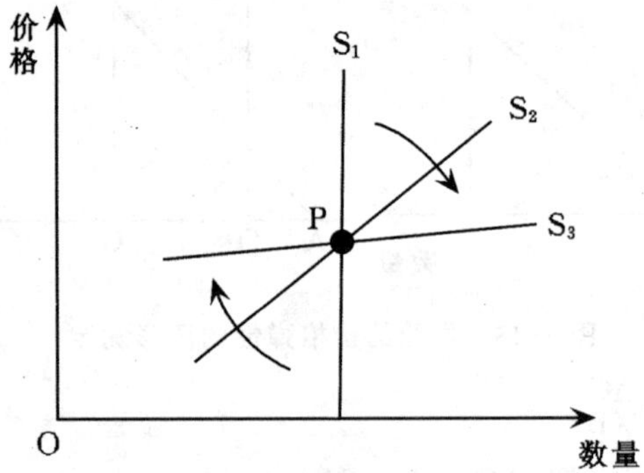


**图 2.14　时间与供给的价格弹性**

## 第三节　均衡价格的决定及其变动

以上两节分别描述了市场的需求一方和供给一方，本节则要说明在竞争的市场中需求和供给是如何决定一种商品的均衡价格及其变动的，同时阐明均衡价格与实际价格之间的关系。

### 一、均衡价格的决定

如前所述，既然市场是由买方和卖方或需求一方和供给一方组成的，那么，商品的价格也就自然是由买卖双方或供求双方共同决定的。如果说所谓均衡指的是一种没有变动趋势、从而能够持续存在的状态，那么，所谓均衡价格也就是在需求和供给这两种相反的力量达到平衡、从而不再变动(也没必要再变动)时的价格,是一种能够维持得住的价格。

因为需求和供给可以分别用需求曲线和供给曲线来表示,所以,所谓供求平衡,指的就是需求曲线与供给曲线的交点,与这一交点相对应的产量为均衡产量,也就是说,在这一交点下供给量与需求量相等,而与这一交点相对应的价格即均衡价格。

下面,我们把前述煤的需求曲线(见图 2.1)和煤的供给曲线(见图 2.9)都绘在同一坐标图(见图 2.15)中,从而说明煤的均衡价格是如何决定的。

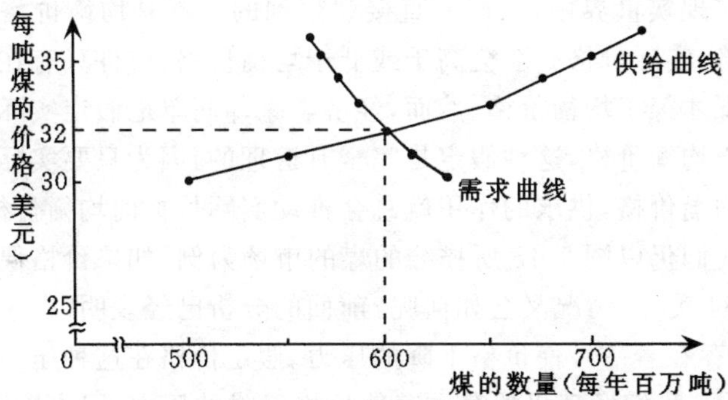


**图 2.15　煤的均衡价格和均衡数量(1990 年)**

如图 2.15 所示,假定价格为 34 美元,需求曲线表明市场需求量将为 5.8 亿吨,而供给曲线表明,市场供给量将为 6.75 亿吨,这样,煤的年供给量将大于年需求量,其过度供给(即剩余)将为 0.95 亿吨。在这种情况下,生产者将倾向于削减价格,以便处理掉多余的供给或非自愿的库存,这样,34 美元的价格便不会维持长久,因而不是均衡价格。

如果价格是 30 美元,情况则相反,这时的需求量将为 6.3 亿吨,而供给量将是 5 亿吨,也就是说,将出现 1.3 亿吨的过度需求或短缺。在这种情况下,供给者将发现提高价格是有利可图的,而买者之间的竞争也会抬高价格。这样,30 美元的价格便不会长久维持,因而它也不是均衡价格。

很明显,只有当煤的需求曲线与供给曲线相交时,与交点相对应的产量即 6 亿吨才为均衡产量,而与交点相对应的价格即 32 美元才为均衡价格。因为这时煤的供给量与需求量一致,32 美元是买卖双方都愿意接受而不愿意再改变的价格,因而是能够继续维持的价格。

## 二、均衡价格与实际价格

在现实世界中,人们所直接观察到的并不是均衡价格而是实际价格,实际价格一般会高于或低于均衡价格,或许只有在偶然的情况下才等于均衡价格。然而,经济学家却简单地假定实际价格会接近于均衡价格,这种假定是完全有道理的,因为只要实际价格偏离了均衡价格,供求的作用就总会推动实际价格向均衡价格移动。

我们仍以图 2.15 所描绘的煤的市场为例。如果价格偶然定在每吨 34 美元,情况又会如何呢?前面的分析已经表明,在这种情况下,将存在着一种使价格下降的压力。假定价格在这种压力下降为 33 美元,我们发现仍然存在着使价格下降的压力,因为按照 33 美元的价格,供给量还是大于需求量。

只要实际价格高于均衡价格,就总是存在着迫使价格下降的压力。同样地,只要实际价格低于均衡价格,又总是存在着促使价格上升的推力。这样,当实际价格偏离均衡价格时,就总是存在着实际价格向均衡价格移动或靠近的趋势。当然,实际价格向均衡价格的靠近有时需要很长时间,有时则永远不会接近均衡价格,因为一旦它快要接近均衡价格时,均衡价格又变化了。但无论如何,我们总是可以有把握地说,实际价格将移向均衡价格,而且,这一假定之所以有价值,是因为对许多经济活动的目的来说,所要求的不过是对价格运动的趋向作出预测。

## 三、均衡价格的变动：供求定理

如上所述，既然均衡价格是由供求水平或供求曲线共同决定的，那么很明显，均衡价格的变动也自然是由供求曲线的移动所引起的。关于引起供求曲线变动的原因，我们在前两节已分别作了分析，这里我们径直讨论供求曲线的移动对均衡价格（及均衡数量）的影响。

1. 需求曲线的移动对均衡价格的影响

在供给曲线不同的情况下，需求曲线的右移，会使均衡价格提高，使均衡数量增加，而需求曲线的左移，会使均衡价格下降，使均衡数量减少。[①] 这种需求曲线的移动对均衡价格及均衡数量的影响，称为需求变化效应。以图 2.16 为例。

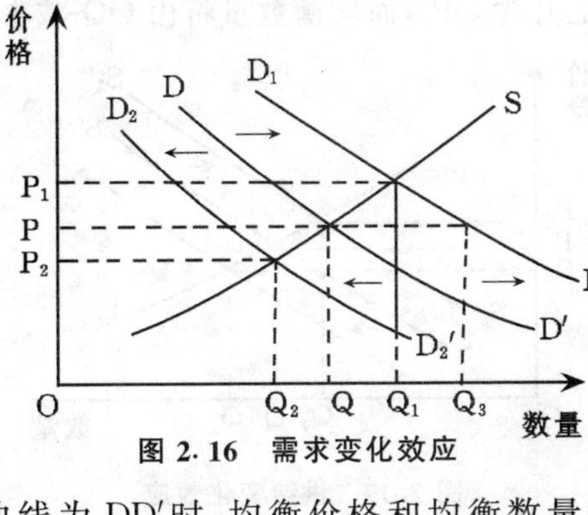


图 2.16 需求变化效应

当需求曲线为 DD′时，均衡价格和均衡数量分别为 OP 和 OQ，如果由于某种原因需求水平提高了，从而导致需求曲线向右移到 $D_1D_1'$，这时对应于 OP 价格，需求量会超过供给量，其缺口为 $(OQ_3-OQ)$。在这种情况下，供给者会提高其产品的价格，经过一定时期的调整后，价格将趋向于定在与新的均衡价格 $OP_1$ 相一致的水平上，而均衡产量趋向于定在 $OQ_1$ 上。

① 当然，这一结论是以供给曲线向右上方倾斜为假定前提的。

相反，如果需求曲线由原来的DD′向左移到$D_2D_2'$，则新的均衡价格和均衡数量将分别为$OP_2$和$OQ_2$。

2. 供给曲线的移动对均衡价格的影响

在需求曲线不变的情况下，供给曲线的右移，会使均衡价格下降，使均衡数量增加，而供给曲线的左移，则会使均衡价格提高，使均衡数量减少。[①] 这种供给曲线的移动对均衡价格及均衡数量的影响，称为供给变化效应。例如，从图2.17中可以看出，当供给曲线为SS′时，均衡价格和均衡数量分别为OP和OQ。如果由于某种原因供给水平提高了，从而导致供给曲线向右移到$S_1S_1'$，这时的均衡价格将由OP下降为$OP_1$，而均衡数量则由OQ增加为$OQ_1$。相反，如果供给曲线由原来的SS′向左移到$S_2S_2'$，那么，均衡价格将由OP上升为$OP_2$，而均衡数量将由OQ减少为$OQ_2$。

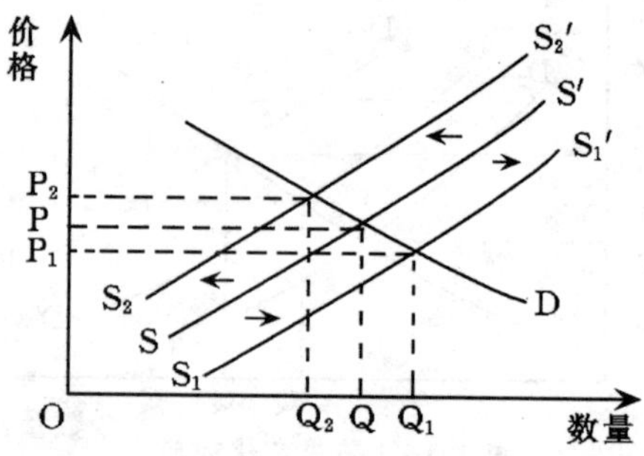


图2.17 供给变化效应

3. 供求定理

以上两方面的分析可以概括为两句话，即需求水平的变动引起均衡价格与均衡数量同方向变动；供给水平的变动引起均衡价格反方向变动，引起均衡数量同方向变动，这就是所谓的“供求定理”。当供给曲线和需求曲线同时发生变动时，我们亦可运用供求

① 这一结论同样是以需求曲线向右下方倾斜为假定前提的。

定理对这种变动的总效应加以分析，这里主要有以下 4 种情况：

(1)当需求曲线和供给曲线同时向右移动时，根据供求定理，均衡数量一定会增加，均衡价格则依据需求变化的效应是大于、等于或小于供给变化的效应而分别提高、不变或下降。

(2)当需求曲线和供给曲线同时向左移动时，根据供求定理，均衡数量一定会减少，均衡价格则依据供给变化的效应是大于、等于或小于需求变化的效应而分别会提高、不变或下降。

(3)当需求曲线向右移动而供给曲线向左移动时，根据供求定理，均衡价格一定会提高，均衡数量则依据需求变化的效应是大于、等于或小于供给变化的效应而分别会增加、不变或减少。

(4)当需求曲线向左移动而供给曲线向右移动时，根据供求定理，均衡价格一定会下降，均衡数量则依据供给变化的效应是大于、等于或小于需求变化的效应而分别会增加、不变或减少。

## 第四节　均衡价格模型的应用

通过以上三节的分析，我们建立了一个简单的均衡价格模型。本节则试图运用这一模型来分析政府的有关税收政策和价格政策对价格的影响。

### 一、货物税对价格的影响

货物税是政府对某些特殊商品开征的税种。这里我们以烟税为例，来分析征收货物税对价格的影响，从而说明税收最终是由谁来负担的。

图 2.18 所描绘的是卷烟市场的供求状况，[①] 其中 DD′ 为卷烟

---

① 虽然在现实经济中，卷烟市场是不完全竞争的，但为简化起见，这里假定它是完全竞争的。

的需求曲线，SS′和 SrSr′分别为征税前和征税后的卷烟的供给曲线。该图表明，在征税前，每包烟的价格为 60 美分，均衡产量为 5000 万包。如果每生产和销售一包烟要征税 20 美分，那么，供给曲线就会向上移到 $S_TS_T'$，就意味着卷烟的税后价格必须比原来高出 20 美分即达到每包 80 美分，卖者才愿意向市场提供原来的 5000 万包的产量。这是因为货物税是直接从卖者那里征收的，而为了在税后提供与税前相同的产量，卖者要求每包烟加价 20 美分。

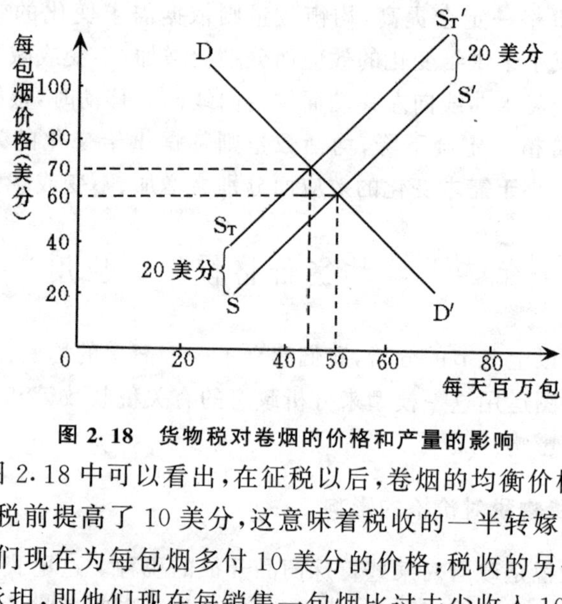


**图 2.18　货物税对卷烟的价格和产量的影响**

从图 2.18 中可以看出，在征税以后，卷烟的均衡价格变为 70 美分，比税前提高了 10 美分，这意味着税收的一半转嫁给了吸烟者，即他们现在为每包烟多付 10 美分的价格；税收的另一半则由生产者承担，即他们现在每销售一包烟比过去少收入 10 美分（因为在 70 美分的价格中，必须扣除 20 美分税收）。

在现实经济中，货物税在多大程度上是由消费者或卖方承担的，这将取决于需求的价格弹性和供给的价格弹性的大小。

一般地说，在供给曲线保持不变的情况下，需求的价格弹性越小，则货物税转嫁到消费者身上的部分就越大。如图 2.19*a* 所示，当市场需求曲线分别为 $D_1D_1'$ 和 $D_2D_2'$ 时，因为前一个市场的需求的价格弹性大于后一个市场，所以其税后的均衡价格（$OP_1$）也就相应地低于后一个市场的税后均衡价格（$OP_2$），这意味着在前一种情况下消费者所负担的货物税低于后一种情况。

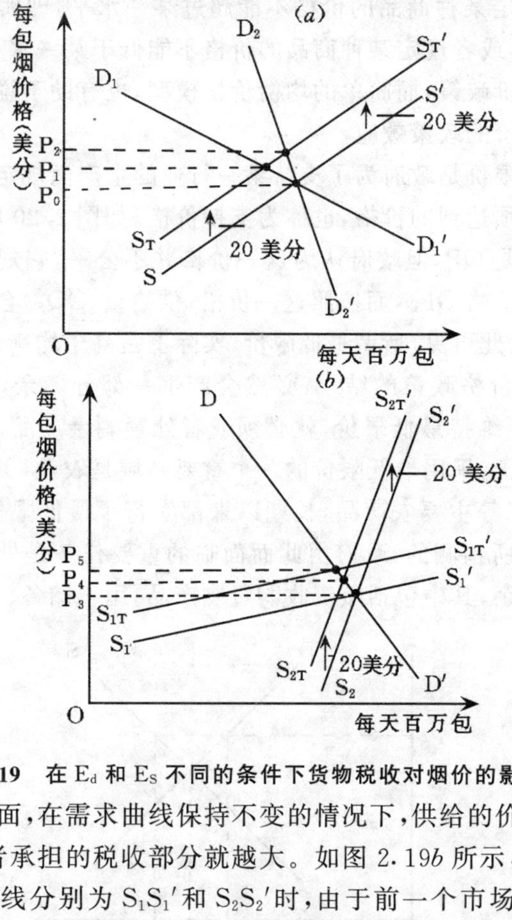


**图 2.19　在 $E_d$ 和 $E_S$ 不同的条件下货物税收对烟价的影响**

另一方面，在需求曲线保持不变的情况下，供给的价格弹性越小，由生产者承担的税收部分就越大。如图 2.19*b* 所示，当两个市场的供给曲线分别为 $S_1S_1'$ 和 $S_2S_2'$ 时，由于前一个市场供给的价格弹性大于后一个市场，所以，其税后的均衡价格（$OP_5$）高于后一个市场税后的均衡价格（$OP_4$），这就意味着在前一种情况下生产者所承担的税收部分小于后一种情况。

## 二、最低限价和最高限价对经济活动的影响

我们知道，西方国家的政府常常借助于价格政策干预市场，它们或者规定某种商品的价格不能超过某一水平，即实行所谓最高限价政策，或者规定某种商品的价格不能低于某一水平，即实行所谓最低限价政策，而简单的均衡价格模型，也有助于说明最高限价和最高限价的政策效应。

最低限价是政府为了支持某一行业的生产而规定的该行业产品最低必须达到的价格，也称为支持价格。如图 2.20 所示，商品的均衡价格是 OP，但政府认为这一价格并不公平，它规定了一个最低限度的价格 $OP_m$，而按照这一价格，供给量($OQ_S$)会超过需求量($OQ_D$)。由此可见，所谓最低限价，实际上是高于均衡价格的价格，实行这一价格政策的结果，必然会产生一部分剩余，在这种情况下，政府要维持最低限价，就必须或者处置剩余产品，或者限制生产。在美国，采用最低限价的一个重要领域是农业，美国政府对于小麦、玉米等主要农产品，长期以来都实行了最低限价，但正如上述的模型所预测的，政府由此而面临的重要任务是处理或限制农产品的剩余，其中包括负责收购过剩产品，用于储备、出口或外援。

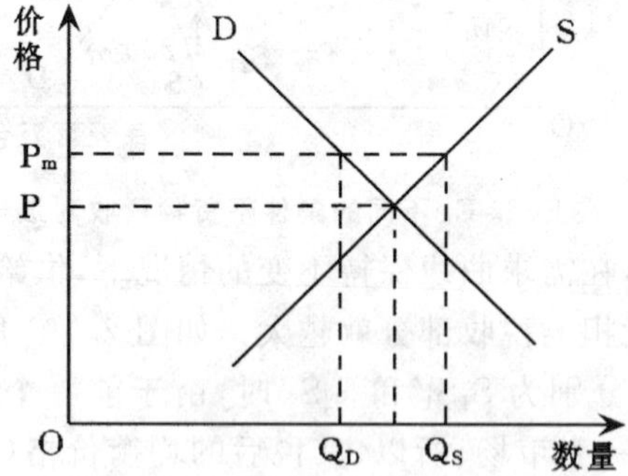


图 2.20 最低限价的影响

最高限价是政府为限制某些商品价格上涨而规定的这些产品不得超过的最高价格。如果说最低限价政策是保护生产者利益的，那么，最高限价政策则是保护消费者利益的。如图 2.21 所示，尽管均衡价格是 OP，但因为政府不想让商品的价格达到其均衡水平，它定了一个最高限价 $OP_n$，在这一价格下，需求量（$OQ_D$）超过供给量（$OQ_S$）。由此可见，所谓最高限价实际上是低于均衡价格的价格，实行这种价格，会造成商品的短缺，政府要想在该商品的许多买者之间分配这一有限的供给量，就要采用某种配给制。而在这种情况，黑市交易通常就会发展起来，即实行最高限价的商品常常以高于法定最高限价的价格非法出售。美国在第二次世界大战期间，就曾对每个家庭可以购买的各种商品及其数量作了规定，而在最近几十年中，又对天然气价格实行了最高限价。但正如以上的模型所预测的，由最高限价产生的一个重要问题是解决接踵而来的商品短缺。

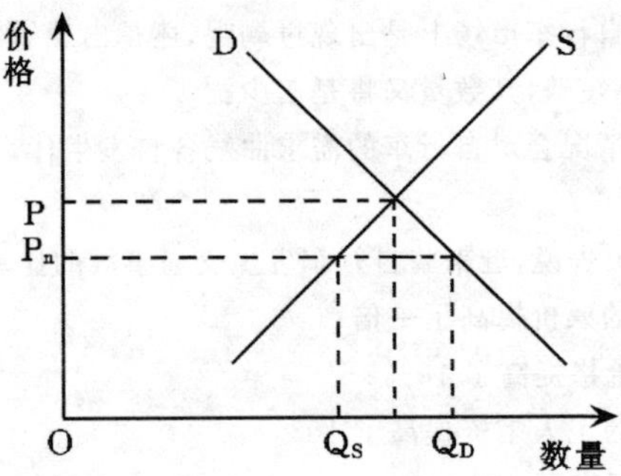


图 2.21　最高限价的影响

**复习思考题**

1. 解释下列概念，并注意它们之间的区别：需求、需求表和需求曲线、需求定理、需求函数、需求量（的变化）和需求水平（的变化）、需求的价格弹性、需求的收入弹性、需求的交叉价格弹性、价格预期弹性、供给、供给表和供给曲线、供给定理、供给函数、供给量(的变化)和供给水平(的变化)、供给的价格弹性、均衡价格和实际价格。

2. 假定在一定时期内美国自行车的供求表如下所示：

| 自行车价格<br>(美元/辆) | 需求量<br>(百万辆/年) | 供给量<br>(百万辆/年) |
|---|---|---|
| 60 | 22 | 14 |
| 80 | 20 | 16 |
| 100 | 18 | 18 |
| 120 | 16 | 19 |

(1)试计算当价格处于 80 美元～100 美元时需求的价格弧弹性。

(2)试计算当价格处于 100 美元～120 美元时供给的价格弧弹性。

(3)每辆自行车的均衡价格是多少？如果价格是 80 美元，会出现过剩，还是会出现短缺？如果价格为 120 美元，情况又会如何？

(4)假如每辆自行车要缴纳 40 美元税金，那么，自行车的税后均衡价格和均衡数量各是多少？税金的多大部分将由消费者承担？

(5)如果政府在对自行车征税的同时，又规定每辆自行车的价格不得超过 100 美元，这时自行车市场上是出现过剩呢，还是出现短缺？如果过剩，其数量为多少？如果短缺，其数量又将是多少？

(6)下列几种情况会对自行车的需求曲线各自发生什么影响(左移、右移或不变)？

a. 交通部的报告说，近来骑自行车发生交通事故的比率明显提高；

b. 公共汽车的票价提高了一倍；

c. 自行车的价格提高了 10%；

d. 自行车厂的工人工资提高了 10%；

e. 人均收入提高了 20%。

# 第三章　消费者行为

在第一章导论中我们曾指出，微观经济学是研究单个经济决策单位的行为，而消费者是这些决策单位中的一个重要部分。①本章的任务就是要建立有关消费者行为的模型，阐明消费者行为或购买的各种商品的数量达到均衡时的条件，从而进一步论证上一章所叙述的需求曲线是根据什么推导出来的，从这个意义上说，本章的研究是上一章有关需求（特别是需求曲线）分析的继续。

## 第一节　基数效用分析

微观经济学中的消费者行为理论，是以效用论为基础的。由于西方经济学家把效用区分为基数效用和序数效用，所以，有关消费者行为的分析，通常也是分别以基数效用和序数效用为基础而展开的，而这两种分析得出的结论是可以统一起来的。本节首先介绍基数效用分析，下一节再介绍序数效用分析。

### 一、效用和效用函数

所谓效用是指消费者从消费某种商品或商品组合中所得到的欲望的满足程度，它一方面取决于商品或劳务是否具有满足人们

① 应该注意的是，作为单个经济决策单位的消费者可能是个人（比如，类似于去饭馆就餐或去理发馆理发的决策，就是由单个人作出的），也可能是家庭（比如，像购买住宅或汽车的决策，就常常是由家庭作出的）。

某种欲望的能力，另一方面又依存于消费者是否具有该种欲望以及对满足程度的主观感受。

主张效用的大小像物体的轻重及长短一样，是可以用基数(1，2，3，…)来衡量并加总求和的(计量效用大小的单位叫做效用单位)，这就是基数效用论。19世纪经济学家(特别是英国的杰文斯、奥地利的门格尔、法国的瓦尔拉斯等人)就都坚持这种观点。按照这种观点，比如假定一杯咖啡给你提供的效用为4单位，一杯牛奶给你提供的效用为2单位，那么，就可以明确无误地说，一杯咖啡的效用比一杯牛奶的效用大2单位，或者前者的效用是后者效用的两倍。

效用量随着消费者所消费的商品量的变化而变化，效用函数所表示的就是这两个变量之间的关系。设效用量为U，消费者消费n种商品，每种商品的消费量为q，则效用函数为：

$$U=f(q_1,q_2,q_3,\cdots,q_n) \tag{3.1}$$

## 二、总效用和边际效用：边际效用递减规律

商品的效用分为总效用和边际效用。总效用是指消费者在一定时间内消费一定量某种商品或商品组合所得到的总的满足。边际效用是指消费者在所有其他商品的消费水平保持不变时，增加消费一单位某种商品所带来的满足程度的增加，也就是指增加一单位某种商品的消费所引起的总效用的增加。如果用TU表示总效用，用MU表示边际效用，则：

$$MU=\frac{\Delta TU}{\Delta Q_x} \tag{3.2}$$

公式(3.2)表示消费者在保持其他商品的消费水平不变的情况下，从增加1单位商品x的消费所得到的边际效用，而第n单位的MU等于n单位商品的TU减去(n—1)单位商品的TU。

一般地说，消费者从消费2单位某种商品比如说x所得到的

TU 要多于消费 1 单位商品 x 所得到的 TU，而消费 3 单位商品 x 所得到的 TU 要大于 2 单位商品 x 的 TU，这就是说，随着商品 x 的消费量的增加，TU 也增加，但 TU 的增加会呈现出递减的趋势，如表 3.1 所示。

**表3. 1　总效用与边际效用**

| 食品消费量（磅/每天） | *TU* | *MU* |
|---|---|---|
| 0 | 0 | |
| 1 | 8 | 8(=8−0) |
| 2 | 18 | 10(=18−8) |
| 3 | 26 | 8(=26−18) |
| 4 | 32 | 6(=32−26) |
| 5 | 36 | 4(=36−32) |
| 6 | 38 | 2(=38−36) |
| 7 | 38 | 0(=38−38) |

从表 3.1 中可以看出，随着食品消费量的增加，TU 也在增加，但当食品的消费量达到 2 磅以后，增加的 TU 即 MU 是递减的。西方经济学家把边际效用的这种变化趋势，称为边际效用递减规律。这一规律表明：在其他商品的消费保持不变的情况下，随着消费者对某种商品的消费量的增加，其边际效用最终将趋向下降。如果根据表 3.1 中的数字绘制出 TU 和 MU 曲线，则上述规律的直观性就更为明显。

图 3.1*a* 中的 TU 曲线表示消费量与总效用之间的关系，图 3.1*b* 中的 MU 曲线则表示消费量与边际效用之间的关系。实际上，如果我们假定消费量可以取非常小的单位，图形上的锯齿就可以抹平，从而使 TU 曲线和 MU 曲线接近于平滑连续的曲线，而每一消费量的 MU 实际上是对应于该消费量的 TU 曲线上的斜率。

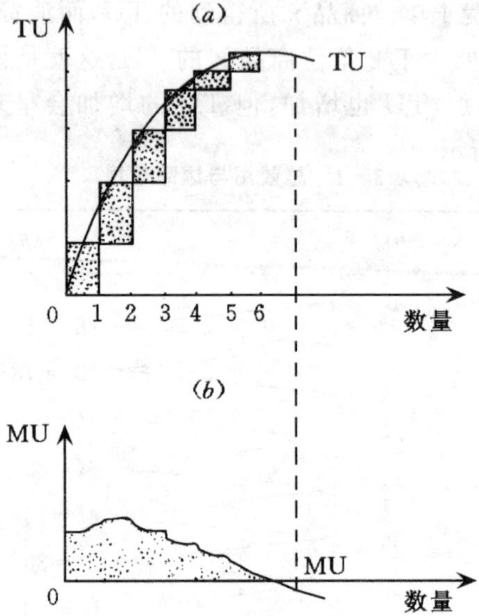


**图 3.1　边际效用与总效用**

从图 3.1 可以看出，在消费量扩大的最初阶段，TU 曲线的斜率是逐渐增大的，这也就意味着 TU 是按越来越大的幅度增加的，或者说，这时的 MU 是递增的。在现实生活中，并不难找到这种例子。比如，对于一个刚刚完成了繁重的工作而开始休假的人来说，最初几天的闲暇所带来的 MU 可能是递增的；而对于一个家庭来说，若其家庭成员对电视节目的选择有不同的偏好，那么，两台电视机比一台电视机所带来的 MU 也可能要大些。

当消费量的增加超过一定点后，MU 曲线上的斜率会逐渐变小，这意味着 TU 增加的幅度在减小，或者说，这时的 MU 处于递减阶段。如图 3.1 所示，消费者消费第 3 磅食品所增加的满足程度就小于消费第 2 磅食品所增加的满足程度。

当 TU 曲线的切线为水平时，也就是说其斜率为零时，MU＝

0,TU 为最大,这意味着消费者对某种物品的消费达到了饱和点。如果消费量超过了这一点,MU 为负,TU 开始下降,这意味着该商品已变成坏东西或令人讨厌的东西,对它的消费已不再是一种享受,而是一种痛苦。比如,对于喜欢养猫的人来说,两只猫带来的乐趣可能大于一只,但第三只或第四只猫恐怕就不再受欢迎了。

## 三、消费者均衡的原则

消费者行为理论所要阐述的核心问题是消费者均衡的原则。所谓消费者均衡指的是一个有理性的消费者所采取的均衡购买行为。我们说消费者是有理性的,只是假定他是追求效用最大化的,至于他可能是一个酒鬼、或者是一个赌徒、或者是一个禁欲主义者,那无关紧要。进一步说,所谓消费者均衡,指的是保证消费者实现效用最大化的均衡购买行为。

### 1. 消费者均衡的制约条件

正如本书第一章曾经指出的,人的需要或欲望是无限的,而满足需要的手段是有限的,所以,微观经济学所说的效用最大化只能是一种有限制的效用最大化,这种限制的因素就是各种商品的价格和消费者的货币收入水平。

商品的价格就是消费者对每一单位商品所必须支付的货币量,商品的价格越高,能用一定量货币所购买的商品的数量就越少,这是显而易见的。而消费者的货币收入就是每单位时间内所能支付的货币量。很显然,如果一个消费者的货币收入是无限的,他就会购买他所喜欢的任何商品组合,而根本不必担心其价格会多么昂贵。但是,在现实世界中,任何人的货币收入都是有限的,因此,任何人的购买能力都受到其收入水平的限制。

以上两个因素限制了消费者所能购买的商品的种类和数量,从而构成了消费者均衡的制约条件。假定消费者只消费 x 和 y 两种商品,则上述制约条件可用公式表示为:

$$I=P_x \cdot Q_x+P_y \cdot Q_y \tag{3.3}$$

公式(3.3)中的 I 表示消费者的货币收入,$P_x$ 和 $P_y$ 分别为商品 x 和商品 y 的价格,而 $Q_x$ 和 $Q_y$ 分别为商品 x 与商品 y 的购买量。该公式表明,消费者购买各种商品的支出不能超过其收入,因为超过收入的购买是不能实现的;但也不能小于其收入,否则就达不到既定收入下的效用最大化。

2. 消费者均衡的原则

那么,什么是在上述条件制约下使效用最大化的最佳商品组合呢?这就是当消费者把全部收入用于购买各种商品时,他从所购买的每一种商品所得到的边际效用与其价格的比例都相同,这样的商品组合就是最佳的或均衡的商品组合。例如,当消费者的选择只限于商品 x 和商品 y 时,消费者均衡的原则或实现最佳商品组合的条件是:

$$\frac{MU_x}{P_x}=\frac{MU_y}{P_y} \tag{3.4}$$

公式(3.4)中的 $P_x$ 和 $P_y$ 分别为商品 x 和商品 y 的价格,$MU_x$ 和 $MU_y$ 分别为商品 x 和商品 y 的边际效用。

实际上,$MU_x/P_x$ 是消费者购买的最后一美元的商品 x 所提供的边际效用,而 $MU_y/P_y$ 是消费者购买的最后一美元商品 y 所提供的边际效用。这是因为,既然 $MU_x$ 是所购买的最后一单位商品 x 所提供的额外效用,而 $P_x$ 是这最后一单位商品 x 的价格,所以,最后一美元商品 x 的额外效用必定是 $MU_x/P_x$。例如,假定最后一单位商品 x 提供 4 单位额外效用,而这最后一单位商品 x 的价格为 2 美元,那么,从最后一美元商品 x 得到的额外效用或边际效用一定是 4/2 或 2 单位。以上关于 $MU_x/P_x$ 所作的解释同样适用于 $MU_y/P_y$。

既然 $MU_x/P_x$ 和 $MU_y/P_y$ 分别表示最后一美元商品 x 和最后一美元商品 y 所提供的边际效用,所以,公式(3.4)实际上是说明,一个有理性的消费者将购买这样一种商品组合,其中他花费在每一种商品上的最后一美元所提供的边际效用都是相同的。所谓消费者均衡的原则或预算分配原则就是指,在消费者花掉其全部收入的情况下,使花费在每一种商品上的最后一单位货币所提供的边际效用都相等。

如果 $MU_x/P_x > MU_y/P_y$,这意味着花在商品 x 上的最后一单位货币所提供的边际效用大于花在商品 y 上的最后一单位货币所提供的边际效用,在这种情况下,减少 1 美元商品 y 的购买而增加 1 美元商品 x 的购买,会使消费者的总效用增加。

如果 $MU_x/P_x < MU_y/P_y$,正好与上述情况相反,在这种情况下,减少 1 美元商品 x 的购买而同时增加 1 美元商品 y 的购买,会使消费者的总效用增加。

只要 $MU_x/P_x \neq MU_y/P_y$,上述两种过程就会持续下去,直到 $MU_x/P_x = MU_y/P_y$ 时为止,这时消费者在一定预算的约束下所能得到的效用或满足最大,他没有必要再进一步改变购买行为,因而处于均衡状态。①

下面以表 3.2 为例,具体说明为什么上述原则是正确的。

**表 3.2 消费者在每天消费的各种数量的商品 x 和商品 y 中得到的边际效用**

| 花在每种商品上的货币量(美元) | 每 1 美元商品 x 所提供的 MU | 每 1 美元商品 y 所提供的 MU |
|---|---|---|
| 1 | 9 | 4 |
| 2 | 7 | 3 |
| 3 | 4 | 2 |
| 4 | 3 | 1 |
| 5 | 2 | 0 |

如果一个消费者每日可支配的收入只有 4 美元,那么,根据表

① 参见附录 I [4]。

3.2 的假定，他将如何在商品 x 和商品 y 之间分配这 4 美元以取得最大效用呢？显而易见，他将把第一块美元花在商品 x 上，因为这将使他获得 9 单位的边际效用。他的第二块美元也应花在商品 x 上，因为第二块美元花在商品 x 上能提供 7 单位边际效用。至于第三块美元既可以花在商品 x 上，也可以花在商品 y 上，因为这二者提供的边际效用都是 4 单位。如果他把第三块美元花在了商品 x 上，那么，第四块美元即最后一美元就应该花在商品 y 上，因为这将为他提供 4 单位边际效用。这样，他从 4 美元的花费中所得到的总效用为 9＋7＋4＋4＝24 单位。

显然，一个有理性的消费者将把他的 3 美元花在商品 x 上，1 美元花在商品 y 上，这 3 美元的商品 x 和 1 美元的商品 y 就是均衡的商品组合，或者说是能使消费者获得最大限度满足的商品组合。这一商品组合完全符合公式(3.4)所表达的消费者均衡原则或预算分配原则，因为在这里，消费者花费在商品 x 上的最后一美元货币所提供的边际效用等于花费在商品 y 上的最后一美元货币所提供的边际效用(如上所述，二者都是 4 单位)。同样容易证明，如果消费者的预算分配不符合上述原则，比如说，他把最后一美元花在了商品 x 上，从而由 4 美元支出中所得到的总效用为 9＋7＋4＋3＝23 单位，那么，这意味着他没有实现效用最大化，因为他从花费在商品 x 上的最后一美元所得到的 MU(＝3 单位)小于若将这一美元花费在商品 y 上所得到的 MU(＝4 单位)。在这种情况下，他减少 1 美元商品 x 的购买从而相应地增加 1 美元商品 y 的购买，无疑会使他的总效用增加以致达到最大限度的满足。

以上关于 x 和 y 两种商品所说的，同样适用于多种商品。假定消费者将在 n 种商品中作出选择，则消费者均衡的原则可表达为：

$$\frac{MU_1}{P_1}=\frac{MU_2}{P_2}=\frac{MU_3}{P_3}=\cdots=\frac{MU_n}{P_n} \qquad (3.5)$$

### 四、等边际原理

以上所论述的消费者均衡的原则，实际上是等边际原理的具体运用。所谓等边际原理是说，假定某种资源具有多种用途，而且随着在任何一种用途上所分配的该资源的数量的增加，其边际利益（或者表现为边际效用、边际产品、边际收益产品）最终呈现递减的趋势，那么，任何决策者如果这样来配置该种资源，以至使在每一种用途上的边际利益都相等，他就能从数量既定的该种资源中得到最大的利益。

图 3.2 说明了等边际原理的一种特殊形式，即等边际效用原理。这里假定某种商品只有 A、B 两种用途，用途 A 的边际效用曲线与用途 B 的边际效用曲线相比，距纵轴较远，与纵轴的交点也较高，这表明该商品在用途 A 上的任何使用量的边际效用都大于在用途 B 上的同等使用量的边际效用。

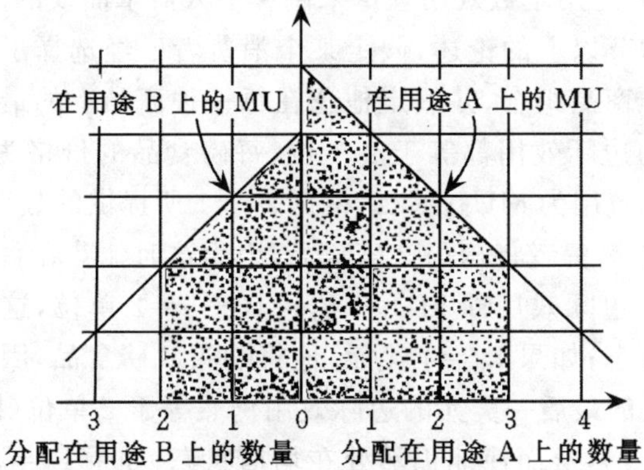


**图 3.2　等边际效用原理**

假定消费者拥有 5 单位该商品，那么，最佳的配置是将 3 单位分配到用途 A 上，将 2 单位分配到用途 B 上，因为这种配置使分配到 A、B 两种用途上的最后一单位商品的边际效用都相等，从而使消费者从 5 单位商品的消费中所获得的总效用(图 3.2 中的阴影面积)为最大。而对这种配置的任何变动都会使总效用减少。

读者将不难运用上述等边际原理,来说明如何把有限的时间分布在考试前各门功课的复习中,以便使总成绩最高;或者运用等边际原理来说明如何把周末这一段宝贵的时间分别用于各种娱乐和消遣,以便获得最大限度的满足。

**五、个人需求曲线的推导**

上一章曾介绍了需求曲线及其特点,指出需求曲线一般是向右下方倾斜的,并由此引申出需求定理,即需求量的变动与价格的变动方向相反。但是,在那里并没有说明需求曲线为什么会向右下方倾斜,或者说,并没有阐明需求定理的根据是什么。而微观经济学研究消费者行为的目的,恰恰是为了说明需求曲线是根据什么推导出来的。因为个人需求曲线是构成市场需求曲线的基础,所以,这里首先运用基数效用理论来阐释个人需求曲线的由来。

根据本节以上的论述,假定某个消费者已经选择了包括食品在内的最佳商品组合,并假定他花在每一种商品上的最后一美元给他带来的边际效用都等于 2 单位,每磅食品的价格为 $P_F$,每磅食品的边际效用为 $MU_F$,那么,根据表 3.1 所提供的数字,如果 $P_F=5$ 美元,该消费者将购买 2 磅食品,因为这时他花在食品上的最后一美元的边际效用即 $MU_F \div P_F=10 \div 5=2$ 单位,这使他仍然处于均衡状态;如果 $P_F=4$ 美元,他将购买 3 磅食品,因为这时他花在食品上的最后一美元的边际效用仍然等于 2 单位(即 $MU_F \div P_F=8 \div 4=2$),从而使他仍然处在均衡状态;如果 $P_F=3$ 美元,他为了实现效用最大化,将购买 4 磅食品,因为这时他花在食品上的最后一美元的边际效用仍等于 2 单位(即 $MU_F \div P_F=4 \div 2=2$)。运用同样的方法,我们可以证明当 $P_F=2$ 美元时,他将购买 5 磅食品;当 $P_F=1$ 美元时,他将购买 6 磅食品。将上述分析用坐标图表示出来，我们便可得到该消费者有关食品的需求曲线，它实际上是由食品的边际效用曲线推导出来的。

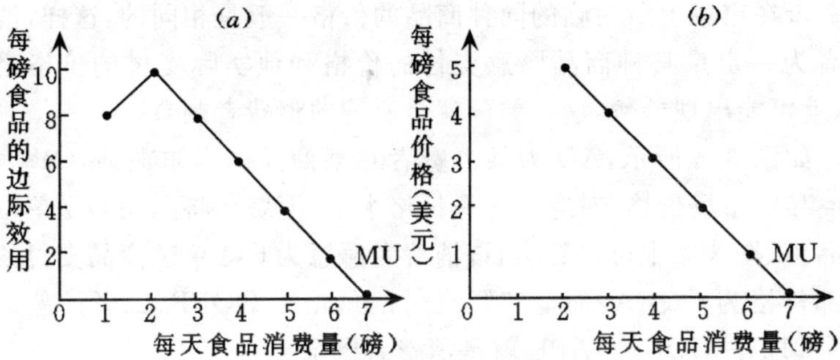


**图 3.3　个人需求曲线的推导**

图 3.4*a* 表示的是消费者有关食品的边际效用曲线，它是根据表 3.1 绘制的，除座标比例不同外，它与图 3.1*b* 完全一样。图 3.3*b* 表示的是上述消费者对食品的需求曲线，它与图 3.3*a* 中的 MU 轴线形状相同，只不过它不包括 MU 递增的那一段。

从以上的分析可以得出三条结论：(1)这里的需求曲线是以基数效用为基础的，它之所以向右下方倾斜，这是由边际效用递减规律所决定的。就是说，由于随着商品消费量的增加，其边际效用递减，所以，消费者为增加的商品所愿意支付的货币价格越来越低。或者说，只有当价格下降时，消费者才愿意购买较多的商品，以使之满足程度较低的需要，这就是所谓需求定理的根据。(2)需求曲线表示在不同的价格下消费者愿意和能够购买的商品量，它实际上是用消费者愿意支付的货币来表示他用货币所换来的商品的边际效用。(3)需求曲线上的每一点都表示在不同价格水平下使消费者获得最大满足的均衡点。

## 六、消费者剩余

如上所述，由于消费者消费不同数量的同种商品所获得的边际效用是不同的，所以，他对不同数量的同种商品所愿意支付的价格也是不同的。撇开价格歧视不说（本书第六章将对此加以论述），消费者在市场上所面临的同种商品的价格一般是相同的，这样，消费者为一定量某种商品愿意支付的价格和他实际支付的价格之间，就可能出现差额，这一差额就是所谓的消费者剩余。

如图 3.4 所示，AD 为某消费者对某商品的需求曲线，OP 为该商品的市场价格，对应于这一价格水平，消费者将购买 OQ 单位商品。从图 3.4 中可以看出，该消费者愿意为 OQ 单位商品支付的全部价格为 OQEA，而他实际支付的价格为 OQEP，二者的差额即 OQEA－OQEP＝APE 就是消费者剩余。

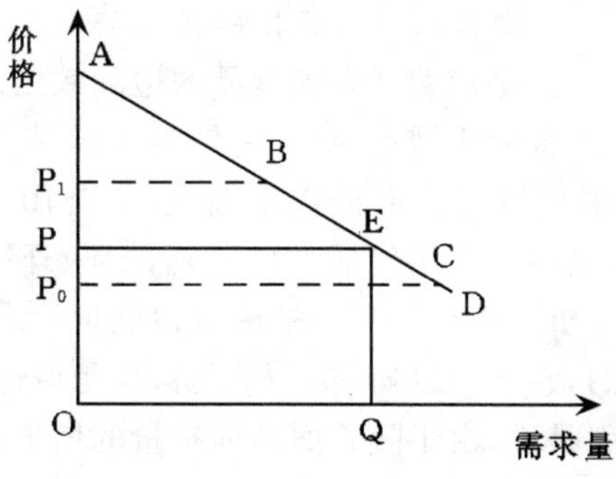


**图 3.4　消费者剩余**

通常，当一种商品或劳务，特别是公用事业服务的价格上涨或下降时，消费者就感到受到了损失或得到了好处，这里所说的受损或受益，就是指消费者剩余的减少或增加。仍以图 3.4 为例，假如商品价格由 OP 上升为 $OP_1$，消费者剩余就由原来的 APE 减少为 $AP_1B$；如果价格由原来的 OP 下降为 $OP_0$，则消费者剩余就由原来的 APE 增加为 $AP_0C$。

## 第二节　序数效用分析

上一节介绍了以基数效用论为基础的消费者行为理论，这一节所要讨论的是以序数效用论为基础的消费者行为理论。

### 一、序数效用论的基本内容

与基数效用论不同，20 世纪的大多数经济学家（以帕累托、希克斯等人为代表）则认为，效用只能用序数（即第一、第二、第三等）来度量，就是说，消费者只能根据各种商品组合给予他的满足程度顺序加以排列，而不能确切地说出各种商品组合的效用到底是多大。比如，你可以肯定地说在一杯茶、一杯咖啡和一杯牛奶之间，你最喜欢一杯茶，其次是一杯咖啡，再次是一杯奶，从而表明一杯茶的效用高于一杯咖啡，一杯咖啡的效用高于一杯奶，但你并不能说明或不必说明在这三杯饮料中，茶的效用究竟比咖啡大多少，而咖啡的效用又比牛奶大多少。因为无论这三杯饮料的效用分别为 5、4、2 还是分别为 9、7、5，都无关紧要，反正这两组数字都符合上述序列，这就是序数效用论。

序数效用论所假定的条件不像基数效用论那样严格。按照序数效用论的观点，消费者不能也不必说出上述三杯饮料的效用各是多少，他只需对这三杯饮料的效用大小加以排列，从而在价格相同的情况下选择效用最大的那一杯就行了。

现代经济学家一般都假定效用是以序数来度量的，但这并不意味着以基数效用为假定前提的消费者行为理论是错误的。如果消费者能够用基数来度量各种商品组合的效用，从而以此来表示其偏好，那么，本章第二节所介绍的理论就仍然是正确的，而且应该加以利用。但是，如果消费者不能用基数效用来表达其偏好的性质，那就要求有一种以序数效用论为基础的消费者行为理论。当然，序数效用论本身也有缺陷。在20世纪30年代，希克斯等经济学家曾竭力夸大序数效用与基数效用之间的差别，但后来的研究实际上缩小了这种差别。比如，假定消费者在A、B之间更偏爱A，在B、C之间更偏爱B，但如果他在A、B之间作出选择的难度大于在B、C之间的选择，这似乎可以认为A与B之间的基数效用的差别小于B与C之间的基数效用差别。换句话说，假定消费者在70%的情况下宁可要A而不要B，而在90%的情况下选择B而不是C，这似乎仍表明A、B之间的效用差别小于B、C之间的效用差别。

总之，在现代经济理论中，基数效用论与序数效用论同时存在，并且是和平共处的。尽管本节所介绍的以序数效用论为基础的消费者行为的模型是目前占主导地位的模型，但它与上一节所叙述的模型并不矛盾，如果假定既存在着基数效用，又存在着序数效用，那么前面那个模型可以看作是这里将要介绍的模型的特例。

## 二、消费者偏好的性质

很显然，决定消费者行为的最重要的因素之一是消费者的偏好。例如，在现实生活中，有些人喜欢读莎士比亚的作品，有些人则更欣赏巴尔扎克的小说；有些人喜欢听古典音乐，有些人则偏爱流行歌曲，这些不同的偏好无疑会导致消费者对商品或劳务的购买作出不同的决策。通常对消费者偏好的性质作出三个基本假定。

第一，消费者能够对任意两种物品的任意数量的组合确定其偏爱程度。例如，消费者面临着A、B两种商品组合，商品组合A包括2单位食品和3单位药品，商品组合B包括3单位食品和2单位药品。经济学家假定消费者能够确定他是更喜欢商品组合A呢，还是更喜欢商品组合B，或者对这两种组合抱无所谓的态度，即认为它们没有差别。判断消费者对两种商品组合的偏爱程度的方法，是将这两种商品组合标上相同的价格，然后问消费者究竟要哪一种。

第二，消费者偏好具有传递性。例如，假定一个消费者在A、B两种商品组合中更偏爱商品组合A，而在B、C两种商品组合中更偏爱商品组合B，那么，他对商品组合A的偏好一定大于商品组合C。如果他对A和B偏好没有差别，对B和C的偏好也没有差别，那么，同样可以判定他对A与C的偏好没有差别。假如不是这样，那他的偏好是不可传递的，那将意味着他的偏好是矛盾的或不一致的。

第三，在所含商品数量较多的商品组合（如2单位食品和4单位药品）和所含商品数量较少的商品组合（如2单位食品和3单位药品）之间，消费者总是宁可要前者而不要后者。当然，这一假定是以消费者对这些商品的消费都尚未达到饱和状态为前提的，或者说是以这些物品对消费者来说都是“好东西”而不是“坏东西”或令人讨厌的东西为前提的。

以上三个基本假定，一般地说是符合消费者偏好性质的，是可以接受的。

## 三、无差异曲线

序数效用论的主要分析工具是无差异曲线，所以，对消费者行为的序数效用分析也叫做无差异曲线分析。

### 1. 无差异曲线的定义

所谓无差异曲线就是表示能给消费者带来同等程度满足的两种商品的不同数量组合的点的轨迹。如图3.5所示，图中的横轴表示商品x的数量，纵轴表示商品y的数量，如果曲线$U_1$的各点，比如说A、B、C、D、E点所各自代表的商品x和商品y的各种组合给某消费者带来的满足程度都是一样的，那么，该曲线就是一条无差异曲线。在曲线$U_1$上，A、B、C、D、E等点代表着商品x和商品y的不同组合，但在该消费者看来，这些不同的商品组合都能给他带来同样的满足，他究竟是选择A还是选择B、C、D、E等商品组合是无所谓的。所以，曲线 $U_1$ 被称为无差异曲线。因为同一条无差异曲线上的每一个点所代表的商品组合所提供的总效用是相等的，所以无差异曲线也叫做等效用线。

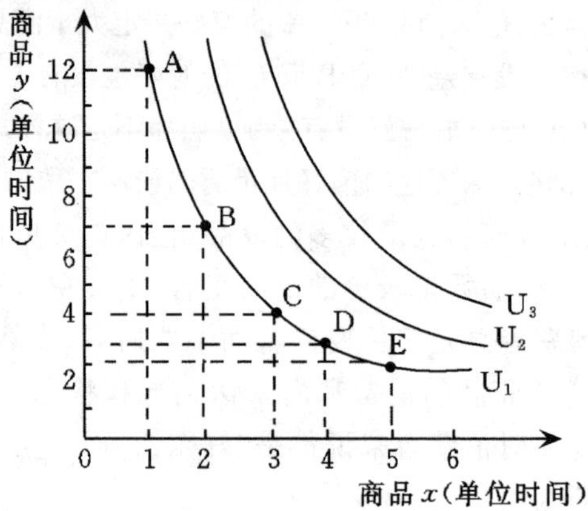


**图 3.5　无差异曲线**

图 3.5 中的 $U_2$ 和 $U_3$ 表示该消费者的另外两条无差异曲线，因为这两条曲线上的每一个点都分别代表着含有较多商品 x 或商品 y 的各种组合，所以，根据前述有关消费者偏好性质的第三个基本假定，它们都分别代表着较高的满足水平或效用水平。实际上，我们可以在同一个坐标图上，根据消费者的偏好，画出一系列代表不同满足水平的无差异曲线，这具有一系列无差异曲线的图被称为无差异曲线图。

不同消费者的无差异曲线图，反映着他们不同的偏好。如图 3.6 所示，消费者 A 的无差异曲线相对于消费者 B 的无差异曲线来说比较陡峭，这意味着若同样减少一单位商品 x，要保持原来的满足程度不变，消费者 A 需要增加的商品 y 的数量要大于消费者 B。从这一点来看，相对于商品 x 而言，商品 y 对消费者 A 不如对消费者 B 重要，或者说，在 x 和 y 两种商品之间，消费者 A 比消费者 B 更偏爱商品 x，消费者 B 比消费者 A 更偏爱商品 y。

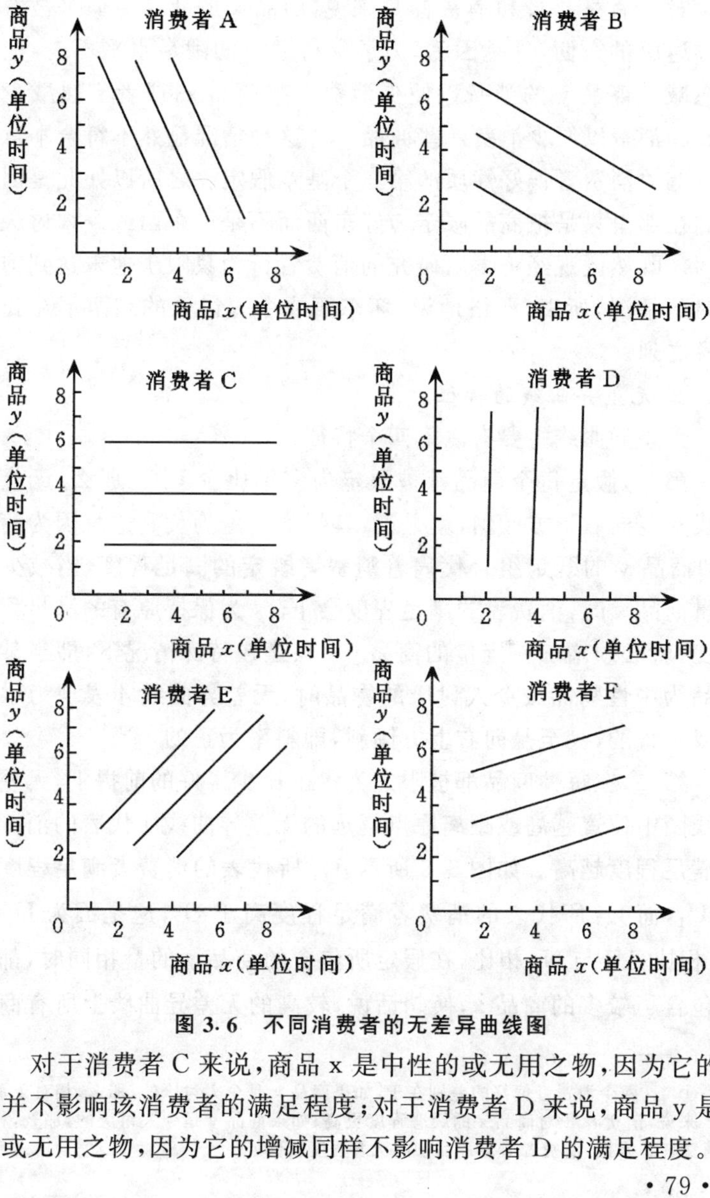


**图 3.6　不同消费者的无差异曲线图**

对于消费者 C 来说，商品 x 是中性的或无用之物，因为它的增减并不影响该消费者的满足程度；对于消费者 D 来说，商品 y 是中性或无用之物，因为它的增减同样不影响消费者 D 的满足程度。

对于消费者 E 和消费者 F 来说，商品 x 或商品 y 似乎被看作一种讨厌的东西，这是因为，为了保持原有的满足水平不变，他们宁愿减少商品 y 的消费以便少消费一些商品 x，或者宁愿减少商品 x 的消费以便少消费一些商品 y，[①]这种情况显然不符合本章第一节有关消费者偏好性质的第三个基本假定。之所以如此是因为我们在那里只是把商品限定为好东西而不是坏东西或令人讨厌的东西。既然微观经济学所研究的消费者行为只限于他未达到饱和点时的情况，所以，严格地说，坏东西或令人讨厌的东西不在我们考察之列。

2. 无差异曲线的特征

无差异曲线主要有以下四个特征：

第一，假定每个商品都被限定为多了比少了好，那么，无差异曲线一定向右下方倾斜，就是说，其斜率一定为负。这是因为商品 x 和商品 y 的既定组合代表着消费者既定的满足程度，当减少一定量商品 x 时，消费者的满足程度会下降，为保持原有的满足程度不变，就必须增加一定量的商品 y。只是在特殊情况下，即当某种商品为中性物品或令人讨厌的物品时，无差异曲线才表现为水平的或垂直的，甚至是向右上方倾斜，即斜率为正的。

第二，在每种商品都被限定为多了比少了好的前提下，无差异曲线图中位置越高或距离原点越远的无差异曲线所代表的消费者的满足程度越高。如图 3.5 所示，$U_2$ 所代表的消费者满足程度高于 $U_1$，而 $U_3$ 所代表的消费者满足程度高于 $U_2$，这是因为 $U_2$ 与 $U_1$ 相比，$U_3$ 与 $U_2$ 相比，在假定所包含的商品 y 的量相同时，都分别包含了较多的商品 x，换句话说，较高的无差异曲线上所有商品

---

① 这两个消费者偏好的差别在于，如果商品 x 是令人讨厌的，那么，相对于消费者 F 来说，消费者 E 对商品 x 的厌恶程度更高；如果商品 y 是令人讨厌的，那么，相对于消费者 F 来说，消费者 E 对商品 y 的厌恶程度较低。

组合的效用都高于较低的无差异曲线上所有商品组合的效用。

第三，任何两条无差异曲线不能相交。这是因为两条无差异曲线如果相交，就会产生矛盾。这里，以图 3.7 为例来说明。A、B 是两条无差异曲线，假定它们相交于 1 点，这表明在 1 点或组合 1，无论对 A 无差异曲线还是对 B 无差异曲线来说，都提供同等程度的满足。然而，在无差异曲线 B 上，商品组合 1 与商品组合 3 提供同等程度的满足，而在无差异曲线 A 上，商品组合 1 与商品组合 2 也提供同等程度的满足，这样，商品组合 2 与商品组合 3 也就一定是提供同等程度的满足了。但这是不可能的，因为商品组合 3 所包含的两种商品的数量都多于商品组合 2，而商品组合 2 被限定为多了比少了好，所以，商品组合 3 所提供的效用一定会大于商品组合 2。由此可见，只要消费者的偏好是可传递的，无差异曲线就不可能相交。

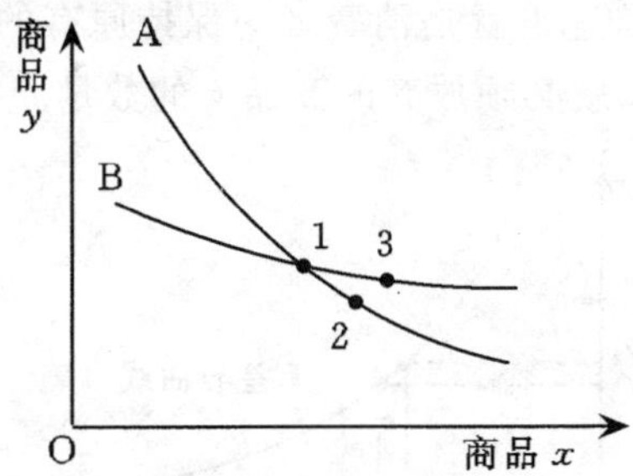


**图 3.7　假定无差异曲线相交而产生的矛盾**

第四，无差异曲线通常都凸向原点，如图 3.5 所展示的形状，这是由边际替代率递减规律所决定的。关于这一点，我们在下面详细论述。

3. 边际替代率

对图 3.5 的分析曾经表明，消费者对增加或减少一单位某种物品的重视程度是不同的。衡量这种重视程度的尺度就是所谓的边际替代率。

边际替代率被定义为：为了维持原有的满足程度不变，消费者为增加一单位商品 x 而必须放弃的商品 y 的数量，用公式表示就是：

$$MRS_{xy}=-\frac{\Delta Q_y}{\Delta Q_x} \tag{3.6}$$

公式(3.6)中的 $MRS_{xy}$ 表示消费者用商品 x 替代商品 y 的边际替代率，$\Delta Q_y$ 和 $\Delta Q_x$ 分别表示商品 y 的减少量和商品 x 的增加量，因为 $\Delta Q_y$ 和 $\Delta Q_x$ 的变化方向相反，所以 $MRS_{xy}$ 的值为负。但西方经济学家习惯上取其绝对值，故在公式前标上一个负号。

以图 3.8 为例，消费者为保持原来的满足水平，要增加($ox_2-ox_1$)单位商品 x，就必须放弃($oy_2-oy_1$)单位商品 y，因为这种替换的结果，使他获得的满足既不会增加，也不会减少。所以，该消费者用商品 x 替代商品 y 的边际替代率 $MRS_{xy}$ 就是($oy_2-oy_1$)/($ox_2-ox_1$)，即 $\Delta Q_y/\Delta Q_x$，这也就是消费者为保持原有的满足程度不变，增加一单位商品 x 就必须放弃的商品 y 的数量。[①]

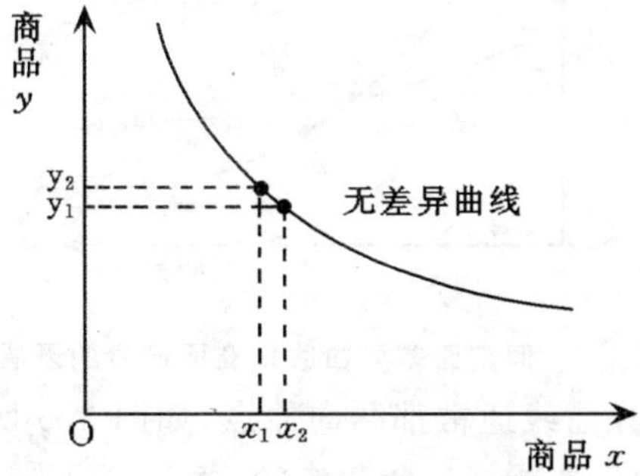


图 3.8 边际替代率

更进一步说，边际替代率也等于负 1 乘以无差异曲线的斜率。在图 3.6 中，消费者 A 的无差异曲线比消费者 B 的无差异曲线陡峭，这表明消费者 A 的 $MRS_{xy}$ 高于消费者 B 的 $MRS_{xy}$。一般地说，

① 参见附录 I [5]。

一条既定的无差异曲线上的不同点的边际替代率是不同的，随着消费者用越来越多的商品 x 替代商品 y，其边际替代率会发生递减的变化，也就是说，在用商品 x 替代商品 y 的过程中，消费者为保持原有的满足程度不变，愿意为增加一单位商品 x 而放弃的商品 y 的数量会越来越少，这就是所谓边际替代率递减规律。以图 3.5 为例，在无差异曲线 $U_1$ 上，由 A 点到 B 点的 $MRS_{xy}=5$，就是说，该消费者为了使原有的满足程度不变，他愿意为增加一单位商品 x 而放弃 5 单位商品 y；而从 B 点到 C 点，其 $MRS_{xy}=3$；从 C 点到 D 点，其 $MRS_{xy}=1$；从 D 点到 E 点，其 $MRS_{xy}=\frac{1}{2}$。这表明当该消费者拥有的商品 x 越来越多而商品 y 越来越少时，商品 x 对商品 y 的替代率越来越小。

边际替代率之所以会发生递减的变化，这是因为当消费者拥有越来越多的某种商品时，增加的一单位该种物品（与其他商品相比）对他的重要程度或使他获得满足的程度就越来越低，而当他拥有的某种商品越来越少时，减少的一单位该种商品（与其他商品相比）对他的重要程度或使他降低的满足程度就越来越高。用数学的术语说，边际替代率递减，意味着无差异曲线是凸向原点的，或者说，如图 3.9 所示，无差异曲线的位置处于它的切线之上。

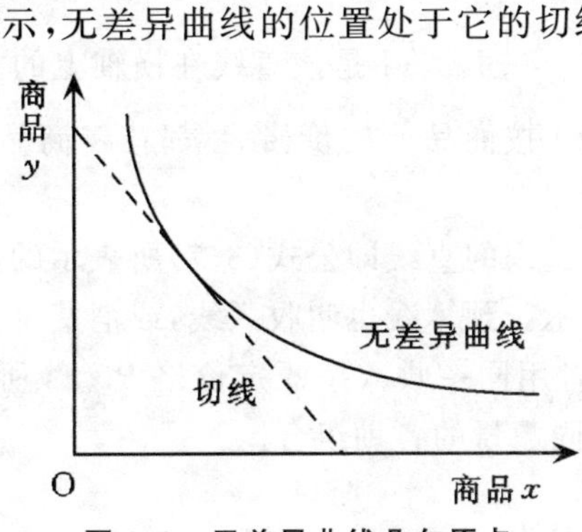


图 3.9　无差异曲线凸向原点

## 四、预算线

以上运用无差异曲线描述了不同的消费者对不同商品组合偏爱的程度或偏好性质，这里我们要进一步分析影响消费者偏好的实现程度的因素。

如前所述，消费者能够得到的商品组合，一方面取决于他的货币收入的多少，另一方面依赖于商品价格水平的高低，这两方面合起来就构成所谓消费者的预算约束，它实际上就是我们在本章第一节中所论述的消费者均衡的制约条件。这里，我们要用曲线的形式来表示这一制约条件，然后来考察它的变动情况。

首先，我们将第一节中的公式(3.3)转换成下列形式：

$$Q_y=\frac{1}{P_y}I-\frac{P_x}{P_y}Q_x \tag{3.7}$$

这是一个直线式。公式右边的第一项($\frac{1}{P_y}I$)是该直线在纵轴上的截距，它表示消费者把全部收入 I 按商品 y 的价格 $P_y$ 都花在商品 y 上所能购买的商品 y 的数量。右边第二项的$\frac{P_x}{P_y}$为该直线的斜率，它是负值，等于－1 乘商品 x 与商品 y 的价格之比①。如 Qy＝0，则 $P_xQ_x=I$，$Q_x=\frac{1}{P_x}I$。$\frac{1}{P_x}I$ 是该直线在横轴上的截距，它表示消费者把全部收入 I 按商品 x 的价格 $P_x$ 都花在商品 x 上所能购买的商品 x 的数量。

两个截距连起来的直线即公式(3.7)所表示的直线，也即预算线，如图 3.10 所示。预算线也叫收入线，或消费可能线，或等支出线，它表示消费者用同一收入按既定价格 $P_x$、$P_y$ 所能购买的商品 x 和商品 y 的不同数量的各种组合。

---

① 参见附录 I [6]。

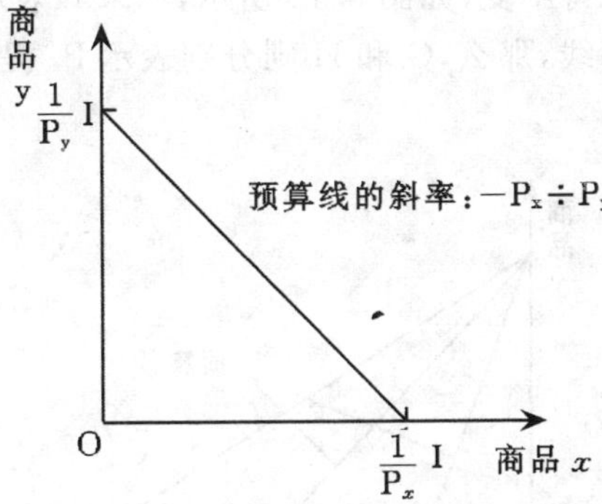


图 3.10　预算线

公式(3.7)表明，当商品的价格不变时，货币收入的增加将使预算线的截距增大，货币收入的减少将使预算线的截距减小，但在这两种情况下，预算线的斜率都不会发生变化。如图 3.11 所示，如果 C 表示原来货币收入水平下的预算线，那么，D 和 E 分别表示货币收入增加和减少后的预算线。

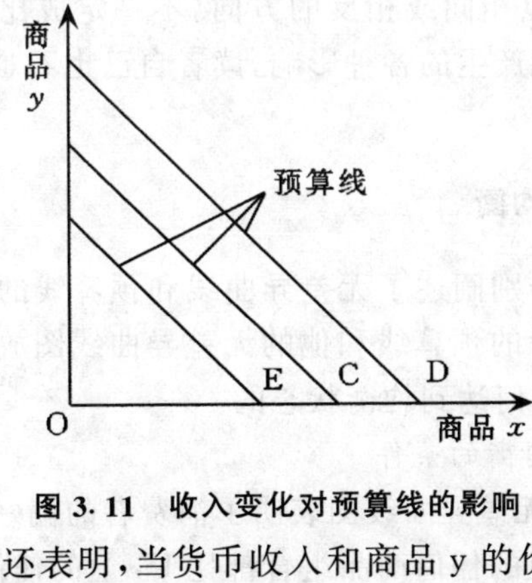


图 3.11　收入变化对预算线的影响

公式(3.7)还表明，当货币收入和商品 y 的价格 $P_y$ 保持不变时，商品 x 的价格 $P_x$ 的提高或下降，将会使预算线斜率的绝对值增大或减小，同时预算线在横轴上的截距缩小或增大，但直线在纵轴上的截距保持不变，如图3.12所示，如果F表示$P_x$的是没有变化以前的预算线，那么，G和H则分别表示$P_x$提高和下降后的预算线。

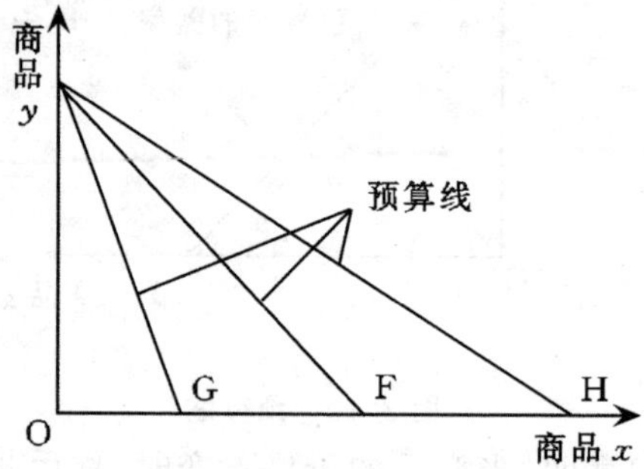


**图3.12　商品x的价格变化对预算线的影响**

相反，当货币收入和$P_x$保持不变时，$P_y$的提高或下降，将使预算线斜率的绝对值减小或增加，同时预算线在纵轴上的截距缩小或增大，但预算线在横轴上的截距保持不变。至于当货币收入不变时，$P_x$和$P_y$以相同或相反的方向（不一定成比例）同时发生变动对预算线可能产生的各种影响，读者自己也不难分析，这里就不再详述。

## 五、消费者均衡

以上我们分别阐述了无差异曲线和预算线的性质和特征，现在我们把消费者的预算线和他的无差异曲线图放在一起，进一步分析消费者是如何达到均衡状态的。

1. 消费者均衡的条件

如前所述，无差异曲线图表明了消费者的偏好是什么。例如，图3.13中$U_3$上的任何商品组合都比$U_2$上的任何商品组合更令人满意，而$U_2$上的任何商品组合也都比$U_1$上的更令人满意。毫无疑问，消费者总是愿意在尽可能高的无差异曲线上选择一种商品组合，以使其效用最大化。

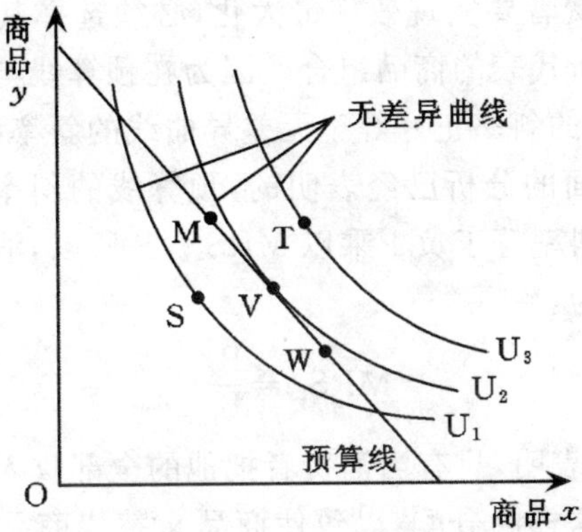


图 3.13　消费者均衡

但是，并非所有的商品组合都是消费者所能够选择的，如前所述，预算线展示了消费者能够选择的商品组合的范围。图 3.13 中的消费者可以选择预算线上任何一点，如点 M、V 或 W 所代表的商品组合。但他却不能选择位于预算线上方的任何一点如 T 点所代表的商品组合。当然，他也可以选择预算线下方的任何一点如 S 点，但这意味着他没有花掉其全部收入，从而没有达到他所能达到的更高的满足程度。既然如此，使消费者效用最大化的商品组合，只能是消费者的预算线与其无差异曲线相切的那一点所代表的商品组合，如图 3.13 所示，这一切点也就是 $U_2$ 上的 V 点。因为在一张无差异曲线图上，一条既定的预算线可以和许多条无差异曲线相交，但只能和一条无差异曲线相切，而这条无差异曲线也就是该消费者的预算线所能达到或接触到的最高的无差异曲线。既然预算线与无差异曲线的切点既在预算线上，又在所能达到的最高的无差异曲线上，因此，它所代表的商品组合就是在预算约束下使消费者的效用最大化的商品组合，或者说，是使消费者达到均衡的商品组合，或简称均衡的商品组合。

以上我们用几何图形的方式表达了消费者达到均衡状态的条件，这就是：消费者要实现效用最大化，必须选择其预算线与无差异曲线的切点所代表的商品组合。因为在预算线与无差异曲线的切点上，预算线的斜率正好等于无差异曲线的斜率（由几何图形可见），而正如前面的分析已经表明的，预算线的斜率等于$-P_x/P_y$，无差异曲线的斜率等于负 1 乘以 $MRS_{xy}$，① 所以，消费者均衡的条件还可以表述为：

$$MRS_{xy}=\frac{P_x}{P_y} \qquad (3.8)$$

公式（3.8）表明，只有当消费者把他的全部收入在商品 x 和商品 y 之间作了这样的分配，以致使商品 x 替代商品 y 的边际替代率等于商品 x 与商品 y 的价格比率时，消费者才达到均衡状态。因为 $MRS_{xy}$ 是消费者为保持其总的满足水平不变而**愿意**用商品 x 替代商品 y 的比率，而 $P_x/P_y$ 则是消费者**能够**用商品 x 替代商品 y 的比率，所以，公式（3.8）不过是说明，消费者在保持原有的满足程度不变的情况下愿意用商品 x 替代商品 y 的比率必须等于他能够用商品 x 替代商品 y 的比率。否则，消费者就总有可能找到另一种使其满足程度增加的商品组合，这当然也就意味着他目前所选择的并不是使其效用最大化的均衡的商品组合。

2. 序数效用分析与基数效用分析的关系

以上序数效用分析的消费者均衡与基数效用分析的结果是相同的。这是因为，既然一条既定的无差异曲线上所有商品 x 和商品 y 的组合都能给消费者带来同一水平的总效用或总满足，所以，当沿着该曲线向下移动时，由于消费更多的商品 x 所增加的效用一定等于由于减少商品 y 的消费而造成的效用的损失。具体地说，商

① 回想一下我们在第 81 页曾把 $MRS_{xy}$ 规定为负 1 乘以无差异曲线的斜率，或者说把 $MRS_{xy}$ 规定为无差异曲线斜率的绝对值，因为无差异曲线的斜率为负，所以，它自然等于 $MRS_{xy}$ 的负值。

品 x 的消费量的增加($\Delta x$)乘以消费者从每增加一单位商品 x 的消费所得到的边际效用($MU_x$)一定等于商品 y 的消费量的减少($-\Delta y$)乘以商品 y 的边际效用($MU_y$),即($\Delta x$)($MU_x$)=($\Delta y$)($MU_y$),这样,商品 x 对商品 y 的边际替代率也就等于商品 x 和商品 y 的边际效用的比率,即

$$MRS_{xy}=-\frac{\Delta y}{\Delta x}=\frac{MU_x}{MU_y} \tag{3.9}$$

从序数效用的角度看,消费者要达到均衡状态,其边际替代率必须等于商品 x 和商品 y 的价格比率(见公式 3.8),所以,消费者均衡的条件还可以表述为:

$$MRS_{xy}=\frac{MU_x}{MU_y}=\frac{P_x}{P_y} \tag{3.10}$$

显然,公式(3.10)与第一节基数效用论所分析的消费者均衡的条件即公式(3.4)是完全一致的。由此可见,以序数效用论为基础的消费者行为理论和以基数效用论为基础的消费者行为理论并没有本质的差别。

3. *边角均衡或边角解法*

应该指出的是,公式(3.8)作为消费者均衡的条件是有限制的,它实际上是以无差异曲线凸向原点,并且与预算线相切为假定前提的。如果无差异曲线虽然凸向原点,但在任何地方都比预算线陡峭或平坦,或者,如果无差异曲线凹向原点,而不是凸向原点(这意味着 MRS 将不是递减而是递增),那么,消费者只有将其全部收入都花在商品 x 或商品 y 上,才能实现效用最大化,这时的消费者均衡被称为边角均衡,这种实现效用最大化的方法被称为边角解法。下面以图 3.14 为例来说明这一解法。

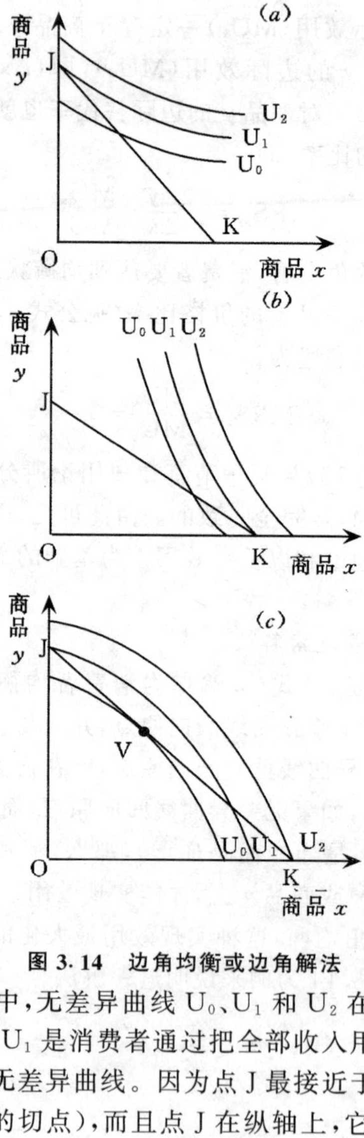


**图 3.14　边角均衡或边角解法**

在图 3.14*a* 中，无差异曲线 $U_0$、$U_1$ 和 $U_2$ 在任何地方都比预算线 JK 平坦，而 $U_1$ 是消费者通过把全部收入用于购买商品 y 所能达到的最高的无差异曲线。因为点 J 最接近于所不能达到的切点（即 JK 与 $U_1$ 的切点），而且点 J 在纵轴上，它所代表的消费者均衡就是所谓的边角均衡。而这种利用预算线的端点求解效用最大化的方法就叫作边角解法。

在图 3.14*b* 中，无差异曲线在任何地方都比预算线陡峭，而 $U_1$ 是消费者通过将其全部收入花在商品 x 上所能达到的最高的无差异曲线。因为点 K 在横轴上，这意味着消费者把其全部收入都花在了商品 x 上，所以，它也是一种边角解法。

在图 3.14*c* 中，凹向原点的无差异曲线 $U_0$ 与预算线在 V 点相切，但这并不是使消费者效用最大化的商品组合，预算线在 J 点与 $U_1$ 相交，$U_1$ 所代表的效用水平虽然高于 $U_0$，但还不是消费者所能达到的最高满足。而只有 $U_2$ 是消费者的预算线所能达到的最高的无差异曲线，这意味着在 K 点，消费者把其全部收入都花在商品 x 上，所以，K 点也是一种边角均衡或边角解法。

在现实世界中，尽管消费者并非把其全部收入只花在一种或少数几种商品上，但毕竟存在着许多他没有购买的商品，因为这些商品就其所提供的效用来说太昂贵了。例如，很少有人购买一块价值 2000 美元的手表，因为大多数人从这种手表中得到的效用不能抵偿其 2000 美元的价格。这种现象可以用虽然凸向原点，但在任何地方都比预算线陡峭或平坦的无差异曲线来解释，由此而产生的求解效用最大化的方法将是端点或边角解法而不是内线解法。[①]

4. 具有多种商品的均衡组合

以上关于只有两种商品的世界所作的分析，其一般原理适用于具有多种商品的世界。虽然一张平面图不能说明两种以上的商品，但我们可以把若干种商品当作一组，从而有可能利用直角平面坐标来处理大量的商品。假定有食品、衣服、住宅、教科书等多种物

① 这里的边角亦指预算线的端点，而内线解法就是指在预算线的两个端点之间寻找消费者均衡点。

品，我们可以继续用横坐标表示食品或任何我们希望分析的特定商品的消费，然后把所有其他商品都看作是一种商品，即合成商品，而对合成商品的消费，可用花费在合成商品上的总支出来测量，或者说，用花在除食品外的所有其他商品上的总支出来表示。

图 3.15 说明了一个消费者利用上述方法所达到的均衡。该消费者每周的收入为 100 美元，每单位食品的价格为 10 美元，预算线在纵轴上的截距为 100 美元，因为如果食品的消费等于零，那么，花在所有其他商品上的总支出将是 100 美元。由于在其他商品上的 1 美元支出的价格即为 1，所以，预算线的斜率即负的价格比率便化简为食品的价格乘以负 1(即 $-P_F/1=-P_F$)。这样在预算线的任何一点上，多消费一单位食品(其花费在 10 美元)意味着在其他商品上的支出必须减少 10 美元。

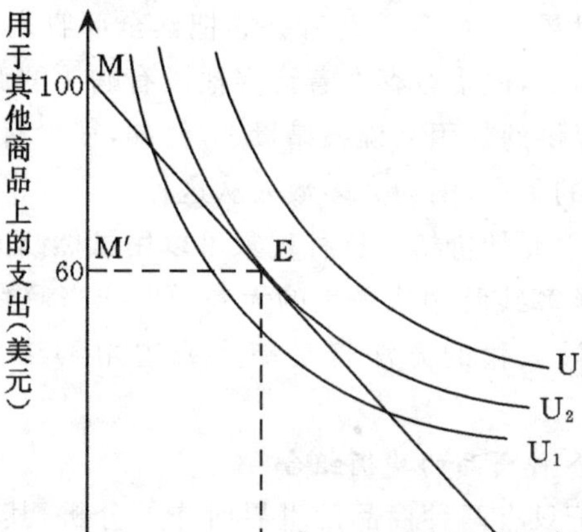


**图 3.15　含有多种商品的均衡组合**

我们同样可以画出凸型的无差异曲线，从而把食品和在其他商品上的支出联系起来。但是，这里必须假定其他商品的价格是不变的，才能把其他所有商品都当作一种商品。我们实际上是想以在其他商品上的支出作为这些商品数量的一个指数，如果允许这些商品的价格变化，这个指数将会变成橡胶性的指数。当其他所有商品的价格不变时，消费者的偏好就能表现为无差异曲线，其中每一条都代表着能提供同一满足水平的食品与在其他商品上的支出之间的各种组合。

现在，边际替代率 MRS 所表示的是消费者为保持其满足水平不变，为增加一单位食品的消费而愿意减少的在其他商品上的支出。

从图 3.15 可以看出，该消费者在其预算线与无差异曲线的切点即 E 点达到均衡。在 E 点，消费者为了另一单位食品而愿意放弃 10 美元其他商品，从而表明其 MRS 是每单位食品 10 美元，这一数字正好等于为得到另一单位食品所必须支付的市场价格。E 点所代表的均衡商品组合由 4 单位食品和用于购买其他物品的 60 美元构成，用于食品的总支出也可以用距离 MM′来表示，因为消费者的总收入为 OM(100 美元)，在购买食品后，余下 OM′(60 美元)用于购买其他物品，OM－OM′＝MM′即 40 美元，就是 4 单位食品的总成本。

由此可见，合成商品规则的使用，并没有改变上述消费者均衡分析的实质。

## 六、货币收入的变化对消费者均衡的影响

以上我们在假定消费者的货币收入和商品的价格水平均不发生变化的情况下分析了消费者均衡，这里我们要考察货币收入的变化对消费者均衡的影响。

### 1. 收入—消费曲线

前面曾经指出，货币收入的增减并不影响预算线的斜率(只要商品的价格保持不变)，只是使预算线的截距增大或缩小。要判断货币收入的变化对消费者所选择的商品组合的影响，我们可以把

与原来的货币收入相对应的预算线所决定的均衡位置和货币收入变化后的预算线所决定的均衡位置加以比较。

例如，图3.16中消费者与其原有收入水平相对应的预算线为A，在消费者的无差异曲线图既定的情况下，使其效用最大化的商品组合由Oa单位商品x和Ob单位商品y构成。现在假定该消费者的货币收入增加了，与新的货币收入相对应的预算线为B，在这种情况下，均衡的商品组合则由Oc单位商品x和Od单位商品y构成。

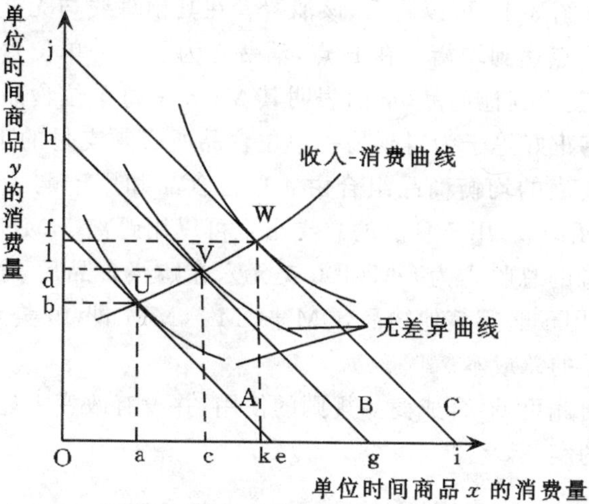


图3.16 货币收入的变化对消费者均衡的影响

由此可见，在商品价格保持不变的情况下，对于消费者来说，每一收入水平都产生一种均衡的商品组合，如图3.16所示，与三种收入水平相适应的均衡商品组合分别由点U、V、W来表示。如果我们把表示与所有可能的货币收入水平相适应的均衡商品组合的点连接起来，所得到的曲线便是所谓的收入－消费曲线。收入－消费曲线表示在消费者偏好和商品价格不变的情况下各种不同的收入所能买到的两种商品的各种均衡组合，它表明消费者收入变化时的商品消费量和满足水平的变动。

2. 恩格尔曲线

收入一消费曲线可以用来推导出恩格尔曲线，后者表示的是某种商品的均衡购买量与收入水平的关系。①

仍以图 3.16 为例，当货币收入等于 $P_x \cdot Oc$（或 $P_y \cdot Of$，因为二者相等）时，收入一消费曲线表明消费者购买 Oa 单位商品 x。用同样的方法可以说明，当货币收入等于 $P_x \cdot Og$（或 $P_y \cdot Oh$）时，消费者将购买 Oc 单位的商品 x；当货币收入等于 $P_x \cdot Oi$（或 $P_y \cdot Oj$）时，消费者将购买 Ok 单位的商品 x。我们把类似的越来越多的点包括进来，并把它们画在以纵轴表示货币收入、以横轴表示商品 x 的消费量的图 3.17 上，我们便得到相应的恩格尔曲线。

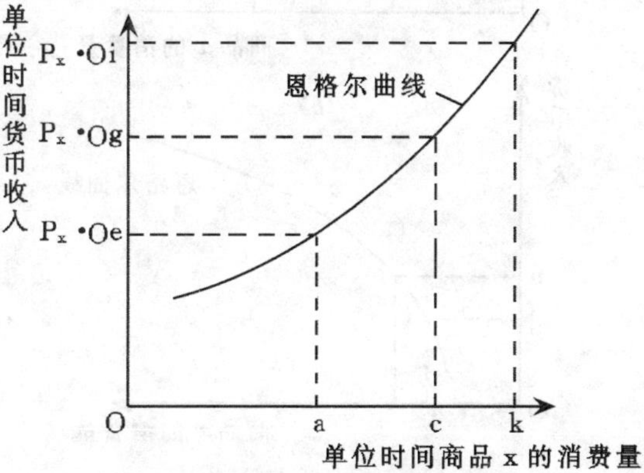


图 3.17　有关商品 x 的恩格尔曲线

恩格尔曲线的形状取决于特定商品的性质、消费者的偏好以及保持不变的价格水平。例如，图 3.18*a* 中的恩格尔曲线表明，商品 x 的消费量随收入的增加而增加，但其增长率是递减的。一般地说，生

① 恩格尔是 19 世纪德国的统计学家，因为他率先对上述关系进行了统计研究，恩格尔曲线由此而得名。

活必需品的需求量和收入之间的关系就是如此。而图 3.18*b* 中的恩格尔曲线则表明，商品 x 的消费量也随收入的增加而增加，但其增长率是递增的。一般地说，高档消费品与收入之间的关系便是如此。从 *a*、*b* 两图的比较中我们可以看到，收入由 Ou 到 Ov 的变化，对 *a* 图中的商品消费量的影响大于对 *b* 图中商品消费量的影响。

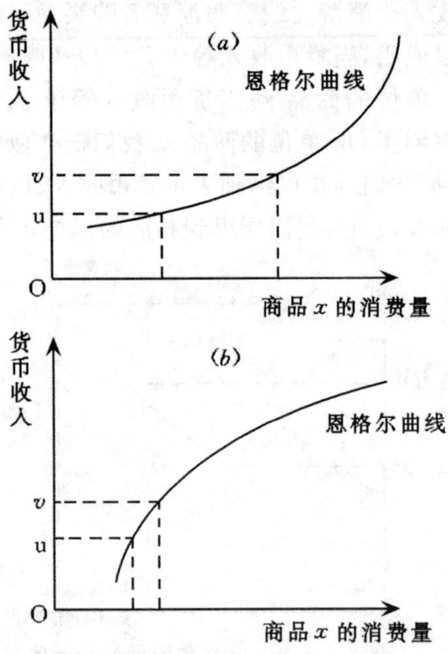


**图 3.18　不同形状的恩格尔曲线**

3. 恩格尔定律

恩格尔在对大量家庭的预算开支数据的统计分析中发现，随着收入的增长，用于食品的支出在收入中所占的比重越来越小，也就是说，食品的需求收入弹性是非常低的。因此，一个国家(或一个家庭)在食品上的支出所占其收入比重的大小标志着这个国家(或家庭)的富裕程度，较富裕的国家的食品支出在其收入中所占的比重小于较贫穷的国家。这就是所谓的恩格尔定律。

## 七、价格变化对消费者均衡的影响

现在我们转向问题的另一方面,即假定在消费者的货币收入不发生变化的情况下,考察商品价格的变化对消费者均衡的影响。

1. 价格—消费曲线

为使问题简化,我们仍然考察只有 x 和 y 两种商品的世界,并假定商品 y 的价格保持不变,从而抽象地分析商品 x 的价格变化对消费者所购买的商品组合会产生什么影响。

假定与商品 x 原来的价格相对应的预算线是图 3.19 中的 B,如果商品 x 的价格上升了,新的预算线为 C,那么,对消费者来说,新的均衡商品组合将是 T,而不是原来的商品组合 S 了。因此,商品 x 的价格的上升将导致消费者购买 Ou 单位商品 x 和 Ov 单位商品 y。利用这一方法,我们可以确定与商品 x 的各种价格水平相对应的均衡商品组合,由这些均衡点连接而成的曲线,就是所谓的价格—消费曲线,它表示在消费者偏好和货币收入保持不变的情况下,由于商品 x 的价格的变化所引起的均衡商品组合的变化。

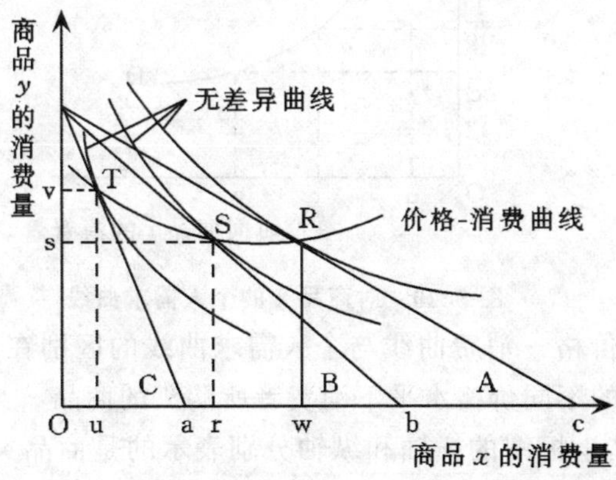


**图 3.19 商品 x 的价格变化对消费者均衡的影响**

2. 个人需求曲线

经济学家之所以对价格－消费曲线感兴趣，一个主要原因是它能够用来推导出所论及的商品的个人需求曲线。个人需求曲线表示在消费者偏好、货币收入及其他商品价格不变的情况下，消费者在某种商品的不同价格水平下将购买的该商品的数量。下面具体分析个人需求曲线是如何从价格－消费曲线推导出来的。

由图 3.19 中的价格－消费曲线可知，当商品 x 的价格为 I/Oa（这里的 I 表示消费者的货币收入）时，消费者购买 Ov 单位商品 x；当商品 x 的价格为 I/Ob 时，消费者购买 Ou 单位商品 x；当商品 x 的价格为 I/Oc 时，消费者购买 Ow 单位商品 x。利用这种方法，我们可以得到与商品 x 的各种价格水平相对应的商品 x 的购买量，如图 3.20 所示，代表这些不同的价格与购买量的点的轨迹，就是商品 x 的完整的个人需求曲线 DD′。

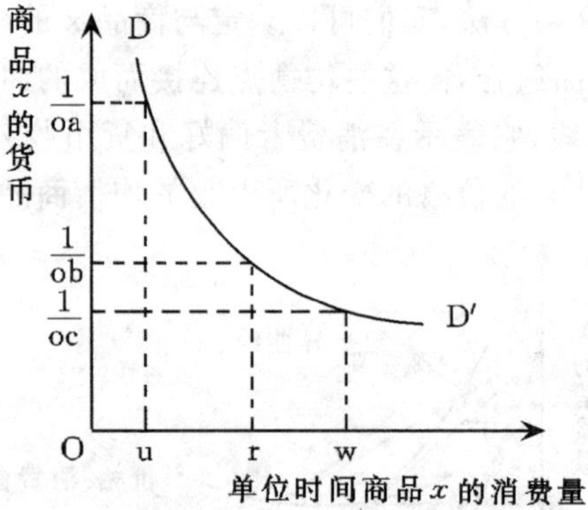


图 3.20　对商品 x 的个人需求曲线

注意价格－消费曲线与个人需求曲线的区别在于，前者表示在商品 x 的不同价格水平下消费者所购买的商品 x 与商品 y 的不同组合，其坐标图的横轴和纵轴分别表示的是商品 x 和商品 y 的消费量；而后者表示在商品 x 的不同价格水平下，消费者将购买的商品 x 的数量，其坐标图的横轴表示商品 x 的需求量，纵轴表示商品 x 的价格。

3. 价格—消费曲线与需求的价格弹性

我们在第二节曾经介绍了如何利用合成商品规则来阐明含有多种商品的均衡组合的方法。我们可以利用类似的方法画出含有多种商品的价格-消费曲线，并以此来判断需求的价格弹性的大小。

假定所要考察的是商品 x，而商品 y 被限定为花在商品 x 以外的商品上的货币。这样，消费者在进行选择时，必须决定他是否为得到商品 x 而放弃他能够花在其他商品上的货币即商品 y。既然商品 y 是货币，其价格就永远是 1。

图 3.21 表明三个不同消费者的价格—消费曲线。在图 3.21*a* 中，价格—消费曲线的斜率为零，这表明当价格由 $P_1$ 下降为 $P_2$ 时，消费者未花在商品 x 上的货币（即商品 y 的

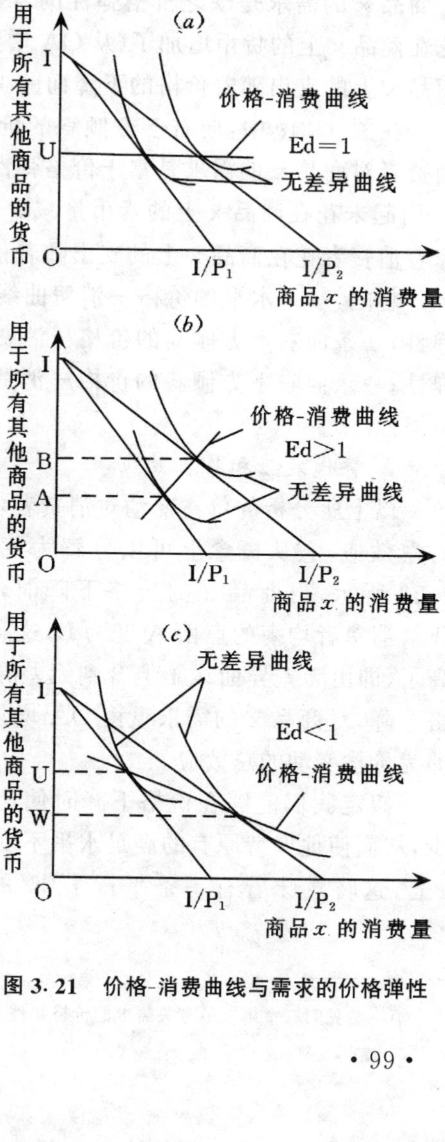


图 3.21 价格-消费曲线与需求的价格弹性

量)在 OU 水平上保持不变,因此,花在商品 x 上的货币也必然保持不变,这意味着对商品 x 的需求具有单元价格弹性。

在图 3.21*b* 中,向右上方倾斜的价格—消费曲线表明消费者对商品 x 的需求是缺乏价格弹性的,因为价格的 $P_1$ 降到 $P_2$ 使未花在商品 x 上的货币增加了(从 OA 增到 OB),这意味着消费者在商品 x 上的支出随着价格的下降而减少了。

在图 3.21*c* 中,向右下方倾斜的价格—消费曲线表明第三个消费者对商品 x 的需求是富于价格弹性的,因为价格由 $P_1$ 下降到 $P_2$ 引起未花在商品 x 上的货币量减少(从 OU 减少到 OW),这意味着消费者花在商品 x 上的支出随着价格的下降而增加了。

总之,一条水平的价格—消费曲线意味着需求具有单元价格弹性;一条向右上方倾斜的价格—消费曲线意味着需求缺乏价格弹性;一条向右下方倾斜的价格—消费曲线则意味着需求富于价格弹性。①

4. 替代效应和收入效应

以上所分析的价格变动对消费者均衡的影响被称为价格变动的总效应,它从概念上可以分解为替代效应和收入效应。如图 3.22 所示,当商品 x 的价格下降时,预算线由原来的 JK 变为 JK′,消费者均衡的点由 A 变为 B,这意味着消费者的满足水平提高了(即由无差异曲线 1 上升到无差异曲线 2)。由于商品 x 的价格下降,对商品 x 的需求量由 OA′增加到 OB′,OB′−OA′=A′B′即为价格变动的总效应。

假定我们能够在价格下降时使消费者的货币收入适当地减少,从而使他保持原有的满足水平不变,即继续停留在无差异曲线 1 上,这将意味着有一条平行于 JK′的预算线与无差异曲线 1 相

① 参见第二章第一节有关需求的价格弹性与消费者货币总支出的关系的论述。

切，这一假想的预算线即图3.22中的虚线。所谓替代效应是指从原来的均衡点A到与假想的预算线相对应的均衡点C的移动，或者说，当满足水平保持不变时，由价格变化所引起的商品x的需求量的变化，即为替代效应。在图3.22中，替代效应为OC′−OA′＝A′C′。

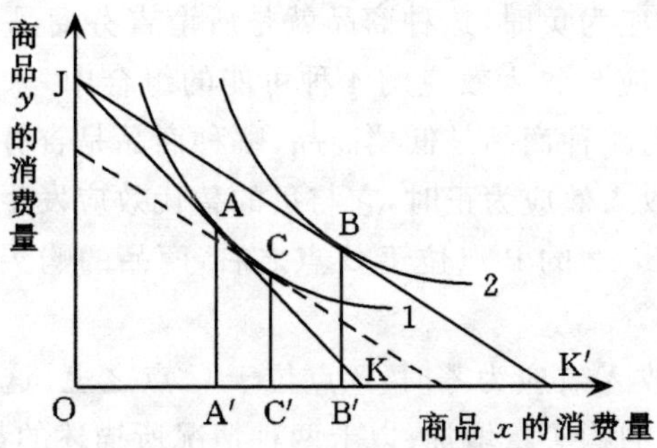


**图3.22 替代效应与收入效应**

现在我们设想图3.22中的虚线向右移动，与实际的新的预算线JK′重合。如果我们把消费者的实际收入限定为他的满足（或效用）水平，那么，由虚线到JK′的移动就标志着消费者实际收入的增加，由此而引起的从假想的均衡点C到实际的新均衡点B的移动，就是所谓的收入效应，或者说，收入效应是指在所有的价格都保持不变时，完全由于实际收入的变动所引起的商品x的需求量的变动。在图3.22中，商品x价格下降所引起的收入效应就是OB′−OC′＝C′B′。显然，由商品x价格下降所产生的总效应等于替代效应与收入效应之和，即A′C′＋C′B′＝A′B′。

5. 正常商品、低档商品和吉芬商品

一般而言，替代效应总是负的，就是说，在实际收入保持不变的情况下，商品x的价格与商品x的消费量（或需求量）成反方向变动。[1] 而收入效应在大多数情况下是正的，也就是说，实际收入的变动与商品消费量的变动方向相同。但在有些情况下，收入效应为零或为负，就是说，实际收入的变动对商品消费量没有影响或与商品消费量的变动方向相反。收入效应大于或等于零的商品，通常被称为正常商品，收入效应为负的商品则被称作低档商品。当价格变动的总效应为负时，这种商品就是所谓吉芬商品。[2] 下面，我们试从替代效应与收入效应的 4 种可能的组合中，来判断哪种商品是正常商品，哪种商品是低档商品，哪种商品是吉芬商品。

(1)当收入效应为正时，它与负的替代效应发生作用的方向相同，这时图 3.22 的 B 点位于 C 点之右，商品的购买量随价格的下降而增加。

(2)当收入效应为零时，B 点位于 C 点之上，这时只是替代效应使商品 x 的购买量增加；以上两种情况所描述的都是正常商品。

(3)当收入效应为负，但大于替代效应时，或者说，当负的收入效应的绝对值小于负的替代效应的绝对值时，这意味着无差异曲线 2 的位置和形状使 B 点位于 A 点与 C 点之间，从而表明在商品 x 的价格下降时，总效应还是正的，商品 x 的购买量还是增加的。这里所描述的就是低档商品。

(4)当负的收入效应的绝对值大于负的替代效应的绝对值时，B 点位于 A 点之左，这意味着价格下降的总效应为负，商品 x 的购买量减少了。这里所描述的就是所谓吉芬商品。由此可见，吉芬商品一定是低档商品，但低档商品不都是吉芬商品，只有当低档商品的收入效应超过了其替代效应时，这种低档商品才是吉芬商品。

---

① 这是因为无差异曲线的斜率在通常情况下是负的，斜率为正的无差异曲线不在我们的考察之列。

② 英国经济学家吉芬从统计中发现，在 1845 年爱尔兰饥荒中，马铃薯的销售量随价格的上涨而提高，这一现象被叫为“吉芬悖论”或“吉芬效应”，它是需求定理的一个例外。具有吉芬效应的商品就被称为吉芬商品。

以上只是分析了价格下降时的替代效应和收入效应，读者可以利用相同的方法去分析价格上升时的情况。

## 第三节　市场需求曲线

前面二节分别从基数效用论和序数效用论的角度分析了消费者行为，这种分析的目的是从消费者的均衡行为中推导出他的个人需求曲线。但是，对生产者来说，重要的是整个市场的消费者对某种商品的需求量，而不是某个消费者对该商品的需求量。对于经济学家来说，对市场需求曲线的关心也远远超过对个人需求曲线的关心，正如第二章所述，与市场供给曲线一起决定商品均衡价格的是市场需求曲线，而不是个人需求曲线。

### 一、市场需求曲线的推导

某种商品的市场需求曲线就是该市场上所有消费者的个人需求曲线的简单水平加总，或者说，要知道每一价格下的市场需求量，我们只要把对应于每一价格的个人需求量加起来就行了。例如，表 3.3 给出了 A、B、C 三个消费者的个人需求表，如果该市场的需求一方或买方仅由这三个消费者组成，我们则可以从该表的最后一栏得出相应的市场需求表。

**表 3.3　个人需求表和市场需求表**

| 单位商品价格(美元) | 单位时间个人需求量 | | | 单位时间市场需求量 |
|---|---|---|---|---|
| | A | B | C | |
| 1 | 90 | 60 | 30 | 180 |
| 2 | 75 | 50 | 25 | 150 |
| 3 | 60 | 40 | 20 | 120 |
| 4 | 35 | 30 | 15 | 80 |
| 5 | 20 | 20 | 10 | 50 |
| 6 | 5 | 10 | 5 | 20 |

同样地，根据表 3.3 中三个消费者的个人需求表画出相应的

三条个人需求曲线，然后将这三条个人需求曲线沿水平方向相加，便得到相应的市场需求曲线，如图 3.23 所示。

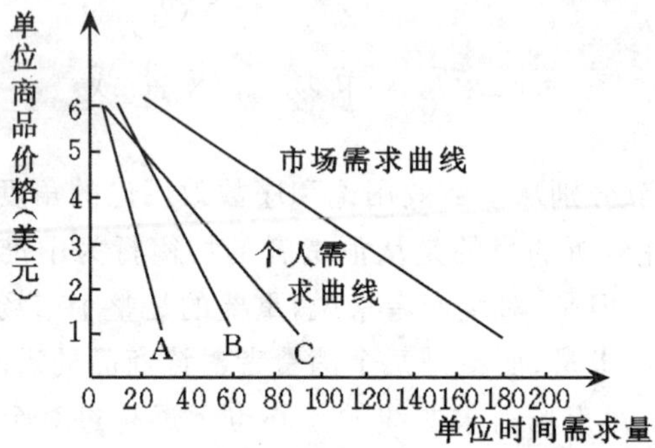


**图 3.23 个人需求曲线与市场需求曲线**

关于市场需求曲线，同样应指出三点：第一，市场需求曲线表示在不同的价格下，市场上的所有消费者愿意并能够购买的商品数量；第二，市场需求曲线通常是向右下方倾斜的，之所以如此，从基数效用论的角度看，是因为边际效用递减，从序数效用论的角度看，是因为价格变动的替代效应（从绝对值上）大于负的收入效应，或者由于替代效应为负，收入效应大于或等于零；第三，市场需求曲线上的每一个点都是使全体消费者效用最大的均衡点。

## 二、边际收益曲线与市场需求曲线

至此，我们主要是从消费者的角度来考察需求的。但正如前面所说，消费者的支出同时就是销售者的收入。所以，本章余下的部分将从市场的卖方即销售者的角度来考察需求。

### 1. 总收益和边际收益

消费者用于购买商品的货币总量就是销售者的总收益 TR，它等于商品的价格乘以商品的销售量。表 3.4 中的第三栏所表示的就是相对于不同价格和销售量的总收益。

**表3.4　需求量、总收益和边际收益**

| 单位商品的价格（美元） | 需求量 | 总收益TR（美元） | 边际收益MR（单位商品美元） |
|---|---|---|---|
| 13 | 0 | 0 | |
| | | | 12 |
| 12 | 1 | 12 | |
| | | | 10 |
| 11 | 2 | 22 | |
| | | | 8 |
| 10 | 3 | 30 | |
| | | | 6 |
| 9 | 4 | 36 | |
| | | | 4 |
| 8 | 5 | 40 | |
| | | | 2 |
| 7 | 6 | 42 | |
| | | | 0 |
| 6 | 7 | 42 | |
| | | | −2 |
| 5 | 8 | 40 | |
| | | | −4 |
| 4 | 9 | 36 | |
| | | | −6 |
| 3 | 10 | 30 | |

边际收益 MR 是指由于增加或减少一单位销售额而引起的总收益的变动。如果 R(q)是出售 q 单位时的总收益，R(q−1)是出售 q−1 单位时的总收益，则 q 与 q−1 单位之间的边际收益等于 R(q)−R(q−1)。表 3.4 中的第四栏所表示的就是每单位商品的边际收益。

根据表 3.4 中的数字，我们可以描绘出需求曲线和边际收益曲线，后者表示一种商品在其不同产出水平上的边际收益。如图 3.24 所示，在总收益增加时，边际收益曲线位于零之上；当总收益下降时，边际收益曲线位于零之下；当总收益最大时，边际收益等于零。例如，在 6 和 7 单位产出之间，边际收益曲线与横轴相交，这表示边际收益为零。而从表 3.4 可以看出，6 和 7 单位都是使总收益最大的产出水平。

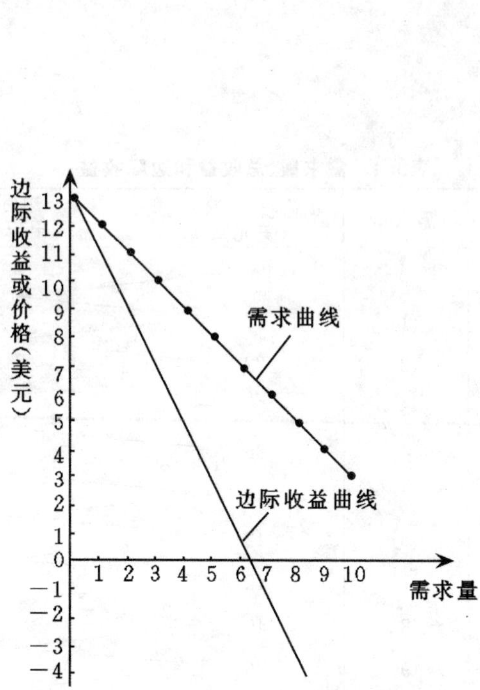


图 3.24 需求曲线和边际收益曲线

2. 边际收益曲线的确定

下面我们说明如何从一条既定的需求曲线推导出边际收益曲线。

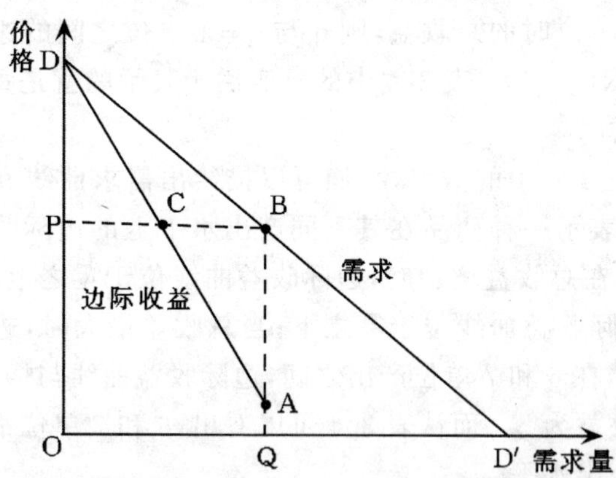


图 3.25 边际收益曲线的图形测定:需求曲线为线性时的情况

如图 3.25 所示，我们假定需求曲线 DD′是线性的，这意味着边际收益曲线 DA 也将是线性的，而且这两条直线都从纵轴上的同一个点开始。因为两个点决定一条直线，现在，我们只需为边际收益曲线确定另一个点，就能得到一条完整的边际收益曲线。

我们可以从任一产量水平入手，比如说，假定产量为 OQ，这时的总收益等于 OP×OQ，即等于正四边形 OPBQ 的面积，它同时也必然等于到 Q 点为止每一单位产出所带来的边际收益之总和，即等于 ODAQ 的面积。所以，我们所要确定的 A 点，必须是使 OPBQ 的面积与 ODAQ 的面积相等的点。因为 OPCAQ 是这两个面积的共有部分，所以，A 必须是能使△CBA 与△DPC 的面积相等的点。又因为∠PCD＝∠BCA，∠DPC＝∠CBA，△CBA 与△DPC 是相似的，所以，如果它们的面积相等，这两个三角形就必须是全等的，从而 PD 必须等于 AB。这样，我们可以通过 B 点分别向横轴和纵轴作两条垂线 BQ 和 BP，然后在垂线 QB 上选定 A 点，并使 AB 的长度等于 PD，再连接 DA 两点，便可画出完整的边际收益曲线。

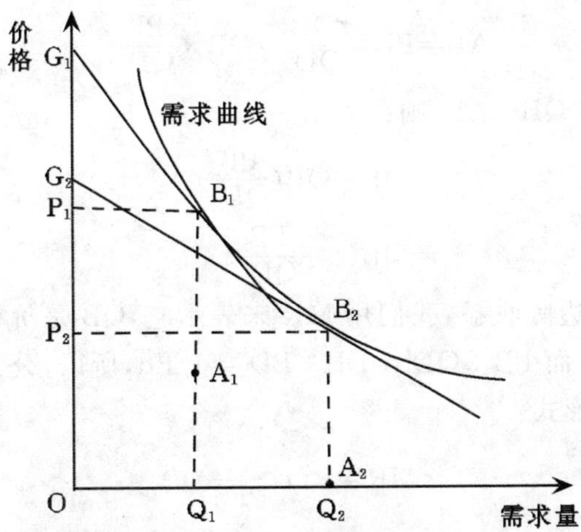


**图 3.26　边际收益曲线的图形测定：需求曲线为非线性时的情况**

如果需求曲线是非线性的，如图 3.26 所示，我们可以先确定产量为 $OQ_1$ 时的边际收益。首先从 $B_1$ 点分别向两轴作垂线，然后通过 $B_1$ 点作需求曲线的切线，并使该切线与价格轴相交于 $G_1$，最后在 $Q_1B_1$ 线上选取 $A_1$ 点，并使 $A_1B_1=P_1G_1$，这样，$Q_1A_1$ 就是与产量 $OQ_1$ 相对应的边际收益。用同样的方法，我们可以确定当产量为 $OQ_2$ 以及任何水平时的边际收益，把所有这些点连接起来，就可以得到大致准确的边际收益曲线。

3. 边际收益与需求的价格弹性之间的关系

我们在第二章第一节曾经分析了需求的价格弹性与消费者的货币总支出也就是销售者的总收益之间的关系，这里我们要进一步分析需求的价格弹性与边际收益之间的关系。

如图 3.25 所示，这里仍然假定需求曲线 DD′是线性的。用我们刚刚讲过的方法，我们可以确定 QA 是产量为 OQ 时的边际收益，而根据第二章第一节中所讲的方法，B 点的需求价格弹性是 $BD'\div DB$。既然 $PD\div PB=QB\div QD'$，而 $AB=PD$，则：

$$AB=PB\times\frac{QB}{QD'}=QB\times\frac{PB}{QD'}$$

又因为 $QA=QB-AB$，则：

$$\begin{aligned}QA&=QB-QB\left(\frac{PB}{QD'}\right)\\&=QB\left(1-\frac{PB}{QD'}\right)\end{aligned}\tag{3.11a}$$

因为 QA 是边际收益，我们用 MR 来表示它，QB 是价格，我们用 P 来表示它，而 $PB\div QD'=DB\div BD'=1/Ed$，所以，公式(3.11a)可写成下述形式：

$$MR=P\left(1-\frac{1}{Ed}\right)\tag{3.11b}$$

公式(3.11b)所表示的就是在某一产量水平上的需求的价格弹性与边际收益之间的关系。以上对线性需求曲线的分析适用于任何形状的需求曲线。

### 三、行业所面临的需求曲线与厂商所面临的需求曲线

以上我们所讲的对某一种商品的市场需求曲线，实际上是指生产该商品的整个行业所面临的市场需求曲线，它对于生产该商品的单个厂商的产量的市场需求曲线或生产该商品的单个厂商所面临的市场需求曲线是不同的，除非该行业只由一家厂商组成，否则（即在有一个以上的厂商生产同一种商品的情况下），厂商所面临的需求曲线一般来说要比整个行业所面临的需求曲线更富于价格弹性，因为对于任何一个厂商的产品来说，该行业中其他厂商的产品都是相当接近的替代品。

当然，厂商所面临的需求曲线与整个行业所面临的需求曲线的差别，取决于行业中厂商的数目。一般地说，行业中的厂商数目越多，单个厂商的产量相对来说就越小，其数量的变动对市场价格的影响也就越微弱，这样，它所面临的市场需求曲线就越接近于一条水平线，其极端的情况就是完全竞争的市场。反之，行业中厂商的数目越少，单个厂商的产量相对地说就越大，其数量变动对市场价格的影响就越明显，因此，它所面临的市场需求曲线就越接近于行业所面临的市场需求曲线，其极端的情况就是完全垄断的市场。关于在不同市场条件下厂商所面临的需求曲线与行业所面临的需求曲线的不同特点，我们将在第五至八章作详细的分析。

**复习思考题**

1. 解释下列概念，并注意有关概念之间的联系和区别：消费者偏好、效用、总效用、边际效用、基数效用和序数效用、无差异曲线、边际替代率、预算线、收入—消费曲线、恩格尔曲线、恩格尔定律、价格—消费曲线、替代效应、收入效应、正常商品、低档商品、吉芬商品、个人需求曲线、市场需求曲线、厂商所面临的市场需求曲线、行业所面临的市场需求曲线。

2. 基数效用论和序数效用论是如何解释消费者均衡的？这两种解释的异同何在？

3. 个人需求曲线和市场需求曲线是如何推导出来的？其特点是什么？

4. 假设格雷把其全部收入都花在商品 x 和商品 y 上，每种商品的边际效用(如下表所示)与另一种商品的消费量无关，商品 x 和商品 y 的价格分别为 100 美元和 500 美元，则：

(1)如果格雷先生每月收入 1000 美元，他将购买什么样的商品组合？

(2)根据以上数据，画出格雷先生的预算线。

| 商品消费量 | 格雷先生的 MU | |
|---|---|---|
| | 商品 x | 商品 y |
| 1 | 20 | 50 |
| 2 | 18 | 45 |
| 3 | 16 | 40 |
| 4 | 13 | 35 |
| 5 | 10 | 30 |
| 6 | 6 | 25 |
| 7 | 4 | 20 |
| 8 | 2 | 15 |

5. 一个消费者愿意用 1 磅牛排换 3 磅汉堡包，目前他每月购买的牛排与汉堡包的数量相同，而牛排的价格是汉堡包的 2 倍。那么，他是应该增加对汉堡包的消费从而减少对牛排的消费呢，还是应该减少对汉堡包的消费从而增加对牛排的消费？

6. 假定所有的消费者打一次电话花 15 美分，买一份报纸花 25 美分，并假定所有消费者都购买这两种商品的一定量，则：

(1)如果所有消费者都在力求使效用最大化，你能否确定每个消费者的电话对报纸的边际替代率？

(2)假定当地的一个经济学家要对这一边际替代率进行估算，他准备使用的方法是对消费者进行典型调查，你能提出一个比这更简单的方法吗？

(3)仅仅根据上述情况，你能够估算这一边际替代率吗？如果能够，其结果是多少？

# 第四章　生产者行为

上一章研究了消费者行为，阐明了构成市场需求曲线的基础，这一章进一步分析作为单个经济决策单位的另一重要组成部分的生产者即厂商的行为，从而阐明竞争的市场供给曲线所赖以形成的基础。从这个意义上说，本章的研究是第二章有关供给（特别是供给曲线）分析的继续。

## 第一节　厂商及其技术和投入

### 一、厂商的定义和组织形式

厂商是为销售而生产某种物品或劳务的单位，其活动以盈利为目的。厂商的法定组织形式主要有以下几种：

单人业主制，这是指单个人独资经营的厂商组织。这类厂商从数目上看很多，大概占美国厂商数目的 80%，但其销售量只占 14%。

合伙制，这是指由两个以上的人合资经营、共负盈亏的厂商组织。这类厂商占美国厂商总数的 8%，其销售量占 5%。

公司制，公司制也叫作股份制，它是按照公司法建立的现代厂商最重要的组织形式。这类厂商占美国厂商总数的 12%，但其销售量却占 80%左右。

## 二、利润最大化的假定

如同消费者行为理论中假定一个理性的消费者是以效用最大化为目标一样，在分析厂商行为时，微观经济学假定厂商是以利润最大化为目标的。

显然，利润最大化是一个合理的、基本接近于现实的假定。只不过经济学家作出这样的假定，并不意味着厂商在任何情况下（特别是在短期）都总是力图使利润最大化，而是指厂商在长期内使折算为现值的利润达到最大限度。尽管现代公司的发言人常常声称，利润并非他们所追求的唯一目标，比如，树立一个良好的有益于社会的雇主形象，增加或至少保持市场的占有份额等，同样是厂商所追求的目标。但是，只要看到这些目标不过是争取长期利润的手段，那么，利润最大化仍然可以看作是符合现实的假定。

当然，获取利润一般需要时间和精力，如果厂商的所有者同时也是管理者，他们有时或许为了闲暇而宁愿牺牲利润。在这种场合，假定这些所有者像消费者一样追求效用最大化，则是更确切的，因为效用是他们的利润和闲暇的函数。

经济学家之所以对利润最大化的厂商理论感兴趣，是由于它为希望使利润最大化的厂商提供了行为准则。即使一个厂商不想使利润最大化，这一理论也可以说明该厂商由于采取某种行为会带来多大损失。

## 三、技术和投入

决定厂商行为的基本因素之一是技术状况。技术是人类活动的一个专门领域，它涉及工具、机器及其使用方法和过程。20 世纪后半期，技术被定义为“人类改变或控制客观环境的手段或活动”。任何一个厂商都只能在现有的技术水平所允许的范围内进行活动。

技术不是孤立存在的东西，它总是和一定的投入相联系的。经济学中所说的投入或投入品，就是指厂商在生产过程中所使用的生产要素，它主要包括劳动、资本和土地（参见第一章第一节的有关论述）。

微观经济学在研究生产过程时，一般假定所有的投入均可分为固定投入和可变投入。固定投入是指在所考察的一段时期内其数量不随产量的变化而变化的投入，至于这一时期的长短，则视不同的情况而定。当然，无论时期多么短暂，大多数投入的量都是可以在一定程度上改变的，但对某些投入来说，迅速改变其数量所需的成本太高了，以至使这种改变成为不现实的。具有这种特点的投入就被称作固定投入，它通常包括厂商的工厂和机器设备等生产要素。

所谓可变投入是指在所考察的这段时期内其数量随产量的变化而变化的投入，如原料和劳动等。这些投入通常可以在短期内随产量的变化而加以调整。

### 四、短期和长期

一种投入究竟是被当作可变的还是固定的，这要取决于所考察的时期的长短。时期越长，可变投入就越多，固定投入就越少。微观经济学中所说的短期，是指厂商的某些投入保持不变的时期。更具体地说，由于厂商的工厂和设备是最难以迅速改变的投入，所以，短期通常被定义为厂商的工厂和设备固定不变的时期。另一方面，所谓长期，是指所有投入都可以变化的时期。在长期内，厂商可以根据外部环境的任何变化对各种投入的量作出全面的调整。

## 第二节　具有单一可变投入的生产函数

### 一、生产函数的定义和基本类型

生产者行为理论是由生产理论与成本理论构成的，前者用来说明投入与产出或生产要素与产量之间的物质技术关系，后者用以说明厂商的成本与收益之间的经济关系。

所谓生产就是把投入变为产出的过程，它不仅包括物质形态的变化，而且包括运输、金融、商业等各种劳务的提供。而生产函数，是指每个时期内所使用的各种投入的数量与该时期内所能生产的某种商品的最大产量之间的关系。更具体地说，生产函数是表示从不同的投入组合中所能取得的最大产量的图表或公式。生产函数概括了一定时点上现有的技术的性质，从而表明了厂商必须加以考虑的技术限制。

如果我们用 Q、L、K、N 和 E 分别表示产量、劳动、资本、土地和企业家才能，则生产函数的公式为：

$$Q=f(L,K,N,E) \tag{4.1}$$

生产一定量某种产品所要求的各种投入之间的配合比例被称为技术系数。不同产品生产的技术系数是不同的。如果生产某种产品所要求的各种投入的配合比例是可以改变的，那么，它的生产函数就是具有可变技术系数的生产函数。如果生产某种产品所要求的各种投入的配合比例是不能改变的，那么，某生产函数就是具有固定技术系数的生产函数。下面，我们着重分析具有可变技术系数的生产函数。

## 二、总产量、平均产量和边际产量[①]

这里，我们所要考察的是只有一种可变投入的生产函数。首先我们要说明总产量 TP、平均产量 AP 和边际产量 MP 这三个概念。

一种投入或生产要素的总产量就是从一定量该种投入中所获得的产量的总和。设该投入为 x，则 x 的总产量为：

$$TP = f(x) \tag{4.2}$$

而 x 这种投入的平均产量则等于 x 的总产量除以用于生产该产量的 x 的量，用公式表示就是：

$$AP = \frac{TP}{x} = \frac{f(x)}{x} \tag{4.3}$$

x 这种投入的边际产量是当所使用的其他投入的量保持不变时，由增加一单位 x 所引起的总产量的增加，用公式表示就是：

$$MP = \frac{\Delta TP}{\Delta x} \tag{4.4}$$

公式(4.4)中的 ΔTP 表示由 x 的增量 Δx 所引起的总产量的增量。

下面以表 4.1 为例，说明只有一种可变投入的生产函数。

**表 4.1 在 1 英亩土地上投入不同量劳动的 TP、AP 和 MP**

| 劳动量 | 总产量 | 劳动的平均产量 | 劳动的边际产量 |
|---|---|---|---|
| 0 | 0 | 0 | 0 |
| 1 | 8 | 8 | 8 |
| 2 | 20 | 10 | 12 |
| 3 | 36 | 12 | 16 |
| 4 | 48 | 12 | 12 |
| 5 | 55 | 11 | 7 |
| 6 | 60 | 10 | 5 |
| 7 | 60 | 8.6 | 0 |
| 8 | 56 | 7 | −4 |

① 参见附录 I [7]。

表 4.1 所描述的是，在固定不变的 1 英亩土地上投入不同量的劳动所得到的总产量、平均产量和边际产量。根据表 4.1 中的数字，我们可以画出可变投入劳动的总产品、平均产品和边际产品曲线。如图 4.1 所示。

从图 4.1 中可以看出，劳动的总产量、平均产量和边际产量曲线都是先上升，在分别达到最高点后转而下降。当边际产量高于平均产量时，平均产量上升；当边际产量等于平均产量时，平均产量最高；当边际产量低于平均产量时，平均产量下降；① 当边际产量等于零时，总产量最高；当边际产量为负时，总产量下降。

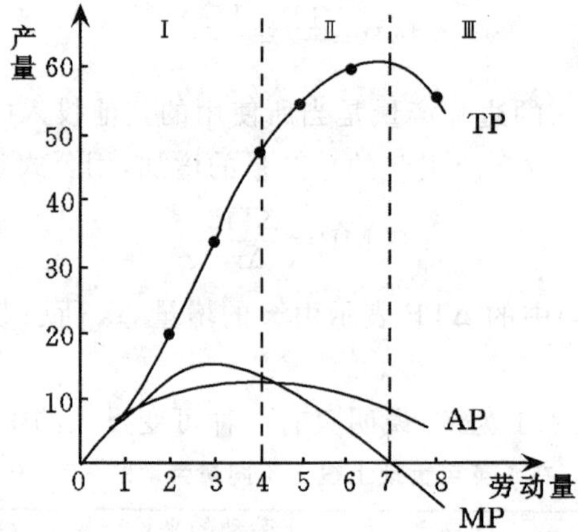


**图 4.1　劳动的总产量、平均产量和边际产量**

上述可变投入的边际产量与平均产量和总产量之间的关系亦可通过几何方法得到说明。图 4.2 所描述的是一条相对于一个可变投入比如说劳动的总产量曲线。我们首先说明劳动的边际产量是如何测定的。从图 4.2 中可以看出，当劳动从 OE 增加到 OF

① 这里表明了一个简单的算术原理：如果总量的增量大于(或小于)平均量，平均量肯定是增加(或减少)的。

时,总产量从 OH 增加到 OI。显然,当可变投入即劳动的增量越来越小时,增加的产量除以增加的劳动即 HI÷EF 就越来越接近于 TP 曲线上 S 点的斜率。因为曲线上任何一点的斜率等于该点的切线的斜率,所以,我们可以通过计算总产量曲线上任一点的切线的斜率,来测定相对于该点的可变投入量的边际产量。如图 4.2 中的 OB、AA′和 CC′的斜率,就是劳动量分别为 OE、OG 和 OJ 时的边际产量。

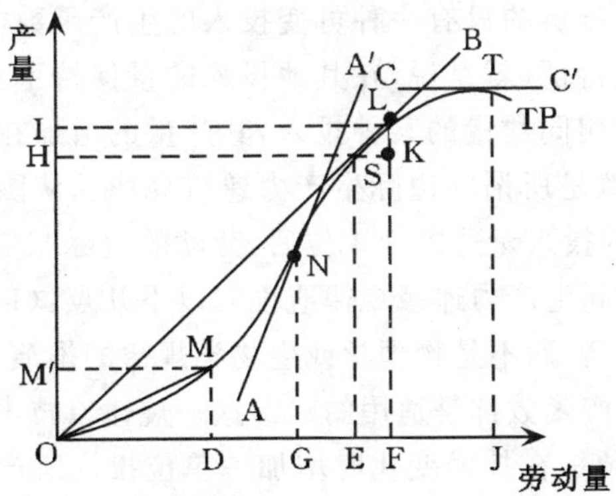


图 4.2　对 AP 和 MP 的几何测定

下面再来看劳动的平均产量是如何测定的。如前所述,既然可变投入的平均产量等于总产量除以可变投入的量,所以,任一劳动量比如说 OD 的平均产量就等于 DM(=OM′)除以 OD。显然,DM÷OD 就是连接原点与对应于 OD 单位劳动的总产量的点的直线的斜率。由此可见,连接原点与总产量曲线上对应于任一可变投入量的点的直线的斜率,就是该可变投入量的平均产量。

从以上分析中可以得出三点结论:(1)总产量曲线上通过 N 点的切线最陡,其斜率最大,这意味着当可变投入量为 OG 时,其边际产量最高。(2)连接原点与总产量曲线上 S 点的直线和 S 点的切线重合,两线的斜率相等,这表明在 S 点上,劳动的边际产量与平均产量相等；又因为当连接原点与总产量曲线上的某一点的直线同时也就是总产量曲线的切线时，该直线的斜率最大，所以，当边际产量等于平均产量时，平均产量最高。(3)在总产量曲线上的T点，其切线的斜率等于零，这表明当可变投入量为OJ时，边际产量为零，总产量最大。

### 三、边际生产力递减规律

以上所分析的只有一种可变投入的生产函数，一般具有边际产品递减的特征，就是说，在其他投入的量保持不变的情况下，如果连续追加相同数量的某种投入，其产量的增加在达到某一点后会减少，这就是所谓的边际生产力递减规律。从图4.1中可以看出，当劳动的投入量达到3单位后，劳动的边际产量开始下降。

关于边际生产力递减规律应说明以下几点：(1)该规律只是一个经验的概括，而不是物理学或生物学规律的推演，但它对于现实中大多数生产函数都是适用的；(2)这一规律以技术不变为假定前提，它不能预示在技术变化时增加一单位投入所产生的影响；(3)它假定至少有一种生产要素或投入的数量保持不变，它不适用于所有的投入按相同比例增加时的情况；(4)当然，改变所使用的投入的比例必须是可能的，或者说，生产函数的技术系数必须是可变的。

### 四、可变投入使用量的合理区间

为了确定一种可变投入的合理使用量，经济学家习惯上把可变投入量与产量的变化分为三个阶段。如图4.1所示，在第Ⅰ阶段，劳动的平均产量是递增的，这意味着每单位劳动的边际产量均高于平均产量。显然，一个有理性的生产者通常不会把可变投入的使用量限制在这一阶段内，因为只要生产要素的价格和产品的价格给定不变，进一步扩大可变投入的使用量从而使产量扩大是有利可图的，至少到平均产量达到最高点时为止。同样地，一个有理性的生产者也不会在第Ⅲ阶段进行生产，因为这时的总产量、平均产量和边际产量都是下降的，这意味着相对于固定投入来说，可变投入的使用量过多了，即使其费用为零，增加其使用量也有害无利。在这种情况下，厂商减少其可变投入的使用量，反而会使总产量扩大。由此看来，只有第Ⅱ阶段，才是可变投入使用量的合理区间，在这一阶段，如果厂商力图使平均产量最高，它可使用 4 单位劳动，如果它力图使总产量最高，或者假定劳动的边际支出[①] 等于零，它可使用 7 单位劳动。当然，一个有理性的生产者究竟将其可变投入的使用量具体确定在这一区间的哪一点上，则要依产品价格和要素价格水平而定。这一点我们将在第五节加以说明。

## 第三节　具有两种可变投入的生产函数[②]

以上分析的是只有一种可变投入的生产函数。下面我们要进一步讨论当两种投入可变时的生产函数。这两种可变投入可能是单独结合在一起发生作用的，也可能是与一种或多种固定投入结合在一起发生作用的，这不会影响我们所研究的问题的实质。

### 一、两种可变投入的生产函数的特点

当可变投入由一种变为两种时，其生产函数虽然会变得稍微复杂些，但它仍然表示的是从各种投入的不同组合中得到的最大产量，只不过这时的产量 Q 已不再是一种可变投入的函数，而是两种可变投入即 $x_1$ 和 $x_2$ 的函数了，用公式表示就是：

---

① 边际支出也叫作边际要素成本，它等于增加一单位可变投入所引起的总成本的增加。详见本书第十章。

② 参见附录Ⅰ[8]。

$$Q=f(x_1,x_2) \tag{4.5}$$

具有两种可变投入的生产函数也可以用图表来表示。例如,表4.2所描述的就是在农产品生产中土地和劳动量都可以变化时的生产函数。

**表 4.2 假想的两种可变投入的生产函数**

| 劳动量(人年) | 土地量(英亩) | | | |
|---|---|---|---|---|
| | 1 | 2 | 3 | 4 |
| | 谷物年产量(蒲式耳) | | | |
| 1 | 5 | 11 | 18 | 24 |
| 2 | 14 | 30 | 50 | 72 |
| 3 | 22 | 60 | 80 | 99 |
| 4 | 29 | 80 | 115 | 125 |
| 5 | 34 | 84 | 140 | 145 |

从表4.2中可以看出,即使在两种投入可变的情况下,我们也可以通过假定另一种可变投入保持不变而得到其中一种可变投入的边际产量和平均产量。比如,当劳动的使用量为4人年[①]时,1英亩土地使用量与2英亩土地使用量之间的边际产量为51蒲式耳(80—29),而2英亩土地的平均产量为40蒲式耳(80÷2)。同样,当土地的使用量为2英亩时,2人年劳动与3人年劳动之间的边际产量为30蒲式耳(60～30),而2人年劳动和3人年劳动的平均产量则分别为15蒲式耳(30÷2)和20蒲式耳(60÷3)。

20世纪30年代初,美国经济学家柯布和道格拉斯根据历史统计资料,分析了1899年～1922年美国的资本和劳动这两种投入对美国制造业的影响,得出了这一时期美国制造业的生产函数,这就是著名的柯布—道格拉斯生产函数。其公式如下:

$$Q=AL^{\alpha}K^{1-\alpha} \tag{4.6}$$

公式(4.6)中的Q表示美国整个制造业的产量,L和K分别

① 1人年表示一个正常的劳动力在一年内所能提供的劳动量。

为劳动量和资本量，A 和 $\alpha$ 是根据不同情况而变化的参数。在一般情况下，$\alpha$ 的数值被假定小于 1，这使每种可变投入的边际产量（等于该投入的平均产量乘以该投入的 $\alpha$ 值）递减。公式（4.6）表明，在总产量中，工资的相对份额是 $\alpha$，资本收益的相对份额是 $1-\alpha$。根据美国统计资料，20 世纪以来，$\alpha=\frac{3}{4}$，$1-\alpha=\frac{1}{4}$，这说明每增加 1%的劳动所引起的产量的增长，三倍于每增加 1%的资本所引起的产量的增长，或者说，美国制造品的增长中，其$\frac{3}{4}$归因于劳动的贡献，其余$\frac{1}{4}$才是资本的贡献。这一结论被认为与美国工资收入和资本收入之比（3∶1）大体相符。

**二、等产量线**

表 4.2 所描述的两种可变投入的生产函数还表明，一个既定的产量可以用两种投入的不同组合生产出来。比如，在表 4.2 中，80 蒲式耳谷物既可由 4 人年劳动和 2 英亩土地生产出来，也可由 8 人年劳动和 3 英亩土地生产出来，因此，两种可变投入的生产函数也可用一组等产量曲线来表示。

所谓等产量曲线就是能够生产同一产量的两种投入的各种有效组合的轨迹。从任何给定的两种可变投入的生产函数中，我们可以推导出表示任意产量水平的等产量曲线。图 4.3 就是用一组标志着不同产量水平的等产量曲线所表示的两种可变投入的生产函数。图中的纵轴和横轴分别表示所使用的资本和劳动的数量，图中的三条曲线分别代表可生产出 50、100 和 150 单位产量的劳动与资本的各种有效的组合。实际上，对于一个既定的生产函数来说，在同一坐标平面上可以有无数条等产量曲线，等产量曲线越远离原点，所代表的产量水平越高，越接近原点，所代表的产量水平越低，但在同一条等产量曲线上的各点，都代表同一产量水平。

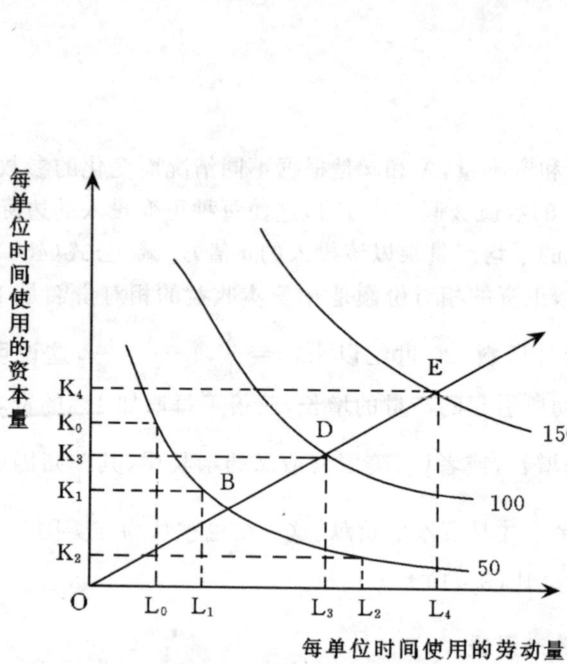


**图 4.3　等产量曲线**

等产量曲线一般具有如下特征:(1)等产量曲线通常向右下方倾斜,其斜率为负。这是因为等产量曲线上的每一个点通常都代表着能生产同一产量的两种投入的有效组合,这意味着增加一单位某种投入的使用量,要保持产量不变,就必须相应地减少另一种投入的使用量,如果不是这样的话,则说明这一点所代表的投入组合是无效率的。(2)同一等产量曲线图上的任意两条等产量曲线不能相交,因为两条等产量曲线的交点必然代表着两种投入的同一组合,而这显然与不同的等产量曲线代表不同的产量水平相矛盾。(3)等产量曲线通常凸向原点,其斜率是递减的,之所以如此,我们将通过后面所论述的边际技术替代率递减规律加以说明。

显然,等产量曲线的几何特征与第三章所分析的无差异曲线是基本相同的,而且通过后面的分析我们将看到,等产量曲线在生产者行为分析中所起的作用,与无差异曲线在消费者行为分析中所起的作用,也是同等重要的。二者的不同点在于,无差异曲线所反映的是消费者对不同商品组合所产生的效用大小的主观评价,而等产量曲线则代表着投入与产出之间的客观的物质技术关系。

## 三、边际技术替代率

上述的等产量曲线之所以是凸向原点或斜率递减的，这是因为边际技术替代率是递减的。所谓边际技术替代率就是当产量水平保持不变时，两种投入相互替代的比率，或者更具体地说，为保持原有的产量水平不变，由于增加 1 单位要素 x 的使用而必须放弃的要素 y 的数量，就是要素 x 替代要素 y 的边际技术替代率，用公式表示就是：

$$MRTS_{xy} = -\frac{\Delta y}{\Delta x} \tag{4.7}$$

公式(4.7)中的 $MRTS_{xy}$ 表示要素 x 对要素 y 的边际技术替代率，$\Delta x$ 和 $\Delta y$ 分别表示要素 x 和要素 y 的增加量和减少量，标上负号是为了取其正值。

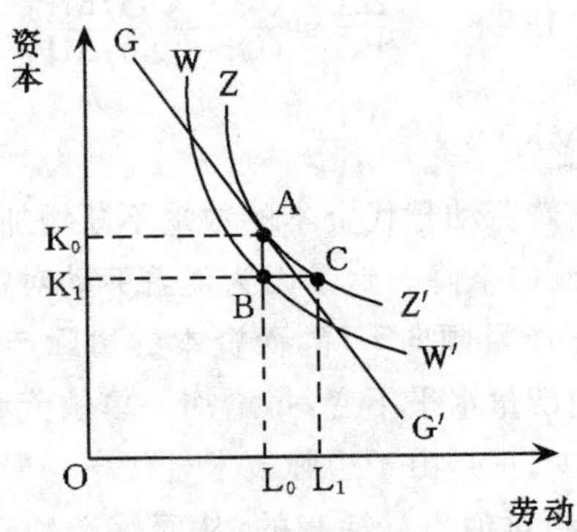


图 4.4　边际技术替代率

我们试对图 4.4 中的等产量曲线 ZZ′加以分析。显然，ZZ′所表示的产量水平可以用 $OL_0$ 单位劳动和 $OK_0$ 单位资本生产出来。如果把劳动量增加到 $OL_1$，要生产原有的产量，就必须把资本量减少到 $OK_1$。所以，在等产量曲线 ZZ′上的 A 点与 C 点之间，劳动对资本的边际技术替代率为$-(OK_0-OK_1)/(OL_0-OL_1)=BA/BC$。实际上，当劳动量的变动非常小即$OL_1$接近于$OL_0$时，$BA/BC$就等于负1乘以等产量曲线上A的切线GG′的斜率。所以，更确切地说，边际技术替代率等于负1乘以等产量曲线的斜率。

劳动对资本的边际技术替代率实际上也等于劳动的边际产量与资本的边际产量之比，这一点很容易从图4.4中得到说明。假定劳动的投入量保持在$OL_0$水平，如果资本量由$OK_1$增加到$OK_0$，产量将从与等产量曲线WW′相对应的水平（比如说为$Q_1$）增加到与等产量曲线ZZ′相对应的水平（比如说为$Q_0$）。这样，资本的边际产量$MP_K=(Q_0-Q_1)\div(OK_0-OK_1)=(Q_0-Q_1)\div BA$。另一方面，假定资本的投入量维持在$OK_1$水平上不变，如果劳动量从$OL_0$增加到$OL_1$时，劳动的边际产量$MP_L=(Q_0-Q_1)\div(OL_1-OL_0)=(Q_0-Q_1)\div BC$。所以，

$$MRTS_{LK}=\frac{BA}{BC}=\frac{(Q_0-Q_1)/MP_K}{(Q_0-Q_1)/MP_L}$$

$$MRTS_{LK}=\frac{MP_L}{MP_K} \tag{4.8}$$

一般地说，随着劳动替代资本的数量不断增加，劳动对资本的边际技术替代率倾向下降。这是因为随着劳动对资本的替代不断增加，劳动的边际产量倾向下降，而资本的边际产量倾向上升，这样，要保持原有的产量水平不变，每增加一单位劳动所必须放弃的资本量会越来越少。正是由于边际技术替代率一般是递减的，等产量曲线的斜率的绝对值也是递减的，从而等产量曲线通常凸向原点。

### 四、射线、脊线和生产的经济区

如果我们从图4.3的原点出发引一条射线，如OBDE，那么，这条射线所代表的就是具有相同比例的所有劳动和资本的组合，

射线的斜率就等于劳动与资本的这一不变比例。该射线上的每一点都代表着用相同比例的不同投入组合所生产的不同产量，随着由原点向较高产量水平方向的移动，所用的每种投入的绝对量都在增加，但二者之间的比例保持不变。这里要特别注意射线与等产量曲线的区别：等产量曲线表示的是固定的而不是变化的产量水平和变化的而不是固定的投入比例；射线表示的则是固定的而不是变化的投入比例和变化的而不是固定的产量水平。

顺便指出，等产量曲线也可以用来表示具有固定技术系数即投入比例固定不变的生产函数。如图 4.5 所示，资本与劳动之间必须保持的比例就是射线 OP 的斜率，其等产量曲线为直角，这表明当一种投入增加而另一种投入保持不变时，其产量不会增加。换句话说，当一种投入保持不变时，另一种投入的边际产量为零。

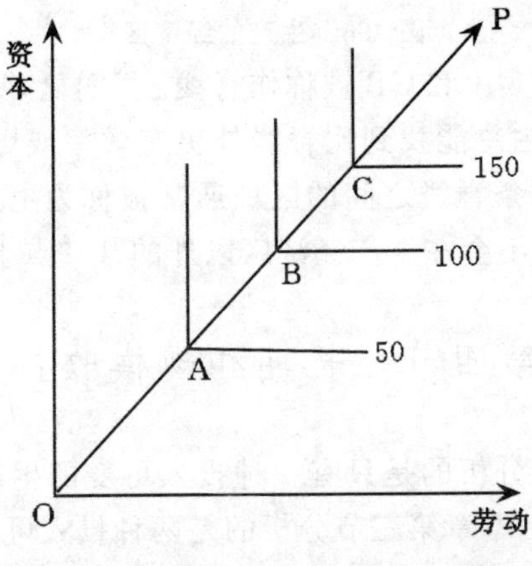


图 4.5　具有固定投入比例的等产量曲线

在某些情况下，等产量曲线可能有斜率为正的部分或向自身弯曲。如图 4.6 所示，在 OA 以上和 OB 以下，等产量曲线的斜率为正，这意味着要保持一定的产出率，在增加劳动的同时，必须增加资本，从而表明其中必有一种投入的边际产量为负。在 OA 以上，资本的边际产量为负，因此，在劳动量保持不变时，减少资本的使用量会使产量增加；在OB以下，劳动的边际产量为负，因此，在资本量保持不变时，减少劳动的使用量会使产量增加。

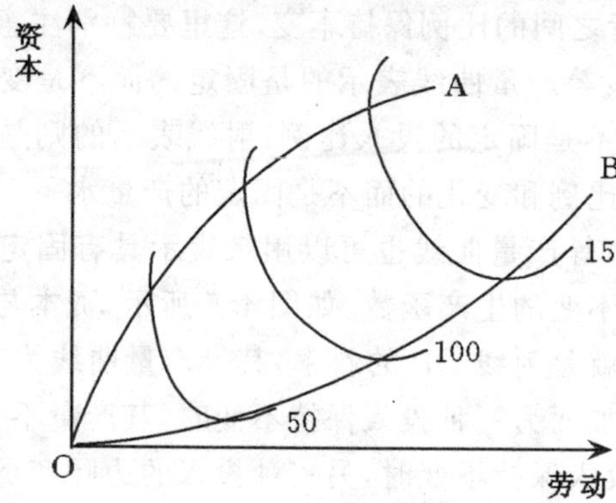


**图 4.6　生产的经济区**

图4.6中的OA和OB被称作脊线。很明显，要生产既定的产量，在两条脊线内总能找到比脊线外更有效率或更便宜的投入组合方式，所以，两条脊线之间的区域通常被称为生产的经济区，一个有理性的厂商不会在生产经济区以外的某一点上经营①。

## 第四节　长期和规模收益

本章第二节分析的是只有一种投入可变的生产函数，这是就短期情况而言的。本章第三节分析的是两种投入可变的生产函数，它虽然可能涉及长期过程（比如说，当只有两种可变投入单独发生作用时，指的就是长期情况），但这也仅仅是就不同比例的投入组合而言的。这一节所要分析的是在长期内当所有投入都可以变化

① 如果投入的比例是不能改变的，如图4.5所示，则两条脊线合并为一条脊线，即图中的OABC射线。在这种情况下，厂商只能在OABC射线上选择投入的组合方式。

并按相同比例增加时的生产函数，换句话说，这里所要考察的是规模收益的变动情况。

## 一、规模收益及其变动的三种情况

厂商生产规模的变动指的是厂商所有的生产要素或投入按同一比例增加或减少。而所谓规模收益就是指由规模变动所引起的产量的变动。一般地说，当规模发生变化时，产量的变动有三种可能：(1)产量的增加比例大于每一种投入的增加比例，比如，所有投入增加一倍所引起的产量增加可能大于一倍，这种情况被称作规模收益递增；(2)产量的增加比例可能小于各种投入的增加比例，比如，当所有投入增加一倍时，产量的增加可能小于一倍，这种情况被称作规模收益递减；(3)产量的增加比例可能等于各种投入的增加比例，比如，所有投入增加一倍可能使产量也增加一倍，这种情况被称为规模收益不变。

## 二、规模收益递增的原因

导致规模收益递增的原因或因素有如下几个：

1. 一定的几何关系

例如，一个4×4×4英尺的木箱的容量是一个1×1×1英尺的木箱容量的64倍，但因为4×4×4英尺的木箱的6个面的面积为96平方英尺，而1×1×1英尺的木箱的6个面的面积为6平方英尺，所以，制造前一个木箱所需要的木材相当于后一个木箱的16倍。再比如，一个100×100英尺的厂房，其使用面积为10000平方英尺，需要的围墙为400英尺，而一个100×200英尺的厂房，其使用面积比前一个大一倍，但所需建立的围墙只有600英尺，或者说，比前一个只需增加50%的材料。又如，管道的直径增大两倍，其流量的增加会大于两倍；载重汽车装载能力的增加也大于其自身重量的增加。

2. 某些技术和投入的不可分性

有些技术和投入，如电子计算机、自动化装配线、平炉等，只能在经营规模或产量足够大时才有可能使用。所以，一个较大的工厂可能比规模相同的两个小工厂更有效率，因为它可以利用小工厂不能利用的某些技术和投入。

3. 专业化和分工

较大的生产规模可以使工人提高专业化和分工的程度，并能够使用更加专门的特殊的机器和工具从事某些特殊的工作，这可以大大提高劳动生产率。

4. 概率因素

规模收益递增，也可能产生于概率方面的原因。例如，由于较大数量的顾客的总体行为更趋向于稳定，所以，厂商不必按照与规模扩大的同一比例增加其存货。

## 三、规模收益递减的原因

上述导致规模收益递增的因素，其作用最终会受到限制。当生产规模达到一定点后，进一步扩大规模，其收益会发生递减的变化。即使是几何关系，其作用也是有限的，如随着建筑物变得越来越大，屋顶和墙壁的建造，可能不得不采用更结实的材料；当管道和盒子变得更大时，也必须用更厚更坚固的材料来制造；载重汽车越重，越可能需要一种特制的底盘。

进一步说，当生产规模扩大到一定点后，协调和控制大规模经营的困难会增加，随着管理层次的增加，信息在从工人到最高管理层以及相反的传递过程中会损失或失真，通讯联系的渠道会变得更加复杂和更难于把握，决策的制定需要更多的时间和补充，这类问题在所有大型组织中都会发生。这表明管理和协调大厂商的困难可能是造成规模收益递减的一个源泉。

## 四、规模收益变动的表示方法

经济学家常常用数学语言表示规模收益的变动情况。

设生产函数公式(4.5)为 n 次齐次函数,则对于任何不等于零的常数 λ,都有

$$\lambda^n Q = f(\lambda x_1, \lambda x_2) \qquad (4.9)$$

当 n>1 时,规模收益递增;

当 n<1 时,规模收益递减;

当 n=1 时,规模收益不变。

以前述柯布—道格拉斯生产函数公式(4.6)为例,当资本和劳动的投入量都增加 λ 倍时,则:

$$\begin{aligned} A(\lambda L)^{\alpha} \cdot (\lambda K)^{1-\alpha} &= \lambda^{\alpha}\lambda^{(1-\alpha)} AL^{\alpha}K^{1-\alpha} \\ &= \lambda AL^{\alpha}K^{1-\alpha} \\ &= \lambda Q \end{aligned}$$

这表明,公式(4.6)为线性齐次生产函数,其特点是规模收益不变。当然,也可以把公式(4.6)变为规模收益递增或递减的生产函数。比如,当我们把公式(4.6)写成下列形式时:

$$Q = AL^{\alpha_1}K^{\alpha_2}M^{\alpha_3} \qquad (4.10)$$ ①

如果 $\alpha_1+\alpha_2+\alpha_3>1$,则规模收益递增;

如果 $\alpha_1+\alpha_2+\alpha_3<1$,则规模收益递减。

此外,利用前述的射线,也可以表示规模收益的变动情况。以图 4.7 为例,其中图 4.7*a* 描述的是规模收益不变的情况。图(*a*)中从原点出发的任意射线 OA 均以相等的距离分别与代表 50、100 和 150 单位产量的等产量曲线相交,即 OD=DC=CB,这表明生产 100 单位产量所需要的劳动和资本相当于产量为 50 单位时所

---

① 公式(4.10)中的 M 表示原材料的投入量。公式(4.10)与公式(4.6)的不同点除了增加了一种投入 M 外,在公式(4.6)中,假定 $\alpha_1+\alpha_2=1$,即 $\alpha_2=1-\alpha_1$。

需要的两倍，而生产 150 单位产量所需要的两种投入相当于产量为 50 单位时所需要的三倍。图 4.7*b* 所描述的是规模收益递增的情况，其中从原点出发的 OA 射线以越来越短的距离分别与代表 50、100 和 150 单位产量水平的等产量曲线相交，即 OD＞DC＞CB。图 4.7*c* 所描述的则是规模收益递减的情况，在这里，随着从原点向外的移动，相继的等产量曲线离得越来越远，即 OD＜DC＜CB。

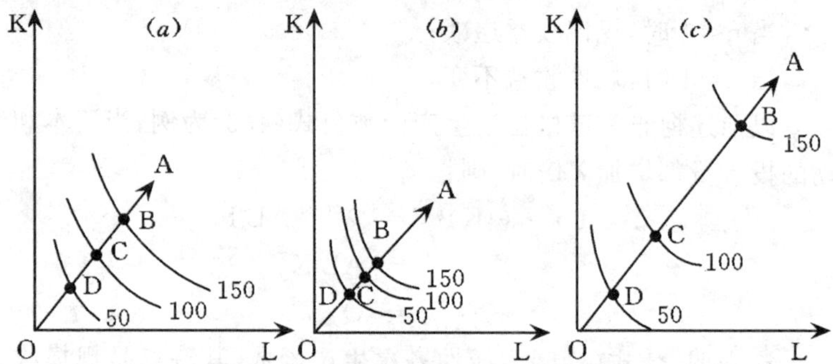


**图 4.7　规模收益不变、递增和递减**

## 第五节　成本的性质和最佳投入组合

在前四节中，我们讨论了厂商的目标和为实现这一目标可供选择的技术和投入。这一节所要研究的是，一个追求利润最大化的厂商为生产出既定的产量，如何选择最佳的投入组合。

### 一、成本的性质和定义

厂商对投入组合的选择，一方面取决于各种投入与产出之间的物质技术关系，另一方面也依赖于成本或各种投入的价格水平。

在经济分析中，厂商的成本包括直接成本和隐含成本两部分。

所谓直接成本是指厂商为购买各种生产要素或投入而支付的货币，它包括工资支出、原材料和燃料及电力的费用、借贷利息和租金等。直接成本仅仅是厂商成本中的一部分，其中的另一部分是隐含成本。所谓隐含成本是与厂商所使用的自有资源（包括企业家的劳务、自己所拥有的资本等）相联系的成本，它反映着这些资源同样能在别处使用这一事实。例如，一个使用自己的土地并直接从事经营管理活动的企业家，他为别人工作可以得 5 万美元的年薪，其土地若出租给别人能得到年租金 1 万美元，那么，这 6 万美元就是该厂商的隐含成本，它应该包括在该厂商的总成本之中。在计算厂商的总成本时，如果忽略掉隐含成本，将会使决策严重失误。

在经济学家看来，一定的资源或投入用于某种特殊生产的成本，就是用这些资源可能生产的其他产品的价值。用这种方式定义的成本，就是所谓的机会成本。机会成本所强调的是一种资源可以用于生产许多东西，如：钢可以用于制造汽车、自行车、电冰箱或许多其他物品；机械工程师可从事筑路、飞机制造、纺织品和玩具等物品的生产。但是，当一定的资源用于生产一种物品时，它就不能用于生产其他的物品。例如，当我们用一定量钢铁生产汽车时，我们就必须放弃这些钢铁所能生产的其他物品。

在竞争性市场上，厂商的成本即直接成本与隐含成本之和，将趋向于和它所使用的资源的机会成本相等。例如，一个厂商为使其所雇用的工人不到别处去工作，必须付给他们足够的工资。如果该厂商的工资低于工人的机会成本，即低于该工人在其他可供选择的职业中所能获得的最高收入，该工人将会辞职而去选择具有更高收入的职业。

此外，作为一个企业家，当他打算自己开业经营之前，他必须期望至少有一笔最低限度的利润，比如说一年 1 万美元。如果他得不到这笔最低限度的利润，他会感到还不如去做其他生意，或者不如去当一个拿薪水的经理。因此，成本中还包含着另一部分，即所谓的正常利润，这是在支付了所有其他生产要素的机会成本之后，把一个企业家留在一个特定行业中的最起码的报酬。正常利润之所以也构成成本的一部分，是因为如果这部分得不到偿付，对于一个特定行业来说，其企业家才能的供给就会枯竭①。

以上所说的成本（包括直接成本、隐含成本和正常利润）还仅仅是指私人成本，即个别生产者成本。然而，生产某种商品的社会成本并不总是等于私人成本。例如，对于一个将废物排放到附近河流中去的钢厂来说，其处理废物的私人成本只不过是把废物排放河中所需支付的费用。但这种行为的后果是使河水受到污染，别的厂商或消费者要使用具有一定纯净度的河水，就必须额外支付使河水净化所需的费用。在这种情况下，排放废物的社会成本就大于私人成本。

**二、等成本线**

如果一个厂商要实现利润最大化，显然，他必须使生产既定产量的成本最小，或者是用既定的成本生产出最大的产量。假定厂商是生产要素市场上的完全竞争者，或者说，他是既定的要素价格的接受者，同时假定厂商只使用劳动和资本这两种可变投入，其中每单位劳动的价格为 $P_L$，每单位资本的价格为 $P_K$，这样，厂商从既定的全部支出 E 中可以购买到的劳动与资本的各种组合用公式表示如下：

$$P_L L + P_K K = E \tag{4.11}$$

公式(4.11)中的 L 和 K 分别表示劳动和资本的数量。在 $P_L$、$P_K$ 和 E 为既定时，公式(4.11)可转换为：

---

① 马克思主义经济学中的成本只包括不变资本即生产资料的价值和可变资本即劳动力的价值，后者表现为工资。至于正常利润（马克思称之为平均利润）、利息和地租等，均被看作是剩余价值的转化形式，并不包含在成本之中。

$$K=\frac{E}{P_K}-\frac{P_L}{P_K}L \tag{4.12}$$

这样，在 $P_L$、$P_K$ 和 E 既定时，厂商能够购买的资本和劳动的各种组合可以用图 4.8 所示的直线来代表。图 4.8 的纵轴表示资本量，横轴表示劳动量，直线在纵轴上的截距等于 $E/P_K$，直线在横轴上的截距等于$\frac{E}{P_L}$，把两个截距连起来的直线就是等成本曲线，其斜率为 $-P_L/P_K$。

等成本曲线所表示的是等量的成本所能购买的两种投入的各种组合的轨迹。它在横轴上的截距表示全部成本或支出 E 可以买到的 L 的数量，在纵轴上的截距表示全部成本或支出 E 所能买到 K 的数量，而两个端点之间的各点，则表示全部成本或支出 E 所能购买的 L 与 K 的各种组合。

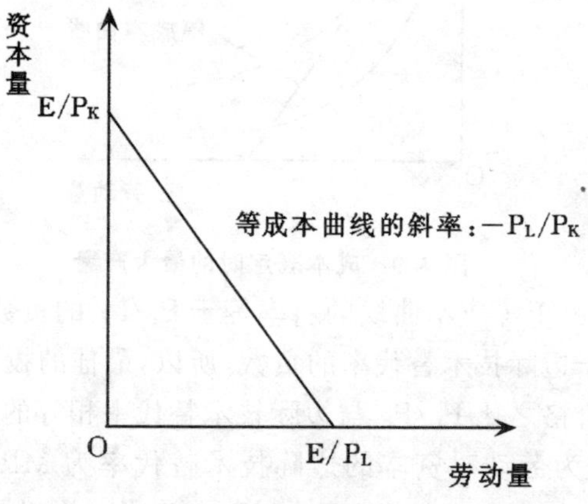


**图 4.8　等成本曲线**

等成本曲线的斜率为负，它等于两种投入的价格比率的负数。读者不难看出，生产者的等成本曲线与消费者的预算线非常相似。等成本曲线的变动是由两种投入的价格变动和生产者的总支出的变动决定的，其变动的情况也与预算线的变动相似，关于这一点，读者可以自己去证明。

### 三、最佳的投入组合[①]

现在，我们来讨论一个追求利润最大化的厂商在其成本支出既定的情况下，应选择什么样的资本和劳动的组合，以使产量最大。让我们把上述的等成本曲线加到等产量曲线图上。显然，厂商应该选择其等成本曲线所能达到的最高的等产量曲线上的某一点，这也就是等成本曲线与等产量曲线相切的那一点，即图 4.9 中

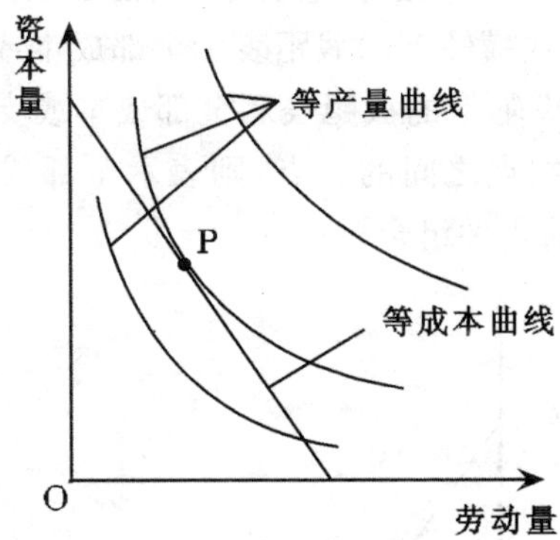


**图 4.9　成本既定时的最大产量**

的 P 点[②]。由于等成本曲线的斜率等于 $P_L/P_K$ 的负数，等产量曲线的斜率等于边际技术替代率的负数，所以，最佳的投入组合必然是在要素的价格之比 $P_L/P_K$ 与边际技术替代率相等的那一点上。进一步说，因为劳动对资本的边际技术替代率为 $MP_L/MP_K$，所以，最佳的投入组合也就是在 $MP_L/MP_K=P_L/P_K$ 的那一点上。这样，

---

① 参见附录 I [9]。

② 在同一个等产量曲线图上，一条等成本曲线可以和许多条等产量曲线相交，但只能和一条等产量曲线相切，这条等产量曲线也就是该等成本曲线所能达到或接触到的最高的等产量曲线。

厂商要实现利润最大化，应该选择 $MP_L/P_L = MP_K/P_K$ 时的投入组合。

用上述方法，我们同样可以说明在产量既定时，厂商应选择什么样的投入组合，以使成本最小。如图 4.10 所示，当我们沿着代表某一既定产量水平的等产量曲线移动时，我们总能找到与一条等成本曲线相切的点，即图 4.10 中的 W 点。一般地说，一条既定的等产量曲线可以和许多条等成本曲线相交，但只能和一条等成本曲线相切，这条等成本曲线所代表的就是生产该既定产量所需支付的最低成本水平。位于 W 以下的等成本曲线如 $C_0$ 上的投入组合虽然比 W 便宜，但它们都不能生产出所要求的产量；而位于 W 以上的等成本曲线如 $C_2$ 上的投入组合虽然也能生产出所要求的产量，但其成本却比 W 高。显然，最佳的投入组合，就是等产量曲线与等成本曲线相切的那一点，即 W 点。

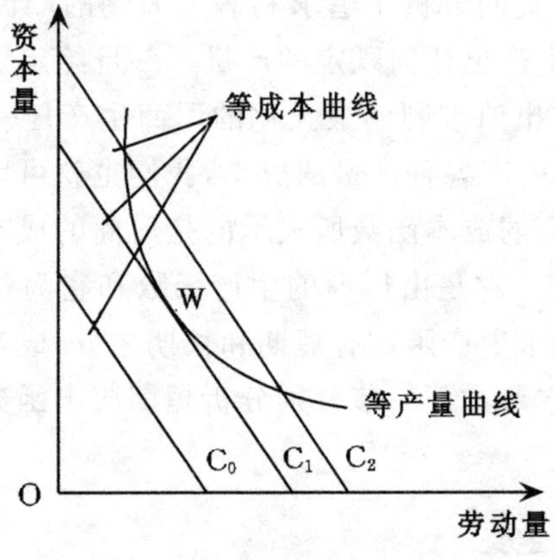


**图 4.10　生产既定产量的最小成本**

总之，厂商要使生产既定产量的成本最小，或在成本既定时使产量最大，就必须使边际技术替代率等于投入的价格比率。

以上关于两种可变投入所说的，同样适用于多种可变投入。一般地说，厂商要实现其利润最大化，必须在各种投入之间分配其支出，使价值1美元的某种投入的边际产量等于价值1美元的任何其他投入的边际产量，或者说使花在每一种投入上的最后一美元所提供的边际产量都相等，用公式表示就是：

$$\frac{MP_a}{P_a}=\frac{MP_b}{P_b}=\cdots=\frac{MP_m}{P_m} \tag{4.13}$$

公式(4.13)中的 $MP_a, MP_b \cdots MP_m$ 分别表示投入 a,b…m 的边际产量，$P_a, P_b \cdots P_m$ 分别表示投入 a,b…m 的价格。按照上述原则所确定的投入组合，就是最佳的投入组合。当生产者所选择的投入组合符合公式(4.13)所规定的条件时，生产就达到了均衡。

## 第六节　短期成本函数

在上一节，我们分析了追求利润最大化的厂商如何选择最佳的投入组合以生产出任何既定的产量。一旦给定了最佳的投入组合，我们就可求出追求利润最大化的厂商生产任一产量水平的成本。知道了厂商生产各种产量的成本，我们也就可以确定厂商的成本函数了。厂商的成本函数所表示的是厂商的成本与其产出率或产量的各种关系，它是由厂商的生产函数和它为各种投入支付的价格决定的。由于生产函数有短期和长期之分，成本函数也有短期和长期之分。本节和下一节分别分析短期成本函数和长期成本函数。

### 一、短期的定义

所谓短期，就是厂商不能改变其某些投入的数量的时期，处于没有一种投入可变和所有投入都可变之间的任何时期，都可以看作是短期。但是，严格地讲，短期是指厂商所面临的这样一个时期，即在此期间，厂商不能改变其厂房和设备的数量，这些厂房和设备作为固定投入，决定了厂商的生产规模。而其他投入，如劳动和原材料等，在这一时期是可以改变其数量的，它们是厂商的可变投入。

### 二、三种短期总成本函数

1. 总固定成本(TFC)

总固定成本 TFC 是厂商为短期内不能改变的固定投入而支付的成本，它通常包括厂商自有资本的收益、借贷资金的利息、防火保险金、建筑和设备的折旧费、地租以及财产税等项目(注意，其中某些部分，如厂商自有资本的收益，为隐含成本)。既然固定投入的数量(根据其定义)是固定不变的，所以，无论厂商生产多少产量，其 TFC 将总是相同的，即使厂商停止营业什么也不生产，它仍然要支付其 TFC。从表 4.3 的第(2)栏可以看出，该厂商每月的总固定成本 TFC 为 60 美元。

**表 4.3　一个假想厂商每月的短期成本函数**

| 产量(单位)(1) | *TFC*(美元)(2) | *TVC*(美元)(3) | *TC*(美元)(4) | *MC*(美元)(5) | *AFC*(美元)(6) | *AVC*(美元)(7) | *ATC*(美元)(8) |
|---|---|---|---|---|---|---|---|
| 0 | 60 | 0 | 60 | — | — | — | — |
| 1 | 60 | 30 | 90 | 30 | 60.00 | 30.00 | 90.00 |
| 2 | 60 | 49 | 109 | 19 | 30.00 | 24.50 | 54.50 |
| 3 | 60 | 65 | 125 | 16 | 20.00 | 21.70 | 41.70 |
| 4 | 60 | 80 | 140 | 15 | 15.00 | 20.00 | 35.00 |
| 5 | 60 | 100 | 160 | 20 | 12.00 | 20.00 | 32.00 |
| 6 | 60 | 124 | 184 | 24 | 10.00 | 20.70 | 30.70 |
| 7 | 60 | 150 | 210 | 26 | 8.60 | 21.40 | 30.00 |
| 8 | 60 | 180 | 240 | 30 | 7.50 | 22.50 | 30.00 |
| 9 | 60 | 215 | 275 | 35 | 6.70 | 23.90 | 30.60 |
| 10 | 60 | 255 | 315 | 40 | 6.00 | 25.50 | 31.50 |
| 11 | 60 | 300 | 360 | 45 | 5.50 | 27.30 | 32.80 |
| 12 | 60 | 360 | 420 | 60 | 5.00 | 30.00 | 35.00 |

注：表中(4)＝(2)＋(3)，(6)＝(2)÷(1)，(7)＝(3)÷(1)，(8)＝(4)÷(1)。

2. 总可变成本(TVC)

总可变成本 TVC 是厂商为其所使用的可变投入所支付的总成本。TVC 随厂商产量的增加而增加,因为厂商在短期内要生产更大的产量,必须雇用较多的工人,使用较多的电力,购买更多的原材料,所有这些都使成本随产量的提高而增加。总可变成本 TVC 如表 4.3 中的第(3)栏所示。

3. 总成本(TC)

总成本 TC 是相应于每一产量水平的总固定成本与总可变成本之和。如表 4.3 第(4)栏所示,当产量为 5 单位时,TFC=60 美元,TVC=100 美元,所以,总成本 TC=160 美元。总成本是用于生产某一产量的所有可变投入和固定投入的成本。既然 TVC 随产量的增加而增加,所以,TC 也随产量的增加而增加。

根据表 4.3 中第(1)、(2)、(3)、(4)栏中的数字,我们可以分别绘制出总固定成本、总可变成本和总成本曲线。如图 4.11 所示,总

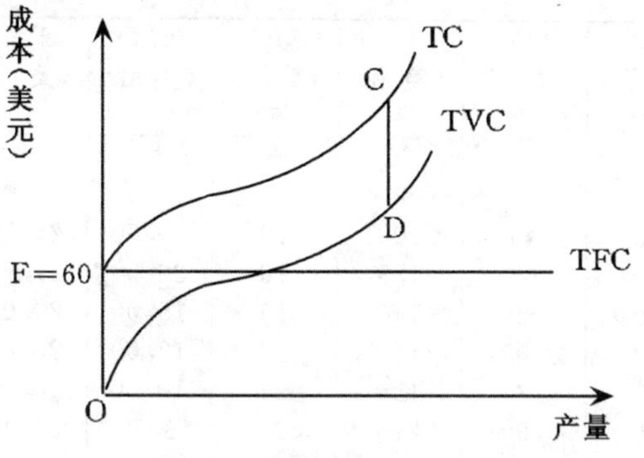


图 4.11 短期总成本曲线

固定成本 TFC 曲线是高度为 60 美元的水平线,它表明不论产量为多少,其固定成本总是 60 美元;而总成本 TC 曲线与总可变成本 TVC 曲线形状相同,只不过在每一产量水平上都比 TVC 曲线高出 60 美元,这是因为它们之间只相差一个固定数额即总固定成

本 TFC，它等于 TVC 曲线与 TC 曲线之间的垂直距离：无论是 OF 还是 DC，都等于 60 美元。

### 三、三种短期平均成本函数

与上述三种总成本函数相对应，在短期内，存在着三种平均成本函数，即平均固定成本 AFC、平均可变成本 AVC 和平均总成本 ATC，它们分别为表 4.3 中的第(6)、(7)、(8)栏所示。

1. 平均固定成本(AFC)

平均固定成本 AFC 等于总固定成本除以产量，其公式如下：

$$AFC=\frac{TFC}{Q} \tag{4.14}$$

因为固定成本是不变的，所以产量越大，每单位产量的平均固定成本就越低。如表 4.3 第(6)栏所示，当产量为 1 单位时，AFC＝60 美元；当产量为 12 单位时，AFC＝5 美元。在数学上，平均固定成本是一条直角形的双曲线，如图 4.12 所示。

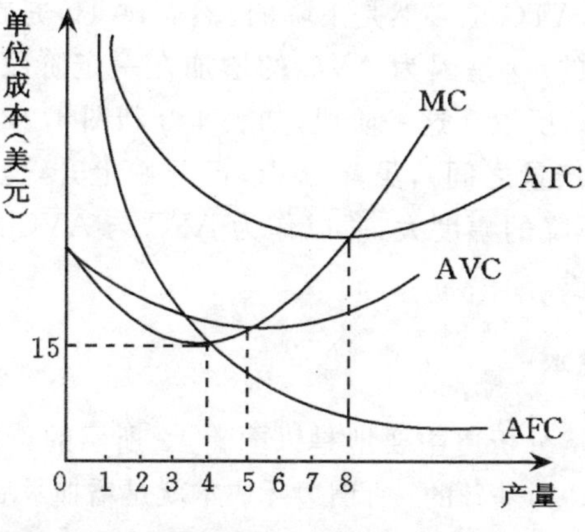


**图 4.12　短期单位成本曲线**

2. 平均可变成本(AVC)

平均可变成本 AVC 等于总可变成本 TVC 除以产量。如果用

V 表示可变投入的量，用 P 表示可变投入的价格，则：

$$AVC=\frac{TVC}{Q}=P\frac{V}{Q}$$

又因为 Q/V 是可变投入的平均产量 AVP，则：

$$AVC=P\frac{1}{AVP} \tag{4.15}$$

如前所述，由于 AVP 通常是随着可变投入量的增加先升后降（参见图 4.1），又因为根据假定，P 是固定不变的，因此，如图 4.12 所示，AVC 曲线必然随着产量的增加先降后升，呈 U 字形状，这一特点正是由生产函数的性质所决定的。

3. 平均总成本（ATC）

平均总成本 ATC 等于总成本除以产量，或者说 ATC 等于 AFC 与 AVC 之和，其公式为：

$$ATC=\frac{TC}{Q}=AFC+AVC \tag{4.16}$$

从图 4.12 和表 4.3 中可以看出，对于 AFC 和 AVC 都下降的产量水平来说，ATC 也必然是下降的。然而，ATC 是在 AVC 之后达到其最低点的，这是因为 AVC 的增加在一定阶段内尚不能抵消 AFC 的下降，所以在这一阶段（如表 4.3 和图 4.12 中从 5 单位产量到 8 单位产量之间），虽然 AVC 已开始上升，但其上升的幅度不如 AFC 下降的幅度大，所以作为 AFC 与 AVC 之和的 ATC 仍处于下降阶段。

## 四、边际成本

大多数经济分析更主要地是以图 4.12 所示的单位成本、特别是边际成本 MC 为基础的。所谓边际成本就是增加最后一单位产量所引起的总成本的增加，或者说边际成本就是由 1 单位产量的变动所引起的总成本的变动。设 C(Q)为生产 Q 单位产量的总成本，则 Q 与(Q−1)单位产量之间的边际成本就是 C(Q)−C(Q−1)。

如表 4.3 第(5)栏和图 4.12 所示，在产量水平较低的阶段上，边际成本可能随产量的增加而减少，但到达一个最低点后，则随着产量的进一步增加而增加。之所以如此，这是由边际生产力递减规律所决定的。如果用 ΔTVC 表示由产量的变动 ΔQ 所引起的总可变成本的变动，用 ΔTFC 表示由产量的变动 ΔQ 所引起的总固定成本的变动，则：

$$MC=\frac{\Delta TVC+\Delta TFC}{\Delta Q}$$

既然固定成本是固定的，即 ΔTFC＝0，则：

$$MC=\frac{\Delta TVC}{\Delta Q}$$

进一步说，如果厂商所使用的可变投入的价格是给定不变的，则 ΔTVC＝P(ΔV)，其中 ΔV 表示由产量的变动(ΔQ)所引起的可变投入量的变动，则：

$$MC=P\,\frac{\Delta V}{\Delta Q}=P\,\frac{1}{MP} \tag{4.17}$$

公式(4.17)中的 MP 为可变投入的边际产品。既然 MP 一般随着可变投入的增加开始时上升，在达到一个最高点后转而下降(参见本章第二节及图 4.1)，所以边际成本曲线通常也就随着产量的增加开始时下降，在达到一个最低点后转而上升，从而呈现为 U 字型。边际成本曲线这一形状上的特点，也是由边际生产力递减规律决定的。

**五、边际成本曲线与平均成本曲线的关系**①

边际成本曲线与平均成本曲线之间存在着下述关系：

第一，当边际成本位于平均成本之下时，平均成本是下降的。同理，当平均成本正在下降时，边际成本一定位于平均成本之下。

① 参见附录 I [10]。

比方说，如果目前的平均成本为 10 美元，增加一单位产量的成本为 5 美元，那么，所有单位产量的平均成本将被拉下来。

第二，当边际成本位于平均成本之上时，平均成本上升。同理，当平均成本正在上升时，边际成本一定是位于平均成本之上。比方说，现时的平均成本若为 10 美元，而增加生产一单位产品的成本为 15 美元，那么，所有单位产量的平均成本将被拉上去。

第三，当平均成本最低时，边际成本等于平均成本。这一点显然已包含在上述关系中了，但我们可以用不同的方式来说明它。在平均成本最低的那一点上，其曲线在产量的微小范围内一定是平坦的。当平均成本曲线既不上升，也不下降时，产量的微小变动并不改变平均成本。如果增加一单位产量并不使平均成本发生变化，那么，边际成本一定等于平均成本。比方说，如果平均成本为 10 美元，在产量增 1 单位后仍为 10 美元，那么，这一单位产量的边际成本也一定是 10 美元。

## 六、平均成本曲线和边际成本曲线的几何推导

我们可以用几何方法从一条总成本曲线推导出平均成本和边际成本曲线，这与本章第二节所论述的从总产量曲线推测平均产量和边际产量曲线的几何方法极其相似。

图 4.13*a* 表示一条总可变成本曲线 TVC，图 4.13*b* 表示从该 TVC 曲线推导出来的平均可变成本和边际成本曲线。要从 TVC 曲线推导 AVC 曲线，我们画出从原点到 TVC 曲线上每一点的射线，通过 TVC 曲线上每一点的射线的斜率就表示与这一点相对应的产量的 AVC。例如，在 $Q_1$ 产量上，射线 OA 的斜率等于 $AQ_1/OQ_1$ 或每单位 7 美元（105 美元÷15 美元）。图 4.13*b* 中 AVC 曲线的高度所表示的就是图 4.13*a* 中通过 TVC 曲线上相应点的射线的斜率。从原点出发的射线越平坦，AVC 就越低。例如，当产量为 $Q_2$ 时，AVC 最低（为 5 美元），这是由于射线 OC 是与 TVC 曲

线相触的最平坦的射线。由此可见，AVC随着产量由零增加到$Q_2$而下降，然后随产量的增加而上升。

图4.13*b*中任意产量的边际成本，是用图4.13*a*中TVC曲线上与该产量相对应的点的切线的斜率来表示的。如TVC曲线上与$Q_3$产量相对应的D点的斜率所示，增加1单位产量的生产，成本的增加为8美元，所以，在图4.13*b*中的$Q_3$产量上，每单位的边际成本为8美元。当我们从原点出发，沿着TVC曲线向上移动到B点时，TVC曲线变得越来越平坦，这表明MC在下降；而超过了B点，TVC曲线变得越来越陡峭，这表明MC在上升。在B点，TVC曲线的斜率最小，所以，与该点相对应的MC最低；在平均可变成本曲线的最低点即C点，TVC的切线与从原点出发过C点的射线重合，所以，MC等于AVC。

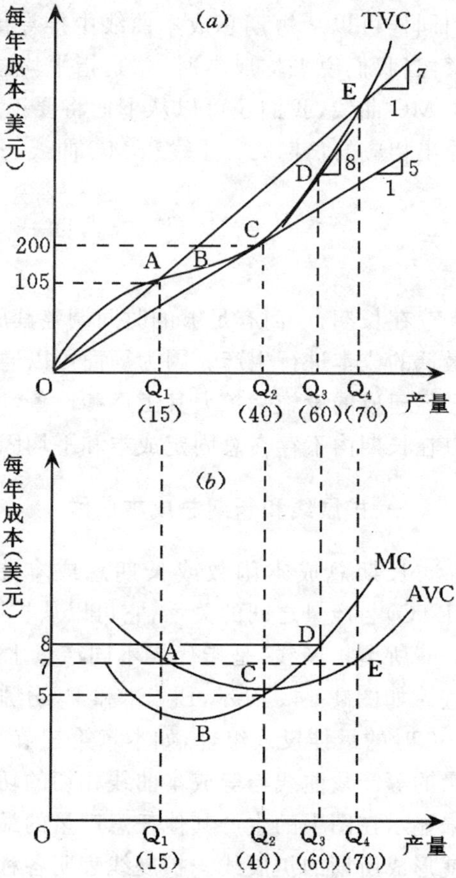


**图4.13 平均成本曲线和边际成本曲线的几何推导**

应该指出的是，尽管我们这里使用的是短期 TVC 曲线，但我们同样可以从短期总成本曲线中推导出相应的平均成本 AC（注意，当我们说平均成本时，总是指平均总成本，即 ATC）和边际成本 MC 曲线，我们还可以从下面将要论述的长期总成本曲线中推导出相应的长期 AC 曲线和 MC 曲线，其方法都是一样的。

## 第七节　长期成本函数

在长期，厂商有足够的时间调整其所有投入的使用量，以便用最低的成本进行生产。因为厂商可以通过建立额外的设施或购买已经建成的设施来扩大其工厂和设备，所有的投入都是可变的，所以在长期内不存在总固定成本和平均固定成本函数。

### 一、扩展线和长期总成本曲线

长期总成本函数或长期总成本曲线表示的是长期总成本（LTC）与产量之间的关系，它可以从扩展线中推导出来。

所谓扩展线，是指代表不同产量水平的最佳投入组合点的轨迹。如图 4.14*a* 所示，$E_0$、$E_1$ 和 $E_2$ 分别表示当产量为 50、100 和 150 时的最佳投入组合，如本章第三节所述，它们都是代表不同产量的等产量曲线与等成本曲线相切的切点。把所有这些切点（包括未显示在图中的生产其他任意产量的最佳投入组合点）连接起来，就形成所谓的扩展线。扩展线表明各种投入的量是如何随着产量的变化（假定投入价格不变）而变化的。

如果劳动和资本是仅有的两种投入，我们就很容易从扩展线推导出长期总成本函数。如上所述，扩展线上的每一点都代表着在长期内生产某一产量的成本最低的投入组合。让我们考察与 50 单位产量相对应的 $E_0$ 点。显然，由 $E_0$ 所代表的投入组合的总成本等于 $OH_0$ 乘以单位劳动的价格 $P_L$。这是因为 $E_0$ 是等成本曲线 $B_0H_0$

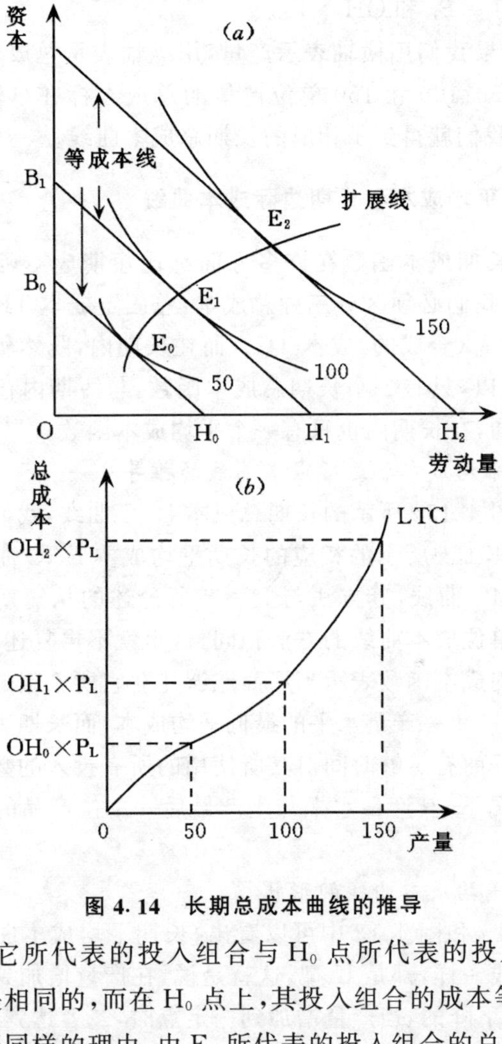


图 4.14　长期总成本曲线的推导

上的一点，它所代表的投入组合与 $H_0$ 点所代表的投入组合所花费的成本是相同的，而在 $H_0$ 点上，其投入组合的成本等于 $OH_0$ 乘以 $P_L$。根据同样的理由，由 $E_1$ 所代表的投入组合的总成本为 $OH_1 \times P_L$，由 $E_2$ 所代表的投入组合的总成本为 $OH_2 \times P_L$。这意味着长期总成本曲线上与 50、100 和 150 单位产量相对应的点分别为

$OH_0 \times P_L$、$OH_1 \times P_L$ 和 $OH_2 \times P_L$。

这样，如果我们用横轴表示产量，用纵轴表示总成本，把上述分别对应于 50、100 和 150 单位产量的总成本标在纵轴上，如图 4.14*b* 所示，我们就得到了相应的长期总成本曲线。

## 二、长期平均成本和长期边际成本曲线

厂商的长期成本函数在许多方面都比短期成本函数易于把握。在短期，我们必须区分三种总成本：总固定成本 TFC、总可变成本 TVC 和总（合成的）成本 TC。而在长期内，既然所有投入都是可变的，所以，只有一个长期总成本函数，与短期内存在的三种平均成本不同，在长期内也只有一个平均成本函数。

### 1. 长期平均成本和边际成本曲线的推导

有了如图 4.15*a* 所示的长期总成本 LTC 曲线，我们就很容易推导出如图 4.15*b* 所示的相应的长期平均成本 LAC 曲线和长期边际成本 LMC 曲线，其方法与上一节所论述的从短期总成本曲线推导短期单位成本曲线的方法相同，这里就不再复述了。

长期平均成本函数表示当厂商能够建立它所希望的任何规模的工厂时，生产每一产量水平的最低平均成本。而长期边际成本函数则表示在厂商有足够时间对其所使用的所有投入的数量作出最佳调整的情况下，其产量水平与生产最后一单位产品的成本之间的关系。

### 2. 长期平均成本曲线的形状

从图 4.15 和图 4.12 中可以看出，长期平均成本曲线与短期平均成本曲线一样，都是 U 型，这就是说，在产量增加到一定点以前，二者都是下降的，当产量增加到一定点时，二者达到最低点，这时再进一步增加产量，二者都是上升的。但是，U 型的成因对这二者来说则是不同的。短期平均成本曲线之所以呈现为 U 型，是由于边际生产力递减规律的作用。具体地说，短期平均成本之所以由

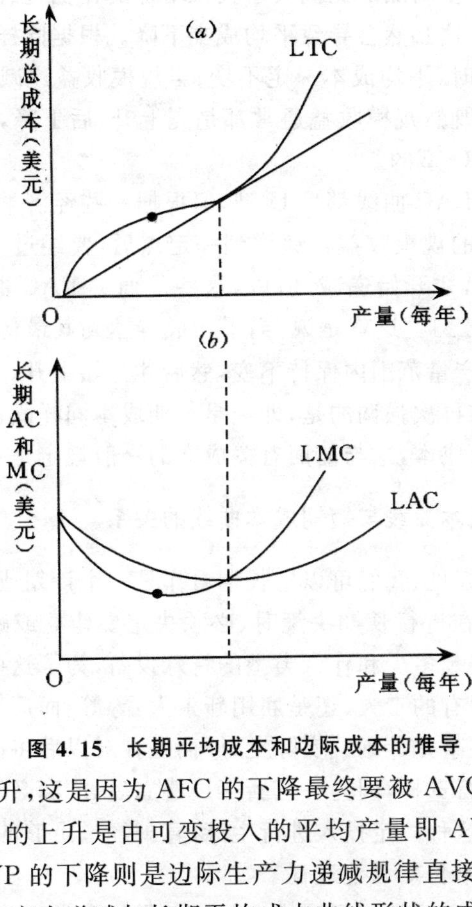


**图 4.15　长期平均成本和边际成本的推导**

下降转而上升,这是因为 AFC 的下降最终要被 AVC 的上升所抵消,而 AVC 的上升是由可变投入的平均产量即 AVP 下降所引起,至于 AVP 的下降则是边际生产力递减规律直接作用的结果。然而,边际生产力递减与长期平均成本曲线形状的成因,并无直接的关系,因为在长期内没有任何固定投入。

决定长期平均成本曲线形状的因素是规模收益的变动。一般地说,在长期内,当所有投入成比例地扩大时,规模收益开始是递增的,在递增到一定点后,会在一个或长或短的时期内保持不变,然后随着规模的进一步扩大而发生递减的变化。当规模收益处于递增阶段时，产量增加的比例大于投入增加的比例，从而大于总成本增加的比例，这必然会导致平均成本下降。根据同样的原因，当规模收益不变时，平均成本一定不变；当规模收益递减时，平均成本一定上升。既然规模收益通常都是先上升、后下降，所以，LAC 曲线通常都是 U 型的。

尽管多数 LAC 曲线都呈 U 型，但根据一些经济学家的研究，由于某些厂商的规模收益在递增到一定点后，要经过一个相当长的不变阶段后，才开始递减，所以，这些厂商的 LAC 曲线将具有这样的形状：└──┘。这就是说，当平均成本达到其最低点时，它在相当大的一个产量范围内保持不变，然后才开始上升。

最后，应该再次强调的是，即使是长期成本同样既包括外在成本，又包括隐含成本，这与前面有关成本的一般规定是一致的。

### 三、长期成本曲线与短期成本曲线的关系

为了方便起见，我们可以把长期看作是一个计划或投资前景。这是因为厂商在进行长期决策时，必须决定要建立或购买多大规模的工厂，要安装多少和什么类型的特殊设备，为了这些新设备的使用，是培训现有的工人，还是雇用新工人，等等。而厂商在作这种决策时，就是在事先计划。实际上，厂商是在对以后将出现的短期状况的类型进行选择，因为一旦新工厂建立后，厂商必须在一定时期内(短期)靠这种固定投入进行生产，直到经过足够的时间，才能进入随后的一个长期调整过程。

首先，我们说明长期平均成本与短期平均成本的关系。我们假定厂商所能够建立的工厂只有五种规模，如图 4.16 所示，$SAC_1$、$SAC_2$、$SAC_3$、$SAC_4$ 和 $SAC_5$ 分别表示与五种规模的工厂相对应的五条短期平均成本曲线。显然，厂商究竟要选择哪一种规模的工厂，这要取决于厂商所希望获得的产量水平，而何种产量水平是合适的，这又取决于需求状况。假定厂商确信 $Q_1$ 是合适的产量，那

么，它会建立最小规模的工厂(其短期平均成本曲线为 $SAC_1$)，并在平均成本为 5 美元的水平上生产 $Q_1$ 单位产量。当然，厂商也可以建立规模稍大一些的工厂($SAC_2$)，但这意味着它将以较高的平均成本(5.50 美元)生产 $Q_1$ 单位产量，这显然不是最佳的选择。如果厂商所期望的产量不是 $Q_1$ 而是 $Q_2$，那么，上述第二种规模($SAC_2$)而不是第一种规模($SAC_1$)或更大的一种规模($SAC_3$)的工厂便是最佳的选择了。总之，厂商将建立能使它以最低的平均成本(从而总成本)生产既定产量的工厂。

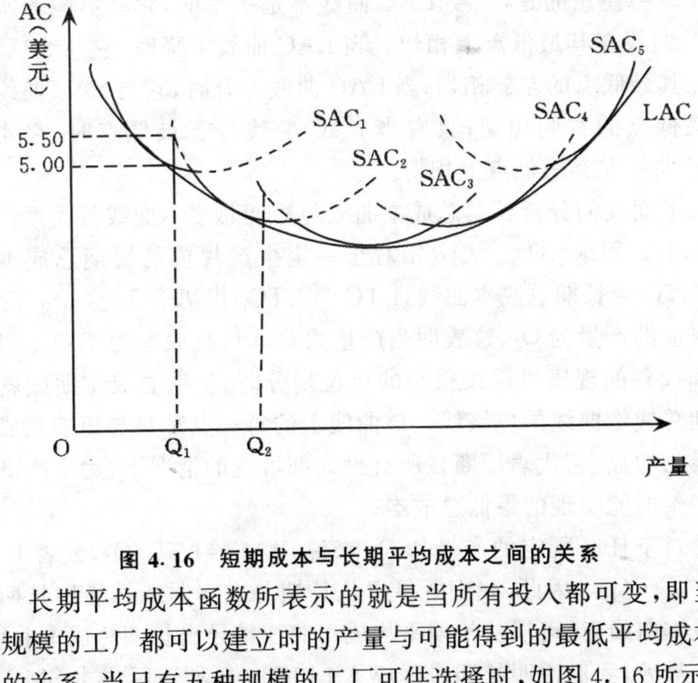


**图 4.16　短期成本与长期平均成本之间的关系**

长期平均成本函数所表示的就是当所有投入都可变，即当任何规模的工厂都可以建立时的产量与可能得到的最低平均成本之间的关系。当只有五种规模的工厂可供选择时，如图 4.16 所示，长期平均成本 LAC 曲线就由相应的五条短期平均成本曲线的实线部分所构成，这些 SAC 曲线的虚线部分之所以未包括在 LAC 曲线中，是因为它们不代表最低平均成本。当有许多种规模的工厂可供厂商选择，比如说，在 $SAC_1$ 与 $SAC_2$、$SAC_2$ 与 $SAC_3$、$SAC_3$ 与 $SAC_4$ 及 $SAC_4$ 与 $SAC_5$ 之间还各有 10 种或更多种规模的工厂可供厂商选择时，如图 4.16 所示，LAC 曲线就会变成一条平滑的曲线，该曲线上的每一个点，都是与厂商所能选择的与不同产量水平相对应的最佳工厂规模相联系的。换句话说，LAC 曲线上的每一个点，都是与 SAC 曲线的切点，与这些 SAC 曲线相对应的工厂规模，是厂商为生产与这些切点相对应的产量而选择的最佳规模。从数学上说，长期平均成本曲线就是短期平均成本曲线的包络线。

需要注意的是，只要 LAC 曲线不是水平的，它就不能和所有 SAC 曲线在其最低点上相切。当 LAC 曲线下降时，它与 SAC 曲线在其最低点的左侧相切；当 LAC 曲线上升时，它与 SAC 曲线在其最低点的右侧相切；只有当 LAC 曲线处于最低点时，它才与 SAC 曲线在其最低点上相切。

下面我们分析长期总成本曲线与短期总成本曲线的关系。如图 4.17a 所示，$STC_1$ 表示相对于一定生产规模的短期总成本曲线，LTC 为长期总成本曲线，LTC 与 $STC_1$ 相切于 $T_1$ 点，与 $T_1$ 点相对应的产量为 $Q_1$，这表明当产量为 $Q_1$ 时，总成本为 $T_1Q_1$。当工厂和设备的规模可以按很小的单位划分时，长期总成本曲线就是短期总成本曲线的包络线。该曲线上的每一点都是与短期总成本曲线的切点，它代表厂商在所有投入都可变的情况下，为生产既定的产量所能实现的最低总成本。

对于任一既定的产量如 $Q_1$ 来说，$LAC=LTC/Q_1$，或者 $LTC=LAC\cdot Q_1$。因此，我们既可以从长期总成本曲线推导出长期平均成本曲线，又可以从长期平均成本曲线推导出长期总成本曲线。

最后，我们说明长期边际成本 LMC 与短期边际成本 SMC 曲线之间的关系。

如前所述，长期边际成本 LMC 是指厂商在能够改变其所有投入的使用量的情况下，由最后一单位产量的变动所引起的总成

本的变动，即

$$LMC=\frac{\Delta LTC}{\Delta Q}$$

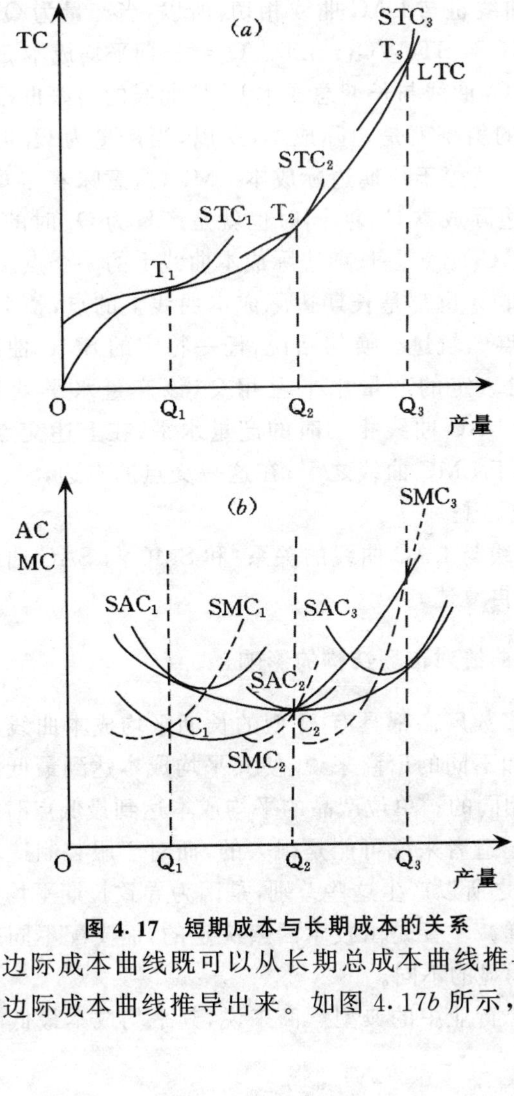


**图 4.17　短期成本与长期成本的关系**

长期边际成本曲线既可以从长期总成本曲线推导出来，又可以从短期边际成本曲线推导出来。如图 4.17*b* 所示，当产量为 $Q_1$

时，与厂商所选择的最佳规模的工厂相对应的短期平均成本曲线为 $SAC_1$，短期边际成本曲线为 $SMC_1$，与 $Q_1$ 相对应的 $SMC_1$ 等于 $C_1Q_1$。因为当产量为 $Q_1$ 时，$STC_1$ 曲线与 LTC 曲线相切，与此相应的 $SAC_1$ 曲线也与 LAC 曲线相切，所以，当产量为 $Q_1$ 时，短期平均成本 $SAC_1=STC_1/Q_1=LTC/Q_1=$ 长期平均成本 LAC，而短期总成本 $STC_1$ 曲线与长期总成本 LTC 曲线的斜率也相等。既然总成本曲线的斜率就是边际成本，所以，当产量为 $Q_1$ 时，短期边际成本 $SMC_1$ 就等于长期边际成本 LMC，这意味着与 $Q_1$ 产量相对应的短期边际成本 $C_1Q_1$，同时也就是产量为 $Q_1$ 时的长期边际成本，或者说，$C_1$ 必定是长期边际成本曲线上的一个点。根据同样的理由，$C_2$ 和 $C_3$ 也都是长期边际成本曲线上的点，整个 LMC 曲线就是这种点的轨迹。换句话说，任一特定的 SMC 曲线总是与 LMC 曲线在一定的产量水平上相交，该产量水平就是相应的 SMC 曲线与 LAC 曲线相切时的产量水平；在上述交点的左边，SMC 曲线位于 LMC 曲线之下；在这一交点的右边，SMC 曲线位于 LMC 曲线之上。

LMC 曲线与 LAC 曲线的关系，和 SMC 与 SAC 曲线的关系一样，这里不再复述。

### 四、成本曲线对市场结构的影响

虽然大多数厂商都具有 U 型的长期平均成本曲线，但是，对于不同行业和不同的厂商来说，使其平均成本达到最低点的产量水平是各不相同的。单位产品的平均成本达到最低点时的经营规模对于汽车制造者来说可能是很大的，而对于服装制造者来说则相对地小些。之所以产生这些差别，是因为导致长期平均成本下降的规模收益递减主要是由技术因素决定的，而支配不同产品生产的技术有着明显的不同。

对于一个行业中的典型厂商来说，其平均成本最低时的产量水平对于该行业的结构具有重要的影响。更确切地说，相对于行业所面临的市场需求曲线而言，其典型厂商的平均成本达到最低点时的产量水平是至关重要的。图 4.18 说明了这一点。当 X 的需求曲线为 D 时，假定典型厂商的长期平均成本曲线为 $LAC_1$，这样，在单位产量的成本为 5 美元时，AC 达到最低点，而在价格为 5 美元时，消费者的总需求量为 $x_1$，该厂商可用 5 美元的单位成本生产 $0.05x_1$ 或总需求量的 1/20。既然 $LAC_1$ 对于生产 x 的厂商来说是典型的长期平均成本曲线，所以，该行业可以容纳 20 家厂商，其中每一家都大体上生产总产量的 5%。具有如此大量厂商的行业很可能是高度竞争性的。

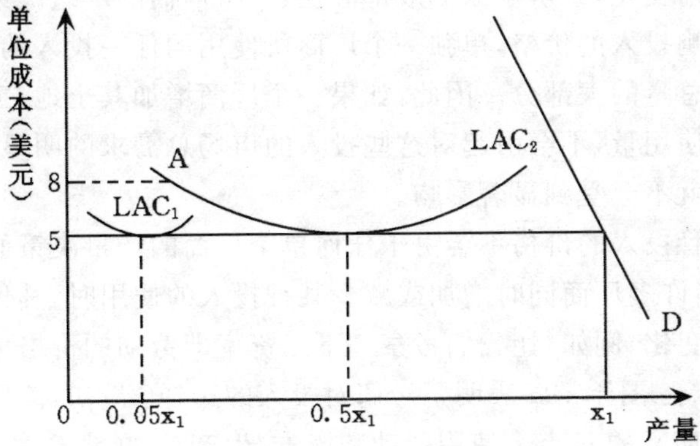


**图 4.18　成本曲线与市场结构**

假定由生产技术所决定的成本曲线为 $LAC_2$，这条曲线在生产相对于 5 美元价格的总需求量的一半时，达到最低点。具有这种成本曲线的行业将趋向于由少数(在这种场合可能是两个)大厂商统治。如果小厂商要在这一市场上竞争，它只能以小规模经营，其单位成本会高于 5 美元，比如说，它可能在 A 点上经营，而这时的平均成本为每单位 8 美元。这种小厂商将会被迫停止营业，因为当经营规模进一步扩大，从而使单位平均成本下降为5美元时，X这种商品就很容易被廉价出售。由于这一原因，该行业必然要由较少数量的大厂商所组成。因此，决定一个厂商在何种产量水平上其平均成本达到最低点的生产技术，是决定一个行业由大量还是少量厂商所构成的一个重要因素，虽然其他因素也可能发生作用。

### 五、投入价格变动与成本曲线

以上我们在建立厂商的成本曲线时，投入的价格是被假定不变的，这样，在一条曲线上单位成本随产量的变动而变动，这是因为投入品的物质生产力在随产量的变化而变化，而不是因为投入品的价格变化。经济学家一般都假定，一个厂商的产量决策本身并不会影响投入的价格，单独一个厂商所使用的任一投入的量，很少会占其总量的大部分。因此，如果一个厂商增加其土地、工程师和汽油的使用量，不会引起对这些投入的市场总需求的明显增加，其价格也就不会受到显著影响。

尽管投入的价格不会由于任何单个厂商的产量决策而发生变化，但当许多厂商同时增加或减少某种投入的使用时，其价格则可能发生变化。例如，让我们考察一下工资率即劳动的价格下降所产生的影响。图4.19*a* 表明了厂商对投入的选择。最初，该厂商在等成本线MN的E点上使用劳动和资本，生产$Q_1$单位产量。该厂商原来的扩展线EP通过E点。根据上一节所描述的方法，我们可以从EP推导出该厂商的MC和AC曲线，如图4.19*b* 所示。沿着这些曲线移动，和沿着EP移动一样，投入的价格都不发生变化。

现在假定工资率下降了。首先让我们看一下这一变化是如何影响以最低成本生产同一产量$Q_1$的投入组合方式的。因为等成本线的斜率等于$-P_L/P_K$或$-w/r$（这里的w表示工资率即劳动的价格，r表示利息率即资本的价格），所以，较低的工资率意味着等成本线变得更平坦。如果该厂商准备继续在劳动和资本的使用

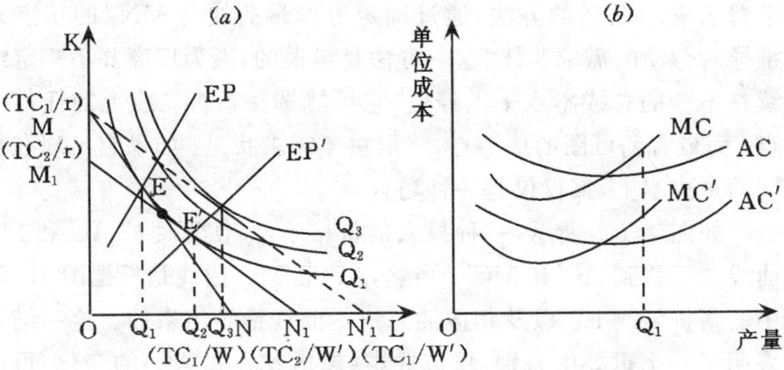


**图 4.19 较低的投入价格使成本曲线向下移动**

上支出相同的总成本，那么，相应的等成本线将是 $MN_1'$。然而，如果厂商在 $MN_1'$ 上经营，它会生产更多的产量，而我们要考察的是原有产量水平 $Q_1$ 的生产。要在新的工资率下以最低成本的方式生产 $Q_1$，厂商应该在等产量线 $Q_1$ 与等成本线 $M_1N_1$ 的切点 E′上经营。注意，$M_1N_1$ 与 $MN_1'$ 平行，反映着上述较低的工资率。所以，较低的工资率可以使厂商用比以前较低的总成本生产相同的产量；$MN_1'$ 表示没有变化的总成本，而离原点较近的 $M_1N_1$ 则代表较低的总成本。还要注意，该厂商在其生产中将更多地使用较便宜的投入即劳动，而较少地使用现在相对地说成本更高的投入即资本。由 E 到 E′的移动所实际表明的，就是由于投入的相对成本的变化所产生的投入替代效应①。相对于较低的工资率，我们可确定一条新的扩展线 EP′。

顺便指出，应该避免通常所犯的一个错误，这就是试图用推导

---

① 投入的替代效应是指在假定总产量不发生变化的情况下，某种投入价格的变化对该投入使用量的影响，在图 4.19 *a* 中，它等于 $Q_1Q_2$；但是，一种较低廉的投入会降低成本，导致厂商扩大产量，这又转过来增加了较低廉的投入的使用量，这种影响被称为产量效应或扩展效应，在图 4.19 *a* 中，它等于 $Q_2Q_3$。投入价格变动的总效应等于投入的替代效应与产量效应之和。

消费者需求曲线的方法，通过确定等产量曲线与$MN_1'$的切点来推导对劳动的需求曲线。这一方法是错误的，因为厂商并不一定继续在不变的总成本水平上经营，它可能选择新扩展线上的任何一点。而最有利可图的那一点，将取决于需求状况。如果它出现在相同的总成本上，那仅仅是一种巧合。

如图4.19*b*所示，一种投入的价格下降，使厂商的AC和MC曲线向下移到AC′和MC′。当然，AC′和MC′曲线是根据图4.19*a*中的新扩展线EP′以及相应的总成本曲线推导出来的。这一结果表明了一个重要的差别：单位成本（包括MC和AC）的变化，可能是要素价格不变时产量变动的结果（即沿着既定的成本曲线移动），也可能是要素价格变动的结果（成本曲线的移动）。这种有关单位成本变动的区别，与前述（参见第二章）有关需求（和供给）变动的区分，同样重要。

**复习思考题**

1. 掌握下述主要概念：投入、可变投入和固定投入、短期和长期、生产函数、总产品、平均产品、边际产品、边际生产力递减规律、等产量线、边际技术替代率、生产的经济区、规模收益、成本、等成本线、最佳投入组合、扩展线、三种短期总成本、三种短期平均成本、短期边际成本、长期总成本、长期平均成本、长期边际成本。

2. 如何从扩展线推导出总成本曲线，并从总成本曲线推导出平均成本和边际成本曲线？说明TC、AC和MC曲线之间的关系和原因。

3. 试说明LTC与STC、LAC与SAC、LMC与SMC曲线的关系。

4. 如何从总产量曲线推导出平均产量和边际产量曲线？说明这三者之间的关系及其原因。

5. 为什么短期单位成本（SAC和SMC）曲线和长期单位成本（LAC和LMC）曲线形状相同，成因不同？

6. 为下表填空，并指出该表所表示的生产函数是否具有边际生产力递减现象，如果有，是从哪一单位可变投入开始的？

| 可变投入量 | 总产量 | 可变投入的MP | 可变投入的AP |
|---|---|---|---|
| 3 | — | 未知 | 30 |
| 4 | — | 20 | — |
| 5 | 130 | — | — |
| 6 | — | 5 | — |
| 7 | — | — | $19\frac{1}{2}$ |

7. 生产函数 $Q=10\sqrt{L}\sqrt{K}$ 所表示的规模收益是递增还是递减或不变?

8. 为下表填空:

| 产量 | TC(美元) | TFC(美元) | TVC(美元) | AFC(美元) | AVC(美元) |
|---|---|---|---|---|---|
| 0 | 50 | — | — | — | — |
| 1 | 70 | — | — | — | — |
| 2 | 100 | — | — | — | — |
| 3 | 120 | — | — | — | — |
| 4 | 135 | — | — | — | — |
| 5 | 150 | — | — | — | — |
| 6 | 160 | — | — | — | — |
| 7 | 165 | — | — | — | — |

9. 已知某厂商的生产函数为 $Q=L^{\frac{3}{8}}K^{\frac{5}{8}}$,$P_L=3$ 元,$P_K=5$ 元,求:

(1)当 $Q=10$ 时的最低成本支出及投入组合;

(2)当 $Q=25$ 时的最低成本支出及投入组合;

(3)当 $TC=160$ 元时厂商的均衡产量及投入组合。

10. 某厂商使用A、B两种投入生产一种产品,可以选择的生产函数分别为:(Ⅰ)$Q=aA^{0.25}B^{0.75}$,(Ⅱ)$Q=bA^{0.75}B^{0.25}$,而A的价格为1元,B的价格为P,求解:

(1)B的价格在何种范围内两种生产方法对厂商没有差别?

(2)如果B的价格超过上述范围,厂商将选择何种生产方法?

# 第五章　完全竞争条件下的价格和产量

在上一章，我们通过对生产者行为的分析，推导出了厂商的各种成本函数或成本曲线（二者是同义语）。如前所述，成本函数只是表明厂商为可能生产的各种产量所支付的最低成本，仅仅知道了厂商的成本函数，还不能说明厂商将要确定什么样的产量水平。这是因为，厂商究竟选择何种产量才能实现利润最大化，这不仅取决于它的成本条件，而且还取决于它的收益状况，或者说取决于它所面临的市场需求状况。又因为厂商所面临的市场需求曲线依不同的市场类型而存在着一定的差别，所以，本章和以后三章，就是要具体分析在不同的市场条件下使厂商实现最大利润的均衡产量和均衡价格是如何决定的。

## 第一节　完全竞争市场的基本特征

本章所要论述的是完全竞争市场条件下的价格和产量的决定。我们先对市场结构以及完全竞争市场的基本特征提供一个概要的叙述。

### 一、市场、厂商和行业

本书第二章曾经给市场下过一个定义，所谓市场就是一组为买卖某种商品而相互发生联系的厂商和个人。这是一个一般的定义，在这里仍然是有效的。按照这一定义，任何一种特定商品的买卖双方从总体上都构成一个市场；有多少种商品，就有多少个市场，至于买卖双方的交易是在一个有形的场所（如超级市场、百货大楼）进行的，还是通过电视、报纸广告和电话进行的，那无关紧要。

厂商是指以利润最大化为目标向市场提供商品和劳务的独立经营单位，而为同一市场提供商品的所有厂商的总和就是行业或部门。同样地，有多少个商品或劳务市场，通常就有多少个行业或部门，虽然这并不排除有些厂商同时向市场提供两种以上的商品或劳务。

## 二、划分不同市场结构的标准

对于市场类型可以从不同的角度来划分，比如，从交易的对象来说，市场可分为消费品（包括商品和劳务）市场和要素市场；从交易的方式来说，市场又可分为现货市场和期货市场；从市场的辐射范围来说，还可以将其划分为区域市场、国内市场和国际市场。而微观经济学则注重从市场结构即市场或行业的组成方式上将市场划分为完全竞争、完全垄断、垄断竞争和寡头垄断等四种形式。

微观经济学划分不同市场结构的依据，主要是构成一个市场或行业的厂商数量及产品的性质，与此相应的还有厂商对价格的控制程度、资源流动的难易程度以及售卖方式等。上述四种不同的市场结构在这几方面的主要特点列表如 5.1 所示。

**表 5.1　各种市场结构的主要特点**

| 市场结构 | 厂商数目 | 产品性质 | 对价格的控制程度 | 进入该行业的难易程度 | 售卖方式 | 现实中近似的例子 |
|---|---|---|---|---|---|---|
| 完全竞争 | 很多 | 同质 | 完全不能控制 | 非常容易 | 市场交易或拍卖 | 某些农产品如小麦、大米等市场 |
| 完全垄断 | 一个 | 没有合适替代品的特殊产品 | 可以在很大程度上控制 | 不可能 | 进行广告宣传和加强服务 | 公用事业、电力、电话等市场 |
| 垄断竞争 | 较多 | 有一定差别 | 能在一定程度上控制 | 比较容易 | 广告宣传、质量和价格竞争 | 香烟、糖果、服装等市场 |
| 寡头垄断 | 很少 | 有一定差别或同质 | 能在较大程度上控制 | 比较困难 | 广告宣传、质量和价格竞争 | 汽车、钢铁市场 |

### 三、完全竞争的内涵及假定条件

在通常的用法中，竞争一般是指商业中激烈的人格化的竞争。从这个意义上说，福特公司与通用汽车公司，通用电器公司与威斯汀豪斯电气公司，它们彼此都是竞争者。在这种场合，每一个厂商只有在考虑到它对竞争对手的影响以及这些对手的反应后，才作出决定，究竟是采用一种新型号，还是对现有产品加强广告宣传或者进一步改善售前售后服务。然而，经济学家所说的完全竞争(或纯粹竞争)与上述对竞争概念的理解有很大的差别，其基本特征是非人格性。因为在经济学家所说的完全竞争的市场或行业中存在着许多厂商，以致于没有一个厂商会把其他厂商看作自己的竞争对手。例如，没有一个小麦种植者会把其他的小麦种植者视为自己的竞争对手。

确切地说，一个市场或行业要成为完全竞争的，必须具备如下4个条件：

1. 存在着大量的买者和卖者

完全竞争要求市场上存在着大量的买者和卖者，其中每一个成员所提供或购买的份额相对于整个市场规模来说非常小，以致于谁也不能影响产品的价格。这就是说，市场价格是由众多的买者和卖者共同决定的，任何单个的厂商和消费者都是价格的接受者，而不是价格的制定者；他们可以按照既定的价格销售和购买他们愿意买卖的任何数量而不致对价格产生明显的影响。如第二章所述，这意味着厂商和消费者分别面临着水平的需求曲线和供给曲线。

2. 产品是同质的

完全竞争的市场要求任何销售者的产品都是相同的，或者说，任一销售者的产品对买者来说，都是完全的替代品。这意味着在价格相同时，消费者无论从哪一家厂商购买商品都是无所谓的(这种购买行为是随机性的)，如果一个厂商稍微提高其产品的价格，所有的顾客将会转而购买其他厂商的产品。

3. 资源的流动不受任何限制

完全竞争的市场要求所有的资源都能自由流动，每一种资源都能进入和退出市场；没有任何自然的、社会的或法律的障碍阻止新厂商进入该行业和原有的厂商退出该行业；劳动力可以在不同地区和职业间流动；原材料的使用中也不存在着垄断。当然，以上所说的资源的充分流动是就长期而言的。在短期内，即使在完全竞争条件下，有些资源也是无法从一种用途转到另一种用途中去的。

4. 信息是完全的

完全竞争的市场要求所有的厂商和消费者必须掌握所有对于进行正确的经济决策所必不可少的信息：厂商必须了解有关生产的技术条件(即相关的生产函数)、它们为所需要的各种投入所必须支付的价格以及它们能够销售的产品的价格；消费者必须知道他们自己的偏好以及他们感兴趣的各种物品和劳务的价格；进一步说，消费者作为投入的供给者，必须知道他们提供的生产性服务所能获得的报酬。不仅如此，完全竞争要求上述所有经济决策单位对过去、未来和当前的情况都要有准确的了解。

显然，以上 4 个条件是极其严格的，在现实世界中，恐怕没有一个行业完全满足上述条件；有些农产品市场通常能满足前 3 个条件，因而在现实中是最接近于完全竞争的，但它们也受到了政府的严重干预。然而，这并不意味着完全竞争的模型是没有用处的。即使在上述条件中的一个或更多个未被满足的情况下，经济学家也常常在许多场合利用完全竞争模型，这是因为任何一般的理论模型的用处，并不取决于其假定的准确性，而是取决于其预测能力。过去二三十年所积累的大量经验已经证明完全竞争模型在说明和预测现实的经济行为方面是很有用的，它有助于对资源配置的效率作出准确的判断。尽管完全竞争模型所假定的条件非常严格，但从这一模型出发，我们可以对原来的假定不断作出修改，使之更接近于现实，从而对更复杂的市场结构作出更具体的描述。

## 四、厂商和行业所面对的需求曲线

既然完全竞争市场的一个基本特征是大量的厂商销售同质的商品，每个厂商所供给的仅仅是整个行业产量中的一个很小部分。例如，一个小麦生产者所生产的可能仅仅是小麦行业全部产量的千分之一，所以，单个厂商的产量决策对市场价格也只会产生相应的微小影响。为简化起见，这里的“微小”影响，可以看作是“零”影响，这样，面对完全竞争厂商的需求曲线就可以画成完全水平的了。一条水平的需求曲线意味着厂商能够卖掉它想卖的任何产量而不会影响产品的价格。换句话说，完全竞争的厂商是价格的接受者，因为价格主要是由市场上所有成员决定的，或者说，是通过总的市场供给和市场需求的相互作用所决定的，单个厂商只是把市场价格当作是既定的，而不认为它的决策会影响价格。

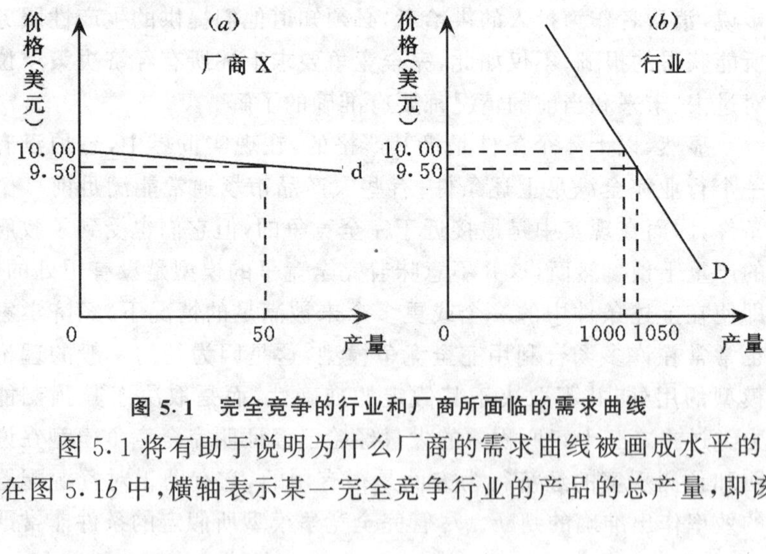


**图 5.1　完全竞争的行业和厂商所面临的需求曲线**

图 5.1 将有助于说明为什么厂商的需求曲线被画成水平的。在图 5.1*b* 中，横轴表示某一完全竞争行业的产品的总产量，即该

行业所有厂商的产量之和，纵轴表示价格，面对该行业的市场需求曲线如D所示，它由该市场上所有消费者的需求曲线水平加总而成。既然假定价格是在所有厂商提供的总销售量与上述需求曲线D的共同作用下决定的，那么，当所有厂商的产量之和为1050单位时，市场价格则为9.50美元。

厂商X是该行业中的许多厂商之一，如图5.1*a*所示，它正在以9.50美元的价格销售50单位产量。这里我们感兴趣的是与这一个厂商的产量决策相关的需求曲线。假定厂商X把产量降到零，而其他厂商继续销售1000单位，那么，如图5.1*b*所示，总产量将从1050下降到1000单位，价格则上升到10美元。现在，我们得到了厂商X的需求曲线上的两个点，在价格为10美元或更高时，该厂商什么也卖不出去；在价格为9.50美元时，它能销售50单位。用同样的方法我们可以确定该厂商需求曲线上的其他点。

这样，厂商X的需求曲线就由图5.1*a*的d来代表。图5.1*a*说明，一个其产量占总产量比重很小的厂商对市场价格的影响也很小。厂商X的需求曲线并不是完全水平的，它稍微向下方倾斜。显然，如果其他厂商生产10000或100000单位，厂商X的需求曲线从所有实际的目的来看，会是完全水平的。一个厂商所生产的份额越小，其需求曲线就越接近于一条水平线。尽管在现实中很少有厂商具有完全水平的需求曲线，但只要其需求曲线接近于水平，像厂商X的需求曲线那样，把它当作是水平的，就是一种有用的和相当准确的简化。

当然，假定完全竞争厂商所面对的需求曲线是水平的，这并不意味着价格不改变。它仅仅意味着单个厂商自身的行为，不会影响现行价格。如果一个完全竞争行业中的所有厂商或大多数厂商同时增加或减少其产量，市场价格就会发生变动，但每一次变动后的市场价格对单个厂商来说，仍表现为一种既定的价格，厂商在相关的产量范围内，能够卖掉任一数量的产品而不会对价格产生影响。

## 五、厂商的总收益、平均收益和边际收益

厂商的总收益 TR 是指厂商从一定量产品的销售中得到的货币总额，它等于单位产品的价格 P 乘以销售量 Q，即

$$TR=P\cdot Q \tag{5.1}$$

由于完全竞争的厂商所面对的是一条水平的需求曲线，厂商增减一单位产品的销售所引起的总收益的变化（ΔTR）总是等于固定不变的单位产品的价格 P，所以，如图 5.2*a* 所示，总收益曲线是一条从原点出发的直线，其斜率就是固定不变的价格。

厂商的平均收益 AR 是按销售量平均计算的收益，它等于总收益除以销售量。因为销售一定量产品时平均每单位产品带来的收益也就是销售任一数量产品时单位产品的价格，即

$$AR=TR/Q=P\cdot Q/Q=P \tag{5.2}$$

又因为需求曲线也可以理解为消费者愿意和能够为任一购买量支付的价格，所以，厂商的平均收益曲线在任何市场条件下都可以由其产品的需求曲线来表示。如图 5.2*b* 所示，既然完全竞争厂商的需求曲线是一条水平线，所以，其平均收益曲线也是一条水平线。

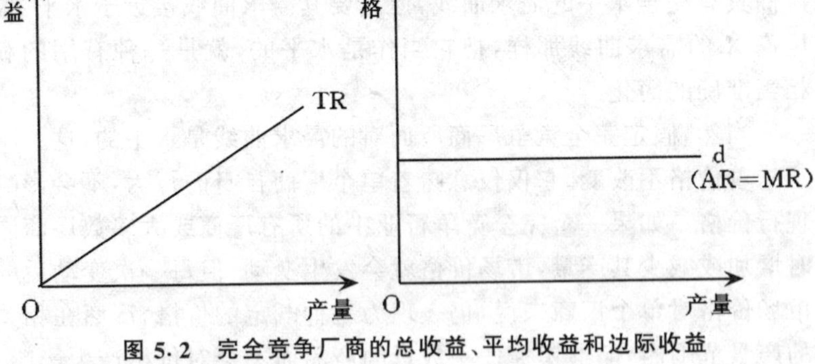


图 5.2 完全竞争厂商的总收益、平均收益和边际收益

厂商的边际收益 MR 被定义为由一单位销售量的变化所引起的总收益的变化，其公式为：

$$MR=\frac{\Delta TR}{\Delta Q} \tag{5.3}$$

由于在完全竞争条件下，不论单个厂商的销售量如何变化，其单位产品的价格保持不变，所以，每一单位产品的边际收益就等于固定不变的销售价格，从而等于平均收益，即 MR＝P＝AR。这样，图 5.2b 中的平均收益曲线同时也就是边际收益曲线。这就是说，完全竞争厂商的平均收益曲线和边际收益曲线与需求曲线都是完全重合的。

## 第二节　交易期的价格决定

### 一、交易期的定义

除了以前论述过的短期和长期外，还存在着一个交易期，这是指商品的供给量固定不变的短暂期间。例如，已经收获后的农产品数量在新的收获季节到来之前，是固定不变的；商店里某种商品的现货也是既定的，要从生产厂家得到更多的该商品，则需要一段时期。当然，某些物品，如古董、已逝著名画家的名画等，在长期内也是固定不变的，这通常不在经济学所考察的范围之内。

### 二、交易期的供给曲线

由于短期内和长期内的产量都是可变的，而交易期的产品数量是固定不变的，所以，表示在不同价格下产品供给量的供给曲线在交易期内是一条垂直线。如图 5.3 所示，假定现有的销售量为 OA，则市场供给曲线为 AA′。由于每个卖者在市场给定的价格下所提供的销售量是固定的，所以他们的行为是确定无疑的，这就是简单地卖掉他们所有的商品，以尽可能多地获得他们所能得到的收入。

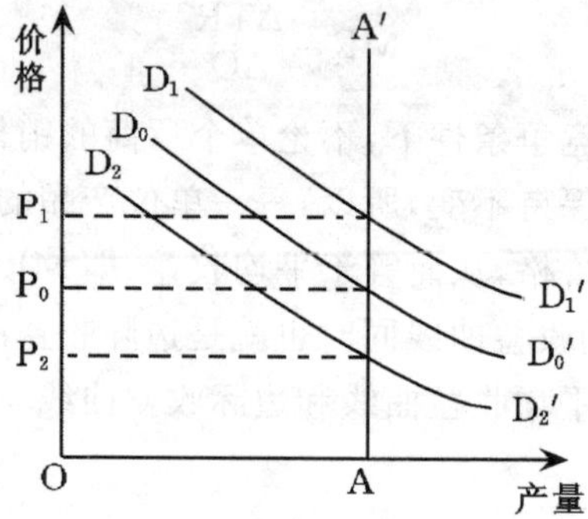


图 5.3 交易期内的价格决定

### 三、市场均衡的特点

当然，均衡是在使需求量与供给量相等、从而使市场出清的价格水平上实现的。当价格较低时，买者所需要的商品将多于市场上现有的数量；当价格较高时，买者想得到的商品少于市场上现有的数量。在图 5.3 中，如果市场需求曲线为 $D_0D_0'$，则均衡价格为 $OP_0$；如果市场需求曲线较高（如 $D_1D_1'$），则均衡价格也会较高（如 $OP_1$）；如果市场需求曲线较低（如 $D_2D_2'$），那么，均衡价格也会较低（如 $OP_2$）。无论在哪种情况下，销售量都是相同的，因为供给量是固定不变的。

由以上的分析可以看出交易期内市场均衡的特点，也就是数量是由供给一方单独决定的，而（供给既定时）价格是由需求一方单独决定的。

### 四、交易期内价格的功能

在交易期内，价格作为配给手段的作用特别明显，这是价格的主要功能。当市场均衡价格达到时，现有的供给得到了合理的分配，既不需要政府的干预，也不会发生消费者之间的争斗。那些能够并愿意支付均衡价格的消费者得到了商品，而恰好有如此足够数量的消费者能把现有的供给量全部买尽。

## 第三节　完全竞争条件下的短期均衡

在分析完交易期的价格决定后，我们进一步分析完全竞争条件下的短期市场均衡。这里将对厂商均衡和行业均衡分别加以考察。

### 一、厂商短期均衡产量的决定[①]

在短期内，使用固定的工厂从事经营的完全竞争的厂商，可以通过增加或减少其可变投入的使用量来改变其产量。下面我们分别从总收益与总成本和边际收益与边际成本的角度来分析追求利润最大化的厂商将如何确定其实际的产量水平。

1. 总收益与总成本分析

我们首先用数字作例解。表 5.2 描述了一个假设的完全竞争厂商在短期内的成本和收益状况。表 5.2 中的第(3)栏表示该厂商从不同单位产量的销售中得到的总收益 TR，如前所述，它等于销售量乘以单位产品的价格。既然假定价格是不变的，所以，总收益 TR 将和销售量同比例变动。第(4)栏表示该厂商的总成本 TC，它开始时随着产量的增加而上升，最初比较缓慢，随着工厂越来越被充分地利用从而边际成本提高，总成本以越来越快的速度上升。第(6)栏表示总利润，它等于厂商在各个产量水平下总收益与总成本之间的差额。

---

① 参见附录 I [11]。

**表 5.2　完全竞争厂商的短期成本和收益(美元)**

| 产量<br>(1) | 价格<br>(2) | TR<br>(3) | TC<br>(4) | TVC<br>(5) | 总利润<br>(6) | MC<br>(7) | MR<br>(8) | |
|---|---|---|---|---|---|---|---|---|
| 0 | 12 | 0 | 15 | 0 | −15 | — | — | |
| 1 | 12 | 12 | 25 | 10 | −13 | 10 | 12 | |
| 2 | 12 | 24 | 33 | 18 | −9 | 8 | 12 | |
| 3 | 12 | 36 | 40 | 25 | −4 | 7 | 12 | MR>MC |
| 4 | 12 | 48 | 46 | 31 | 2 | 6 | 12 | |
| 5 | 12 | 60 | 54 | 39 | 6 | 8 | 12 | |
| 6 | 12 | 72 | 63 | 48 | 9 | 9 | 12 | |
| 7 | 12 | 84 | 73 | 58 | 11 | 10 | 12 | |
| | | | | | | | | MR≈MC |
| 8 | 12 | 96 | 84.9 | 69.9 | 11.1 | 11.9 | 12 | |
| 9 | 12 | 108 | 98 | 83 | 10 | 13.1 | 12 | |
| 10 | 12 | 120 | 113 | 98 | 7 | 15 | 12 | |
| 11 | 12 | 132 | 132 | 117 | 0 | 19 | 12 | MR<MC |
| 12 | 12 | 144 | 155 | 140 | −11 | 23 | 12 | |
| 13 | 12 | 156 | 185 | 170 | −29 | 30 | 12 | |
| 14 | 12 | 168 | 225 | 210 | −51 | 40 | 12 | |

从表 5.2 中可以看出,在产量较高和较低时,利润可能是负的,就是说,该厂商会蒙受亏损。请注意,当产量为零时,厂商亏损 15 美元,这是因为即使它暂时停止营业,它仍然必须支付固定成本。在中间阶段的产量水平上,利润是正的。然而,厂商希望获取尽可能大的利润,而当产量为 8 单位、利润为 11.10 美元时,该厂商实现了利润最大化。

图 5.4 说明我们如何用总收益 TR 和总成本 TC 曲线来确定使利润最大化的产量水平。在图 5.4 中,厂商希望选择使总收益最大可能地超过总成本从而使利润最大的产量水平,这一产量水平就是 $Q_1$。与 $Q_1$ 相对应的总收益为 $AQ_1$,总成本为 $BQ_1$,二者之间的垂直距离 AB 就是总利润。显然,无论是在较高的产量水平上还是在较低的产量水平上,总利润都小于 AB。这是因为在较低的产量水平如 $Q_0$ 上,TR 与 TC 曲线随着产量的扩大是逐渐分离开的,这表明在较高的产量上利润较大,同时也反映着这样一个事实,即在一定范围内(从 $Q_0$ 到 $Q_1$),边际收益 MR(TR 曲线的斜率)大于边际成本 MC(TC 曲线的斜率);而在产量为 $Q_1$ 时,TR

与 TC 曲线分离得最远(TR 曲线位于 TC 曲线之上),TR 曲线的斜率和 TC 曲线的斜率(TC 曲线上 B 点的斜率等于 bb 的斜率)相等,这说明此时的边际收益与边际成本相等。

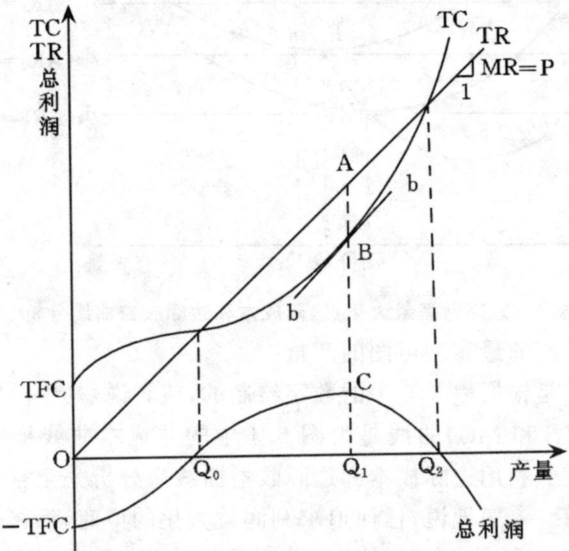


**图 5.4 短期利润最大化:TR、TC 和总利润曲线**

在图 5.4 中,在每一产量水平上的总利润水平也可以用总利润曲线明确地表示出来,这一曲线在产量为 $Q_1$ 时达到最高点。总利润曲线是通过画出每一产量水平上 TR 与 TC 之间的差额而从图形上推导出来的,例如,AB 等于 $CQ_1$。当产量为零时,利润为负,并等于负的总固定成本 TFC。

2. 边际成本和边际收益曲线分析

总收益与总成本分析可能是商人所喜欢使用的考察成本、收益和利润的方式,经济学家一般并不使用 TR 和 TC 曲线来分析厂商的产量决策,而是使用边际成本和边际收益曲线(二者分别是从 TC 曲线和 TR 曲线推导出来的),因为这些曲线能够更明确地

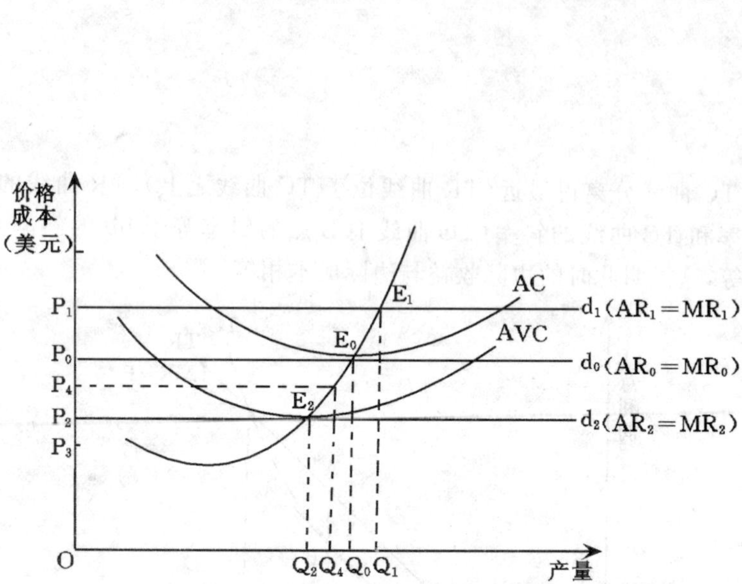


**图 5.5 短期利润最大化:边际成本和边际收益曲线分析**

表示单个厂商的最有利可图的产量。

图 5.5 是根据表 5.2 中的数字绘制的,或者说,其中的单位成本(AC、AVC 和 MC)曲线是由图 5.4 中的总成本曲线推导出来的。下面,我们利用边际成本和边际收益曲线来分析完全竞争厂商的短期均衡。一般地说,任何追求利润最大化的厂商,都将根据边际收益等于边际成本的原则来确定其产量,具体到完全竞争厂商的短期产量决策,这里主要有三种典型情况:

(1)当厂商面对的需求曲线位于平均成本曲线的最低点以上,比如说等于图 5.5 中的 $d_1$ 时,厂商的均衡产量即能够获得最大利润的产量为 $Q_1$,在这一点上,厂商的边际收益等于边际成本。之所以在边际收益等于边际成本时的产量 $Q_1$ 为均衡产量,这是因为在任何低于 $Q_1$ 的产量水平上,价格即边际收益都高于边际成本,这意味着当产量增加时,总收益的增加将大于总成本的增加,所以,进一步提高产量能使利润增加;而在任何高于 $Q_1$ 的产量水平上,价格即 MR 都低于边际成本,这意味着当产量减少时,总成本的减少大于总收益的减少,所以,这时减少产量能增加利润。由于在低于 $Q_1$ 的产量水平上提高产量能使利润增加,在达到 $Q_1$ 水平后进一步增加产量会使利润下降，所以，$Q_1$ 必然是使利润最大化的产量。

(2)当厂商所面对的需求曲线与平均成本曲线的最低点相切，即为 $d_0$ 时，厂商将根据 MR=MC 的原则，生产 $Q_0$ 单位产量。在与 $Q_0$ 相对应的均衡点 $E_0$ 上，$MC_0=AC_0=MR_0=P_0$，厂商既没有亏损，也没有超额利润，任何高于或低于 $Q_0$ 的产量水平都会给厂商带来亏损。所以，平均成本曲线与边际成本曲线的交点即平均成本曲线的最低点就是所谓的收支相抵点。当价格水平高于这一点时，如上所述，厂商会获得超额利润，当价格水平低于这一点(如 $P_3$)时，厂商会蒙受亏损。

(3)当厂商所面对的需求曲线低于平均成本曲线的最低点时，相对于任何产量水平的短期平均成本都高于价格即平均收益，这意味着厂商在选择任何产量水平时都会蒙受亏损。在这种情况下，厂商究竟是亏损经营，还是停止营业，这要取决于产品价格能否抵偿其平均可变成本。如果需求水平高于 AVC 曲线的最低点，厂商应继续营业；如果需求水平低于 AVC 曲线的最低点，厂商应停止营业。这是因为厂商在短期内无论是否生产，都必须为固定投入支付固定成本，如果它停止营业，它就要损失全部固定成本。所以，只要存在着使 $P>ATC-AFC=AVC$ 的产量，如当价格为 $P_4$ 时，厂商就应该继续生产，并根据 MC=MR 的原则将产量确定为 $Q_4$，这样其平均收益就不仅能补偿平均可变成本，而且还能补偿部分平均固定成本，从而使亏损减少到最低限度。

如果不存在使 $P<ATC-AFC=AVC$ 的产量，如当价格为 $P_3$ 时，这意味着厂商在任何产量水平上的平均收益都不仅不能补偿任何数量的平均固定成本，而且不足以补偿平均可变成本，在这种情况下，厂商应该停止营业以使亏损减少到最低限度，因为这样至少可以避免可变成本的部分损失。

如果厂商所面对的需求曲线与其平均可变成本曲线的最低点

相切，那么，在切点 $E_2$ 上，P＝ATC－AFC＝AVC，这意味着厂商在 $E_2$ 点上继续营业和停止营业，其结果都是一样的，因为在两种情况下亏损额都等于 AFC×$Q_2$。所以，平均可变成本曲线和边际成本曲线的交点即平均可变成本曲线的最低点被称为停止营业点。

总之，以利润最大化为目标的厂商将根据边际收益等于边际成本的原则确定其均衡产量，这一点对于任何厂商都是适用的，[①]只不过对于完全竞争的厂商来说，由于需求曲线是水平的，MR＝AR＝P，所以，上述利润最大化的原则可以具体表述为：

$$P = MC \tag{5.4}$$

## 二、厂商的短期供给曲线

厂商的短期供给曲线所表示的是在短期内厂商最有利可图（或亏损最小）的产量水平与产品价格之间的关系。显然，这种关系已经暗含在对图 5.5 的分析中了。如前所述，在图 5.5 中，当产品的价格为 $P_2$ 时，厂商处在停止营业点上，这时它停止营业或在 $Q_2$ 产量水平上继续营业，都能使其亏损额降到最低限度。当产品价格高于 $P_2$ 时，厂商将按照边际收益等于边际成本的原则确定使其获得最大利润（或亏损最小）的产量。比如，当价格为 $P_0$ 时，厂商将把产量定在 $Q_0$ 水平上；当价格为 $P_1$ 时，厂商将把产量定在 $Q_1$ 水平上，其他价格水平上的产量依次类推。这样，我们就得到如图 5.6 所示的厂商短期供给曲线，即 $OP_2E_2C$。显然，这条曲线就是厂商位于 AVC 曲线最低点以上的部分的短期边际成本曲线，当价格低

---

① 当然，如上所述，MR＝MC 作为利润最大化的原则，不适用于需求曲线位于平均可变成本曲线以下时的情况。另一方面，由于 MC 曲线为 U 型，它可能与 MR 曲线有两个交点，而利润最大化的产量仅出现在 MC 曲线从下面与 MR 曲线相交的点上，至于 MC 曲线从上面与 MR 曲线的交点所对应的产量，则是利润最小或亏损最大的产量。

于 $P_2$ 时，该曲线与表示价格的纵轴正好重合。

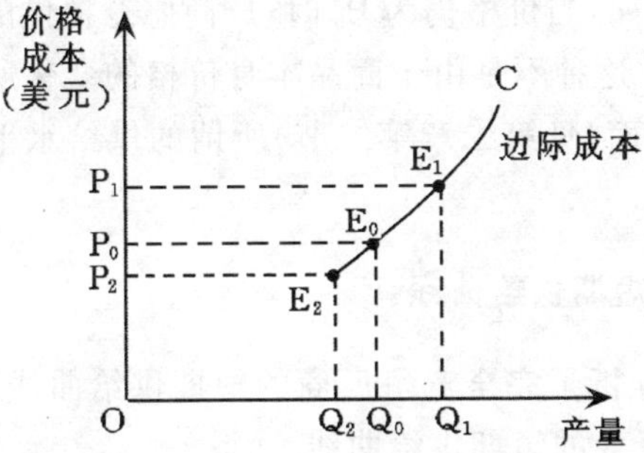


**图 5.6 完全竞争厂商的短期供给曲线**

从图 5.6 中可以看出，厂商的供给随产品价格的提高而增加，随产品价格的下降而减少，如前所述(见第二章第二节)，这种由商品本身的价格变化所引起的供给的变化或沿着同一条供给曲线的移动，称为供给量的变化。

另一方面，正如第四章最后一节所分析的，由于投入的价格变化会引起整个成本曲线的变动，所以，假定某种投入的价格下降了，图 5.5 中的成本曲线会向下移动，与此相应地，厂商的短期供给曲线也就会由 $OP_2E_2C$ 向下移动到比如说 $OP_3E_2'C'$，如图 5.7

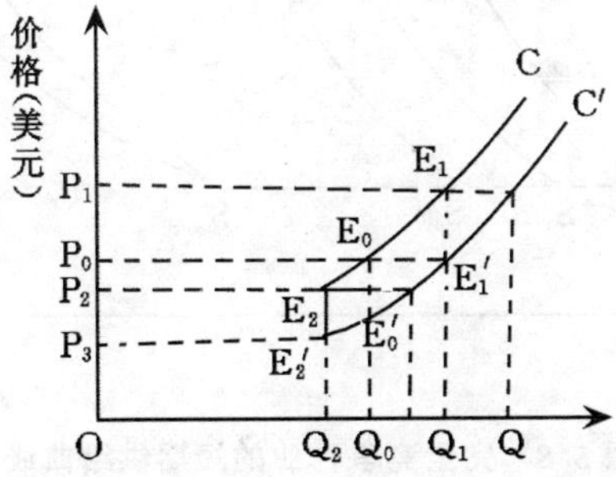


**图 5.7 完全竞争厂商短期供给曲线的变动**

所示。这样，与不同价格相对应的最有利可图的产量水平都相应地发生了变化。例如，当价格仍为 $P_0$ 时，厂商愿意提供的产量已不是 $Q_0$ 而是 $Q_1$ 了。这种不是由于商品本身价格的变化所引起的供给的变化，就是前面（见第二章第二节）所谓的供给水平或供给曲线的变化。

### 三、行业的短期供给曲线

以上我们分析了完全竞争厂商的短期供给曲线，现在我们来推导完全竞争行业的短期供给曲线。

假定对整个完全竞争的行业来说，生产要素或投入的供给是有完全弹性的，就是说，该行业内所有厂商同时增加或减少产量并不影响投入的价格。在这种情况下，完全竞争行业的短期供给曲线可以看作是行业内所有厂商的短期供给曲线的简单的水平相加。例如，假定某完全竞争行业由三个厂商组成（当然，如果一个行业仅有三个厂商，该行业也就不具有完全竞争的性质了，这里只是为简化起见，才作这样的假设），每个厂商的短期供给曲线分别为图

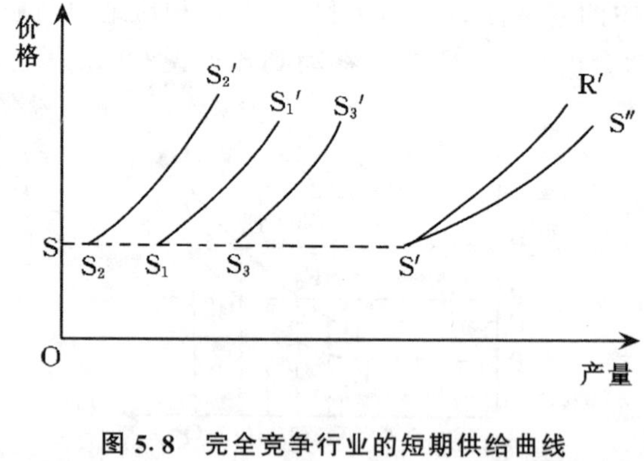


**图 5.8 完全竞争行业的短期供给曲线**

5.8 中的 $OSS_1S_1'$、$OSS_2S_2'$ 和 $OSS_3S_3'$，这样，该行业的短期供给曲线就是 $OSS'S''$，因为 $OSS'S''$ 所表示的正是相对于各种价格水平来

说，行业内所有厂商将提供的产量之总和。

然而，尽管一个厂商单独改变其产量一般不会影响投入价格，但所有厂商同时扩大或缩减其产量，很可能会使投入价格发生变化，从而引起单个厂商的成本曲线以及相应的供给曲线的移动。假定生产要素的价格随着整个行业产量的扩大而上升，那么，图 5.8 中行业的短期供给曲线将不是 OSS′S″，而是 OSS′R′，后者的弹性将小于前者，这是因为当边际成本曲线向上移动后，价格与边际成本相等时的产量会比以前较低些。

总之，完全竞争行业的短期供给曲线的形状，是由行业内厂商的数量和决定每个厂商边际成本曲线的形状的诸因素（如工厂的规模等）以及行业产量的变化对投入价格的影响等决定的。

### 四、完全竞争行业的短期均衡价格和产量

把上面所论述的完全竞争行业的短期供给曲线与消费者对该行业产品的市场需求曲线结合起来，我们便可确定完全竞争行业的短期均衡价格，即短期内市场需求量与市场（行业）供给量相等时的价格。如图 5.9 所示，当完全竞争行业的短期供给曲线为 SS′、市场需求曲线为 DD′时，均衡价格为 OP，行业的均衡产量则为 OQ。这就是说，只要完全竞争的厂商有充足的时间调整其可变投入的使用量，那么，市场价格就会趋向于 OP 这一均衡水平。如果价格高于这个均衡水平，行业的供给量将超过需求量，由此会导致价格下降；如果价格低于这个均衡水平，市场需求量将超过行业供给量，由此会导致价格上升。只有当价格处在均衡水平时，才不再有继续变动的趋向。

在均衡价格水平上，对于所有选择继续生产而不是停止营业的厂商来说，价格都将等于边际成本。当然，价格可能高于或低于平均总成本，因为在短期内，利润不一定等于零，固定成本也不一定得到全部补偿。此外，在短期内，当其他条件保持不变时，需求水

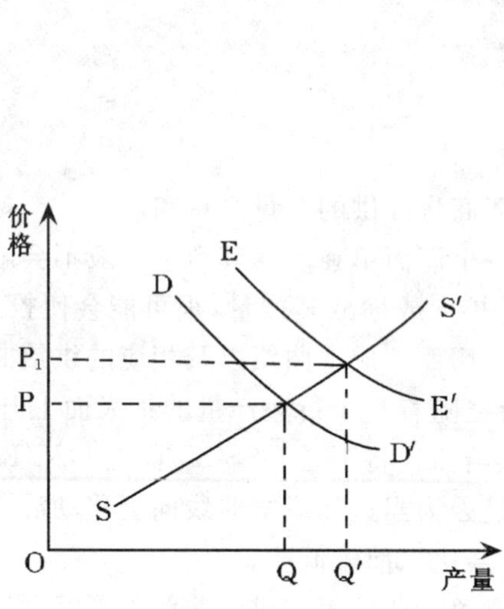


图 5.9 短期内均衡价格的决定

平的变动将引起均衡价格和均衡产量的变动。例如，当图 5.9 中的需求曲线由 DD′移动到 EE′时，均衡价格将由 OP 上升到 $OP_1$，与此同时，每个厂商都将提高自己的产量，以使边际成本等于较高的价格，其结果是行业的产量将增加到 OQ′。当需求水平下降时，情况会相反。

同样地，当其他条件保持不变时，如果行业的供给曲线移动了（比如说，由于某种可变投入的价格上升了，由此引起了单个厂商成本曲线的向上移动），则均衡价格和均衡产量也将发生相应的变动，其变动的趋势和结果，正如第二章中的供求定理所描述的那样，这里不再作例解。

以上所说的完全竞争行业的短期均衡与完全竞争厂商的短期均衡，是相互依存、相互作用、同时决定的。这是因为在市场需求曲线既定时，均衡价格只有在市场或行业的供给量与市场需求量相等时才得以确定，而与市场需求量相等的市场供给量即行业的均衡产量又必须是在均衡价格既定的情况下由行业内所有厂商的均衡产量加总而成。只不过单个厂商的产量在行业总产量中所占的比重如此之小，以致于其自身的数量变化不会对市场价格产生显著的影响，所以，对它来说，市场价格的决定与它自身的行为无关，它的均衡产量是在市场价格既定的前提下根据边际收益等于价格的原则确定的。

## 第四节　完全竞争条件下的长期均衡

当原有的厂商既可以调整其生产规模，又可以离开原行业，新的厂商也可以进入该行业时，我们的分析便由短期进入到长期。

**一、长期内的调整过程**

我们首先分析原有厂商的调整过程。

假定某厂商现有生产规模的短期平均成本曲线和边际成本曲线分别为图5.10中的$A_0A_0'$和$M_0M_0'$，产品的价格为OP。由于在

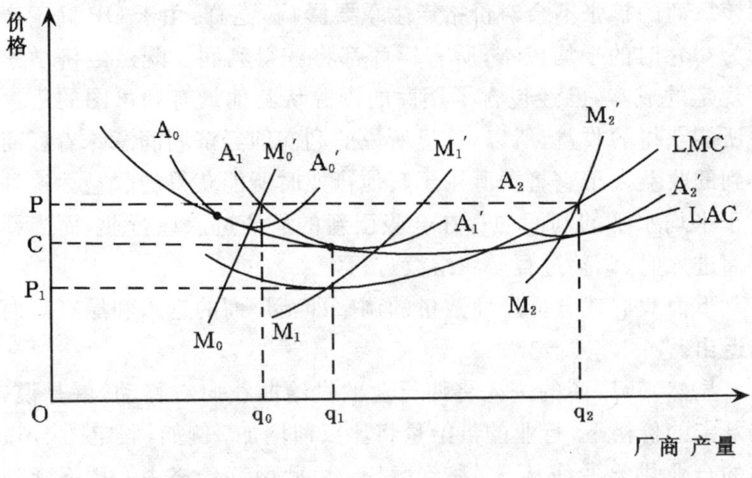


**图5.10　长期内生产规模的变化**

短期内，厂商只能在现有的生产规模下经营，所以，它将根据短期边际成本与边际收益（价格）相等的原则把产量确定在$Oq_0$水平上，并获得较少量的利润。而在长期内，厂商则不受现有生产规模

的限制，它可以建立与图 5.10 中任一短期成本曲线相对应的工厂。例如，它可以建立与短期成本曲线 $A_1A_1'$ 和 $M_1M_1'$ 相对应的中等规模的工厂，或者建立与短期成本曲线 $A_2A_2'$ 和 $M_2M_2'$ 相对应的大规模的工厂。在上述假定条件下，该厂商将使用后一工厂在每一时期生产 $Oq_2$ 单位产量，以使可能得到的利润最大。

一般地说，完全竞争厂商在长期内实现最大利润的条件是长期边际成本与价格相等，而在同一点上，厂商所用工厂的短期边际成本也与价格相等。显然，在图 5.10 中，上述条件只能在使用与短期成本曲线 $A_2A_2'$ 和 $M_2M_2'$ 相对应的工厂并在产量为 $Oq_2$ 水平上才能实现。因为正是在这一产量水平上，厂商的长期边际成本等于价格，同时，厂商所用工厂的短期边际成本也与价格相等。

如果行业内除该厂商外，所有厂商都建立了最佳规模的工厂，则该厂商的扩张不会对价格产生重要影响。这样，由于 OP 高于产量为 $Oq_2$ 时的平均成本，所有厂商都将获得利润。既然经济学家所规定的成本，已经包含了厂商的资源从其他最有利可图的用途中所能获得的收益，所以，这里所说的利润即经济利润意味着厂商得到的收益大于它将资源用于其他行业时所能获得的收益。这种高于平均水平的利润的存在会吸引新的厂商进入该行业，而当新厂商进入时，调整过程必将继续进行。

下面我们就分析厂商数量的调整即新厂商的进入和原有厂商的退出。

显然，新厂商的进入将使行业的供给曲线向右移动，就是说，在既定的价格下，行业的供给量将比以前增加。例如，假定图 5.11 中的行业供给曲线从 SS′移到 $S_1S_1'$，由此引起价格由 OP 下降到 $OP_1$，而行业的产量由 OQ 增加到 $OQ_1$。尽管由于新厂商的进入使行业总产量增加了，但每个厂商的产量却比以前减少了。现在，如图 5.10 所示，当价格为 $OP_1$ 时，每个厂商的最佳产量是 $Oq_1$，不再是 $Oq_2$ 了，而最佳的工厂是与短期成本曲线 $A_1A_1'$ 和 $M_1M_1'$ 相对应的工厂。这样，已经建立起与短期成本曲线 $A_2A_2'$ 和 $M_2M_2'$ 相对应的工厂的那些厂商，将损失一大笔货币。即使那些建立了最佳规模工厂(与短期成本曲线 $A_1A_1'$ 和 $M_1M_1'$ 相对应的)的厂商，每单位产量也将损失 $P_1C$ 美元。

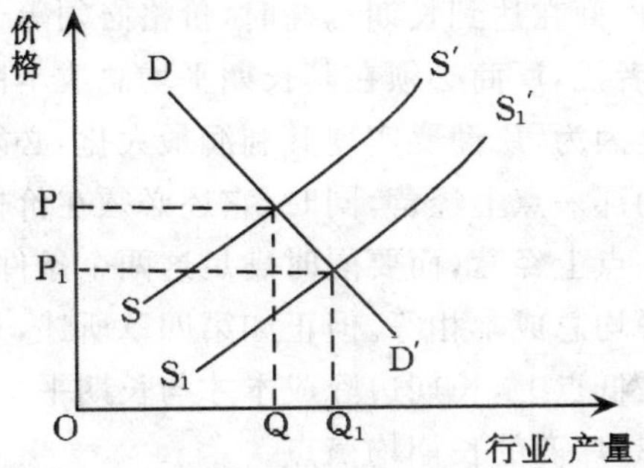


图 5.11　新厂商进入的影响

这并不意味着拥有最佳规模工厂的厂商没有实现利润最大化，相反，图 5.10 表明，在价格为 $OP_1$ 时，如果厂商使用与短期成本曲线 $A_1A_1'$ 和 $M_1M_1'$ 相对应的工厂并生产 $Oq_1$ 单位产量，则厂商的长期边际成本等于短期边际成本并等于价格。显然，这就是该厂商实现利润最大化或使亏损最小的途径。只不过问题在于，即使厂商尽了最大努力，它也不能获得经济利润，其结果是一些厂商将退出该行业。既然在其他行业中的厂商的资源所得到的收益更大些，企业家将把这些资源转移到其他行业。由于厂商的退出使行业供给曲线向左移动，因此，调整过程还将继续下去。

## 二、厂商的长期均衡

上述调整过程将一直持续到有足够的厂商离开该行业，从而既消除了经济亏损、又不存在经济利润时才能最终结束。这时，行业中留下来的厂商将达到均衡。换句话说，厂商的长期均衡是在其长期平均总成本与价格(即平均收益)相等的那一点上实现的。如果价格超过了任一厂商的平均总成本,该厂商就会得到经济利润,这将吸引新厂商进入该行业,如果价格低于任一厂商的平均总成本,该厂商最终将退出该行业。

进一步说,厂商在达到长期均衡时,价格必须等于最低的长期平均总成本,或者说,厂商必须在其长期平均总成本曲线的最低点进行生产。这是因为,厂商要实现其利润最大化,必须在价格等于长期边际成本的那一点上经营,同时,它还必须在价格等于长期平均总成本的那一点上经营,而要同时满足这两个条件,长期边际成本必须与长期平均总成本相等。但正如第四章所述,只有在长期平均成本曲线的最低点上,长期边际成本才与长期平均成本相等,所以,这一点一定是厂商的长期均衡点。

厂商的长期均衡如图 5.12 所示。当作了全部调整后,价格等于 OB。既然需求曲线是水平的,边际收益曲线也就与需求曲线相同,二者都用 BB′来表示。厂商的均衡产量为 OV,与其所用工厂相对应的短期平均成本和边际成本曲线分别为 AA′和 MM′。在这一生产规模和产量水平上,长期边际成本、短期边际成本和价格都相等,这保证厂商实现了利润最大化。另一方面,在同一产量水平上,厂商的长期平均成本与短期平均成本都和价格相等,这又使得厂商的经济利润等于零。既然长期边际成本必须等于长期平均成本,均衡点就一定在长期平均成本曲线的最低点或底部。

由于价格对于行业内所有厂商来说必须是一样的,这就意味着所有厂商长期平均成本曲线的最低点一定是相同的。尽管有些厂商的成本看起来比同行业中的其他厂商低,但实际上,这些厂商通常都拥有与众不同的优等资源或特殊才能的管理人员。这些优等资源的所有者若把其资源投入其他可供选择的用途中,本来就可取得比普通资源更高的价格。所以,使用较优等资源厂商的替换成本或隐含成本,高于那些使用普通资源的厂商。如果把这一点考虑进来，并假定这些优等资源是被恰当地耗费的，那么，表面上看成本较低的厂商，其成本并不低。

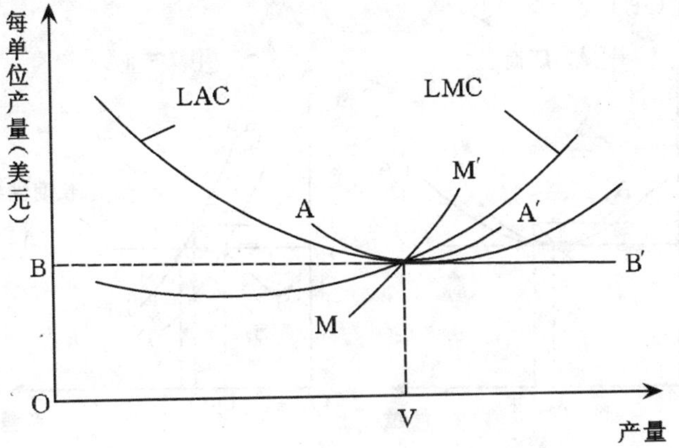


**图 5.12 完全竞争厂商的长期均衡**

总之，完全竞争厂商长期均衡的条件是：

$$AR(P)=LMC=LAC=SMC=SAC \quad (5.5)$$

或者说，完全竞争厂商的长期均衡点，位于长期平均成本曲线的最低点。

## 三、行业的长期均衡

在长期内，完全竞争行业的成本可能是不变的，也可能是递增或递减的，下面分别讨论这三种情况下行业的长期供给曲线和长期均衡。

### 1. 成本不变行业的长期均衡

以上的分析已暗含了行业的成本是固定不变的假定，即行业的扩张不会引起投入价格的上升。图 5.13 描述了成本不变行业的长期均衡，其中左图表示行业内典型厂商的短期和长期成本曲线，右图表示市场需求曲线和市场（行业）供给曲线，其中 DD′和 SS′

分别为初始的需求和供给曲线。假定行业处于长期均衡状态，这时价格线与长期(和短期)平均成本曲线在其最低点上相切(这时的价格为OP)。

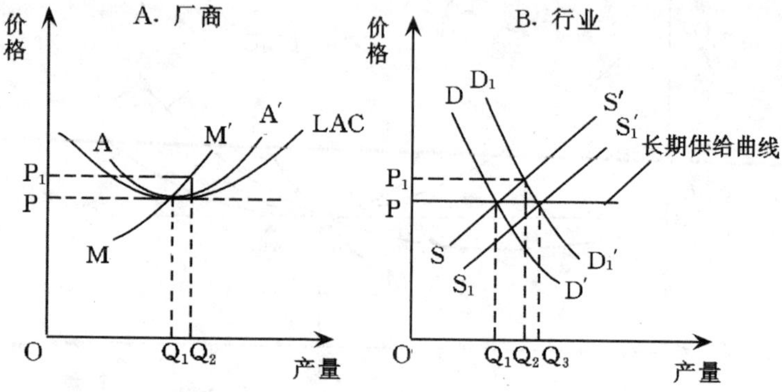


图5.13　成本不变行业的长期均衡

现在假定需求曲线移到$D_1D_1'$。在短期内，由于厂商的数目是固定的，产品价格将由OP上升为$OP_1$，每个厂商的产量将由$OQ_1$扩大到$OQ_2$；由于$OP_1$高于产量为$OQ_2$时的平均成本，所以，每个厂商将获得经济利润。其结果是新厂商将进入该行业，并使行业的供给曲线向右移动。在成本不变的行业内，新厂商的进入并不影响现有厂商的成本，因为该行业所使用的投入也为其他许多行业所使用，所以，该行业内新厂商的出现不会抬高投入的价格从而提高现有厂商的成本。当然，新厂商的出现也不会降低现有厂商的成本。

由此可见，成本不变行业的长期供给曲线是水平的。因为产量的增加可以通过用与OP相等的平均成本生产$OQ_1$产量的厂商数目的增加来实现，所以，行业的长期供给曲线在OP高度上呈水平状。只要行业仍处在成本不变的状态下，如果价格高于OP，厂商会进入该行业；如果价格低于OP，厂商将退出该行业。只有当价格为OP时，行业的长期均衡才能够实现，行业的产量可随需求状况扩大或缩小，但并不改变这一长期均衡价格。

2. 成本递增行业的长期均衡

用同样的方法我们可以推导出成本递增行业的长期供给曲线。我们首先从一个最初的均衡位置开始，然后考察当市场需求曲线变动后所发生的调整过程，直到行业再次达到长期均衡为止。图5.14对此提供了一个例解。在右图中，行业初始的长期均衡点为A，与此相对应的长期均衡价格为OP，均衡产量为$OQ_1$；在左图中，典型厂商按照OP的既定价格生产$Oq_1$单位产量，并处于长期均衡状态。

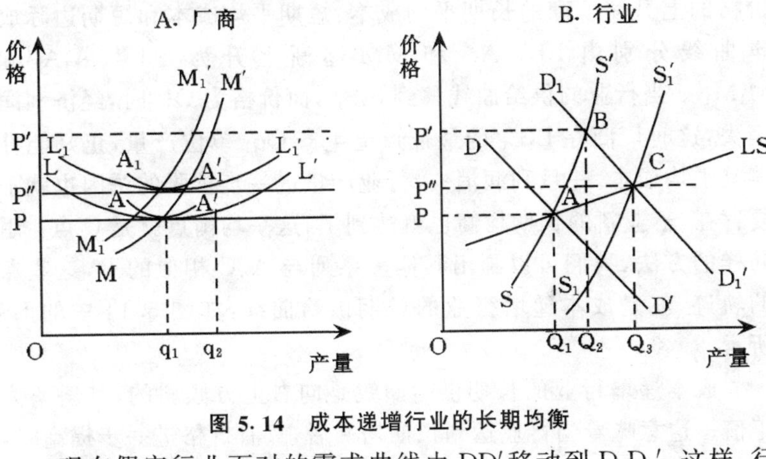


**图 5.14 成本递增行业的长期均衡**

现在假定行业面对的需求曲线由DD′移动到$D_1D_1'$，这样，行业的短期均衡由短期供给曲线SS′与$D_1D_1'$的交点B所决定，价格上升到OP′，而产量增加到$OQ_2$。每个厂商都将沿着其短期边际成本曲线扩大产量，直到典型厂商生产$Oq_2$单位产量为止，这时厂商都在获得经济利润。在长期内，这种极为有利的投资机会必然会鼓励新厂商进入该行业，现有的厂商也会扩大其工厂规模。

然而，在成本递增的行业，行业产量的扩张会导致某些投入价格的上升。因为要生产更多的产量，厂商必须增加对投入的需求，对于某些投入来说，只有在价格较高时，其供给量才会增加。

这样，产量的增加，会以两种方式降低利润。首先，如前所述，较高的产量会导致价格下降，从而使利润减少；其次，由产量的扩大所引起的对投入的需求的增加，会导致投入价格上升，而较高的投入价格意味着较高的成本，这也会减少利润。当行业的产量扩张到这样一个水平，以致于经济利润不复存在时，新的长期均衡就达到了。如图 5.14 所示，新厂商的进入使 SS′ 向 $S_1S_1'$ 移动，从而使价格由 OP′ 向 OP″移动。每个厂商水平的需求曲线随着价格由 OP′ 向 OP″的下降而向下移动，这种下降使利润减少。与此同时，投入价格的上升使厂商的长期平均成本、短期平均成本和短期边际成本曲线分别由 LL′、AA′和 MM′逐渐上升为 $L_1L_1'$、$A_1A_1'$和 $M_1M_1'$。当行业的供给曲线移到 $S_1S_1'$，而价格为 OP″时，经济利润消失，这时厂商在 $L_1L_1'$的最低点上生产 $Oq_1$ 单位产量，正好能补偿其平均成本。一旦利润消失，行业产量进一步扩张的诱因也就不复存在，行业新的长期均衡也就达到了，这一均衡点就是 C 点。用同样的方法，我们可以画出其他一系列与 A、C 相似的点，这些点的轨迹，就是成本递增行业的长期供给曲线，如图 5.14 中的 LS 所示。

成本递增行业的长期供给曲线是向右上方倾斜的，其斜率为正值。这意味着当行业达到长期均衡后，只有价格进一步提高时，产量才会增加，这是因为随着行业的扩张，成本会上升。这里，成本递增是指，当行业扩张而把投入价格抬高时，所有厂商的成本曲线向上移动。成本不变行业与成本递增行业之间的区别在于：在成本不变的行业中，由需求的增加所引起的新厂商的进入过程，直到价格恢复到原有水平为止；而在成本递增的行业中，新厂商的进入要持续到长期平均成本曲线的最低点上升到与新价格相等时为止。

3. 成本递减行业的长期均衡

成本递减行业的长期均衡如图 5.15 所示。我们的分析仍从行业初始的长期均衡状态开始，这时需求曲线为DD′，短期行业供给曲线为SS′，价格为OP，每个厂商的长期和短期平均成本曲线分别为LL′和AA′。现在假定需求曲线由DD′上升到$D_1D_1'$，这在短期内使价格由OP上升到OP′，行业的供给量由$OQ_1$增加到$OQ_2$，而在OP′价格下，厂商将沿着短期边际成本曲线把产量由$Oq_1$扩大到$Oq_2$。由于行业内现有厂商能获得经济利润，于是吸引新厂商进入该行业。然而，由于在成本递减行业中，行业的扩张一方面使供给曲线向右移动，从而引起价格下降，另一方面又会使现有厂商的成本曲线向下移动，所以，新的长期均衡价格为OP″，每个厂商的均衡产量为$Oq_1$。

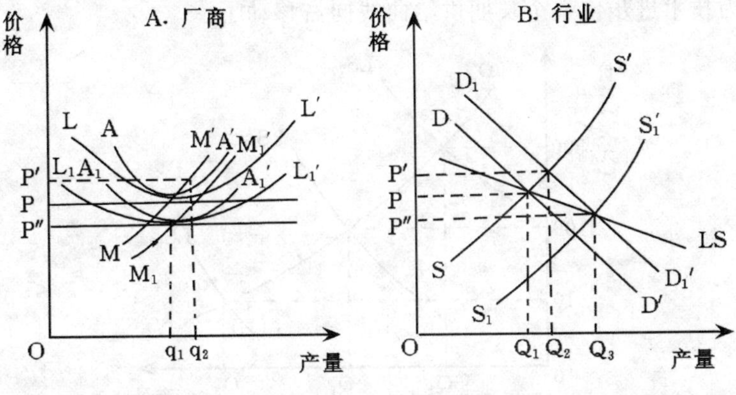


**图 5.15　成本递减行业的长期均衡**

成本递减行业的长期供给曲线（如5.15右图中的LS所示）向右下方倾斜，其斜率为负。这就是说，当行业的长期均衡达到以后，产量的增加要伴随着价格的下降。但需要指出的一点是，仅仅从观察到的一定时期内价格下降与产量增加相联系的事实，还不能断定该行业的长期供给曲线一定具有负的斜率。这一事实可能产生于如下两个原因：

其一，生产一种新产品的第一个厂商具有垄断地位，即使是暂时的，垄断价格也高于竞争性价格。随着其他厂商陆续地进入该行业并展开竞争，价格自然会随着产量的增加而下降。

其二，当一种新产品被引入后，时间的推移使生产过程中的技术进步成为可能。但正如我们一直强调的，在描绘同一条供给曲线时，我们是假定技术不变的，技术的进步只是使整个供给曲线向右移动。

图 5.16 描绘了 1970 年、1977 年和 1988 年袖珍计算器的长期供给曲线，它们分别为 $LS_{70}$、$LS_{77}$、$LS_{88}$。从图 5.16 中可以看出，虽然产量的扩大伴随着价格的下降，但各个时期的长期供给曲线都是向右上方倾斜，而不是向右下方倾斜的。之所以如此，正是因为技术进步使整个长期供给曲线向右移动了。

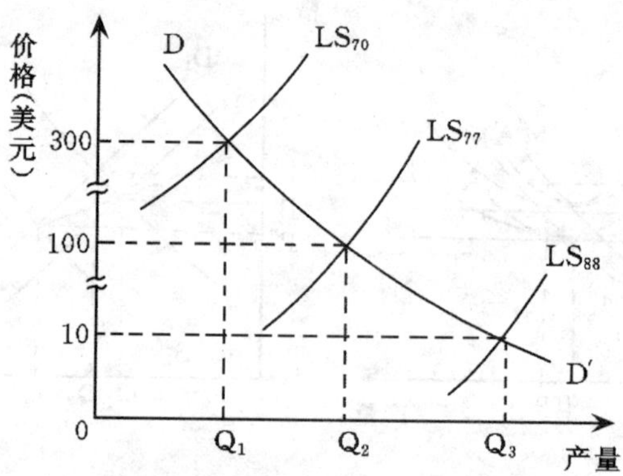


**图 5.16 技术进步使长期供给曲线移动**

造成行业长期供给曲线向右下方倾斜的主要原因可能是外部经济。所谓外部经济是指由于整个行业的扩大所引起的厂商成本曲线向下移动。例如，当每一行业的扩大使铁路运输代替公路运输成为可能时，单个厂商的运输成本就会降低。多数经济学家认为，在完全竞争行业中，成本递增和成本不变是常见的情况，而成本递减，即使存在的话，也像吉芬商品一样，是非常少见的。

以上的分析表明，我们不能通过将行业内厂商的长期边际成本曲线加总的方法推导行业的长期供给曲线。不能否认，每个厂商都是在长期供给曲线上 LMC＝P 的每一个点上进行生产的，但当行业沿 LS 曲线进行调整时，厂商正在进入或退出该行业。因此，我们不可能像在短期那样，对一既定数量厂商的 LMC 曲线进行加总。此外，对于成本递增行业来说，LMC 曲线本身也会由于要素价格的变化而移动。

## 第五节　资源配置过程

第一章曾经指出，一种经济制度的主要功能之一，是将有限的资源在各种可供选择的用途中加以配置。在这一节，我们要进一步分析一个完全竞争的经济是如何根据消费者需求的变化而实现资源转移的。

### 一、短期内的调整

为了使问题具体化，我们以谷物和土豆的生产为例。假定消费者的偏好发生了变化，他们现在比过去更喜欢消费谷物而不是土豆。在短期内，对谷物需求的增加将使谷物价格上升，从而引起谷物产量的一定提高。但是，因为在短期内行业的生产能力不可能大幅度提高，所以，谷物的产量也不可能明显增加。同样地，对土豆需求的减少使土豆价格下降，从而在一定程度上导致土豆产量的减少。但土豆的产量也不会大幅度减少，因为厂商只要能补偿其可变成本，就会继续生产。

谷物和土豆的相对价格的变动告诉生产者，必须对资源重新加以配置。由于谷物价格的上升和土豆价格的下降，谷物生产者得到了经济利润，而土豆生产者却蒙受了经济亏损，这将引起资源的重新配置。如果用于土豆生产的某些可变投入同样可以有效地用于谷物生产，这些可变投入就可能从土豆生产行业转移到谷物生产行业。即使不存在既可用于谷物生产、又可用于土豆生产的可变投入，调整也能够在其他各种互相联系的市场中发生，其结果是用于谷物生产的资源增加，而用于土豆生产的资源减少。

当谷物生产和土豆生产都达到短期均衡时，资源的重新配置还没有完成，因为生产者还没有足够的时间扩大其新的生产能力或缩减原有的生产能力。尤其是还没有一个行业在最低平均成本上经营：这时谷物生产者的产量高于平均成本最低点上的产量，而土豆生产者的产量则低于平均成本最低点上的产量。

## 二、长期内的调整

在长期内，由需求变化所引起的产量的调整要比短期内大，而价格的调整则要比短期小。这是因为，在长期内，土豆行业中原有的厂商可以退出该行业，而新厂商也可以进入谷物行业。随着一些土豆生产者的退出，土豆的供给曲线向左移动，这使土豆的价格提到其短期水平以上。这种资源从土豆行业向外转移的过程，直到价格的上升和成本的下降使亏损消失时为止。

另一方面，谷物生产中的短期经济利润将吸引新厂商进入该行业，从而使行业的供给曲线向右移动。这种行业的扩张同时引起所用投入的价格和成本曲线的上升，这就从价格和成本两方面使利润减少。当经济利润不复存在时，新厂商的进入也就停止了。当长期均衡达到时，谷物行业中的厂商数目和所用资源的数量都将比短期内多。

当两个行业都达到长期均衡时，资源的重新配置就完成了。值得注意的是，如果用于土豆生产的资源不适用于谷物生产，则土豆行业中的资源将转到谷物以外的其他行业中去，而转入谷物生产的资源则来自土豆以外的其他行业。这样，上述资源重新配置的过程还会影响到谷物及土豆生产以外的其他行业。类似这样的反应过程将在第十一章中运用一般均衡方法来加以分析。

### 三、蛛网模型

以上对完全竞争行业的均衡分析，是在舍掉时间因素的前提下来考察均衡的形成和稳定条件的，因此是一种静态均衡分析。如果引入时间因素来考察均衡状态的变动过程，则是动态均衡分析。这里，我们介绍经济学中一个最简单的动态模型①，即蛛网模型。

蛛网模型所考察的是价格波动对下一个周期产量的影响，以及由此而产生的均衡的变动，它通常用来分析市场经济中某些产品价格与产量之间的关系，这些产品具有这样的特点，即本期产量决定本期价格，而本期价格决定下期产量。若用 P、Q 分别表示价格和产量，D 和 S 分别表示需求函数和供给函数，t 表示时期，则上述关系可用公式表述为：

$$P_t = D(Q_t)$$

$$Q_t = S(P_{t-1})$$

根据需求曲线和供给曲线的陡峭程度，蛛网模型通常有以下三种形式：

1. 封闭式模型

在这种模型中，需求曲线和供给曲线的斜度（或斜率的绝对值）是一样的，价格从高到低、产量从低到高均按同一幅度不断波动，永远达不到均衡状态。如图 5.17 所示，P 和 Q 的下标是指连续的年份。假定 $P_1$ 为第一年的价格，生产周期为一年，供给对价格的反应滞后一年，第二年的产量为 $Q_2$，但它只能按 $P_2$ 的价格才能全部卖掉，这样，第二年的价格则为 $P_2$。根据第二年的较低价格，第三年的产量减少到 $Q_3$，但这一较低的产量可按较高的价格 $P_1$

① 动态模型表示的是经济变量在一定时期内的运动和这些变量从一种均衡状态向另一种均衡状态（或从一种不均衡到另一种不均衡）运动的方式。

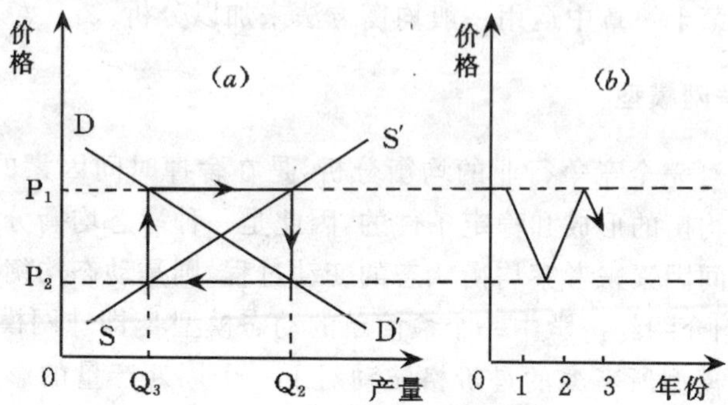


图 5.17　封闭式蛛网模型

出售,因此,第三年的价格又与第一年的价格相同。如果其他条件不变,上述循环过程就会不断持续下去。之所以如此,是因为由上述供给曲线和需求曲线的位置所决定,生产者和消费者对价格的反应是一致的。

2. 收敛式模型

在这种模型中,供给曲线比需求曲线陡峭,价格和产量以越来越小的幅度上下波动,在达到均衡时停止。其过程如图 5.18 所示。

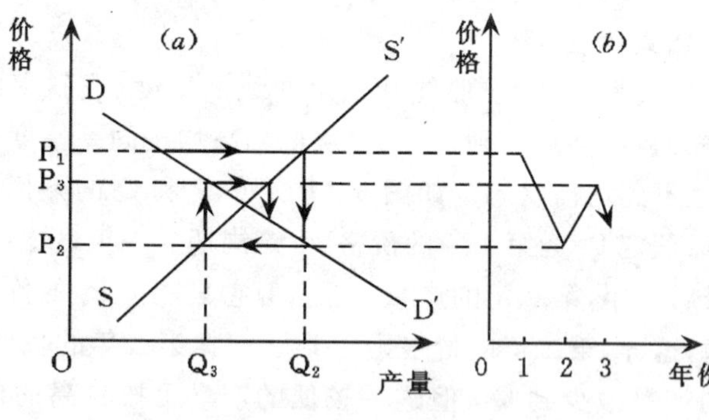


图 5.18　收敛式蛛网模型

之所以如此,是因为由供求曲线的斜度所决定,生产者对价格变化的反应程度小于消费者。

3. 发散式模型

如果说在收敛式模型中，蛛网是朝里织的，那么，在发散式模型中，蛛网则是朝外织的。如图 5.19 所示，价格和产量以越来越大的幅度波动，离均衡点越来越远。之所以如此，是因为在这种模型中，需求曲线比供给曲线陡峭，生产者对价格的反应程度大于消费者。

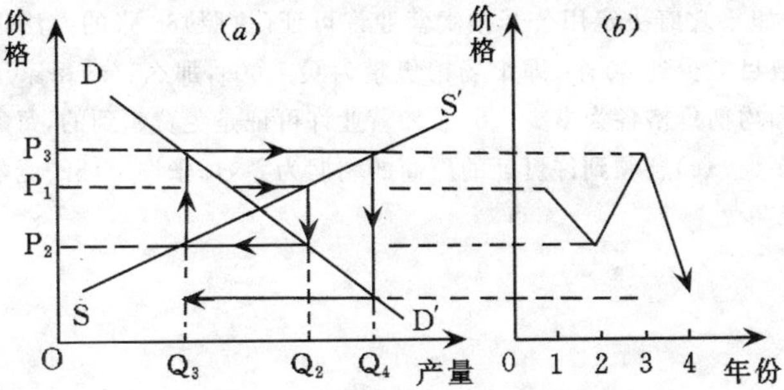


**图 5.19　发散式蛛网模型**

**复习思考题**

1. 解释下列概念：总收益、平均收益、边际收益、完全竞争、停止营业点、收支相抵点。

2. 分别叙述完全竞争厂商和行业的短期与长期供给曲线是如何推导出来的。

3. 完全竞争厂商的短期均衡与长期均衡的条件是什么？

4. 一个完全竞争厂商的总成本函数如下表所示，计算：当价格分别为 13、14、15、16、17 美元时，厂商的产量将是多少？

| 总　产　量(单位) | 总　成　本(美元) |
|---|---|
| 0 | 20 |
| 1 | 30 |
| 2 | 42 |
| 3 | 55 |
| 4 | 69 |
| 5 | 84 |
| 6 | 100 |
| 7 | 117 |

5. 在一个完全竞争的成本不变的行业中，典型厂商的长期总成本函数为 $LTC=0.1q^3-1.2q^2+111q$，(其中 q 代表每个厂商的年产量)，市场需求函数为 $Q=6000-20P$(其中 Q 为年行业销售量)，计算：

(1)厂商长期平均成本最低时的产量和销售价格。

(2)该行业的长期均衡产量。

(3)长期均衡状态下该行业内厂商的数目。

(4)如果政府决定用公开拍卖营业许可证(执照)60 张的办法把该行业的厂商数目减少到 60 个，即市场销售量为 $Q=60q$，那么：(a)每家厂商的均衡产量和均衡价格各为多少？(b)假如营业许可证是免费领到的，每家厂商的利润为多少？(c)若领到许可证的厂商的利润为零，每张许可证的竞争性均衡价格为多少？

# 第六章 完全垄断条件下的价格和产量

在上一章,我们曾为完全竞争的市场或行业规定了4个假定条件:(1)存在着大量的买者和卖者;(2)产品是同质的;(3)资源的流动不受任何限制;(4)信息是完全的。如果上述4个条件中任何一个不具备,竞争就是不完全的。在市场结构理论中,不完全竞争主要有三种形式:其一为完全垄断,即市场上只存在一个卖者;其二为垄断竞争,它与完全竞争的区别仅仅在于各厂商生产的产品存在着差异;其三为寡头垄断,即由少数几家生产和出售相同或稍有差别的产品的厂商所组成的行业。如果说完全竞争是市场结构中的一个极端,那么,完全垄断则是另一个极端,处于这两个极端之间的是垄断竞争和寡头垄断,前者更接近于完全竞争,后者更接近于完全垄断。在这一章中,我们将讨论不完全竞争的第一种形式即完全垄断条件下均衡价格和均衡产量的决定,随后两章再分别讨论不完全竞争的其他两种形式。

虽然完全垄断与完全竞争模型一样,都不是对现实市场的精确描述,但它们毕竟还是我们应该完全掌握的两种最重要的市场结构。这一方面是因为要解释现实市场的许多特点,并不需要模型具有描述上的精确性;另一方面,大多数其他市场模型,都是建立在完全竞争和完全垄断模型基础上的。所以,只要理解了这两个基本模型,相对地说,就很容易把这种分析扩展到其他市场形式。

## 第一节　完全垄断的性质及成因

### 一、完全垄断的性质

完全垄断(简称垄断或独占)可以定义为没有相近替代品的某种产品的唯一生产者。作为该种产品的唯一生产者或垄断者不必考虑其他厂商削减其价格的可能性。实际上,垄断厂商本身就构成一个行业,因为在该市场上只有它一家厂商。

在上述垄断的定义中,我们强调对于垄断者的产品来说,没有相近的替代品。这是因为,如果存在着相近的替代品,该厂商就得和其他厂商(相近替代品的生产者)竞争,从而也就不能在很大程度上控制价格。所以说,相近替代品的存在就意味着竞争,它必须从完全垄断的定义中排除掉。

但是,究竟何为"相近的"替代品,这一点在上述定义中是含糊不清的。比如说,钢铁(或塑料或木材)对于铝来说是不是相当接近的替代品呢?如果是的话,那么,即使只有一家铝生产者,能否把它看作是垄断者呢?显然,在反托拉斯法中,替代品的作用,是判断一个厂商所具有的垄断力量大小的重要因素。

因而,关于替代品的相近程度,必然是含糊不清的。既然我们涉及的是程度问题,任何精确的分界线都具有一定程度的任意性。这关键在于,任何一个厂商所具有的垄断力量的程度取决于存在着多少替代品以及这些替代品如何相近。大多数经济学家认为,地方的电力公司对用于照明的电力供给来说,具有很大的垄断力量(然而,这种力量的使用,则受到政府的调节),尽管手电筒、煤油灯和蜡烛也是电灯的替代品,但它们被当作很次的替代品。与此同时,用于加热的电力则有相近的替代品,如煤气、天然气、煤和木炭等,所以,为家庭供热的市场被认为是相对竞争性的。

## 二、完全垄断的成因

一个厂商之所以能成为某种产品唯一的供给者，一定有某种原因使其他厂商不能进入该市场并生产同种产品。如果一个垄断厂商通过收取高于成本的价格而获得经济利润，是什么障碍阻止了其他厂商进入该市场以获取同样的经济利润呢？经济学家一般把垄断的成因或垄断力量的源泉归纳为以下 4 条。

1. 对投入的控制

如果一个厂商控制了用于生产某种产品的某种基本投入的全部供给，该厂商就可能成为一个垄断者。在这方面的典型例子是战前的美国制铝公司，该公司从 19 世纪末到 20 世纪 40 年代，一直是美国唯一生产铝的厂家，而它之所以能长期维持其垄断地位，其中一个重要原因是它控制了用于生产铝的全部铝矾土矿产资源。

2. 规模经济

如果某种产品的生产技术具有这样的性质，以致于一个大厂商既能按有利可图的价格、又能以低于分享同一市场的几个小厂商的平均成本供给整个市场，那么，这一个大厂商就会成为该行业的唯一生产者。因为由一个大厂商供给全部市场时平均成本最低，所以，若有两个或两个以上厂商在该市场上经营会造成浪费。在这种场合，该行业就是一种自然垄断。自然垄断在公用事业如特定地区内的供电、供水和电话服务中最为普遍。

3. 专利

一个厂商可能由于唯一地具有生产某种产品所必需的技术或生产某种特殊物品的唯一权利而成为垄断者。通常，这种使用某种生产技术或生产一定产品的独占权是由政府以专利的形式赋予的。美国的专利法允许发明者拥有制造某种产品或使用某种特殊工艺的独占权（专利有效期为 17 年）。尽管专利是政府创造或认可的垄断力量的一个源泉，但实行专利法有其经济上的合理性。因为，如果发明成果能立即被那些并未参与研究并承担发展费用的人所复制和模仿，那么，厂商和个人将会减少对发明和革新活动的投资。

4. 一个厂商可能会由于政府赋予它某种市场特权而成为垄断者

厂商可以得到政府所给予的在一定地区生产某种物品或劳务的独占的特权，作为交换条件，厂商同意政府对其某些行为和经营活动进行调节。

### 三、垄断厂商的收益曲线和成本曲线①

根据定义，垄断厂商是某种产品的唯一卖者，所以，垄断厂商所面对的需求曲线，也就是该产品的市场需求曲线；那些决定垄断厂商产品需求曲线的形状的因素，同时也就是决定该产品市场需求曲线的形状的因素。这条需求曲线是向右下方倾斜的，或者说其斜率是负的。这一点与竞争性厂商的需求曲线形成明显的差别。如果说完全竞争的厂商是价格的接受者，完全垄断厂商则是价格的制定者，就是说，垄断厂商可以制定任何它想要索取的价格。不过，既然垄断者所面对的是一条向右下方倾斜的需求曲线，所以，如果它提高价格，其销售量就会相应地下降。完全竞争厂商与完全垄断厂商在产量和定价决策上的差别，很大程度上产生于需求曲线上的差别。

一般地说，厂商的卖价即平均收益都被假定为等于消费者的买价，所以，厂商的平均收益曲线在任何情况下都和需求曲线重合。但是，正如上一章所述，由于完全竞争厂商所面对的是一条水平的需求曲线，所以，其边际收益与价格即平均收益相等，边际收益曲线与需求曲线即平均收益曲线重合。对于垄断厂商来说，由于

---

① 参见附录Ⅰ[12]。

它所面对的需求曲线即行业的需求曲线是向右下方倾斜的，所以，其边际收益小于平均收益，其边际收益曲线总是位于平均收益曲线即需求曲线之下。

如图 6.1 所示，当价格 P 为 8 美元时，垄断厂商可以销售 3 单位产品，其总收益等于矩形 OPEQ，或者是等于 24 美元。既然该厂商所面临的需求曲线是向右下方倾斜的，所以要销售 4 单位产品，厂商必须把价格降到 7 美元，销售 4 单位所得到的总收益为 OP′E′Q′，或者是 28 美元。注意，当厂商的销售量由 3 单位增加到 4 单位时，总收益的增加等于面积 B(即从第 4 单位产品所得到的收益)减去面积 A(即以较低的价格销售前 3 单位产品而减少的收益)，或者是 7 美元－3 美元＝4 美元。正是因为要销售 4 单位产品，前 3 单位产品的价格也必须相应地下降，所以，总收益的增加即边际收益小于价格(面积 B)。

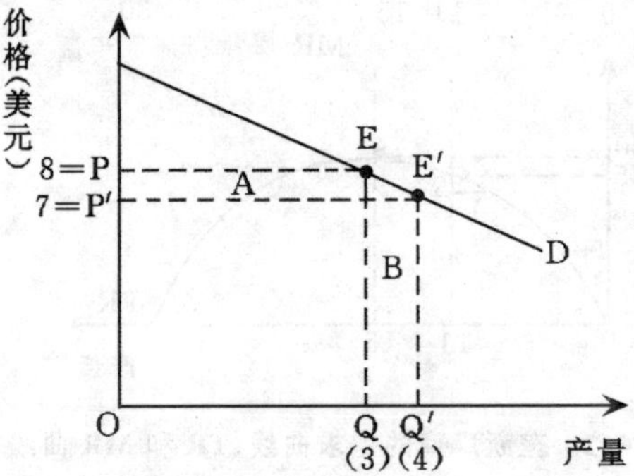


**图 6.1　垄断厂商的需求曲线**

图 6.2 描述了一个垄断厂商的需求曲线、边际收益曲线和总收益曲线之间的关系，其中 *a* 图表示需求曲线及其与之相联系的边际收益曲线，*b* 图表示总收益曲线。如前所述(参见第三章第四节)，边际收益曲线可以用几何方法从一条既定的需求曲线推出来(它平分需求曲线与价格轴之间的任何一条水平线)，也可以表示

为总收益曲线上与任何产量水平相对应的点的斜率。例如，在产量为 11 单位时，图 6.2*b* 中总收益曲线的斜率为 9 美元/1，这就是说，在产量为 11 单位时，增加或减少 1 单位产量所引起的总收益的变动为 9 美元，所以，在图 6.2*a* 中，与 11 单位产量相对应的边际收益为 9 美元。

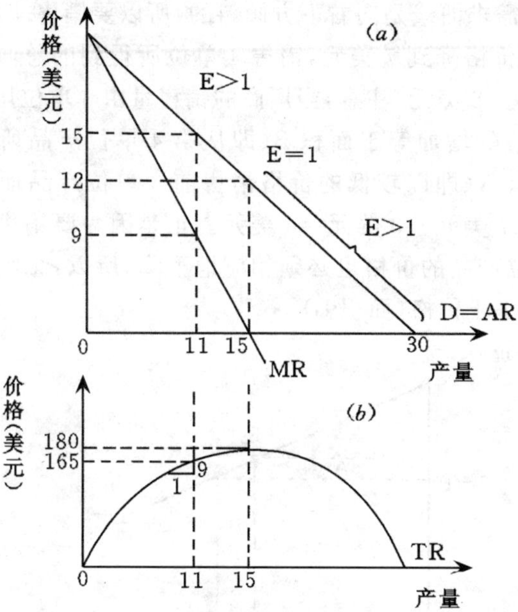


**图 6.2　垄断厂商的需求曲线、TR 和 MR 曲线**

从图 6.2 可以看出，在需求曲线富有弹性的产量范围内，边际收益一定是正的。因为富有弹性的需求曲线意味着产量的增加将使总收益增加，而当总收益随产量的提高而增加时，根据定义，边际收益是大于零的。当需求具有单元弹性时，增减一单位销售量会使收益保持不变，所以边际收益为零，如产量为 15 单位时所表示的那样。当需求曲线缺乏弹性时，销售量的增加会使总收益减少，所以，边际收益为负，如图 6.2 所示，当产量超过 15 单位时，情况就是这样。

一个厂商虽然是产品市场上的垄断者，但它却可能是要素市场上的完全竞争者。在这种情况下，由于它所购买的某种要素只占其总供给量的很小部分，所以，它的产量决策对投入价格不会产生重要的影响。这样，垄断厂商的成本曲线与完全竞争厂商并无区别，在此也就没必要重新论述。

当垄断厂商所购买的某种要素占其全部供给量的比例很大时，其产量决策就会影响到该要素的价格，它对这种资源的需求量越多，一般需要支付的价格也就越高。关于要素市场的不完全竞争，我们将在第十章加以详细的论述，在本章中，我们将假定垄断厂商是要素市场上的完全竞争者。

## 第二节　垄断厂商的短期均衡价格和产量①

垄断厂商与竞争厂商一样，其最有利可图的产量是由需求状况和成本状况共同决定的，其利润最大化的原则或短期均衡条件都是MC=MR。所不同的是，完全竞争厂商只是通过调整产量来实现在既定价格下的利润最大化，而垄断厂商不仅通过调整产量、而且通过调整价格（实际上二者是同时进行的）来实现利润最大化。

然而，需要指出的是，垄断厂商虽然可以通过控制产量和价格获取利润，但并不一定总能获取利润。特别是在短期内，垄断厂商与竞争厂商一样，它可能获得经济利润，也可能只获得正常利润，还可能蒙受亏损。下面，我们就具体分析这三种情况。

① 参见附录Ⅰ[13]。

### 一、获取经济利润时的短期均衡

当垄断厂商的需求曲线与成本曲线如图 6.3*b* 所示，即需求曲线与平均成本曲线相交或位于平均成本曲线之上时，垄断厂商将

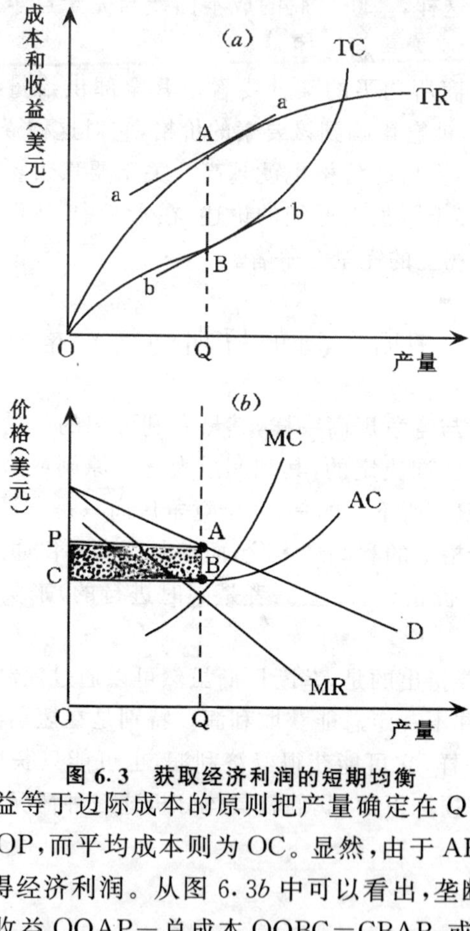


**图 6.3　获取经济利润的短期均衡**

根据边际收益等于边际成本的原则把产量确定在 Q 点，与此相对应的价格为 OP，而平均成本则为 OC。显然，由于 AR 即价格大于 AC，厂商获得经济利润。从图 6.3*b* 中可以看出，垄断厂商的总经济利润＝总收益 OQAP－总成本 OQBC＝CBAP，或者说，垄断厂商的总经济利润＝(价格 OP－平均成本 OC)×产量 OQ。读者将

不难证明，只有与 MC 曲线和 MR 曲线的交点相对应的产量 Q，才是使利润最大化的均衡产量(参见第五章第三节的有关说明)。

图 6.3*a* 是以相应的总成本曲线和总收益曲线所表示的厂商均衡。从图 6.3*a* 中可以看出，在 OQ 产量水平上，总收益曲线与总成本曲线的斜率相等，这意味着边际收益与边际成本相等，总收益曲线与总成本曲线之间的垂直距离最大，或者确切地说，总收益以最大可能的量超过总成本。所以，OQ 是使利润最大化的均衡产量。

## 二、获取正常利润时的短期均衡

在垄断厂商的成本曲线没有发生变化，但其需求曲线向左移动的情况下，比如说，如图 6.4*b* 所示，当需求曲线与平均成本曲线

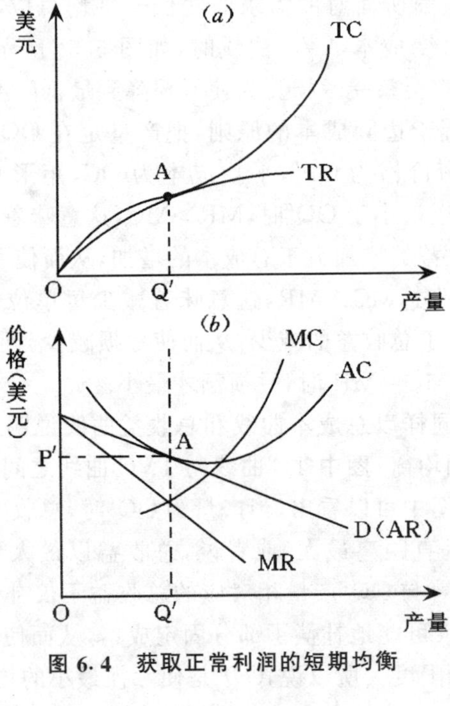


图 6.4　获取正常利润的短期均衡

相切时，垄断厂商根据边际收益与边际成本相等的原则，将把产量确定在Q′点，与此相对应的均衡价格为OP′，而这时的平均成本也为OP′。既然厂商的平均收益(价格)等于平均成本，厂商的总收益与总成本也就相等。这时，厂商处于收支相抵点，即厂商只能获得正常利润(它包含在平均成本中)，没有经济利润。

从图6.4*a*中可见，当产量为OQ′时，TR曲线与TC曲线相交，这时的边际收益等于边际成本，平均收益等于平均成本，总收益等于总成本。任何大于OQ′和小于OQ′(原点除外)的产量都会使厂商蒙受亏损。所以说，OQ′是使利润最大化的产量。

### 三、亏损状态下的短期均衡

当垄断厂商所面对的需求曲线低于平均总成本ATC曲线、但高于平均可变成本AVC曲线时，如图6.5*b*所示，在任何产量水平上，厂商都会蒙受亏损。为使亏损降到最低限度，厂商仍将根据边际收益等于边际成本的原则，把产量定在OQ″水平上，与此相对应的均衡价格为OP″，平均成本为OC，矩形CBAP″为亏损额。显然，当产量小于OQ″时，MR＞MC，这意味着每增加一单位销售量使总收益的增加大于总成本的增加，从而使亏损减少；而当产量大于OQ″时，MC＞MR，这意味着减少每单位销售量可使总成本的减少大于总收益的减少，从而使亏损减少。所以，只有当产量为OQ″，即MC＝MR时，亏损额才最小。

图6.5*a*同样以总成本曲线和总收益曲线说明了厂商在亏损状态下的短期均衡。图中TC曲线与TVC曲线之间的距离即为总固定成本。从图中可以看出，当产量为OQ″时，总收益曲线与TVC曲线之间的垂直距离最大，或者说，总收益以最大可能的量超过TVC，这意味着与OQ″产量相对应的总收益不仅补偿了全部可变成本，而且最大可能地补偿了部分固定成本，从而使固定成本的损失减少到最低限度。所以说，OQ″是使亏损最小的均衡产量。

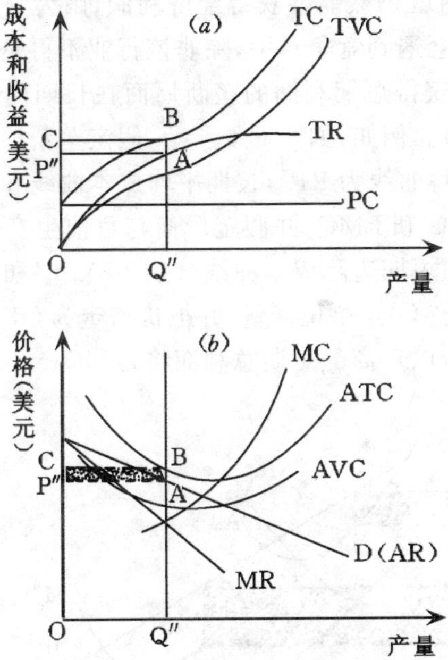


**图 6.5　亏损状态下的短期均衡**

## 第三节　垄断厂商的长期均衡价格和产量

现在,我们分别以上一节所论述的垄断厂商短期均衡的三种情况为出发点,进一步分析在长期内垄断厂商的均衡价格和均衡产量的决定。

### 一、短期内存在经济利润时的情况

与完全竞争的长期均衡不同,垄断行业的长期均衡并不一定以经济利润的消失为标志。如果垄断厂商在短期内能获得经济利润,只要需求状况不发生变化(具体说,只要需求曲线不向左移动)，它在长期内就仍然能够获得经济利润，因为它无论在短期还是在长期，都不会遇到竞争对手，除非该行业不再是垄断行业了。

不仅如此，获得短期利润的垄断厂商在长期内还将作出争取更大利润的努力。例如，如图 6.6 所示，假定垄断厂商的需求曲线为 DD′，边际收益曲线为 RR′，长期平均成本曲线和长期边际成本曲线分别为 LAC 和 LMC，并假定厂商与目前生产规模相对应的短期平均成本和短期边际成本曲线分别为 $A_0A_0'$ 和 $M_0M_0'$。在短期内，厂商将生产 $OQ_0$ 单位产量，并把价格定为 $OP_0$。由于短期平均成本为 OB，所以厂商的短期总利润将是 $OQ_0 \times (OP_0 - OB)$。

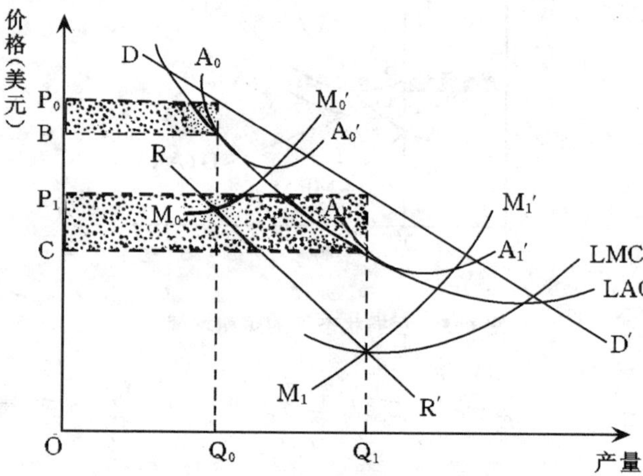


**图 6.6　垄断厂商的长期均衡**

然而，在长期内，厂商可以调整其生产规模以获得大于 $OQ_0 \times (OP_0 - OB)$ 的利润。显然，当垄断厂商选择长期边际成本等于长期边际收益的产量水平时，它将获得长期最大利润。如图 6.6 所示，当产量为 $OQ_1$ 时，厂商的长期边际成本曲线 LMC 与边际收益曲线 RR′相交，与此相应的长期平均成本为 OC，价格为 $OP_1$，短期平均成本和边际成本曲线分别为 $A_1A_1'$ 和 $M_1M_1'$，这时的总利润

将是 $OQ_1 \times (OP_1 - OC)$，这是垄断厂商在长期内所能获得的最大利润。

从以上分析我们得出垄断厂商长期均衡的条件是：

$$MR = SMC = LMC \tag{6.1}$$

这就是说，只有当垄断厂商的长期边际成本 LMC 与短期边际成本 SMC 同时等于边际收益 MR 时，垄断厂商的长期均衡才能达到，而在这一条件得到满足时，短期平均成本 SAC 必定等于长期平均成本 LAC。因为如前所述(见第四章第七节)，与短期边际成本曲线和长期边际成本曲线的交点相对应的长期平均成本曲线上的点，同时就是相应的短期平均成本曲线与长期平均成本曲线的切点。

### 二、短期内只获得正常利润时的情况

如果垄断厂商在短期内只能获得正常利润，在长期内，它可能通过调整生产规模以获取经济利润，也可能会继续处在收支相抵点(尽管其生产规模可以相应地扩大)。究竟是哪一种结果，这要取决于它所面对的需求曲线的位置和形状。

### 三、短期亏损时的情况

如果垄断厂商在短期内蒙受亏损，那么，在长期内，假如能够通过调整生产规模消除亏损或取得经济利润，它将继续留在这一行业并进行长期的调整；假如无论怎样调整其生产规模都不能避免亏损的话，它在长期内将离开该行业而把资源转移到其他有利可图的用途中去。

### 四、完全垄断行业价格与产量之间的关系

在完全竞争条件下，产品价格与产量或供给量之间存在着一一对应的关系，这种关系就反映在厂商和行业的供给曲线上。然

而，在完全垄断条件下，价格和产量之间却不存在这种一一对应的关系，或者确切地说，完全垄断厂商没有供给曲线。因为供给曲线所表示的是厂商或行业在每一价格下愿意而且能够提供出售的数量。这种价格和数量的一一对应的关系，在厂商不能控制价格(每个厂商都是价格的接受者)的完全竞争条件下是存在的，而在完全垄断条件下则是不存在的，因为垄断厂商的产量是与价格同时决定的。

例如，在图 6.7 中，当需求曲线为 $D_1$ 时，价格为 $OP_1$，产量为 $OQ_1$。当需求增加到 $D_2$ 时，新的边际收益曲线 $MR_2$ 与 MC 曲线在原来的产量水平上相交，这样，当价格变为 $OP_2$ 时，产量仍保持在 $OQ_1$ 水平上。

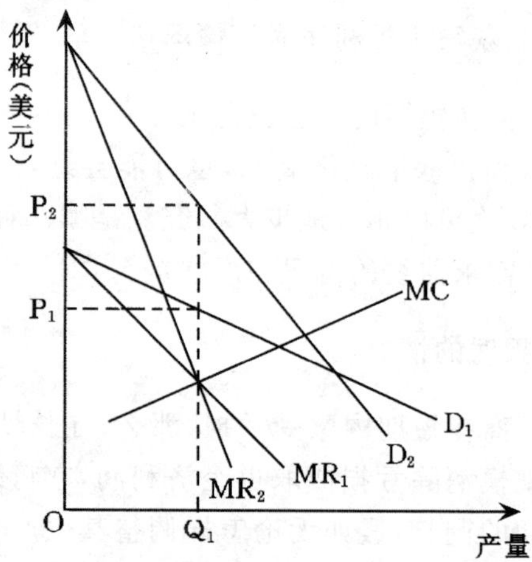


**图 6.7　不同价格下的同一产量**

正是由于在垄断条件下，价格和产量是同时决定的，所以在需求曲线发生变动时，同一价格水平下可能会产生一系列不同的产量，同样地，同一产量水平也可能会导致不同的价格，垄断厂商不存在价格与数量一一对应的供给曲线。

## 第四节　价格歧视

以上的分析是假定垄断厂商根据市场需求状况和自身的成本状况确定其均衡产量和均衡价格,这种价格对所有消费者来说都是一样的。然而,在实际生活中,垄断厂商往往在同一时期对同一种商品向不同的购买者或购买不同数量的同一消费者索取两种或两种以上的价格,这就是所谓的价格歧视(或称为价格差别)。即使商品不完全相同(如包装、商标、标签、服务态度等方面存在着差别),如果其价格差别不反映成本差别时,也称为价格歧视[①]。

### 一、实行价格歧视的前提条件

垄断厂商之所以能够对同一种商品收取不同的价格,这要以下述两个条件为前提:

第一,垄断厂商必须能够把消费者分割成两个或更多的可鉴别的阶层或集团,并能够有效地(无需花费很大代价)阻止商品在这些阶层或集团之间的倒卖。否则,有人可能会通过从低价阶层购得商品再卖给高价阶层而获利,从而使不同阶层之间的价格差别难以维持。一般地说,那些当即就被消费的物品,或者是生产过程与消费过程同一的物品——这是劳务的共同特点——是不能被倒卖的。例如,虽然一个穷人只用100美元便可支付切除某种肿瘤的手术费,而一个富人则必须为同一种手术支付500美元,但是,这个穷人不可能用100美元购买了这种手术,然后以500美元(或低于500美元但高于100美元)的价格再把它卖给需要这种手术的

① 从广义的角度说,任何面对倾斜的需求曲线的不完全竞争者,如寡头垄断和垄断竞争者,都有可能实行价格歧视。所以,本节的分析对它们来说,在不同程度上也是适用的。

富人。相比之下，像汽车、家用电器和服装等制造品，则可以被一个人购买后，再转卖给其他人。所以，在制造品的销售中，通常不能实行价格歧视，除非存在着国与国之间的关税壁垒和地区之间的贸易封锁。

第二，要使价格歧视不仅是可能，而且是有利可图的，被分割开的同一商品（或相似商品）在不同市场上的需求价格弹性就必须是不同的。只有在这种情况下，垄断者根据不同的需求价格弹性对同一商品索取不同的价格，才能获得比价格相同时更多的利润。一般地说，在需求价格弹性较高的市场上索取较低的价格，而在需求价格弹性较低的市场上索取较高的价格，可以使销售者获得更大的收益。

具有不同需求价格弹性的市场的价格，可根据下列公式（它是第三章中的公式（3.11b）的转换形式）来确定：

$$P=MR\left(\frac{Ed}{Ed-1}\right) \tag{6.2}$$

因为利润最大化的原则是 MR=MC，所以，公式（6.2）也可写成下列形式：

$$P=MC\left(\frac{Ed}{Ed-1}\right) \tag{6.3}$$

假定 A 市场的需求价格弹性为 2，B 市场的需求价格弹性为 1.5，MC=2 美元，则：

$$P_A=2\left(\frac{2}{2-1}\right)=4\text{（美元）}$$

$$P_B=2\left(\frac{1.5}{1.5-1}\right)=6\text{（美元）}$$

## 二、价格歧视的程度

根据程度的不同，价格歧视分为以下 3 种形式。

1. 一度价格歧视

一度价格歧视也称为完全的价格歧视，它是指垄断厂商根据每个消费者愿意为每单位商品付出的最高价格而为每单位商品制定的不同销售价格。

假定由于某种原因，每个消费者只在垄断厂商那里购买一单位产品，而垄断厂商确切地知道消费者愿意为这一单位产品所支付的最高价格，那么，垄断厂商将向每个消费者索取非常高的价格，以致使消费者处于拒购的边缘。如果所有的消费者的偏好都不同，则垄断厂商向每个人索取的价格也就各不相同，最低价格将取决于成本。

当消费者的购买量超过一单位时，他们希望以较低的价格购买更多的单位，这时垄断者必须调整其销售单位的数量。例如，假定一个消费者能够选择他要购买的单位数量，如果每单位价格为1美元，他将购买10单位。这就是说，10个单位的边际效用是1美元，而10单位的总效用显然要高得多。假定10单位商品对该消费者来说，其总效用相当于40美元，那么，垄断厂商将采取要么全买、要么一个不卖的销售方法，以10单位产品作为一个销售单位，并索取40美元的价格。显然，实行一度价格歧视的垄断厂商实际上是把消费者的需求曲线当作了自己的边际收益曲线，从而将全部消费者剩余攫为已有。

一度价格歧视是一种很少见的情况。实际上，仅仅在垄断厂商的产品只有少数买者，而垄断厂商又能机警地估计出每个买者愿付的最高价格(即垄断者确切地了解每个消费者对其产品的需求曲线)时，一度价格歧视才会发生。

2. 二度价格歧视

它是指垄断厂商根据不同的购买量或消费量而确定的不同价格。二度价格歧视仅适用于那些易于度量和记录的劳务如煤气、水、电和电话通讯等的出售。例如，假定一个煤气公司的每个消费者的需求曲线如图 6.8 所示，如果消费者每月对煤气的消费量低于 OX 单位，公司将向消费者收取 $OP_0$ 的高价；如果消费者的月消费量高于 OX 单位为 OY 单位，公司将对高出的部分收取中等的价格 $OP_1$；如果消费者的月消费量高于 OY 单位，则公司将对高于 OY 的部分收取较低的价格 $OP_2$。这样，该公司从单个消费者那里得到的总收益为图 6.7 中的阴影部分。

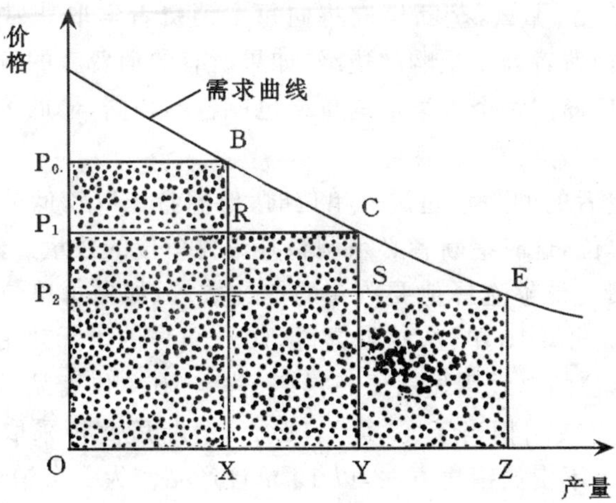


图 6.8　二度价格歧视

可见，在实行二度价格歧视的情况下，垄断者只攫取了部分消费者剩余（即图 6.8 中由 $P_0BRCSP_2$ 所表示的阴影部分），而由图 6.8 中三个三角形所表示的消费者剩余则仍保留在消费者那里。

如果该公司只被允许索取一种价格，并被规定其销售量为 OZ，则价格只能是 $OP_2$。按照这种单一价格，该公司的总收益会大大低于实行价格歧视时的总收益。

3. 三度价格歧视①

这里指垄断厂商将其顾客划分为两种或两种以上的类别或阶

① 参见附录 I［14］。

层，对每一阶层收取不同的价格。这每个阶层就是一个单独的市场。

假定一个实行三度价格歧视的垄断厂商把它的顾客分为两个阶层，我们首先考察垄断厂商的总产量是如何确定的。

如前所述，垄断厂商在确定其产量时，既要考虑自己的成本状况，又要考虑到市场需求状况，只不过在这里所讨论的特殊情况下，它要考虑到两个阶层或两个市场的不同需求。另一方面，垄断厂商同样要根据边际收益等于边际成本这一利润最大化的一般原则来确定其均衡产量，只不过在这里所讨论的特殊情况下，其边际收益等于每个阶层的边际收益的共同值。

以图 6.9 为例，垄断厂商的边际成本曲线为 MM′，其中第一阶层和第二阶层的需求曲线分别为 $D_1D'_1$ 和 $D_2D'_2$，其边际收益曲

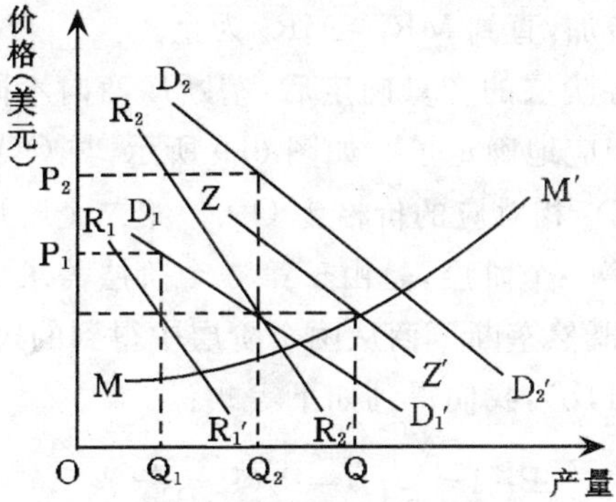


**图 6.9　三度价格歧视**

线分别为 $R_1R'_1$ 和 $R_2R'_2$，这两条边际收益曲线的水平加总即为 ZZ′ 曲线，它表示当每个阶层的边际收益相等时，与之相对应的总产量，或者说，它表示的是当一既定的总产量分配于每个阶层时，在各个阶层所增加的最后一单位销售量所带来的相同的边际收益。显然，ZZ′ 曲线与 MM′ 曲线相交时的产量 OQ 为最佳产量，因为这时的边际成本等于对各阶层来说都相同的边际收益即 CMR

(CMR 表示在不同的阶层增加最后一单位销售量所带来的相同的边际收益)。

接下来我们进一步分析垄断厂商如何将上述既定的总产量分配于两个不同的阶层以获得最大收益或利润。一般地说,垄断厂商将根据等边际原则来分配其总产量。具体地说,实现最佳的产量配置的条件是,从每个阶层得到的边际收益都相等,即

$$MR_1 = MR_2 = CMR = MC \tag{6.4}$$

如图 6.9 所示,根据上述原则,垄断厂商分配给第一个阶层的产量为 $OQ_1$,分配给第二个阶层的产量为 $OQ_2$。假如在两个阶层中销售的产量的边际收益不相等,如 $MR_1 = 5$ 美元,$MR_2 = 4$ 美元,这意味着产量的分配不是最佳的。在这种场合,在第一阶层中增加一单位销售量,而在第二阶层中相应地减少一单位销售量,无疑会使总利润增加,直到 $MR_1 = MR_2$ 为止。

当分配给各阶层的产量确定后,垄断厂商向不同阶层索取的不同价格也就相应地确定了。如图 6.9 所示,与 $OQ_1$ 相对应的价格为 $OP_1$,与 $OQ_2$ 相对应的价格为 $OP_2$。第二个阶层所支付的价格之所以高于第一个阶层,是由于第二个阶层需求的价格弹性小于第一个阶层。既然垄断厂商从两个阶层中得到的边际收益相同,则根据公式(3.11b),我们得到如下等式:

$$P_1\left(1-\frac{1}{Ed_1}\right) = P_2\left(1-\frac{1}{Ed_2}\right)$$

假定 $Ed_1 = 2$,$Ed_2 = 1.5$,则:

$$P_1\left(1-\frac{1}{2}\right) = P_2\left(1-\frac{1}{1.5}\right)$$

$$P_1 = \frac{2}{3}P_2$$

这就是说,在上述假定条件下,垄断厂商向第二个阶层索取的价格 $P_2$ 相当于第一个阶层的价格 $P_1$ 的 1.5 倍。

### 三、价格歧视与行业生存

在经济学语言中，价格歧视是一个中性词，它本身不含有任何贬义。虽然经济学家们通常从社会的角度把价格歧视看作是一种缺乏效率的商品经济方法，不过应该承认，在有些时候，某些商品和劳务只有在实行价格歧视的条件下才能实现。

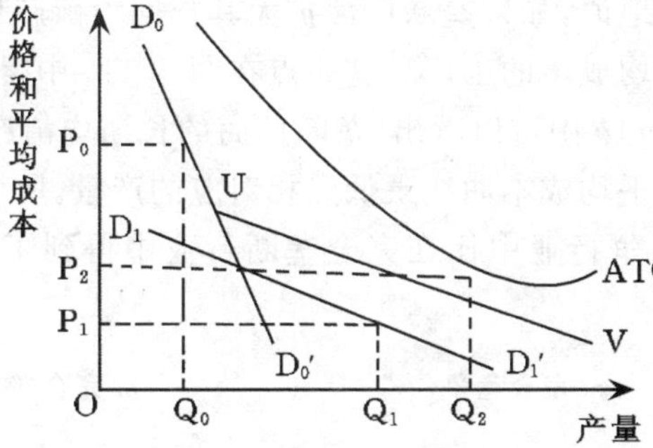


图 6.10　行业生存所必要的价格歧视

以图 6.10 为例，这里有两种类型的消费者，其需求曲线分别为 $D_0D'_0$ 和 $D_1D'_1$。将这两条曲线加在一起，我们可以看到，对该商品的总需求为 $D_0UV$。从图 6.10 中可以看出，如果不实行价格歧视，就不会存在任何使价格高于或等于平均总成本 ATC 的产量。然而，在实行价格歧视的情况下，厂商则可能以 $OP_0$ 的价格向一种类型的消费者销售 $OQ_0$ 单位产量，同时以 $OP_1$ 的价格向第二种类型的消费者销售 $OQ_1$ 单位产量，而由总产量（等于 $OQ_2$）产生的平均价格 $OP_2$ 则大于平均总成本。

## 第五节　完全垄断与完全竞争的比较

至此，我们分别考察了完全竞争和完全垄断的市场结构，在这一节中，我们要对这两种市场条件下的长期均衡加以比较。

## 一、两种市场条件下的资源利用

在完全竞争条件下，每个厂商都在长期平均成本最低点上（它同时也是短期平均成本的最低点）经营，如图 6.11*a* 所示。而在完全垄断条件下，虽然厂商所用的工厂是以最低平均成本生产其长期均衡产量的，但这并不是以可能最低的平均成本进行生产的那种工厂。一般地说，如果垄断厂商扩大其长期均衡产量，它可以利用具有更低平均成本的工厂。这一点在图 6.11*b* 中得到了清楚的说明。从图 6.11*b* 中可以看出，垄断厂商的长期均衡产量为 $OQ_m$，它低于与长期平均成本曲线最低点相对应的产量。所以说，社会的资源在完全竞争行业中比在完全垄断行业中得到了更有效的利用。

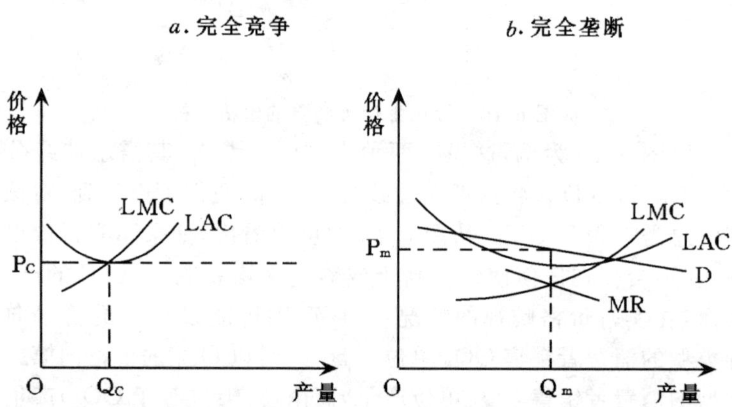


图 6.11　长期均衡中的资源利用

## 二、价格和产量

要比较完全竞争与完全垄断条件下的价格和产量，我们假定某行业最初是一个成本不变的完全竞争行业，如图 6.12 所示，该行业的需求曲线和长期供给曲线分别为D和LS，这样竞争的结果是价格为$OP_C$，产量为$OQ_C$，与行业需求曲线相联系的边际收益曲线为MR。但在完全竞争条件下，既然每个厂商都只盯住它自己的边际收益曲线，所以，MR在产量决定中不起作用。在完全竞争条件下，如前所述，单个厂商所面对的是一条与市场决定的价格相一致的水平的边际收益曲线。

现在假定该行业变成了一个垄断行业，并假定垄断厂商能够以和那些单个竞争性厂商相同的成本操作各自分离的工厂，这样，原来的竞争性供给曲线就成了垄断者的平均成本曲线，因为它是水平的，所以，它同时也是垄断者的边际成本曲线。显然，垄断厂商将根据MC=MR的原则把产量缩减到$OQ_M$水平上，并相应地索取$OP_M$的价格，从而获得$P_CP_MBA$的垄断利润或经济利润。由此可见，在需求和成本条件都相同的情况下，与完全竞争行业相比，垄断行业的价格要高些，而产量则要低些。在以上所假定的特殊条件下，垄断产量恰好是竞争产量的$\frac{1}{2}$，这是因为假定的边际成本曲线是一条水平线，而边际收益曲线将平分任意一条从价格轴到需求曲线之间的水平线。一般来说，根据成本曲线的不同形状，垄断产量与竞争产量的比率可能大于$\frac{1}{2}$，也可能小于$\frac{1}{2}$，但总是小于1，而价格比率则总是大于1。

### 三、垄断和收入分配

如果一个竞争性行业变成一个垄断行业，在社会成员中，实际收入的分配将发生变化。在这种情况下，垄断者赚了，因为它所得到的经济利润超过了不存在垄断力量时其投资所能获得的收益，从而代表了垄断者收入的增加；而消费者亏了，因为较高的价格降低了消费者的实际购买力或实际收入。

但是，能否因为垄断对收入分配的影响而说它不好呢？当消费者支付高于成本的价格时，他们是受到损害了，但是，价格高于成本的余额成了垄断者的利润，一个阶层的所失，正是另一个阶层的所得。经济学家不想把这一结果说成是不好的，因为这样做意味着作出这样的价值判断，即一个阶层（消费者）的福利比另一个阶层（垄断者）的福利更重要。这并不是说我们中的每个人都不能对这种收入分配的好坏作出判断，而只是说经济学作为一门科学，不能证明一种收入分配比另一种好。

此外，垄断者可能是有钱的大公司的所有者，也可能是某些穷苦农民或渔民的销售代理人；反过来说，消费者可能是一些穷人，也可能是一些富人。所以，垄断所造成的收入再分配，可能是将穷人的收入转给富人，也可能是在将富人的收入转给穷人。在不同的场合，大多数人会对垄断的影响作出不同的价值判断。

**四、消费者剩余的净损失**

从图 6.12 中可以看出，当竞争价格 $OP_C$ 变为垄断价格 $OP_M$ 时，消费者剩余的损失为 $P_MBCP_C$。但从社会全体成员的角度看，

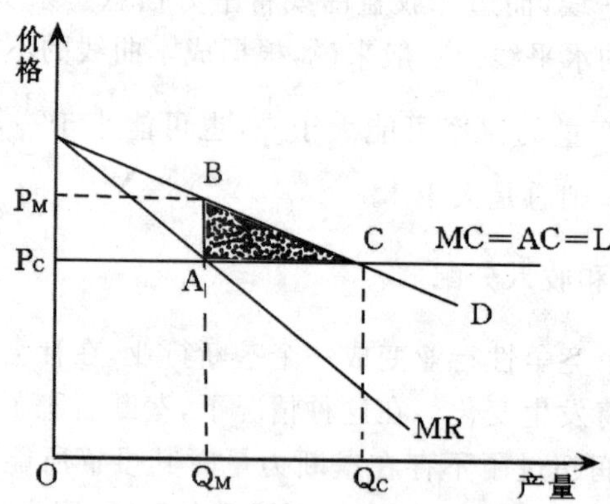


图 6.12　完全竞争与完全垄断的比较：价格和产量

$P_MBCP_C$ 还不都是福利损失，因为其中的一部分即 $P_MBAP_C$ 作为

利润被垄断者获得了。当然，消费者所损失的大于垄断者所得到的，二者的差额即三角形 ABC 的面积，就是消费者剩余的净损失，或者叫做由垄断所造成的福利损失，经济学有时也称之为福利三角形。

从另一个角度看，由于垄断使商品 X 的产量由 $OQ_C$ 减少到 $OQ_M$，这就释放出一部分资源，其价值为 $ACQ_CQ_M$，若将这部分资源用于其他竞争性行业，所增加的其他产品量对消费者来说，价值亦为 $ACQ_CQ_M$（因为在完全竞争条件下，P＝MC）。然而，消费者损失的商品 X 的量即 $Q_CQ_M$ 对消费者来说，价值为 $BCQ_CQ_M$，所以，三角形 ABC 为福利损失。再换一个角度说，由完全竞争而增加的产量的价值对社会来说为 $BCQ_CQ_M$，而由此增加的成本对社会来说等于 $ACQ_CQ_M$，所以，由于垄断条件下产量的减少而造成的净损失为 ABC。

我们还可以用边际分析的方法得出与上述相同的结论。因为在各种情况下，价格都是商品的边际社会价值的恰当标志，而在垄断产量 $OQ_M$ 水平上，由于价格 $OP_M$ 大于 MC，这就意味着增加一单位产量的边际社会价值大于边际社会成本。随着产量的扩大，二者之间的差额会越来越小，直到产量为竞争产量即 $OQ_C$ 时为止，这时的价格 $OP_C$ 等于 MC，商品的边际社会价值等于边际社会成本。当产量由 $OQ_M$ 变为 $OQ_C$ 时，与之相联系的边际社会价值超过边际社会成本的总额为三角形 ABC 的面积。所以说，三角形 ABC 是由垄断所造成的一种净损失，或者是由于完全竞争所带来的一种净收益。

### 五、合并的福利效应：福利三角的应用

应用上述消费者剩余的净损失或净福利损失的概念，我们可以判断厂商之间的某些合并所产生的配置效应。

假定某两家（或两家以上）厂商合并前的成本为图 6.13 中的

$AC_1$，价格为 $OP_1$，由于合并后获得一定垄断力量，从而能使价格提高到 $OP_2$，由此造成的净福利损失为 ΔABC。另一方面，由于合并产生了大规模经济的效果，从而使成本由 $AC_1$ 降低为 $AC_2$。如果单纯地从福利的角度来判断这种合并，应该说既有所失，也有所得。一般而言，只要成本的节约大于净福利损失，合并就会产生一定的净社会效益，若情况相反，则会产生净社会损失。而在图 6.13 所描绘的例子中，成本的节约(它等于 $(AC_1-AC_2)\times OQ_2$)显然大于净福利损失 ABC。所以，从福利方面看，这一合并是正当的。

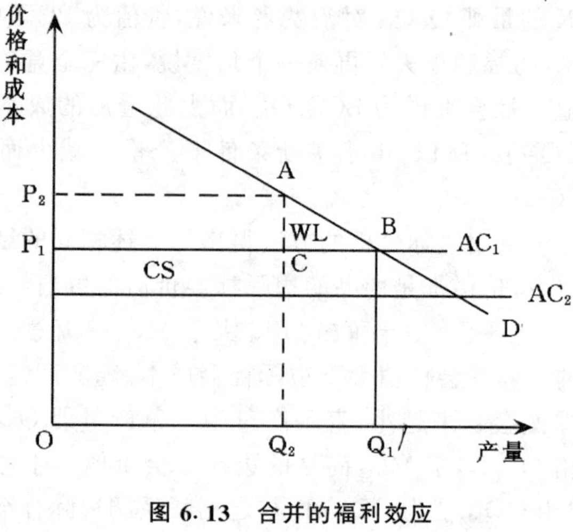


**图 6.13　合并的福利效应**

## 第六节　对垄断的公共管制

对垄断的公共管制主要是指公用事业委员会对自然垄断的行业如煤气、电力和电报电话等公用事业的价格和产量所进行的限制，它通常有以下两种形式。

## 一、边际成本定价

假定一个垄断厂商的需求曲线、边际收益曲线、平均成本曲线和边际成本曲线如图 6.14 所示，在没有实行管制的情况下，该厂商将生产 $OQ_0$ 单位产量，并索取 $OP_0$ 的价格。现在，管制委员会按照边际成本定价的原则，为该厂商规定了一个最高价格即 $OP_1$。这样，厂商所面对的需求曲线就变成了 $P_1BD'$，边际收益曲线变成了 $P_1BCR'$，厂商的最佳产量则变为 $OQ_1$。通过这一管制手段，委员会剥夺了垄断厂商的某些垄断权力，使价格和产量更接近于完全竞争的水平。

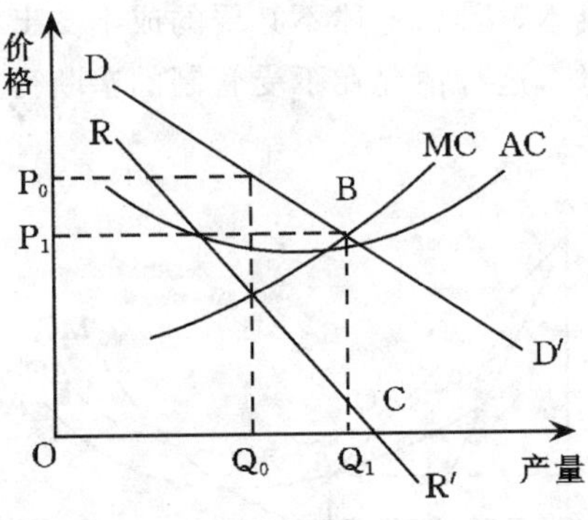


图 6.14 对垄断的公共管制：边际成本定价

## 二、平均成本定价

但是，当垄断厂商所面对的需求曲线与其平均成本曲线下降的部分相交时（如图 6.15 所示），如果把价格定在与 MC 相等的 $OP_2$ 水平上，垄断厂商将不能补偿其全部成本。在这种情况下，要使厂商提供 $OQ_2$ 单位产量，就必须给它相应的补贴，否则，它就会退出该行业。但对成本的补偿和财政补贴，一般会使上述手段失去实际意义。所以，委员会通常采用的是平均成本定价方法，即把最高价格定在与平均成本相等的水平上,如图 6.15 中的 $OP_1$。这样,垄断厂商的最佳产量将为 $OQ_1$,它虽然小于 $OQ_2$,但却大于未受管制的垄断产量 $OQ_M$,其价格虽然高于 $OP_2$,但也低于未受管制的垄断价格,而垄断利润则消失了。

然而,上述方法存在着一个严重的问题,就是垄断者几乎没有降低成本的动机。相反,因为当成本上升时,管制委员会允许一个较高的价格,以便使垄断厂商仍然能获得正常的收益,所以,经理们总会产生虚报账目的动机,他们往往向他们自己和朋友们支付高于必要水平的工资,从而增加许多不必要的成本支出,这就会使图 6.15 中的成本曲线上升为 AC′。既然管制委员会允许价格提高以补偿较高的成本,所以,上述不必要的成本支出将不会减少厂商的正常利润。显然,这种情况在不受管制的垄断行业中是不会存在的。

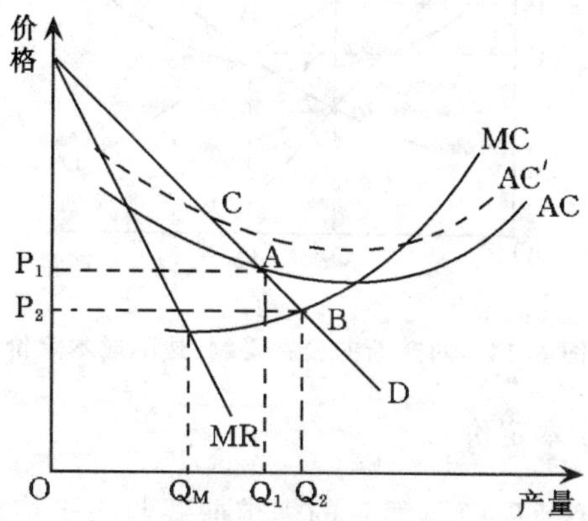


**图 6.15　对垄断的公共管制:平均成本定价**

### 三、对价格歧视的管制

除了上述价格管制形式外,委员会还对公用事业中所实行的价格歧视的范围加以控制。在煤气、电力等公司的收费结构中,存在着复杂的价格歧视制度。尽管某些类型的价格歧视是被禁止的，但那些被认为是“合理的”价格歧视却可以实行。例如，当一个公司遇到强有力的竞争时，它可能获准对某种劳务收取较低的费用。

## 四、对非自然垄断的管制

对航空、铁路、公路运输和出租汽车等行业的公共管制被认为是对非自然垄断行业的公共管制。微观经济学认为，在这些行业实行公共管制的结果会使成本和价格提高，保护现有厂商而排斥新的竞争者，因此，应该取消对这些行业的公共管制。事实上，美国现在已经取消了对空中运输、公路运输等行业的管制。

### 复习思考题

1. 解释下列概念：完全垄断、自然垄断、价格歧视及其形式、消费者剩余的净损失（或福利三角）、合并的福利效应、边际成本定价、平均成本定价。

2. 用总收益曲线和总成本曲线说明垄断者的最大利润产量，这些曲线是否与完全竞争厂商的曲线形状相同，哪些相同，哪些不同，为什么？

3. 为什么完全竞争的厂商和行业都有供给曲线，而垄断厂商没有供给曲线？这是否贬低了供求分析的作用和意义？

4. 如果一个垄断厂商的总成本函数和需求曲线如下表所示，它应收取什么样的价格？

| 价格（美元） | 产量（单位） | 总成本（美元） |
|---|---|---|
| 8 | 5 | 20 |
| 7 | 6 | 21 |
| 6 | 7 | 22 |
| 5 | 8 | 23 |
| 4 | 9 | 24 |
| 3 | 10 | 30 |

5. 某图书出版公司是在两个市场上进行销售的垄断厂商，它在第一个市场上的边际收益曲线为 $MR_1=20-2Q_1$，在第二个市场上的边际收益曲线为 $MR_2=15-3Q_2$，其中 $MR_1$ 和 $MR_2$ 分别为两个市场上的边际收益，$Q_1$ 和 $Q_2$ 分别为两个市场上的日销售量。如果一本书的边际成本为 6 美元，该公司应在两个市场上各销售多少本书？

6. 作者通常按书价的固定百分比得到版权费，鉴于这一点，经济学家认为，作者总是希望书价定得低于使出版商利润最大化时的价格，试说明这一观点的正确性。

7. 如果你是一家未受管制的垄断厂的所有者，经过多次的实验和研究，你发现你的厂的边际成本曲线是可用 $MC=60+2Q$ 来表示的一条直线，其中 MC 为边际成本(美元)，Q 为产量。此外，你的产品的需求曲线为 $P=100-Q$，其中 P 为产品价格。要使利润最大化，你应选择什么样的产量水平？

8. 试从资源配置、价格、产量和福利等方面比较完全竞争与完全垄断条件下的长期均衡。

9. 在你生活的环境中，是否存在着价格歧视，如果有的话，试对其产生的条件、形式和作用加以分析。

# 第七章　垄断竞争条件下的价格和产量

以上两章，我们分别考察了市场结构中两种相反的极端形式，即完全竞争和完全垄断。在完全竞争和完全垄断之间，还存在着垄断竞争和寡头垄断两种市场结构，本章和下一章将分别提供这两种市场结构的模型。

## 第一节　垄断竞争的性质和特征

垄断竞争理论是由美国的经济学家张伯伦和英国的经济学家琼·罗宾逊在1933年同时但却是各自独立创立的。前者的著作为《垄断竞争理论》，后者的著作为《不完全竞争经济学》。这两部著作的出版，被萨缪尔逊称之为“垄断竞争的革命”，对微观经济学或价格理论的发展产生了重要影响。这两部书的作者虽然在概念的使用和叙述方法上不尽相同，但其基本观点是一致的。现代西方经济学中的垄断竞争理论一般都以张伯伦的著作为代表，但这两个作者被公认是上述价值论的共同创立者。

### 一、垄断竞争的性质和定义

正如这一用语本身所提示的，垄断竞争是既包含有垄断因素、又包含有竞争因素的市场结构。与完全竞争的市场相似，垄断竞争的市场含有大量的相互独立的卖者，这些卖者进入和退出该行业不受限制。然而，与完全竞争不同的是，垄断竞争厂商生产的是有差别的产品，这意味着消费者并不把一个厂商的产品与另一个厂商的产品等同看待。而当厂商生产的产品彼此之间既有差别，又仍然相似时，它们将具有一定程度的垄断力量。例如，布鲁克斯兄弟公司在其男式服装的销售方面具有一定的垄断力量，但麦希公司和金贝尔公司等其他厂商也出售大致相似的服装，这就削弱了布鲁克斯公司控制服装价格的垄断力量。一般地说，在垄断竞争市场上，每个厂商因其产品的差别都有一定的垄断力量，但又因为不同商标的同类商品都是相近的替代品，所以这种垄断力量通常是很小的。

## 二、产品差别和产品集团

产品差别是垄断竞争理论中的一个重要概念，它是指在消费者或买者心目中同类产品之间存在的差异。产品的差别可能是现实的，也可能是想象中的。这种差别既可能产生于产品的品质、性能、设计、颜色、式样和包装的不同，也可能产生于专利、商标牌子和商店名称的不同，还可能产生于销售地点、工作效率、经营方式、公平交易的信誉、服务态度以及信贷条件和交货的及时可靠性的不同。此外，广告宣传也可能使消费者对基本相同的产品产生主观感受上的差别。

产品差别是导致垄断与竞争相结合的一个重要根源。既然垄断竞争市场中每个厂商提供的产品和其他厂商的产品之间都存在着一定的差别，因而，每个厂商都具有一定的垄断力量。这种垄断力量的大小，取决于产品差别的程度：产品差别越大，垄断力量就越强，反之则越弱。但是，另一方面，由于垄断竞争市场上的厂商数目很多，新厂商的进入也比较容易，有差别的产品之间可以互相替代，因此，厂商之间还存在着比较激烈的竞争。每个厂商都是在同其他厂商的竞争中销售其产品，没有一个厂商能控制整个市场，每个卖者都既是垄断者，同时又是竞争者。

在完全竞争条件下，由于产品是同质的，生产同质产品的所有厂商就构成一个行业。而在垄断竞争条件下，由于各个厂商的产品之间都存在着差别，所以，要定义一个行业就不那么容易了。有鉴于此，张伯伦提出了产品集团这一概念，认为可以把那些生产同类的近似产品的厂商归入一个产品集团，如男式服装集团、汽车集团、香烟集团等①。

## 三、垄断竞争模型的假定条件

在张伯伦的理论中，垄断竞争模型是以下列条件为假定前提的：(1)大量的厂商生产具有一定差别的产品，这些产品都是相近的替代品，厂商的进入不受限制；(2)同一产品集团内厂商的数量如此之多，以至于每个厂商都预期它自身的行动不为其竞争对手所注意；(3)同一产品集团内所有厂商的成本曲线和需求曲线都是相同的。显然，这最后一项假定，具有很强的限制性，因为当产品具有差别时，人们通常会预料其需求曲线和成本曲线也不尽相同。

零售商业作为具有诸多垄断竞争特点的行业经常被引证。例如，一些经济学家认为，加油站、服装店和药店是相当接近于张伯伦模型的。

## 四、垄断竞争厂商所面对的需求曲线

既然垄断厂商的产品存在着差别，这些产品彼此之间又是相近的替代品，所以，垄断厂商有两条互相交叉、斜率为负的需求曲线，这两条需求曲线是根据两种假设画出来的。

垄断竞争厂商的第一条需求曲线表示的是，在假定其他厂商维持其现行价格不变的情况下，如果它单独地改变自家产品的价

① 从某种意义上说，集团可以等同于行业。但一般来说，一个行业可以包含两个或更多的集团，如出版行业中可能包含着出版通俗小说的集团、出版高水平学术著作的集团等。

格，它将销售的产品数量。如图 7.1 所示，假定厂商目前的均衡点为 A 点，均衡价格为 OP，均衡产量为 OQ。在其他厂商维持其价格不变的情况下，如果该厂商降低其价格，它可以预料其销售量会有明显的增加，因为它将能够把买者从该集团内的其他厂商那里吸引过来（同时增加对原有顾客的销售量）。比如说，当价格由 OP 下降到 $OP_1$ 时，其销售量将由 OQ 增加到 $OQ_3$。如果该厂商提高价格而其他厂商保持价格不变，那么，它可以预料其销售量会大幅度下降，因为它将使自己的生意转移到该集团的其他厂商那儿去。这样，在假定每个厂商都预想其行动不为竞争对手所注意的情况下，每个厂商都确信其需求曲线是相当富有弹性的，这条需求曲线就是图 7.1 中的 dd′。

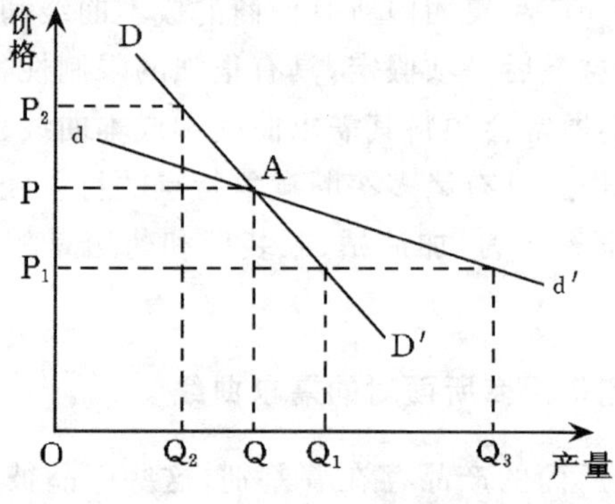


**图 7.1　垄断竞争条件下的两条需求曲线**

垄断竞争厂商所面对的另一条需求曲线所表示的是，在假定其他所有厂商都和该厂商一样按照相同的幅度提高或降低其价格的情况下，该厂商的销售量的变动与其价格变动之间的数量关系。这条需求曲线如图 7.1 中的 DD′所示。按照这一假定，如果该厂商把价格由 OP 降低到 $OP_1$，而其他厂商也采取同样的行动，则该厂商的销售量将是 $OQ_1$ 单位，而不是 $OQ_3$ 单位。同样地，当该厂商把价格提高到 $OP_2$ 而其他厂商也都这样做时，该厂商的销售量将

为 $OQ_2$ 单位。显然，第二条需求曲线 DD′的弹性要小于第一条需求曲线 dd′，这是因为如果其他厂商不降价，该厂商的降低将导致销售量以更大的幅度增加，而当其他厂商都不提价时，该厂商的提价将导致其销售量以更大的幅度减少。

如前所述，因为完全竞争的厂商所面临的是一条水平的需求曲线，所以，为实现利润最大化，完全竞争厂商只需把产量调整到边际成本等于价格时就行了，而垄断厂商则是根据 MR＝MC 的原则同时确定其垄断产量和垄断价格，以实现利润最大化。至于垄断竞争厂商，它们可以通过三种途径或三种办法改变其销售量，从而实现利润最大化。这三种方法是：(1)调整商品的价格(以改变其销售量)；(2)改变产品的特征和性质(如改变产品设计、颜色、型号、包装或换用不同的商标等)；(3)扩大广告和宣传支出。上述第一种方法称为价格竞争，后两种方法称为非价格竞争。下面，我们将从上述这三个方面考察垄断竞争的短期均衡和长期均衡。

## 第二节　垄断竞争条件下的均衡价格和均衡产量的决定

在这一节，我们暂时撇开产品的变异和销售费用的支出，来抽象地考察垄断竞争厂商在单纯的价格竞争中是如何达到其均衡状态的。另一方面，既然假定同一产品集团内所有厂商的需求曲线和成本曲线都是相同的，所以对集团内任一典型厂商的分析，对整个集团来说，都有普遍的适用性。

### 一、垄断竞争厂商的短期均衡

我们以图 7.2 为例，说明产品集团内每个厂商短期内的均衡价格和均衡产量是如何决定的。在分析的初始阶段，我们假定市场价格为 $OP_0$，厂商正在生产和销售 $OQ_0$ 单位产量。假定厂商相信它改变自己的价格不会遇到集团内其他厂商的竞争，从而它试图像一个垄断者那样采取行动，那么，相应的需求曲线就是dd′，边际收益曲线为RR′，而该厂商则决定生产$OQ_1$单位产量，因为正是在这一产量水平上，其边际成本曲线MM′与边际收益曲线RR′相交。与此同时，厂商索取的价格将由$OP_0$变为$OP_1$。

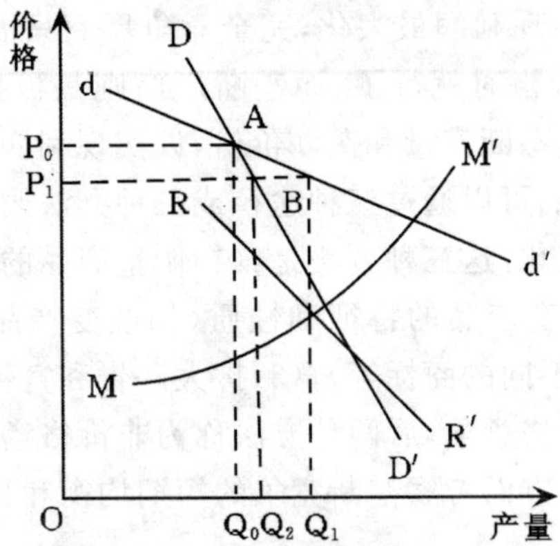


**图7.2　价格和产量的最初变化**

假如该厂商认为集团内其他厂商将保持其价格不变这一点是正确的话，那么，$OP_1$这一新的价格将会使它的利润大大增加。然而，既然同一集团内所有厂商都面对着相同的情况，从而同样会作出其他厂商都不会改变其价格的假定，所以它们都像该厂商一样行事，把价格都变为$OP_1$。这样，与之相应的需求曲线就不是dd′，而变成了DD′。这意味着在$OP_1$这一新价格下，每个厂商的销售量将不是$OQ_1$，而是$OQ_2$。

上述结果如图7.3所示。因为现在所有的厂商都索取$OP_1$的价格，所以，这时的dd′需求曲线已向下移动。显然，新的需求曲线dd′必须在B点（即价格为$OP_1$时）与DD′相交，因为新的dd′所表示的是：如果其他厂商的价格在$OP_1$而不是$OP_0$水平上保持不变，典型厂商在各种价格下将销售多少数量。这样，在与$OP_1$价格相对应的需求曲线dd′的B点上，所有厂商都在索取$OP_1$的价格，而典型厂商的销售量也必然是在DD′需求曲线上与$OP_1$价格相对应的B点所表示的位置上。

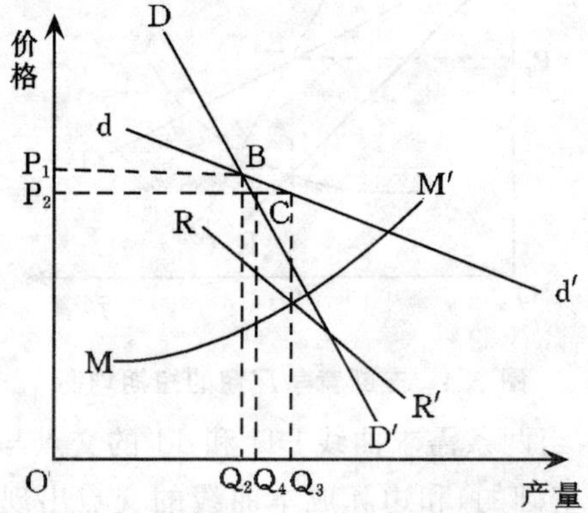


**图7.3　价格和产量初始变动后的情况**

在这种情况下，典型厂商会再一次像垄断者那样采取行动，并试图在新的dd′需求曲线的基础上使利润最大化。它把价格定在$OP_2$水平上，期望生产和销售$OQ_3$单位产量。既然这一价格变化对所有厂商来说都是有利可图的，所以，它们将采取同样的行动。其结果是DD′而不是新的dd′成为相关的需求曲线，每个厂商将生产$OQ_4$而不是$OQ_3$单位产量，而dd′需求曲线将再次向下移动，并在与新价格$OP_2$相对应的C点上和DD′需求曲线相交。

上述过程将一直持续到厂商再没有理由进一步改变其价格时为止。如图7.4所示，当价格为$OP_5$、相应的产量为$OQ_5$时，厂商就不再有继续变动其价格的动机了。因为与dd′需求曲线相联系的边际收益在价格为$OP_5$时，正好等于产量为$OQ_5$时的边际成本。所以，典型厂商认为把价格维持在$OP_5$水平上，可以实现利润最大化。$OP_5$和$OQ_5$分别为垄断竞争厂商的短期均衡价格和均衡产量。

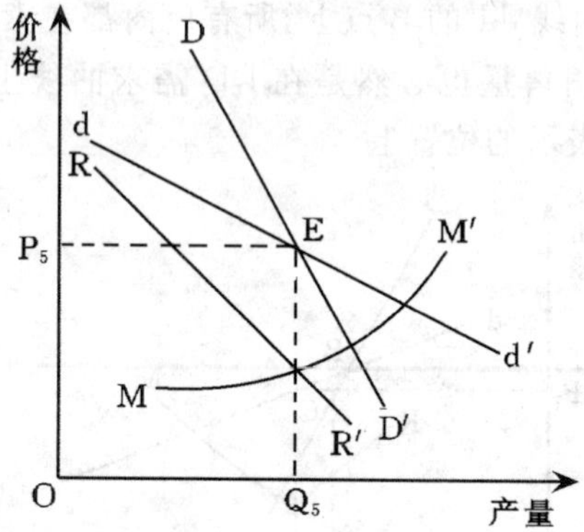


图 7.4　垄断竞争厂商的短期均衡

由此可见，当两条需求曲线 DD′和 dd′的交点与边际收益曲线（以 dd′曲线为基础的）和边际成本曲线的交点出现在同一产量水平上时，垄断竞争厂商就达到了短期均衡。

当然，和完全竞争与完全垄断一样，在短期均衡状态下，垄断竞争厂商可能获得经济利润，也可能只获得正常利润，还可能蒙受亏损，但只要两条需求曲线的交点位于平均可变成本曲线之上，该厂商在短期内就会继续生产。

## 二、垄断竞争厂商的长期均衡

与完全竞争情况一样，垄断竞争厂商在长期内可以改变其生产规模，也可以进入和退出一个行业或一个产品集团。下面，我们通过需求曲线 dd′和 DD′的变动来说明这一长期内的调整过程。

如图 7.5 所示，假定初始的 DD′需求曲线为 $D_1D_1{}'$，初始的 dd′需求曲线为 $d_1d_1{}'$，典型厂商正处于短期均衡状态，其均衡价格为 $OP_1$，均衡产量为 $OQ_1$。由于该厂商（及同一产品集团内的其他厂商）正在获得经济利润，这在长期内将吸引新厂商加入该集团。由于新厂商的进入使单个厂商所占的市场份额缩小，所以，典型厂商所面对的DD′需求曲线以及相应的dd′需求曲线向左移动。假定新的需求曲线 $D_2D_2'$ 与 $d_2d_2'$ 与长期平均成本曲线在 A 点相交，那么厂商就处于收支相抵点上。但是，因为在产量大于 $OQ_2$ 的一段范围内，$d_2d_2'$ 高于长期平均成本曲线，所以，每个厂商确信进一步扩大产量是有利可图的。

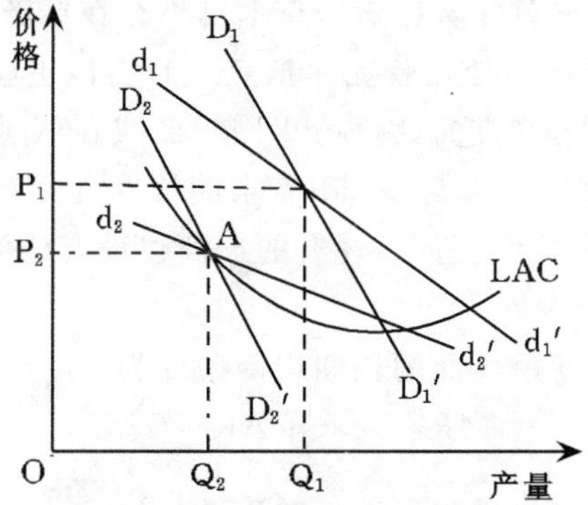


图 7.5 向长期均衡的运动

上述调整过程将一直持续到 dd′曲线与长期平均成本曲线相切、而DD′曲线在这一切点上与dd′曲线和长期平均成本曲线相交

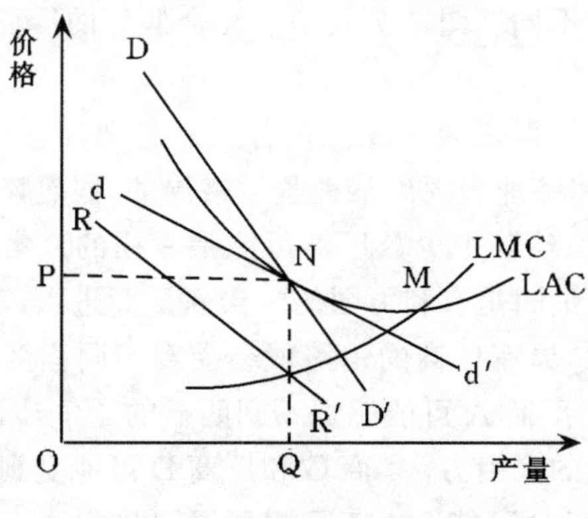


图 7.6 长期均衡

时为止，这时，垄断竞争厂商便达到了长期均衡。如图 7.6 所示，dd′曲线在 N 点与 LAC 曲线相切，而 DD′曲线在 N 点与 dd′相交，N 点即为垄断竞争厂商的长期均衡点，与该点相对应的长期均衡价格为 OP，长期均衡产量为 OQ。之所以说 N 点为垄断竞争厂商的长期均衡点，这一方面是因为 DD′需求曲线在 N 点与长期平均成本曲线相交，这意味着在这一点上已不存在经济利润，但也不存在亏损(就是说厂商处在收支相抵点上)，所以也就不存在进入或退出的动因了；另一方面，因为 dd′需求曲线在 N 点与长期平均成本曲线相切，除这一切点外，dd′需求曲线在任何产量水平上都低于长期平均成本曲线，所以，现有的厂商也没有任何改变价格和产量的动机了。

总之，垄断竞争厂商的长期均衡条件为：

$$MR = LMC;\ AR = LAC \tag{7.1}$$

### 三、需求的多样性和成本的多样性

现在取消需求一致性和成本一致性的假定。由于集团内的各个厂商具有不同的成本曲线和不同的需求曲线，其价格、产量和利润也就会各有不同。图 7.7 表示了 4 个假想的厂商 A、B、C、D 在这些方面的差别。

虽然各个厂商之间或许存在着上述差别，但一个集团作为整体，还是能够明确地表现出某种盈亏格局的。假定该集团从整体上说是盈利的(虽然其中少数厂商可能是亏损的)，集团外的厂商就会判定进入该集团是有利可图的。当新厂商进入该集团并向市场推出其产品时，原有厂商的销路就会受到不同程度的影响。从图 7.7 可以看出，厂商 A 可能感觉不到明显的竞争，因为其产品品牌对顾客有很强的吸引力。厂商 C 和厂商 D 可能受到新品牌的冲击最大，其中厂商 D 可能会由于亏损而退出该集团。当从总体上看该集团呈现出收支相抵的格局时，新厂商的进入也就停止了。

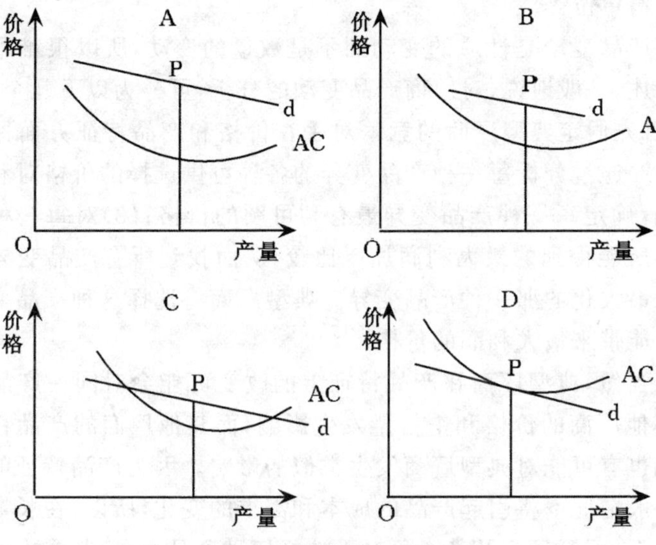


**图 7.7　产品集团内的差别**

## 第三节　非价格竞争和厂商均衡

垄断竞争厂商除了进行上述以价格为基础的竞争外，还通过改变产品的特征和销售费用来调整其产量，这种竞争通常被称为非价格竞争。

### 一、产品变异

张伯伦认为，厂商可以像变动价格一样改变其产品的特征，以此吸引更多的顾客，扩大其销售量，这就是所谓的质量竞争。产品的变异或变化包括：(1)产品本身品质上的改变，如技术性能、式样、型号、颜色的改变等；(2)包装和装潢改进；(3)服务质量的改进，如提高服务速度、改进服务态度、改变经营方式和销售地点以及销售单位等。

产品变动是性质的变动而不是数量的变动，所以很难用图形来描述。一般地说，对厂商产品变动的分析，可分为以下几个步骤：(1)首先假定典型厂商的竞争对手在价格和产品特征方面保持不变；(2)通过分析每一种产品变异的各种可供选择的价格对利润的影响，确定每一种产品变异最有利可图的价格；(3)对每一种产品变异所能得到的最大利润加以比较，从而找到所有产品变异中使利润最大化的那一种产品变异。典型厂商将选择这种产品变异并索取能带来最大利润的价格。

当然，典型厂商在产品特征上的改变可能会对同一产品集团内其他厂商的价格和销售量发生影响，而其他厂商的产品特征的变化也有可能对典型厂商发生类似的影响。因为产品特征的变化在一般情况下将引起产品的成本和需求的变化，所以，在长期均衡条件下，不管厂商及其竞争对手选择何种产品变异，其成本曲线及需求曲线(以及相应的边际收益曲线)必然和图 7.6 所表示的相同。这就是说，长期平均成本曲线、DD′需求曲线和 dd′需求曲线都将随着所选择的产品变异的不同而变化，但只有当 LAC 曲线与 dd′曲线相切、DD′曲线在这一切点上与 dd′曲线相交时，厂商才能达到长期均衡，这一点与前述价格竞争条件下的长期均衡是一致的。

垄断竞争是以产品的差异性为特征的。有些厂商可能要迎合市场中价格意识较强的那部分需求，所以，其产品的价格不高，但质量相对较低。其他的厂商可能要迎合市场中质量意识较强的那部分需求，所以，其产品的质量较高，其价格也相对比较昂贵。

## 二、销售费用

非价格竞争的另一种形式是改变销售费用。销售费用是用来增加产品需求的货币支出。销售费用除了广告费用(这是最主要的)外，还包括推销员的工资、对零售商陈列的商品样品所给予的补贴以及所有其他推销活动的成本等。销售费用不同于生产费用或生产成本，后者是指制造、运输某种产品并把该产品提供给具有既定欲望的消费者的成本，而前者则是指使消费者的欲望发生变化的成本。

1. 销售费用曲线

图 7.8 表示的是一条销售费用曲线 ASE。虽然从表面上看，它不过是与生产成本曲线相同的 U 型成本曲线，但销售费用曲线有其特殊的涵义，它表示的是为增加一定数量单位的某产品的销售所需支付的平均费用。例如，要销售 $OQ_1$ 单位产品，平均销售费用为 $OA_1$ 美元，要销售 $OQ_2$ 单位产品，平均销售费用为 $OA_2$ 美元。由于规模收益的变动，ASE 曲线最初是下降的，在达到某一最低点后，转而上升，这表明为扩大销售量不得不增加越来越高的平均销售费用。这条曲线上升到一定阶段后，很可能会变成垂直的，因为这时的销售量已达到了“饱和状态”。

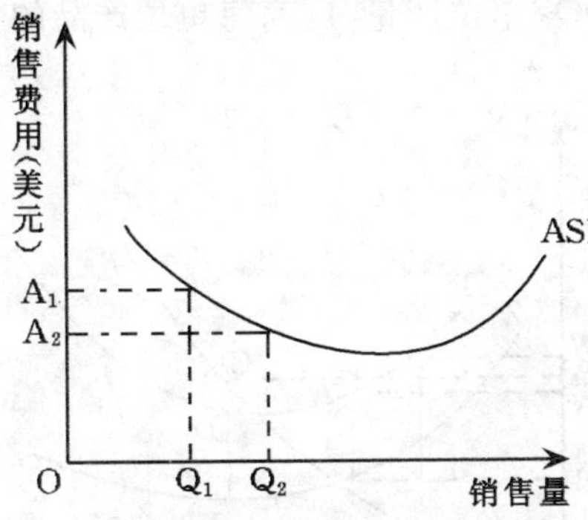


**图 7.8 销售费用曲线**

2. 最佳销售费用的确定

为了便于分析，我们假定典型厂商的产品价格和产品的特征已经被确定了，在此前提下，我们来考察典型厂商的最佳销售费用的量是如何决定的。如图7.9所示，ZZ′曲线是只包括生产成本而不包括销售费用的长期平均成本曲线，TT′曲线所表示的是在假定同一产品集团内其他厂商的销售费用保持不变的情况下，生产和销售一定单位的产量与所需支付的长期平均生产成本和相应的平均销售费用之间的关系，它等于ZZ′曲线与相应的ASE曲线的垂直相加。例如，生产和销售$OQ_1$单位产量时，厂商的平均总成本为OA，其中OB为平均生产成本，BA为平均销售费用。此外，与TT′曲线相应的边际成本曲线为UU′，它表示厂商制造和销售最后一单位产品所引起的总成本（总生产成本＋总销售费用）的增加。

假定典型厂商产品的初始价格为$OP_0$，产量为$OQ_0$，从而每单位产量亏损为$P_0W$。显然，厂商这时的产销量不是最有利可图的。既然假定价格是固定不变的，那么，边际收益也一定是固定不变并等于价格的，所以，最有利可图的产销量应该为$OQ_2$单位，因为在这一产量水平上，边际总成本曲线UU′与边际收益曲线$P_0C$相交。而要销售$OQ_2$单位产量，厂商每单位产品的销售费用必须增加到ED。

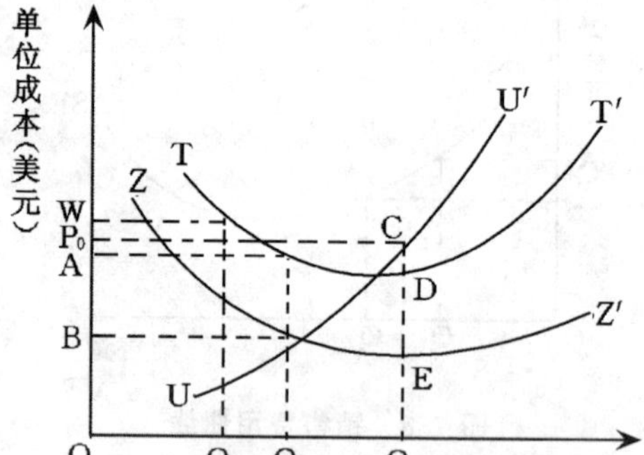


图7.9　销售费用的初始选择

## 三、广告的经济学

作广告是非价格竞争的一种重要形式。厂商之所以要支付广告费用,那是因为它们相信通过作广告,收益的增加将大于广告成本。厂商期望通过作广告使其所面对的需求曲线向上移动,从而使消费者在每一价格水平下都比以前购买更多的数量,或者说,通过作广告使需求曲线更富有弹性,从而使消费者为该产品支付稍高些的价格。

对经济学家来说,评价广告的关键不在于它是否增加厂商的利润,而在于它是否使市场的运行更有效率。比如,有的广告是诱使消费者购买他们实际上并不需要的产品,而有的广告则有助于人们成为掌握更多信息的消费者。信息性的广告包含着有关新产品、价格、质量、销售地点和可用性等信息,它有助于消费者做出更明智的选择;相反,诱导性的广告几乎不包含客观的信息,它只是使用麦迪逊大街(美国广告业中心)惯用的所有精巧的手段力图使消费者相信自己是想得到某种产品的。

经济学家认为,信息性广告使市场功能更有效率,因为它似乎是向消费者提供信息的低成本手段,这些信息是消费者制定满足其偏好的购买决策所需要的。至于诱导性广告的好处则是含糊不清的。不能否认,有些登广告的人认为,不断反复的、甚至令人讨厌作呕的广告也有助于产品的销售,尽管从一些调查中发现公众对有些广告节目是很反感的,但有关产品的销售情况还是不错的。也许是令人讨厌的广告对这些产品的销售起了作用,或者有什么别的原因。

在对广告的评价中所遇到的一个根本困难是,大多数广告既包含信息因素,又包含诱导因素。对许多人来说,电视是大多数愚笨、乏味和令人讨厌的诱导性广告的主要源泉。然而,电视广告在美国的广告总费用中只占1/5。事实上,各种类型的广告总支出只占国民生产总值的2%左右，其他形式的广告，如刊登在报纸、电话簿、商业杂志上的广告以及邮购广告等，则最有可能是信息性广告。

那么，广告是否会提高消费者所支付的价格呢？即使是的话，如果它所传递给消费者的信息与价格的增长具有同等的价值，这种广告也还是受欢迎的。令人奇怪的是，广告可能导致价格的下降。当广告帮助消费者找到低价卖者，从而使这些卖者能够降低其平均成本曲线并扩大销售量时，上述情况就会发生。美国的一项研究将那些对广告加以限制的州的眼镜价格与那些没有广告限制的州的眼镜价格做了比较，结果发现，平均而言，在对广告进行限制的那些州中，眼镜的价格要高出20%左右。另一项研究则发现，在对药品广告不加限制的州中，零售处方药品的价格比较低。

毫无疑问，广告也常常导致较高的价格。例如，在防御性广告竞争中，厂商之所以作广告，可能仅仅是因为其竞争对手也正在作广告，其结果可能是所有厂商的成本提高，但销售量却没有扩大：每个厂商都只保持着它原有的市场地盘。这种广告显然是一种浪费。

如上所述，广告既有好的一面，又有坏的一面，很难对其作出全面的评价。广告如何影响市场的功能，它对厂商的利润会产生什么影响，它究竟是使价格提高，还是使价格下降，它是否设置了某种进入的障碍，所有这些问题都值得进一步研究。

## 第四节　垄断竞争与完全竞争和完全垄断的比较

垄断竞争的长期均衡与完全竞争和完全垄断的长期均衡相比，存在着如下的差别。

## 一、价格和产量上的差别

垄断竞争条件下的产量可能比完全竞争条件下的产量相对低些，但价格却相对高些。垄断竞争厂商所面对的需求曲线不像完全竞争厂商那样完全富有弹性。由于垄断竞争厂商的边际收益低于价格，所以，其产量也低于价格与边际成本相等时的产量，或者说低于完全竞争的产量。但是这一差别不会太大，因为垄断竞争厂商所面对的需求曲线可能非常接近于完全富有弹性。

与完全垄断相比，垄断竞争厂商的产量相对高些，价格则相对低些。但在长期均衡条件下，垄断竞争厂商没有经济利润，这一点与完全垄断不同，而与完全竞争相同。

## 二、效率上的差别

垄断竞争行业存在着过剩的生产能力，因为每个厂商都不是在 LAC 曲线的最低点上进行生产。

经济学家一般都认为，厂商的理想产量处于 LAC 曲线的最低点。同样地，理想的工厂规模是 SAC 曲线与 LAC 曲线在理想的产量点上相切时的规模，或者说，是 LAC 曲线与 SAC 曲线的最低点相切时的规模。而过剩的生产能力则是指长期均衡条件下理想产量与现实产量之间的差额。

回过头去再看一下垄断竞争的长期均衡的图形（图 7.6）便可知，处在长期均衡条件的垄断竞争厂商都是在 LAC 曲线的最低点的左侧经营的。只要厂商所面对的需求曲线是向右下方倾斜的，结果就总会是这样。因此，厂商的平均成本就高于可能的最低成本，在一个垄断竞争行业里，会存在许多厂商，每个厂商都存在着过剩的生产能力。这种情况在完全竞争条件下是不存在的。

有些经济学家认为过剩的生产能力是不好的。他们指出，如果每个厂商都生产较大的产量，同一个总产量就有可能由较少的厂商生产出来；而既然每个厂商都在图 7.6 中的 M 点而不是 N 点进行生产，平均成本肯定会降低。

尽管以较低的成本生产相同的总产量听起来很有吸引力，但有些经济学家则不以为然。他们认为，上述结果只有在减少厂商数目从而减少消费者所能得到的产品种类的条件下才能达到。如果产品差别本身是有价值的，那么，我们必须在产品差异与较低的平均成本之间作出权衡。就这一点而言，与垄断竞争相联系的过剩的生产能力实际上并不一定是个缺点，它或许是与获得所希望的产品差异相联系的必要的成本。

我们还要注意，过剩生产能力的程度取决于厂商需求曲线的弹性大小。在需求曲线的弹性很高的情况下，图 7.6 中 N 点与 M 点之间平均成本的差额将是很小的，其结果似乎相当接近于完全竞争的结果。

### 三、福利上的差别

在长期均衡状态下，垄断竞争厂商是在长期边际成本等于边际收益的那一点上进行生产的，但因为需求曲线是向右下方倾斜的，所以，其价格高于边际成本，这表明对于消费者来说，增加一单位产品，其价值要大于厂商生产它们所花费的成本。相比之下，完全竞争的厂商在达到长期均衡时，其价格等于长期边际成本。虽然经济学家一般都把完全竞争当作是导致社会福利最大化的理想状态，但关于垄断竞争对社会福利的影响则意见不一。一方面，有些经济学家对垄断竞争条件下的浪费看得很重，认为垄断竞争导致过多的厂商、过多的商标、过多的推销努力和过多虚假的产品差别；而另一方面，如果产品的差别是真实的，并且为消费者所理解，那么，在垄断竞争条件下较多种类的可供选择的产品差别或许对消费者来说是很有价值的。不幸的是，经济学家们至今还不能说明，与产品差别相联系的市场的不完善究竟是降低还是增加了消费者的福利。

## 第五节 对垄断竞争理论的批评

在垄断竞争理论创立后的许多年间,经济学家们都热情地赞扬这一理论是解释和分析竞争与垄断这两个极端之间的市场结构的一个重要尝试。然而,近些年来,它已不那么被人注意了,这一方面是因为大量的经验研究已经证明竞争模型还有着广泛的应用性,一方面因为一些经济学家对这一理论已提出尖锐的批评。

一个比较著名的批评者是诺贝尔经济学奖获得者乔治·施蒂格勒。施蒂格勒认为,正如我们前面多次指出的那样(见第一章、第二章和第五章),看一个模型的好坏,不在于它是否具有描述上的准确性,而在于它是否能准确地预测经济环境和经济变量的变化所产生的影响。在他看来,经济学家们之所以在最初接受了垄断竞争理论,因为它似乎更加现实:对这一理论的大量支持产生于对现实和假定前提的一致性的错误的需求。这一理论进一步得到了这样一种错误观点的支持……如果竞争理论的假定前提(从描述的角度看)偏离了事实,其含义就一定是错误的。施蒂格勒认为,张伯伦模型的含义与竞争模型并没有明显的区别。它们中究竟哪一个是更好的预测器,这一问题要由经验研究来解决。[①] 正如以上所指出的,目前许多经济学家认为,现有的证明有利于得出这样的结论,即竞争模型的预测更为准确。

为了把施蒂格勒的上述批评稍微扩展一下,我们考察一些如货物税或补贴、最低限价或支持价格等简单的政策分析。

首先我们看竞争模型和垄断模型是如何预测货物税的影响

① 施蒂格勒著:《垄断竞争理论回顾》、《经济问题五讲》,纽约麦克米兰出版公司,1950 年版,第 12～24 页。

的。图 7.10$a$ 表明，当对一个成本不变的完全竞争行业征收每单位 3 美元的货物税时，价格的增加幅度将完全等于税收量。图 7.10$b$ 则表明，当对一个具有同样的需求曲线和成本曲线的垄断行业征收每单位 3 美元的货物税时，价格的增加幅度将小于 3 美元。

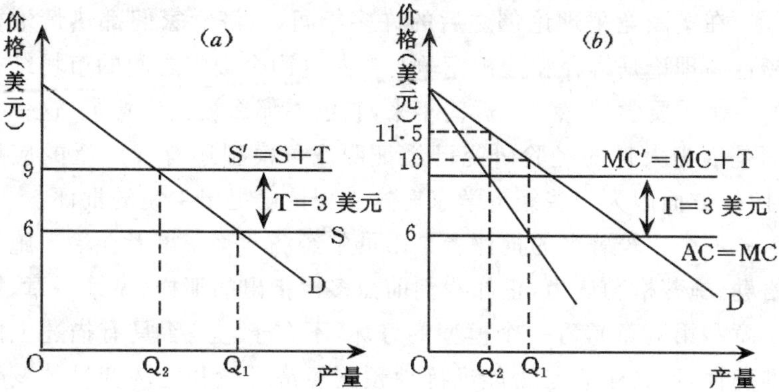


**图 7.10　货物税：垄断与竞争行业**

现在，假如我们使用垄断竞争模型，我们能够预测某种货物税会产生什么影响吗？这些影响与竞争模型的预测会不相同吗？实际上，利用垄断竞争模型来分析货物税或上述其他任何政策是极其困难的。直觉告诉我们，征收货物税的结果是一个较高的价格，但我们不知道是否有任何一个经济学家能够用垄断竞争模型来证明这一结果。例如，在征收货物税的情况下，我们知道有些厂商将蒙受亏损并退出该行业，从而引起需求曲线的移动，但不幸的是，我们不能确切地断定需求曲线将如何移动，而不知道这一点，我们就不能确定税后均衡。另一个困难是，当我们利用垄断竞争模型来分析即使很简单的经济现象时，我们也必须说明它所得出的结论是否与竞争模型不同。如果我们得到的结果与得自竞争模型的结果基本相同，那么，使用更复杂的模型的优越性又是什么？

此外，施蒂格勒等人还指出，包括在同一产品集团内的厂商集团的定义是极其含糊不清的。它可以仅包含经济中的一家厂商，也可以包含所有厂商。即使假定每个厂商都忽略其自身的决策对集团内其他厂商的影响，从而假定每个厂商都有基本相同的需求曲线和成本曲线，这也不能弥补集团这一定义的缺陷。

实际上，按照施蒂格勒的说法，如果同一集团内所有厂商的需求曲线和成本曲线都相似这一假定是完全现实的，那么，该集团内的厂商一定是在销售同质的商品。但是，如果商品是同质的，就没有理由说厂商所面对的需求曲线是向右下方倾斜的。

一般地说，当我们试图使我们的理论更“现实”时，总会遇到许多困难，而垄断竞争理论就是这方面的一个很好的例子。毫无疑问，在现实世界中，许多产品是有差别的，而厂商所面对的也是小于完全弹性的需求曲线。然而，如果把这些特点加到竞争模型上——垄断竞争模型实际上就是这样做的结果，就会产生一个很不实用的理论，而且在许多情况下，这一理论所作出的预测与竞争模型的预测似乎并没有多大区别。

但是，尽管有上述批评，垄断竞争理论至今仍然是大多数微观经济学教程中的一个标准部分，其中的一个原因或许在于人们希望它能导致介于完全竞争与完全垄断之间的更合适的模型的建立。

**复习思考题**

1. 解释下列概念：垄断竞争、产品差别、产品集团、垄断竞争厂商的dd′需求曲线和DD′需求曲线、非价格竞争、销售费用、过剩的生产能力。

2. 如果一个垄断竞争厂商的DD′需求曲线与dd′需求曲线在价格为10美元时相交，那么，此时厂商的价格能否定在12美元的水平上达到均衡？为什么？

3. 试说明一个垄断竞争厂商的过剩生产能力的大小为什么与其需求曲线的弹性反向相关？

4. 垄断竞争厂商是否有确定的供给曲线？垄断竞争条件下是否存在行

业的需求曲线和供给曲线？

5. 已知垄断竞争条件下典型厂商的需求曲线和长期成本函数分别为 $P=A-0.1q$ 和 $C=0.0025q^3-0.5^2+384q$，其中的P为价格，A为集团内厂商的数目，q为产量，C为总成本，求解长期均衡条件下典型厂商的均衡价格和均衡产量以及A的数值。

提示：在垄断竞争市场中，集团的长期均衡价格等于长期平均成本。

6. 能否认为一个垄断竞争厂商不管其原有销售费用的大小如何，只要增加广告支出就能增加销售量？广告的作用是否受边际收益递减规律的支配？

# 第八章　寡头垄断条件下的价格和产量

寡头垄断是既包含垄断因素、又包含竞争因素但更接近于完全垄断的一种市场结构。寡头垄断也叫作寡占，它是以少数几家大厂商生产某种产品的全部或大部分产量为特征的。美国许多重要行业如汽车、钢铁和电气设备等，都具有寡头垄断的特征，这些行业都被少数几家大厂商控制着，如汽车行业是被通用汽车公司、福特汽车公司和克勒斯勒公司控制着；电气设备行业主要是由通用电气公司和威斯汀豪斯电气公司控制着；罐头行业则由美国罐头公司和大陆罐头公司控制着。当然，寡头垄断不一定都是大厂商，比如，一个偏远地区的两家杂货店也是寡头垄断者。

## 第一节　寡头垄断的性质、成因和分类

### 一、寡头垄断的性质：相互依存

使寡头垄断与其他市场结构相互区别从而也使之难以分析的特征是同一行业中厂商之间的相互依存。由于寡头垄断行业中只有少数几家厂商，其中的每一家厂商都意识到它自身的行动将影响到它的竞争对手，反过来也是这样。因此，每个寡头垄断者在决定其政策和策略时，都非常注意这一政策或策略对其竞争对手的影响。例如，如果通用汽车公司决定将其所有新汽车的价格削减50%，这一决策显然会影响到克勒斯勒和福特公司产品的销路，而

克勒斯勒和福特公司如何作出反应(与通用汽车公司的削价相竞争,或者对此不予理睬),反过来又将影响通用汽车公司的销量。所以,一个厂商在作出任何产量和价格的决策时,都必须在头脑中想到它的竞争对手,并对其竞争对手将如何作出反应进行某种猜测。既然厂商绝不可能确切地知道其竞争对手将如何作出反应,所以,它们将在存有不确定性的情况下进行决策。

正是由于寡头垄断的上述性质,经济学家不可能建立单一的适用于所有具备寡头垄断特征的行业的模型。相反,经济学家建立了几种不同的模型,以解释寡头垄断厂商的行为,其中每一个模型都对寡头垄断者确信其竞争对手将如何反应以及实际上如何反应作出行为假定。既然有关竞争对手的行为假定是不同的,所以,这些模型的含义也是不同的,而当这些假定变化时,可能会出现更多的结果。

### 二、寡头垄断的成因

寡头垄断的成因很多,其中之一是规模经济的作用。在有些行业中,除非一个厂商的产量在整个市场中占较大的比重,否则它不可能取得较低的成本,其结果,在这样的行业中,厂商的数目将变得非常少。此外,和生产过程一样,在商品推销中也可能存在着规模经济,这同样会促使寡头垄断的形成。还有就是可能存在着使新厂商难以进入某行业的障碍,这些障碍使原有的寡头垄断能得以维持。最后,为了适应减轻竞争压力的愿望,一个行业中厂商的数目也许会减少。

### 三、寡头垄断的分类:纯粹寡头垄断和差异寡头垄断

寡头垄断行业可以按不同的方式进行分类。从产品性质的角度看,如果一个行业内的厂商生产的产品是同质的,如钢铁和水泥等,这一行业就称作纯粹寡头垄断;如果行业内的厂商生产的是有

差异的产品，如汽车和家用电器等，这一行业就被称为差异寡头垄断。本章的大部分篇幅将讨论纯粹寡头垄断的情况。从构成一个寡头垄断行业的厂商数目来看，寡头垄断行业可分为双头垄断（一个行业只由两个厂商所组成）、三头垄断（一个行业由三个厂商所组成）和多头垄断。本章的分析对这几种形式都将有所涉及。此外，从行为方式上看，寡头垄断行业可以分为独立行动或非勾结性寡头垄断和勾结性寡头垄断，以下两节将分别分析这两种寡头垄断的行为。

## 第二节　非勾结性的寡头垄断模型

以上三章有关完全竞争、完全垄断和垄断竞争的理论，都对相应的市场条件下的均衡价格和均衡产量作出了明确的说明，因为每一种理论都是以既定的需求曲线、既定的成本曲线和利润最大化等假定为前提的，在此前提下得出的均衡价格和均衡产量是确定的，是这些假定前提的逻辑结果。但是，在寡头垄断条件下，各个厂商都占有相当大的市场份额，一家厂商的行动会影响其竞争对手，并使其作出相应的反应。这些厂商都清楚地意识到它们之间存在着相互依存的关系，任何一家厂商的决策都取决于对手的决策和反应，每一家寡头垄断厂商的收益和利润都不仅是自身产量的函数，而且是同行业中其他寡头垄断厂商的产量的函数。然而，寡头垄断厂商在决策时只知道自己的产量和价格，而不知道其他厂商的产量和价格，其他厂商的决策和反应是多种多样、事先无法确定的，所以，为了分析寡头垄断的行为，必须根据假设来推测其竞争对手的决策及反应方式。其中的一种假设是，在每一时期内，对手的反应方式一经确定后就保持不变并重复出现。以这种假设为前提的模型，称为非勾结性的寡头垄断模型。另一种假设是，寡头厂商为避免由于相互依存所产生的不确定性和竞争所导致的两败俱伤，而进行某种形式的勾结或共谋，以协调各自的行动。以这种假设为前提的模型，称为勾结性的寡头垄断模型。本节着重分析的是非勾结性寡头垄断模型。

## 一、双头垄断模型

双头垄断模型是关于市场上只有两个互相竞争的销售者行为的寡头垄断模型，它主要包括古诺模型、埃奇沃思模型和张伯伦模型等三种形式，下面依次加以介绍。

### 1. 古诺模型

古诺模型是法国经济学家奥古斯丁·古诺在1838年出版的《财富理论的数学原理研究》一书中首次提出的一个双头垄断模型。尽管这一模型现在看来是过于简化了，但它对寡头垄断者相互依存的性质却作了精彩的说明。古诺模型阐述了互相竞争而没有相互协调的厂商的产量决策是如何互相作用以产生一个位于竞争均衡和垄断均衡之间的结果。

古诺模型所考察的是两个矿泉水的所有者或厂商A和厂商B的行为，它假定：(1)两个厂商销售相同的产品即矿泉水；(2)产品的边际成本为零；(3)市场需求曲线对这两个销售者来说都是已知的，而且是线性的；(4)每个厂商都认为不论它生产的产量水平如何，其对手都将保持其产量不变。这第四个假定意味着每个厂商都认为其对手对它所作出的产量决策是没反应的。然而，正如我们将要看到的，尽管每个厂商都显而易见地忽略了另一个，但最后达到的均衡则反映着它们之间的相互依存。

根据上述假定，让我们依次考察厂商A和厂商B的产量决策。在图8.1中，$D_t$ 和 $MR_t$ 分别表示整个矿泉水市场的需求曲线和边际收益曲线。线性的需求曲线的假定意味着边际收益曲线与横轴的交点是距离OT的中心。假定厂商A率先进入市场，它认为厂商B将不会有任何产量，所以，它将把 $D_t$ 当作它的需求曲线并在边际收益等于边际成本的那一点上确定其产量。根据假定边际成本为零，对厂商 A 来说，边际收益为零或者说 $MR_t$ 与横轴相交时利润最大。所以，厂商 A 将生产 $OQ_1$ 单位产量或 $\frac{1}{2}OT$。注意，$OQ_1$ 也就是垄断的均衡产量。

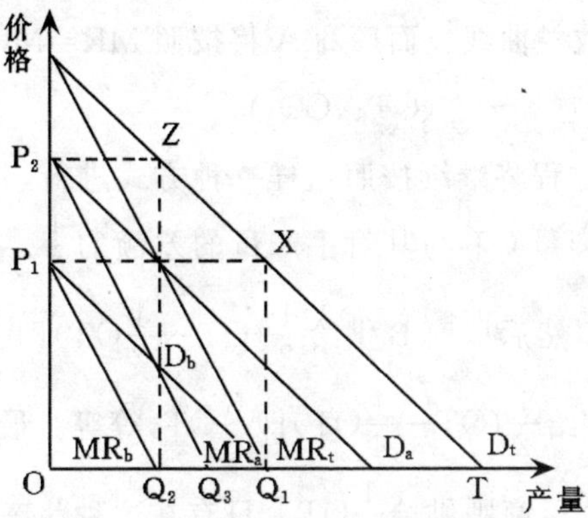


**图 8.1　古诺模型**

下一步轮到厂商 B 进入市场。既然厂商 B 认为厂商 A 将继续生产 $OQ_1$ 单位产量，它将把 $D_b$ 当作与它相关的需求曲线。$D_b$ 是剩余下来的需求曲线，它是通过从对应于每一价格的市场需求中减去厂商 A 的销售量后得到的。例如，在价格为 $OP_1$ 时，厂商 A 将销售 $OQ_1$ 单位，所以，厂商 B 把需求曲线 $D_t$ 的剩余部分 $XD_t$ 当作它的需求曲线。需求曲线 $D_b$ 就等于减去厂商 A 所生产的 $OQ_1$ 单位后市场需求曲线的 $XD_t$ 部分。$MR_b$ 是与 $D_b$ 相联系的边际收益曲线，它在 $\frac{1}{2}(OT-OQ_1)$ 处与横轴相交。厂商 B 按照 MC＝MR 的原则将生产 $OQ_2$ 单位产量。换句话说，厂商 B 将从 OT 产量中减去厂商 A 的产量并生产这一差额的一半。

在厂商 B 也销售矿泉水的情况下，厂商 A 必须重新确定其位置。当厂商 B 生产 $OQ_2$ 单位时，$OQ_1$ 对厂商 A 来说就不再是利润最大化的产量了。因为厂商A相信厂商B将继续生产$OQ_2$单位，所以，它将把$D_a$当作其新的需求曲线并相应地调整其产量。$D_a$是通过从市场需求曲线中减去厂商B的产量后得到的余下的需求曲线。如果厂商B生产$OQ_2$，则留给厂商A的市场需求为$ZD_t$部分。需求曲线$D_a$就等于减去厂商B的产量后的$ZD_t$。$MR_a$是与$D_a$相联系的边际收益曲线。而厂商A将按照MR=MC的原则生产$OQ_3$单位产量，它等于$\frac{1}{2}(OT-OQ_2)$。

上述调整过程将继续按照这样一种方式进行，其中每个厂商总是生产竞争产量OT与其对手产量的差额的$\frac{1}{2}$。这样，厂商A最初供给$\frac{1}{2}OT$，然后厂商B供给$\frac{1}{2}(OT-\frac{1}{2}OT)$即$\frac{1}{4}OT$；再轮到厂商A时，它供给$\frac{1}{2}(OT-\frac{1}{4}OT)$即$\frac{3}{8}OT$，等等。最后，总产量将达到$\frac{2}{3}OT$，每个厂商则供给$\frac{1}{3}OT$。只有在这种状态下，两个厂商才都生产总需求量(即竞争产量OT)与另一个厂商产量之差额的$\frac{1}{2}$，从而达到稳定的均衡。①

在古诺模型中，没有互相协调的竞争行为所产生的均衡产量大于垄断产量$OQ_1$，相当于竞争产量OT的$\frac{2}{3}$。然而，古诺模型中的均衡，关键取决于两个厂商的目光短浅的行为，它们中的每一个都确信其竞争对手不会调整产量以对付它本身产量上的变化。如果厂商开始以不同的方式考虑它们自身的行动，从而意识到竞争对手或许会作出反应，那就会产生不确定性，分析就会复杂化，结果也就不再是确定的了。

古诺模型很容易被一般化，从而适用于包含着三个或更多的

① 参见附录Ⅰ[15]。

销售者的寡头垄断市场。一般地说,寡头垄断行业的均衡产量$Q_o$与竞争产量$Q_c$以及厂商数目n之间的关系为

$$Q_o = Q_c\left(\frac{n}{n+1}\right) \tag{8.1}$$

2. 埃奇沃思模型

埃奇沃思模型是由英国经济学家埃奇沃思在1897年发表的《论垄断》一文中提出的另一个双头垄断模型。与古诺模型一样,埃奇沃思模型也是假定整个行业由两个出售同质产品、边际成本为零的厂商组成,每个厂商都有一个最大产量。不同点在于,该模型假定每个厂商都把对手的价格而不是产量看作是固定不变的。

在埃奇沃思模型中,也是厂商Ⅰ率先采取行动,它选择了认为能使其利润最大化的价格。接下来轮到厂商Ⅱ采取行动,它预计厂商Ⅰ将保持其价格不变,因此决定制定一个稍微低于厂商Ⅰ的价格,以便把许多顾客从厂商Ⅰ那里吸引过来,另外,厂商Ⅱ还会把注意力集中在那些厂商Ⅰ所未能满足的消费者身上,并对这些消费者索取垄断价格。但是,如果厂商Ⅰ真地维持其价格不变,那么,厂商Ⅱ采取后一种行动就不会那么有利可图。

现在又轮到厂商Ⅰ采取行动了。它仍然假定厂商Ⅱ将维持其价格不变,从而制定了一个稍微低于厂商Ⅱ的价格,以期把许多顾客从厂商Ⅱ那里吸引过来。另外,厂商Ⅰ还会把注意力集中在那些厂商Ⅱ也未能满足其需要的消费者身上,从而向这些消费者索取垄断价格。但如果厂商Ⅱ保持其价格不变,厂商Ⅰ的后一种行动就不会那么有利可图。

这一连续的削价过程会一直持续到价格达到某种最低水平时为止。在这一水平上,其中一个厂商注意到,如果另一个厂商把价格维持在现有水平上,自己把价格提到厂商Ⅰ最初制定的垄断价格的水平上是有利可图的。这是因为在这一点上,通过向那些没有被另一个厂商满足需要的消费者索取垄断价格,比起用削价的方

式吸引另一个厂商的顾客来说，能够赚更多的钱。

但是，当厂商Ⅰ这样做了，厂商Ⅱ就会把价格定得稍低于厂商Ⅰ的水平，厂商Ⅰ反过来又会把价格定得稍低于厂商Ⅱ的水平。这一过程就这样重复进行，以至于价格总是在垄断水平和最低水平之间不断变动。

埃奇沃思模型和古诺模型一样，都过于简单，它们假定厂商的竞争对手不会对其产量和价格的变化作出反应，这是不现实的。此外，埃奇沃思模型还假定厂商的产量有一个最大限度，这也不太现实，因为厂商在长期内通常是可以扩大产量的。

3. 张伯伦模型

张伯伦模型是指张伯伦在 1933 年出版的《垄断竞争理论》中提出的双头垄断模型。这一模型与古诺模型的基本假定是一样的：有两个出售矿泉水的厂商，其边际成本为零；市场对其共同产量的需求曲线为图 8.2 中 $D_t$；厂商 A 率先采取行动，它选择垄断产量 $OQ_1$；厂商 B 将厂商 A 的产量看作是既定不变的，它把 $D_b$ 当作与自己相关的需求曲线，因此决定生产 $OQ_2$ 单位。至此，张伯伦的分析与古诺的分析都是一样的。

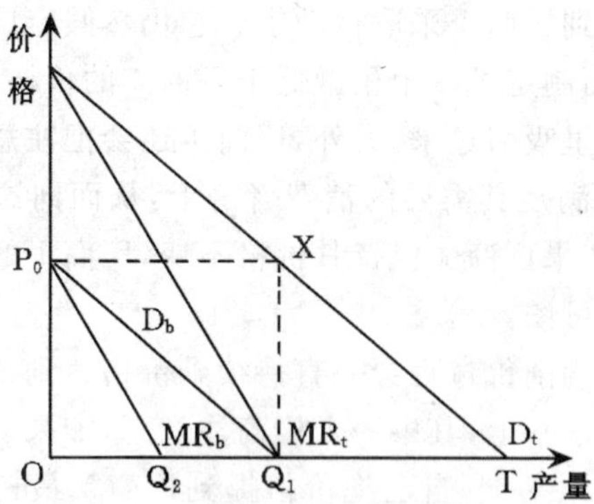


图 8.2 张伯伦模型

但是，在下一步分析中，与古诺模型不同的是，张伯伦假定厂商A将意识到厂商B会对自己的行动作出反应。经过慎重的考虑，厂商A得出结论：它和厂商B共同分享垄断利润，即面积为$OQ_1 \times P_0$的利润，是最好不过的，厂商B也得出了同样的结论。这样，厂商A把它的产量削减到$OQ_2$单位，而厂商B则把它的产量保持在$OQ_2$水平，行业的总产量为$OQ_1$，价格为$OP_0$，两个厂商共同分享垄断水平的利润。

值得注意的是，张伯伦模型的解非常稳定，与埃奇沃思的模型或在某种程度上与古诺模型相比，张伯伦模型中的价格不会有大幅度的波动，这是张伯伦模型的一个优点。因为事实似乎表明，寡头垄断市场中的价格是相当稳定的。例如，美国钢轨的价格十多年来一直是基本固定的。

张伯伦的模型还说明了厂商之间如何能够确立统一的价格、从而使它们共同的利润最大化，尽管在它们之间没有任何勾结。

从以上三个模型的比较中可以看出，古诺和埃奇沃思模型的假定前提不切合实际，张伯伦的相互依存说比较符合资本主义市场情况。但是，张伯伦的非勾结性的获取垄断利润的寡头模型同其他两个模型一样，必须具备另外两个先决条件：一是各个厂商必须对市场需求状况了如指掌，这样才能根据对手的决策作出反应；二是要假定新厂商不会进入该行业，否则，不可能得出稳定的垄断均衡的结论。

**二、折断的需求曲线模型**

在20世纪30年代，美国的经济学家保罗·斯威齐建立了一个折断的需求曲线模型，试图以此来说明为什么在寡头垄断行业中，尽管成本和需求状况发生了适度的变化，而价格却明显地保持不变，从而表现出所谓的刚性。与古诺的双头垄断模型不同，在斯威齐的模型中，寡头垄断者敏锐地意识到它的竞争对手以及它们之间的价格与产量决策的相互依存关系。

斯威齐模型的出发点是一个价格已经确定了的寡头垄断行业，它假定一个厂商预计其竞争对手将对其价格变动作出两种反应：它们或许与其进行价格竞争，或许对其价格变化不予理睬。如图 8.3 所示，寡头垄断者实际上面临着两条需求曲线，一条需求曲

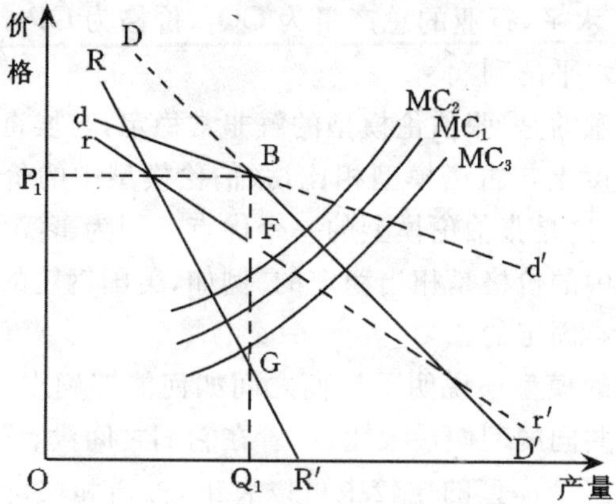


图 8.3　折断的需求曲线模型

线为 DD′，它表示的是在竞争对手与之进行价格竞争时该厂商的价格与产量的组合；另一条需求曲线为 dd′，它表示当竞争对手对其价格变动不予理睬时相应的价格与产量的组合。假定最初的价格为 $OP_1$，产量为 $OQ_1$。如果该寡头垄断者要把价格降到 $OP_1$ 以下，而竞争对手没有与之进行削价竞争，该厂商将沿着 dd′ 曲线大大地扩展其所占据的市场地盘（这部分地要以其竞争对手的市场份额的缩小为代价）。如果该厂商把价格提到 $OP_1$ 以上，而它的竞争对手没有一个跟着它提价，该厂商将会失去很大的市场份额。这样，当该厂商的竞争对手对其价格变动不予理睬时，它所面对的需求曲线 dd′ 是相对地富有弹性的。但是，如果该厂商提高或降低其价格，而它的竞争对手也相应地改变其价格，那么，销售量（沿着

DD′曲线)的变动就会小得多,因为该行业中所有的厂商对销售量的任何增加或减少都是共同分享的。这样,需求曲线DD′是相对地缺乏弹性的。

斯威齐认为,寡头垄断者对于竞争对手的行为方式的预期是悲观的。无论它作出什么样的决策,它都从最不利的方面预期竞争对手可能作出的反应。如果该厂商把其价格降到$OP_1$以下,它认为其竞争对手都会竞相削价(这样,它的销售量将仅仅沿着DD′曲线稍有增加)。如果该厂商提高其价格,它确信其竞争对手将不予理睬(所以,该厂商将沿着dd′曲线失去很大的市场份额)。在有关竞争对手行为方式的这些特殊假定下,该厂商将面对一条折断的需求曲线,它由dd′曲线的dB部分(如果它提价的话)和DD′曲线的BD′部分(如果它降价的话)所组成。

在这种背景下,要确定使该厂商利润最大化的价格和产量,我们必须首先确定相关的边际收益曲线。从图8.3中可以看出,与dd′需求曲线和DD′需求曲线相联系的边际收益曲线分别为rr′和RR′。既然折断的需求曲线dBD′由上述两条需求曲线的部分组成,那么,与之相联系的边际收益曲线也是由上述两条边际收益曲线的部分组成:rr′曲线的rF部分是与折断的需求曲线中的dB部分相联系的边际收益曲线;而RR′曲线中的GR′部分,则是与折断的需求曲线中的BD′部分相联系的边际收益曲线。这样,与整个折断需求曲线dBD′相联系的边际收益曲线,就是一条非连续的曲线rFGR′。

要实现利润最大化,该厂商将在边际收益等于边际成本的那一点上进行生产。假定边际成本曲线为$MC_1$,该厂商将生产$OQ_1$单位,并索取$OP_1$的价格。需要注意的是,即使边际成本曲线向上移动(比如说变为$MC_2$)或向下移动(比如说变为$MC_3$),只要变动范围位于F与G之间,该厂商都不会改变其价格或产量。因此,在这种类型的寡头垄断行业中,成本状况的变动可能并不伴随着价格或产量的变动。另一方面，只要需求曲线的折断点仍然保持在原有的价格水平上，则即使需求状况在一定范围内发生了某种变化，$OQ_1$ 和 $OP_1$ 仍然是厂商最有利可图的产量和价格。

最初，许多经济学家都把折断的需求曲线模型当作是有关寡头垄断的一般理论，但之后的经验性研究对此提出了疑问。例如，施蒂格勒考察了七个寡头垄断行业，发现几乎没有迹象表明一个厂商提高价格而其他厂商不加以模仿。后来的经验性研究对施蒂格勒的发现提供了进一步的支持。此外，经济学家们还对这一模型提出了更为根本的批评：尽管该模型说明了成本和需求状况变化时的价格刚性，但它却没有说明最初的价格是如何决定的。既然微观经济理论的目的之一就是要说明价格和产量是如何决定的，而折断的需求曲线模型却未能做到这一点，所以，批评家认为它不过是对价格刚性作了一个事后的合理说明，从而是一个有关寡头定价的未完成的模型。

## 第三节 勾结性的寡头垄断模型

以上所提出的有关寡头垄断行为的模型是以寡头垄断者之间不进行勾结或合作为假定前提的。然而，既然寡头垄断行为中厂商的数目很少，厂商又意识到彼此之间的相互依存，这种状况就很容易导致厂商之间的互相勾结。这种勾结的好处是显而易见的：一是能提高利润，减少不确定性；二是能增强阻碍新厂商进入的力量。寡头垄断者之间的勾结可能是公开的或正式的，也可能是秘密的或非正式的，下面分别加以介绍。

### 一、公开的勾结：卡特尔

公开的和正式建立的勾结性协议，称为卡特尔。在欧洲的许多国家里，卡特尔是很普遍的，是法律所允许的。而在美国，大多数勾结协议，无论是秘密的，还是公开的卡特尔，都被1890年颁布的谢尔曼法认定是非法的。但这并不意味着类似的协议就不存在了。许多贸易协会和专业性组织有时可能发挥着与卡特尔多少有些相似的功能。此外，美国政府对有些类型的卡特尔如国际航运协会也是认可的。

1. 卡特尔的功能

假定为了对某种特定的同质产品制定统一的价格而建立了一个卡特尔，那么，这个卡特尔将要索取什么样的价格呢？

首先，它必须估算出作为一个整体的卡特尔的边际成本曲线。如果投入的价格不随卡特尔的扩张而提高，则这条边际成本曲线就是作为该卡特尔成员的所有单个厂商的边际成本曲线的水平加总。假定这条边际成本曲线和对该行业产品的需求曲线以及相应的边际收益曲线均如图8.4所示。那么，使该卡特尔成员的总利润最大化的产量就是$OQ_0$单位，使该卡特尔利润最大化的价格则是$OP_c$。显然，$OP_c$也就是垄断价格。

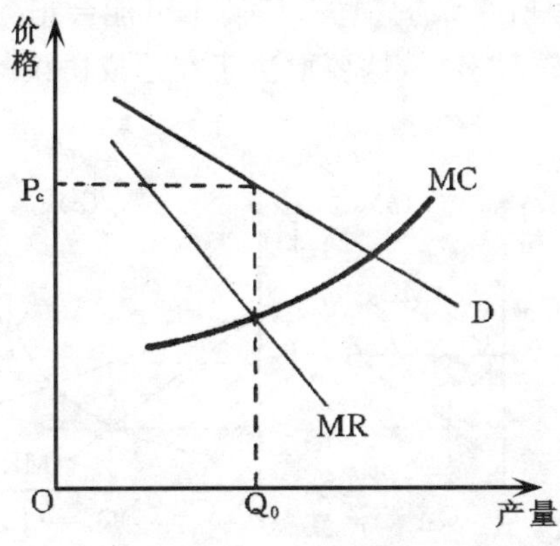


**图8.4　卡特尔的价格和产量的决定**

卡特尔的另一个重要功能是在从属于该卡特尔的厂商之间分配该行业的总销售量。如果卡特尔的目的是要实现卡特尔利润的最大化，它将按照使所有厂商的边际成本都相等的方式在厂商之间分配销售量。

为了简化起见，假定该卡特尔只有两个成员厂商Ⅰ和厂商Ⅱ，其成本曲线分别如图8.5*a*和图8.5*b*所示，通过将$MC_1$和$MC_2$的水平加总，我们得到如图8.5*c*所示的该卡特尔的边际成本曲线MC。假定该行业所面对的市场需求曲线为D，那么，该卡特尔会像一个垄断者那样，按照MR＝MC的原则，将产量确定为$OQ_m$，相应的价格为$OP_m$。显然，$OQ_m$和$OP_m$分别为垄断产量和垄断价格。卡特尔组织将按照行业的边际收益MR与各厂商的边际成本曲线的交点来分配各厂商的产量。这样，厂商Ⅰ的产量将为$OQ_1$，厂商Ⅱ的产量将为$OQ_2$，而行业的总产量$OQ_m＝OQ_1＋OQ_2$，行业的总利润是各厂商按分配的产量所产生的利润之和，即图8.5中两个阴影部分之和。但各厂商实际分享的利润，则不一定如图8.5所示，而是取决于有关协议的规定，产量较大的厂商所分享的利润不一定较大。实际上，为了使卡特尔得以维持，防止在供过于求的情况下由削价竞争所带来的损失，厂商Ⅰ可能会把一部分利润转让给厂商Ⅱ，究竟转移多少，这要取决于在达成协议的过程中讨价还价的力量。

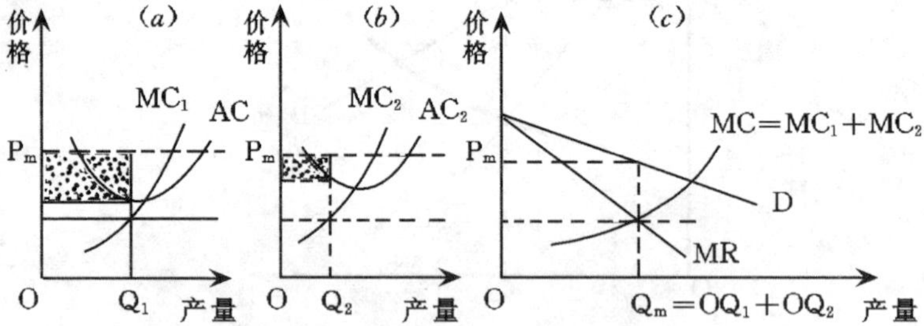


**图8.5 卡特尔成员之间产量分配**

如果产量分配的结果使各厂商的边际成本不等，卡特尔可以通过在厂商之间重新分配销售量来降低其总产量的成本，以使卡特尔的总利润增加。例如，当厂商Ⅰ的边际成本高于厂商Ⅱ时，卡特尔可以把厂商Ⅰ的部分生产任务转移给厂商Ⅱ，直到二者的边际成本相等时为止，这样将使卡特尔的总利润最大。

然而，上述产量的分配方式——有时被经济学家称为理想的分配方式——是不大可能实现的，因为产量分配的决策，是具有不同利益和不同实力的厂商之间协商谈判的结果，这是一个由具有不同影响力的各个厂商参与的政治过程。那些具有最大影响和最精明强干的谈判者的厂商可能得到最高的销售配额，即使这会增加卡特尔的总成本。进一步说，由于成本较高的厂商不愿意接受由其最低成本所规定的小量配额，所以，它们所得到的销售配额可能大于由最低成本所标志的数量。在实践中，销售量往往是根据厂商过去的销售水平或生产能力的大小进行分配的。而且，有些时候卡特尔还按地理位置在其成员之间瓜分销售市场。

2. 卡特尔的不稳定性

上述分析已经表明，勾结性的协议具有破裂的趋势。当然，使卡特尔免于瓦解的困难是随着卡特尔内厂商的数量而增大的。图8.6表明了厂商为什么要试图脱离卡特尔。如图8.6所示，只要卡

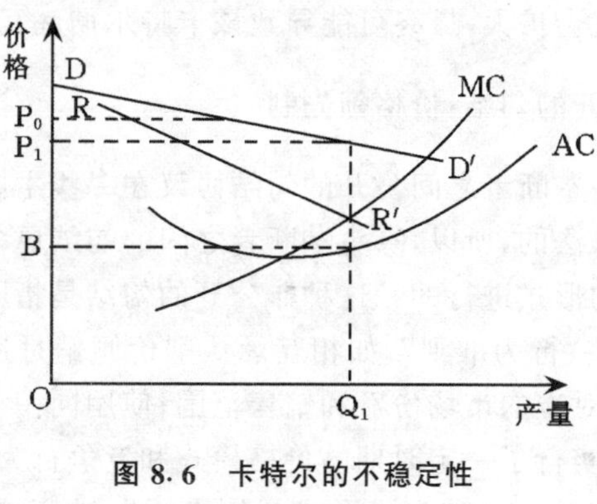


**图 8.6　卡特尔的不稳定性**

特尔内的其他厂商将价格维持在 $OP_0$ 水平上，那么，如果该厂商脱离卡特尔，它将面对的需求曲线为 $DD'$。这条需求曲线是很富有弹性的，只要该厂商使价格稍微降低，其销售量就能够显著扩大。即使该厂商不打算脱离该卡特尔，但只要它暗中降低价格，它就会面对相同类型的需求曲线。

在这种情况下，如果厂商脱离卡特尔或秘密削价，从而以 $OP_1$ 的价格销售 $OQ_1$ 单位的产量，它将获得最大利润，因为这时的边际成本等于边际收益（$RR'$ 为该厂商的边际收益曲线）。这一价格水平使厂商获得的利润为 $OQ_1 \times BP_1$，它高于厂商遵守卡特尔规定的价格和销售额时所能获得的利润。只要卡特尔内的其他厂商不采取同样的行动，而脱离了卡特尔或暗中进行欺骗的厂商又没有受到卡特尔的某种形式的惩罚，该厂商就能增加其利润。但如果卡特尔内的所有厂商都这样做，该卡特尔就会瓦解。

所以，只要卡特尔不是由法律规定维持着，就总是面临着生存的威胁。它的成员总是怀有进行欺骗的动机。而一旦少数厂商这样做了，其他厂商就可能效仿。由少数“骗子”暗中进行的价格让步或由少数反叛者公开进行的价格让步会使合作的卡特尔成员的销售量减少，从而诱使这些厂商采取同样的手法与之竞争。这样，不诚实的范围就会扩大，最终可能导致该卡特尔彻底瓦解。

### 二、非公开的勾结：价格领先制

由于寡头垄断者之间公开的勾结协议在一些主要资本主义国家被认为是非法的，所以，寡头垄断者之间的勾结更多地是以非公开或非正式的形式进行的。这种非公开的勾结是指同行业的厂商共同默认一些“行为准则”，如相互承认削价倾销是违反商业道德的；相互尊重对方的市场份额和销售范围；使用同一种方法计算价格；认可已经实行了一定时期的价格模式和竞争行为的持续性等。

非公开勾结的一种主要形式是价格领先制，这是指在一个寡头垄断行业内，由一家厂商确定价格，随后，其他厂商以这个领先者的价格为准，决定自己的销售价格。在实行价格领先制的场合，如果产品是同质的，且集中在一个地点销售，那末，各厂商的售价大致是一样的。如果产品是有差别的，价格也必然会有差别，但价格变动的方向是一致的：要降，都先后下降，要涨，都先后上涨，其价格差别始终保持着。价格领先制通常分为低成本厂商领先、支配型（占统治地位的）厂商领先和晴雨表型厂商领先等三种形式，下面分别介绍。

1. 低成本厂商模型

在这种模型中，领先确立价格的是行业中成本最低的厂商。如图 8.7 所示，假定某行业由三家成本各不相同的厂商组成，它们暗

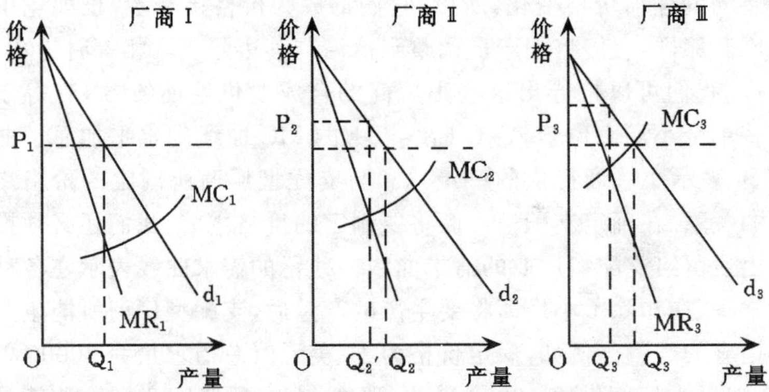


**图 8.7　低成本厂商的价格领先**

中默认，市场由三家瓜分，故 $d_1=d_2=d_3$。成本最低的厂商Ⅰ按利润最大化原则将产销量确定为 $OQ_1$，价格为 $OP_1$。如果厂商Ⅱ和厂商Ⅲ也按利润最大化原则行事，其产量将分别是 $OQ'_2$ 和 $OQ'_3$，其价格将分别为 $OP_2$ 和 $OP_3$。但由于假定产品是同质的，厂商Ⅱ和厂商Ⅲ若把价格分别定为 $OP_2$ 和 $OP_3$，它们的部分顾客将被吸引到厂商Ⅰ那里。所以，这两家厂商将按照 $OP_1$ 的价格销售各自的产

量，分享的市场价额各为 $OQ_2$ 和 $OQ_3$。这意味着成本高的厂商通过牺牲一部分利润以避免和厂商 I 进行价格竞争，因为一旦发生这种竞争从而使价格降到厂商 II 和厂商 III 的长期平均成本曲线之下，其利润将全部消失。

2. 支配型厂商模型

这一模型适用于由一个占统治地位的大型厂商和一些小厂商组成的行业。支配型厂商的价格领先是指行业中占统治地位的厂商制定一个使其利润最大化的价格，而让其他小厂商按照这一价格销售它们想销售的任何数量的产品。

支配型厂商的价格领先模型如图 8.8 所示，其中的 DD 表示行业需求曲线。既然行业中的其他小厂商都将追随由支配型厂商所启动的任何价格变化，所以，它们都成为价格接受者，正如竞争性厂商那样，它们将把产量调整到价格与其边际成本相等时为止。这样，我们可以推导出这些小厂商的合成的供给曲线 $S_0$，它等于这些单个小厂商位于 AVC 曲线以上的 MC 曲线的水平加总。曲线 $S_0$ 表示小厂商提供的产量总和与支配型厂商所制定的价格之间的关系。在确定支配型厂商将要制定的价格之前，我们还必须推导出残留给支配型厂商的需求曲线。残留的需求曲线表示在各种价格下，在扣除了小厂商将要生产的产量后，支配型厂商所能生产和销售的数量。例如，假定价格为 10 美元时总需求量为 20000 单位，如果小厂商供给 12000 单位，那么，由支配型厂商供给的就是剩下的 8000 单位。

要得到残留的需求曲线，我们必须从每一价格下的市场需求量中减去由小厂商供给的数量。当行业的产品需求曲线为 DD 时，我们可以通过测定 DD 曲线与 $S_0$ 曲线之间的水平距离来推导残留的或支配型厂商所面临的需求曲线。例如，如果把价格定在 $S_0$ 与 DD 相交时的 $OP_1$ 水平上，小厂商会提供整个市场所需求的量，由支配型厂商所供给的产品需求量将为零。相反，如果价格被定在

$OP_2$ 或 $OP_2$ 以下水平，支配型厂商将供给整个市场，因为没有一个小厂商愿意在 $OP_2$ 或更低的价格下生产任何产量。按照上述方法，我们可以确定残留的需求曲线上 $P_1A$ 之间的各个点。由于在 A 点以下，支配型厂商继续供给整个市场，所以，支配型厂商所面对的整个市场需求曲线为 $P_1AD$。

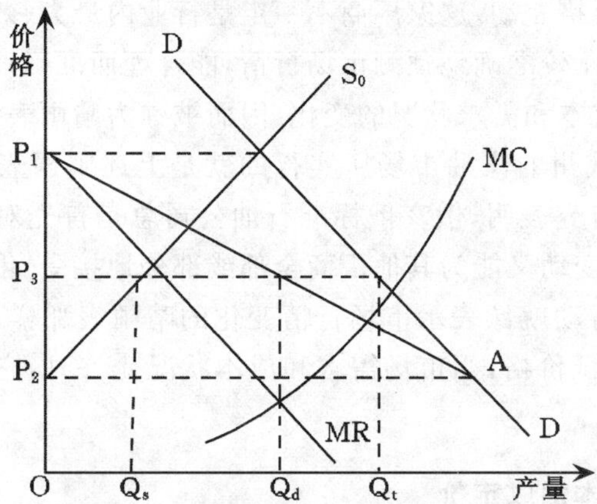


图 8.8 支配型厂商的价格领先

在知道了支配型厂商所面对的需求曲线以及相应的边际收益曲线 MR 后，我们就可以确定均衡价格以及支配型厂商、小厂商和行业的产量了。显然，根据利润最大化的一般原则，支配型厂商将生产 MC 曲线与 MR 曲线相交时的产量 $OQ_d$ 并索取 $OP_3$ 的价格。需要注意的是，这里的价格是由残留的需求曲线而不是市场需求曲线参与决定的。把价格定在 $OP_3$ 水平上，这意味着支配型厂商将供给 $OQ_d$ 单位产量，而其他小厂商将供给 $OQ_s$。因为 $OQ_s = Q_dQ_t$，所以，支配型厂商与小厂商的产量之和等于 $OQ_d + Q_dQ_t = OQ_t$，而 $OQ_t$ 也就等于价格为 $OP_3$ 时的总需求量。

支配型厂商的价格领先并不一定意味着行业中厂商之间进行着积极主动的勾结。有些经济学家认为，小厂商或许仅仅是发现了一种节约信息成本的方式。通过让较富裕的支配型厂商去研究市场以确定使利润最大化的价格和产量，这些较小的厂商实际上是在无偿地利用由支配型厂商提供的信息。

3. 晴雨表型价格领先制

在这种模型中，行业内所有厂商都一致响应其中第一家厂商所作出的价格变动。这家厂商不一定是行业内最大、效率最高的厂商，但它能比较准确地预测市场行情，能合理而准确地反映整个行业基本的成本和需求状况的变化，因而被称为晴雨表型厂商。通常认为俄亥俄州的汽油市场所实行的就是上述晴雨表型价格领先制。一些研究表明，俄亥俄标准石油公司总是首先对价格进行变动，而这种变动又能为其他厂商全部或部分地接受。俄亥俄标准石油公司的行动就像表示市场行情变化的晴雨表那样，当市场萧条时，它就降低价格，当市场需求和成本状况允许时，它又能成功地提高价格。

## 三、成本加成定价

经验研究常常表明，许多寡头垄断厂商所使用的是成本加成定价方法。实行这种定价方法有两个基本步骤，首先，厂商要估算出单位产量的成本。由于这种成本一般随产量而变动，所以，厂商必须根据某种假定的产量水平进行估算。为了这一目的，厂商通常假定生产能力的利用为某种百分比，一般地是在2/3和3/4之间。其次，厂商在估算出的平均成本之上，加上一个通常按百分比计算的毛利（也称作加成或赚头）。这种毛利或加成意在把某些不能分摊到任何具体产品上的成本包括进来，并为厂商的投资提供一笔收益。毛利的大小取决于厂商认为它能够获得的利润率。有些厂商为自己订立了所希望获得的目标收益额，这一数额也就决定了毛利的大小。例如，通用电气公司和通用汽车公司为自己订立的目标收益率为20%。

按上述方法所制定的价格，无需随实际产量的变化而频繁地改变。当一个行业的所有厂商都采用这种定价方法时，就能产生一种稳定的价格格局，避免了价格竞争可能带来的不利后果。如果同行业的所有厂商采用统一的会计制度，如果它们的投入量的价格和生产函数是一样的，并且都按相同的百分比加成，这些厂商产品的价格就是一样的。但是，不管厂商的价格是否相同，成本加成定价使它们变动价格的方向是一致的。例如，当征收消费税或增减消费税时，厂商将都按相应的百分比调整价格；当全行业工资率上升和原材料价格上涨时，厂商都相应地提高自己的价格。

关于成本加成定价与利润最大化的一致性问题，存在着很大争议。乍一看，这种定价方法不可能导致利润最大化，因为它没有考虑需求的弹性和边际成本的大小。然而，有些经济学家认为，成本加成定价所实现的利润虽不是理论分析中的最大化利润，但也不能说它一定就背离最大利润，因为这种定价方法有助于"稳定"竞争而减少不确定性。如果平均可变成本在一定范围内相对固定，而需求弹性也保持相对固定，成本加成定价就有可能接近于实现利润最大化。此外，从长期来看，如果行业的发展状况正常，按这种方法制定的价格，也有可能接近于理性行为所确定的价格。但是，当厂商不能确定决定毛利大小的因素，而实际收益率与目标收益率差距很大时，成本加成定价就难以实行了。

## 第四节　寡头垄断者的长期行为和进入的障碍

以上几节我们所讨论的是寡头垄断者的短期行为。在长期内，寡头垄断行业也可能出现厂商的退出与进入。这种厂商数目的调整对寡头垄断行业的生存至关重要。因为在进入比较容易的情况下，随着新厂商数目的增多，寡头垄断行业的特征就会逐渐消失，而且，新厂商的进入也使原有的卡特尔更难以维持。正因为如此，在考察寡头垄断市场的长期状况时，我们将主要分析进入寡头垄断行业的各种障碍。

### 一、市场的相对狭小

进入寡头垄断行业的第一个障碍是相对于厂商的最佳规模来说市场的狭小。假定一个行业所面对的需求曲线如图 8.9 中的 DD′所示，如果该行业由两个生产同质产品的完全相同的双头垄断厂商所组成，那么，每个厂商所面对的需求曲线都将是 DE′，它等于各价格水平下的 DD′的一半。如果该行业由生产同质产品的三家相同的厂商组成，那么，每家厂商所面对的需求曲线将是 DF′，它等于每一价格下的 DD′的三分之一。假定行业内每个厂商的平均成本曲线如图 8.9 中的 AC 所示，则该行业中就只能允许两家厂商存在：一旦该行业内有了两家厂商，也就有了进入的有效障碍。这和前述（见第六章）自然垄断形成的原因是一样的。

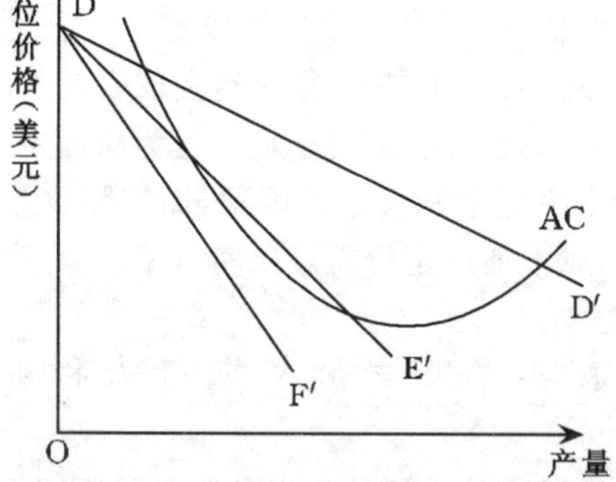


图 8.9　进入的障碍：市场规模的相对狭小

### 二、资金、设备和技术上的特殊要求

进入寡头垄断行业的第二个障碍是在有些行业中，厂商必须

建立和维持大型而复杂、并且花费很高的工厂。人们很难获得建造一个现代化的汽车厂或钢铁厂所需的资金，这也许要花费数亿美元。此外，还需要专业技术人员和熟悉工人，建立分配渠道和各种生产与维修设施。正是由于经营规模以及其他方面的特殊要求，近些年来，钢铁和汽车行业中很少有新厂商进入。

### 三、自然资源、专利和政府的限制

进入寡头垄断行业的另一个障碍是难以获得有关的自然资源。例如，在镍、硫磺、钻石和铝土矿等行业中，就存在着这方面的进入障碍。此外，专利也是进入某些寡头垄断行业的重要障碍。与产品本身或关键的制造工艺有关的专利所有者，可能只允许少数厂商生产这种产品，一个行业内的厂商可能获准相互使用各自的专利，但拒绝行业外的厂商使用它们。有时，政府的限制也可能是进入某些行业的障碍。例如，出租汽车和公共汽车都必须获得政府的特许；地方的执照颁发法也可能用来限制管子工、理发师及其他行业人员的数量。

### 四、限制进入的价格

在有些寡头行业中，新厂商的进入受到价格的限制。这种限制进入的价格是指行业内的原有厂商一致同意制定的某种价格，其水平既高得足以使原有厂商获得经济利润，又低得足以使打算进入者望而生畏。当然，限制进入的价格会使原有厂商在短期内丧失一部分经济利润，但由于它阻止了新厂商的进入，这就可能使原有厂商在长期内获得更高的利润。

## 第五节　市场结构与经济效率

以上分别考察了完全竞争、完全垄断、垄断竞争和寡头垄断等四种市场结构。作为本章的最后一节，这里将从经济效率即资源利用的有效性的角度对上述四种市场结构加以比较。

### 一、完全竞争市场的经济效率

西方经济学家认为，保证各种经济资源或生产要素发挥最大效率的条件是：边际成本＝平均成本＝价格。显然，只有在完全竞争市场的长期均衡状态下，上述条件才能实现。

如前所述(见第四章)，当平均成本等于边际成本时，平均成本和边际成本曲线必定相交于平均成本曲线的最低点，而产品以最低的平均成本生产出来，这意味着在技术水平既定的情况下，资源得到了最充分的利用。又由于在完全竞争的长期均衡条件下，价格等于平均成本，所以，完全竞争市场的产量相对地说最高，价格相对地说最低。另一方面，由于完全竞争的价格等于边际成本，这就使任意两种产品的边际转换率与这两种产品的边际替代率相等，从而同时实现资源的最佳配置和消费者的均衡。关于这个问题，我们将在第十一章介绍一般均衡和经济效率时详加分析。

### 二、完全垄断市场的经济效率

如果说完全竞争的市场被认为是经济效率最高的市场，那么与此相反，完全垄断市场则被认为是经济效率最低的市场。这是因为垄断厂商是按照边际成本等于边际收益的原则确定其价格和产量的，而由于它所面对的需求曲线是向右下方倾斜的，所以，垄断价格总是高于边际成本，从而相对地高于完全竞争市场，而产量则相对地低于完全竞争市场。如前所述，垄断还造成了消费者剩余或社会福利的净损失。但是许多经济学家又认为，虽然垄断一方面造成了效率下降，阻碍了技术进步，但另一方面，由于垄断厂商可以实行大规模经营，这又有利于降低成本，提高经济效率。此外，由于垄断厂商资金雄厚，又可以从事长期的和重大的技术革新研究。

### 三、垄断竞争市场的经济效率

垄断竞争市场的经济效率低于完全竞争市场，但高于完全垄断市场。如前所述，垄断竞争的价格相对地高于完全竞争，但相对地低于完全垄断；其产量相对地低于完全竞争，但相对地高于完全垄断。虽然垄断竞争条件下存在着过剩的生产能力，而且，其过度的非价格竞争也造成资源的浪费，但西方经济学家认为，垄断竞争厂商的真实的产品差别可以满足消费者的多种需要，而在非价格竞争中，垄断竞争厂商又必须提高技术，改进产品的质量，因而，它比完全竞争厂商更有利于创新。

### 四、寡头垄断市场的经济效率

寡头垄断是介于完全垄断与垄断竞争之间的一种市场结构。寡头垄断市场价格和产量的高低及经济利润的大小，取决于寡头垄断行业内厂商数目的多少、进入的难易以及寡头垄断者的行为方式。像张伯伦模型所描述的那种寡头垄断行业和公开勾结的卡特尔模型所描述的那种寡头垄断行业，其价格和产量以及经济利润与完全垄断行业别无二致。而那些厂商数目越多、进入越容易、厂商之间互相欺骗的行为越普遍的寡头垄断行业，其价格和产量就越接近于垄断竞争行业。有的经济学家甚至认为，因为某些寡头垄断厂商的大量广告支出和使产品多样化的开支可能会使需求曲线向右移动，所以，在有些场合，寡头垄断行业的价格和产量都可能高于完全竞争行业。

总之，按照产量和经济效率的大小排列，上述四种市场结构依次为完全竞争、垄断竞争、寡头垄断和完全垄断，而按照价格高低和经济利润（可能的）的大小或有无排列，上述四种市场结构的次序正好相反，它们依次为完全垄断、寡头垄断、垄断竞争和完全竞争。

下面，我们将上述四种市场结构的需求曲线、供给曲线、均衡条件以及价格、产量、经济利润和经济效率等几方面的特征列表如8.4所示，[①] 以此作为以上四种有关市场结构理论的一个小结。

**表 8.4 四种市场结构的比较**

| 市场结构 | 需求曲线 | | 供给曲线 | | 均衡条件 | 产量 | 价格 | 经济利润 | | 经济效率 |
|---|---|---|---|---|---|---|---|---|---|---|
| | 厂商 | 行业 | 厂商 | 行业 | | | | 短期 | 长期 | |
| 完全竞争 | 水平的直线，与MR和AR曲线重合，厂商是既定价格的接受者。 | 向右下方倾斜，是个人需求曲线的水平加总。其MR曲线对单个厂商无意义。 | ss是位于AVC曲线以上的MC曲线；lS是据投入价格所确定的LAC曲线最低点的轨迹。 | SS由ss水平加总而成；LS是在不同需求水平下行业供求平衡时各厂商LAC曲线的最低点的加总轨迹。 | 短期：MR＝MC＝P<br>长期：P＝MC＝SAC＝LAC＝LMC | 相对最高 | 相对最低 | 或＞0<br>或＝0<br>或＜0 | ＝0 | 最高 |
| 完全垄断 | 厂商的需求曲线即行业的需求曲线，它是向右下方倾斜的，其MR曲线位于需求曲线之下。 | | 价格与产量之间无一一对应的关系，供给曲线是不确定。 | | 短期：MR＝MC<br>长期：LMR＝LMC | 相对最低 | 相对最高 | 或＞0<br>或＝0<br>或＜0 | 或＞0<br>或＝0 | 最低 |
| 垄断竞争 | DD′与dd′相交，其弹性大于完全垄断，小于完全竞争。 | 没有统一的行业或产品集团需求曲线。 | 不确定 | 不确定 | 短期：MR＝MC<br>长期：LMR＝LMC<br>LAC曲线与dd′相切；DD′与该切点相交。完全的长期平衡：TT′、SS′、dd′、DD′均相交。 | 接近于完全竞争 | 接近于完全竞争 | 或＞0<br>或＝0<br>或＜0 | ＝0 | 中上 |

① 关于各市场结构其他方面的特点，见第五章的表5.1。

续表

| 市场结构 | 需求曲线 | | 供给曲线 | | 均衡条件 | 产量 | 价格 | 经济利润 | | 经济效率 |
|---|---|---|---|---|---|---|---|---|---|---|
| | 厂商 | 行业 | 厂商 | 行业 | | | | 短期 | 长期 | |
| 寡头垄断 | 折断的需求曲线，古诺模型、埃奇沃思模型、张伯伦模型。 | 卡特尔的需求曲线（相当于完全垄断的DD′）价格领先制。 | 不确定 | 不确定 | 短期：MR＝MC<br>长期：LMR＝LMC | 等于或接近于完全垄断 | 等于或接近于完全垄断 | 或＞0<br>或＝0<br>或＜0 | 或＞0<br>或＝0 | 中下 |

注：表中的 ss 和 ls 分别表示厂商的短期和长期供给曲线，SS 和 LS 分别表示行业的短期和长期供给曲线。

**复习思考题**

1. 解释下列概念：寡头垄断、寡头垄断厂商之间的相互依存、古诺模型、埃奇沃思模型、张伯伦模型、折断的需求曲线、卡特尔、价格领先制、成本加成定价。

2. 假定两个生产矿泉水的厂商成本为零，其总产量的边际收益曲线为 MR＝10－2Q，若两个厂商都按张伯伦模型行事，其总产量应为多少？

3. 假定一个卡特尔由三家厂商组成，其总成本分别如下表所示。若卡特尔决定生产 11 单位产量，如何将这一总产量在三家厂商之间分配才能使成本最低？

| 产　量 | 总成本 | | |
|---|---|---|---|
| | 厂　商Ⅰ | 厂　商Ⅱ | 厂　商Ⅲ |
| 0 | 20 | 25 | 15 |
| 1 | 25 | 35 | 22 |
| 2 | 35 | 50 | 32 |
| 3 | 50 | 80 | 47 |
| 4 | 80 | 120 | 77 |
| 5 | 120 | 160 | 117 |

4. 假定某行业内支配型厂商所制定的价格为行业内其他小厂商所接受。如果该行业的需求曲线为 P＝300－Q，其他小厂商的总供给函数为 $Q_s$＝49P，支配型厂商的边际成本函数为 MC＝2.96$Q_d$，那么，支配型厂商要使利润最大化，应生产多少产量？产品的价格应定在什么水平上？在这一价格水平

上，行业的总产量将是多少？（提示：公式中的 P 是产品价格，Q、$Q_s$ 和 $Q_d$ 分别为市场总需求量、小厂商的总供给量和支配型厂商的供给量）

5. 已知某寡头垄断厂商的长期成本函数为 $C=0.00024Q^3-0.0728Q^2+64.32Q$，其中 C 为按美元计的总成本，Q 为按吨计的产量，该厂商日产量为 200 吨，销售价格为每吨 100 美元。据该厂商自己估计，如果它提高价格，其对手的竞争将使它的需求弹性为 $-5$，如果它降低价格，其产品的需求弹性将为 $-2$，计算：

(1)假如对其产品的需求不变，但它所使用的投入的价格同比例上升，试证明只要投入的价格上升不超过 25％，它不会改变销售价格。

(2)假如需求水平提高，投入价格不变，按现行价格它可增加的销售量的百分率是多少。

# 第九章　博弈论与寡头市场分析

上一章主要是用传统的方法分析了寡头市场。由于寡头市场具有一般博弈的特征，即决策的相互依赖，本节运用博弈论来进一步分析寡头行为。1994 年度的诺贝尔经济学奖授予了博弈论专家纳什（Nash）、泽尔腾（Selten）和豪尔绍尼（Harsanyi），这是对博弈论在经济学中的运用给予的最大肯定。实际上，诞生于 20 世纪 30 年代的博弈论不仅在经济学的研究中起着日益重要的作用，而且正在成为整个社会科学研究的基础。特别是对经济学家来说，博弈论已成为必不可少的分析工具。①

## 第一节　博弈论基本概念

博弈论，又称对策论，英文是 Game Theory，直译为游戏理论。现实生活中的游戏有两个显著特征：一是至少有两人参加；二是参与人的决策相互影响。例如，打扑克、下象棋、顾客与商人的讨价还价、寡头厂商之间的产量决策和价格决策等。因此，我们把具备上述两个特征的活动统称为博弈。博弈论就是用数学方法研究决策相互影响的理性人是如何进行决策以获取最大收益的。

要用数学来研究博弈，首先需用规范的语言来描述博弈。为此，我们需要规定 4 件事：

---

① 本章仅介绍博弈论的基本概念和它在微观经济学中的简单应用，有兴趣的读者可参阅张维迎著，《博弈论与信息经济学》，上海三联书店，1997 年版。

(1)参与人,又称局中人:即有哪些人参与博弈。

(2)行动或策略:什么人在什么时候行动。当他行动时,他具有什么样的信息。他能做什么,不能做什么。

(3)结果:对参与人的不同行动,这场博弈的结果或者说结局是什么。

(4)报酬:博弈的结果给参与人带来的好处。

例 1　硬币博弈。

参与人:两个小孩,甲和乙。

行动或策略:两人同时拿出 1 角的硬币放在桌面上,要么正面朝上,要么反面朝上,不许竖放。

结果:如果都为正面或反面,甲输给乙 1 个硬币;如果一正一反,甲赢得乙 1 个硬币。

报酬:1 个 1 角硬币

在这一例子中,我们是把每个参与人的报酬直接用其赢得或失去的货币值来表示。实际上,可以按其他方式来规定报酬,如下例。

例 2　接头博弈。

参与人:两个人,马大哈与太马虎

行动或策略:两人分处两地,不能相互沟通。两人被告知到某城见面,但都忘了接头地点。现在各自作出决定去哪儿见面,假设有两地供选择,但只能做一次决定和去一个地方。

结果:如果他们相遇,则两人可共进午餐,否则只好怏怏而归。

报酬:见面共进午餐,每人得到的效用为 100,怏怏而归的效用为 -20。

在这一例中,我们是把结果所带来的效用作为报酬。为了便于研究,我们往往需要把报酬规定为数字。在例 1 这类结果中有数值的博弈中,可以直接用数值的数字规定报酬;而在例 2 这类结果不含数值的博弈中,一般可通过指定效用值来规定报酬。当然,对于例 1 这类博弈,也可以指定效用值来规定报酬,但在有货币值的情况下已不必要。

对于例 1 来说，一个参与者所得即是另一个参与者所失，所得与所失之和为零，故这类博弈称为零和博弈，而例 2 则是非零和博弈。从另外一个角度来看，例 1 中两个参与者不会心往一处想，劲往一处使，而例 2 中的两个局中人则会试图保持行动一致。我们把局中人都希望行动或策略保持一致的博弈称为合作博弈，而至少有一方希望行动不一致的博弈称为不合作博弈。一般来说，零和博弈一定是不合作博弈，但非零和博弈不一定是合作博弈，如下例。

例 3:疑犯博弈。

局中人:犯罪嫌疑人邦德和詹尼

行动(策略):警局需要两人的口供作为证据，对其隔离录供。每人面对两种选择，坦白或抵赖。

结果:一方坦白，另一方抵赖，则坦白方可获释放，抵赖方则判刑 10 年;都坦白，则各判 8 年，都抵赖则各判 1 年。

报酬:以各自刑期的负数作为报酬。

显然，本例中的博弈是一个非零和博弈，同时又是一个不合作博弈，即两人为获释放，都将会出卖对方。是否为零和博弈要从博弈的结果来看，而是否为合作博弈则要从行动的愿望来看，观察角度的差异决定二者之间不能划等号。

观察上述几例博弈，可以看出局中人要么是同时作出决策，要么是在隔离、无法互通信息的情况下先后作出决策，其共同特点是决策时不知对方的具体决策。我们把这种局中人决策时彼此不知对方决策的博弈称为静态博弈。与此相对应的动态博弈，是指局中人决策时至少有一方已知道另一方的行动。典型例子如下棋，一方先走棋，另一方后走，后走的一方已知对方的上一次决策。在信息交流畅通的情况下，先后行动的博弈就是动态博弈，因此，动态博弈又称序贯博弈。

对博弈的描述有两种方法，一是策略式描述，二是扩展式描述。策略式描述，又称规范形式的表述(The normal-form

represention)，它规定：(1)参与博弈的选手(Player)；(2)每一个选手可运用的策略(Strategies)；(3)由不同选手的策略形成的组合所带来的支付(Payoffs)。[①]如果一场博弈有 N 个选手，每一个选手都有若干个策略，令 $S_i$ 表示选手 i 的所有策略，$s_i$ 表示 i 的一个策略，显然，$s_i \in S_i$。那么，$(s_i, \cdots, s_n)$ 就可以表示不同选手的策略所形成的一个策略组合。由博弈的过程我们知道，选手 i 面对不同的策略组合将给其带来不同的支付，所以，我们定义选手 i 的支付函数为 $u_i = u_i(s_1, \cdots, s_n)$，表示选手面对策略组合 $(s_1, \cdots, s_n)$ 所得到的支付。有了以上记号，我们可以规范地定义博弈的策略表示法：

定义：一个有 N 个选手参与的博弈的策略式表述规定了每一个选手的策略集合 $S_1, \cdots, S_n$，以及定义其上的支付函数 $u_1, \cdots, u_n$，我们把这一形式记为 $G = \{S_1 \cdots, S_n; u_1, \cdots, u_n\}$。

对于完全信息下的静态博弈的策略式表述，我们经常使用支付矩阵的形式来加以直观地描述。如例 3 的支付矩阵为：

| | | 邦德 | |
|---|---|---|---|
| | | 坦白 | 抵赖 |
| 詹尼 | 坦白 | −8，−8 | 0，−10 |
| | 抵赖 | −10，0 | −1，−1 |

**图 9.1　疑犯困境支付矩阵示意图**

在图 9.1 中，参与博弈的选手及其策略都被揭示得很清楚。每一组数字的第一个数字为相应策略组合下詹尼所得到的支付，第

① Payoffs 准确的含义为“报酬”，但在早期的运筹学教材中都译为“支付”，已成习惯，故这里采取了早期的译法。

二个数字为邦德所得到的支付。读者可以试着将前两个例子的支付矩阵写出来。

博弈的另一种表述形式为扩展式表述。这种表述方式规定：(1)有哪些人参与博弈；(2)参与博弈的选手的行动顺序，即规定何人在何时行动；(3)面临行动的选手都具有什么样的信息；(4)面临行动的选手都有哪些行动可以选择；(5)博弈结束时都有哪些可能的支付。对于这样一种表述方式，我们经常采用博弈树的方式进行描述，如下例。

例 4：掷币游戏。

甲乙两小孩往地上抛硬币，甲先抛，乙后抛，若硬币同面，则甲赢得乙一个硬币，如硬币异面，则甲输给乙一个硬币。下面我们给出这个博弈的博弈树，如图 9.2 所示。

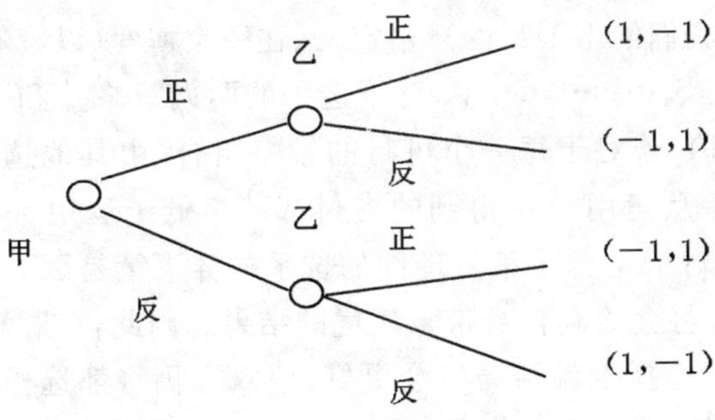


**图 9.2 博弈的扩展形式(博弈树)**

由这个博弈树可以看出，节点表明了何人在何时行动，枝表明有哪些行动可供选择，枝的末端表明了具体支付。对于扩展式博弈的详细介绍见第三节。

## 第二节 纳什均衡与寡头竞争

上面我们已经介绍了如何描述一个博弈，现在来看一下如何求解一个博弈。由于博弈的多种多样，解法也不尽相同。我们先从比较简单的博弈开始。

### 一、上策均衡与纳什均衡

以疑犯博弈为例，我们首先来说明如何用删除下策的方式求解这类博弈。请注意，在这类博弈中，我们认为一个理性的选手在博弈中不会运用下策。

在疑犯博弈中，我们看到无论对方选择坦白还是抵赖，另一方的上策都是选择坦白。因为，当对方坦白时，自己坦白尽管会招致8年的徒刑，但选择抵赖将意味着10年的铁窗，所以，两害相权取其轻，选择抵赖绝对为下策，故每个选手都不会选择这一策略。由此，博弈的解为两人都选择坦白。

下面，我们给出下策的严格定义：在一个博弈(以策略式表示) $G=\{S_1,\cdots,S_n;u_1,\cdots,u_n\}$ 中，对于选手的两人策略 $s_i'$ 和 $s_i''$(即 $s_i'$ 和 $s_i''$ 都属于 $S_i$)，若对于每一个可行的策略组合(由其他选手的策略组成)，选手从运用 $s_i'$ 中得到的支付都严格低于运用 $s_i''$ 得到的支付，则 $s_i'$ 相对于 $s_i''$ 为下策。理性的选手放弃下策是因为没有人相信这一策略将会给其自身带来最优的结果。因此，在疑犯博弈中，尽管双方都选择抵赖结局将会更好，但双方仍将都选择坦白。可见，在一定条件下，个人的理性不一定意味着群体的理性。这一点在现实生活中随处可见，小到球场看球，大到国际间军备竞赛，所以说，疑犯的困境也是人群或人类的困境。

疑犯博弈的特征是每一个选手的上策和下策区分得比较明显。换句话说，不管对方选择什么策略，己方都能以不变应万变。我们把这样的博弈称为上策均衡的博弈。在前面的市场理论中，均衡是指供求双方对市场结果都满意的状况，一旦达到了这一状态，市场的参与者们就没有动机来改变它的行为。在博弈论中，均衡的概念在本质上也是这一含义，但它具体指局中人没有动机来改变自己策略的状况。上策均衡就是指由于每一个局中人都有上策可用而仅仅使用这一策略的状况。

不过，并不是每一场博弈都具有疑犯博弈的特征，因此博弈均衡并非都为上策均衡。如例 2 所示：

| 马大哈 \ 太马虎 | 甲地 | 乙地 |
| --- | --- | --- |
| 甲地 | 100，100 | —20，—20 |
| 乙地 | —20，—20 | 100，100 |

**图 9.3 接头博弈支付矩阵示意图**

如图 9.3 支付矩阵示意图所示，局中人马大哈与太马虎都没有上策，其最优的策略取决于对方的选择。若马大哈去甲地，太马虎的上策就是也去甲地，反之亦反。对于这类博弈，我们引入一个新的均衡概念——纳什均衡——来求解。

定义：(两人博弈下的纳什均衡)如果给定局中人 i 的策略 $s_i^*$，$s_j^*$ 是局中人 j 的上策，如果给定局中人 j 的策略 $s_j^*$，局中人 i 的上策为 $s_i^*$，那么，($s_i^*$，$s_j^*$)这一策略组合所表示的均衡就是纳什均衡。

对照这一概念，不难发现接头博弈中存在两个纳什均衡：(甲地，甲地)和(乙地，乙地)。一般来说，当一个博弈存在多个纳什均衡时，将使局中难以作出选择，故人们希望能借助某种标准来删去一些均衡。另外，在一些博弈中，不会存在纳什均衡。如图 9.4 所示例 1 的硬币游戏。

在这一博弈中，局中人甲乙两小孩也都没有绝对的上策，其上策的选择取决于对方的选择，在这一博弈中不存在我们上面定义的纳什均衡。[①] 因为如果甲选择正面，乙的上策就是选择正面；但给定乙选择正面，甲的最佳选择却是反面。因此我们找不到一组均衡策略满足纳什均衡的定义。

| | | 乙 | |
|---|---|---|---|
| | | 正面 | 反面 |
| 甲 | 正面 | −1,1 | 1,−1 |
| | 反正 | 1,−1 | −1,1 |

**图 9.4 掷币博弈支付矩阵示意图**

现在我们来比较一下纳什均衡与上策均衡的概念：

上策均衡：若策略组合（$s_i^*$，$s_j^*$）构成一上策均衡，则对于 i 或 j 来说，无论对方选择什么策略，$s_i^*$ 或 $s_j^*$ 都是上策。

纳什均衡：若策略组合（$s_i^*$，$s_j^*$）构成一纳什均衡，则对于 i 或 j 来说，只有对方选择 $s_j^*$ 或 $s_i^*$ 时，$s_i^*$ 或 $s_j^*$ 才是上策。

显然，上策均衡是纳什均衡的特例。

## 二、寡头市场中的古诺模型

现在，我们应用纳什均衡的概念分析寡头市场中的厂商竞争行为。

如前所述，在一个寡头市场中，几个厂商占有大部分或全部的产量，其竞争行为是相互依赖的，因此我们可以用博弈论来进行分析。本节主要运用同时行动的静态博弈模型来分析厂商的产量竞争活动。

---

① 我们所定义纳什均衡是纯策略的纳什，这个博弈实际上存在一个混合策略的纳什均衡。关于混合策略均衡读者可参阅 Gibbons(1994)pp12－14。

当我们研究一个市场时，通常是想确定均衡时的价格和产量。实际上，当一个市场达到均衡时，厂商所做的就是他们所能做得最好的，从而没有理由来改变他们的价格和产量。在完全竞争和完全垄断的市场中，厂商是在给定市场需求的条件下进行决策，并不需要考虑其他厂商的行为，就能做其所能做的最好的决策。而在寡头市场中，一个厂商的定价和定产要考虑其对手的策略性行为，因此，各个厂商需要在假定其竞争者的行为以后才能做出其最佳选择。由于厂商会很自然地假定其竞争对手也会在给定该厂商的行为后采取最好的行动，因而我们假定各厂商考虑到其竞争者，而其竞争者也将会这么做。联系前面纳什均衡的概念，不难看出寡头市场的均衡实际上是一个纳什均衡。

现在我们先来考察寡头厂商的产量竞争行为。我们仍以前述古诺模型为例。

设寡头市场的需求曲线为：$P=a-Q$，其中 a 为常数，Q 是两厂商的总产量，即 $Q=q_1+q_2$。为了计算简便，我们还设两个厂商具有常数边际成本：$MC_1=MC_2=0$。

为了找到这一问题的纳什均衡，我们首先把它转换成一个规范型的博弈。规范型的博弈需要明确：(1)参与博弈的局中人；(2)局中人都可使用哪些策略；(3)每个选手从可能的策略组合中得到的支付。显然，在古诺模型中有两个局中人，他们的策略就是他们对产量的选择，支付就是给定双方的产量选择后的利润。

为了使利润最大化，该厂商需使边际收益等于边际成本。厂商的总收益为：

$$
\begin{aligned}
R_1 &= pq_1=(a-Q)q_1 \\
&= aq-(q_1+q_2)q_1 \\
&= aq_1-q_1^2-q_1q_2
\end{aligned}
$$

该厂商的边际收益就是产量的增量所带来的总收益的增量，即

$$MR_1 = \Delta R_1/\Delta q_1 = a - 2q_1 - q_2$$

现在令 $MR_1=0$（该厂商的边际成本），并解出 $q_1$，我们得到：

$$q_1 = 0.5a - 0.5q_2$$

我们把这条曲线叫做厂商Ⅰ的反应曲线，即厂商Ⅰ对厂商Ⅱ的产量选择作出的最佳反应。同样，我们也可得到厂商Ⅱ的反应曲线：

$$q_2 = 0.5a - 0.5q_1$$

因此，均衡的产量水平就是这两条曲线的交点所对应的 $q_1$ 和 $q_2$ 的值，解这两个方程，可得古诺均衡为：

$$q_1 = q_2 = \frac{1}{3}a$$

因而总产量为 $Q=q_1+q_2=\frac{2}{3}a$，均衡市场价格为 $P=a-Q=\frac{1}{3}a$。图 9.5 给出了反应曲线和古诺均衡。

古诺模型很容易被一般化，从而适用于包含着三个或更多的销售者的寡头垄断市场。一般地说，寡头垄断行业的均衡产量 $Q_o$ 与竞争产量 $Q_c$ 以及厂商数目 n 之间的关系为：$Q_o=Q_c\left\{\frac{n}{n+1}\right\}$。①

前面，我们假设两厂商是竞争的，现在我们假设两厂商可以进行串通。为此，它们需要确定他们的产量以使总利润最大化，并假定会平分利润。

总利润是通过选择使边际收益等于边际成本的总产量 Q 来实现利润最大化。两厂商的总收益为：

$$R = PQ = (a-Q)Q = aQ - Q^2$$

所以，边际收益为：

$$MR = \Delta R/\Delta Q = a - 2Q$$

---

① 参见附录Ⅰ[16]。

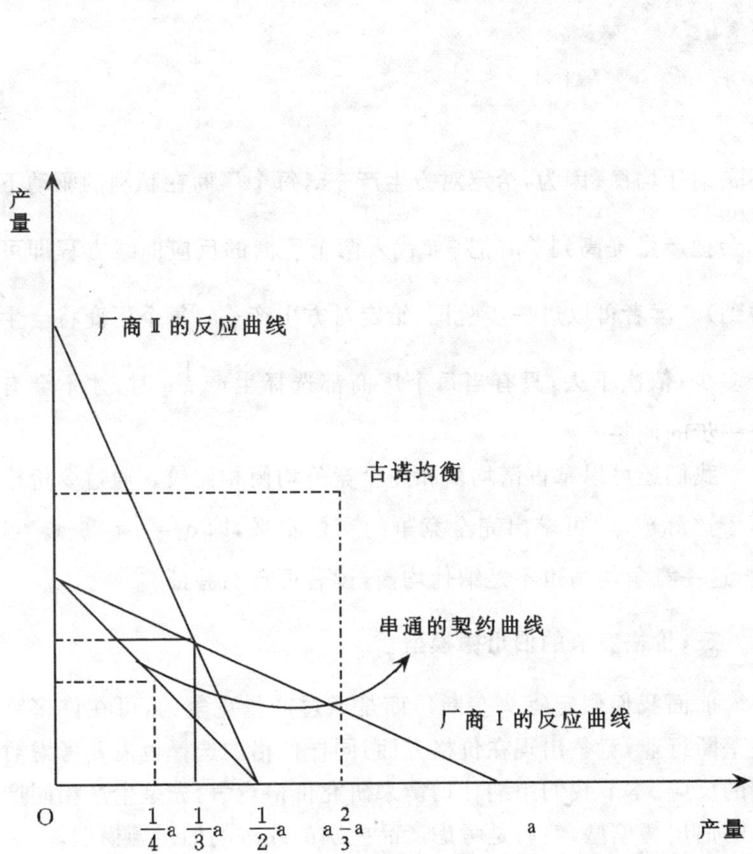


图 9.5 双寡头的均衡

令 MR＝0，可得到 $Q=\frac{1}{2}a$ 时利润最大化。因此，任何相加为 $\frac{1}{2}a$ 的 $q_1$ 和 $q_2$ 的组合都能使总利润最大化。由此曲线 $q_1+q_2=\frac{1}{2}a$ 可称为契约曲线，它表明两个厂商可以按照这条线的每一个点进行签约来使总利润最大化。如果两个厂商同意平分利润的话，他们将各生产一半，即

$$q_1=q_2=\frac{1}{4}a$$

显然，较之于古诺均衡，两厂商现在生产得较少，但赚到了更多的利润。另一方面，这种串通的均衡却是一种不稳定的均衡，即

不是纳什均衡。因为，给定对方生产$\frac{1}{4}a$，每个厂商在私利的驱动下都会把产量提高到$\frac{3}{8}a$（把$\frac{1}{4}a$代入两个厂商的反应曲线方程即可得到）。读者可以进一步验证，给定对方生产$\frac{3}{8}a$，每个厂商将会生产多少，依次下去，只有当每个厂商都选择生产$\frac{1}{3}a$时，才不会有进一步的调整。

我们还可以拿古诺均衡和完全竞争均衡相比较。通过令价格等于边际成本，可求出完全竞争的产量水平，即$q_1=q_2=\frac{1}{2}a$。当然，这一竞争均衡也不是纳什均衡，读者可自己验证。

### 三、价格竞争的伯川德模型

前面我们假定寡头垄断厂商是通过产量竞争的，可在许多寡头垄断行业，竞争出现在价格方面，同样价格的选择也需要考虑对手的反应。本节我们用纳什均衡来研究价格竞争，先是生产相同产品的伯川德模型，然后是考虑产品差别的改进的伯川德模型。

伯川德模型是由法国经济学家约瑟夫·伯川德（Joseph Bertrand）于1883年建立的，如古诺模型一样，假定各厂商生产一种相同的产品。不过，现在他们所选择的是价格而不是产量。正如下面所示的，这将对竞争的结果产生极大的影响。

我们还是假定市场的需求曲线为：$P=a-Q$，其中$a$为常数，$Q$是两厂商的总产量，即$Q=q_1+q_2$。仍假定两个厂商的边际成本相同，但为了理解的方便，这次我们假定边际成本为一个常数$c$，即

$$MC_1=MC_2=c$$

现在的问题是各厂商将会选择什么样的价格以赚取最大利润，且这一利润为多少。在解这一问题之前，请注意，由于产品是相同的，消费者将只会从价格最低的厂商那里购买。因此，如果两个

厂商出不同的价，价格较低的厂商将供应整个市场，而价格较高的厂商将什么也卖不出去。如果两个厂商定价相同，则消费者对于从哪个厂商购买不会在意，从而我们假定此时两个厂商各供给市场的一半。

在这种情况下的纳什均衡是什么？仔细思考一下，不难得出纳什均衡就是竞争均衡，即两个厂商都将会把价格定在边际成本 c 上。因而，行业总产量为 $Q=a-c$，各厂商的产量为 $\frac{1}{2}(a-c)$，都只赚到零利润。为了验证这是一个纳什均衡，应指出此时两个厂商都没有改变价格的冲动。实际上，如厂商 1 提高价格，那么它就会一件商品也销售不出去，利润水平显然为负；如果它降低价格，这时固然会赢得整个市场的销售量，但由于此时每个商品的售价低于边际成本，故卖一件赔一件，利润水平也为负。所以，这时厂商没有改变价格的冲动，它的选择已经是在给定对方选择的情况下所做的最好的选择。

为什么不会存在一个价格高于边际成本从而使两个厂商都能赚到一定利润的纳什均衡？这是因为对两个厂商来说，如果对方的给定价格高于边际成本，另一个只要稍微降低一点价格，就会赢得整个市场从而使自己的利润大增，因而各厂商都会想到用减价来抢生意，这种销价竞争将一直持续到价格降为边际成本。

比较古诺模型和伯川德模型，我们可以看到两个结果迥异的纳什均衡，而这仅仅是因为两个厂商改变了竞争手段，从产量竞争改为价格竞争。但伯川德模型在几个方面受到了质疑：一是在产品同质的情况下竞争手段为价格竞争不太符合现实；二是即使选择了价格竞争，在相同的价位上，两厂商的销量也未必相同。当然，伯川德模型还是有用的，它毕竟向我们表明了寡头垄断中的均衡是如何依赖于厂商对竞争策略的选择的。

## 第三节　动态博弈与先行者优势

在第一节中，我们已经介绍了一点序贯博弈的知识。在本节我们将继续讨论序贯博弈及其应用。

在动态博弈中，核心的问题是承诺的置信性。考虑下面的例子，首先局中人1行动，他必须在给还是不给局中人2一千块钱之间作出选择；然后，局中人2在看到局中人的选择后，决定是否拉响手榴弹同归于尽。假设局中人2威胁局中人1，除非给他一千块钱，否则同归于尽，那么，局中人1若屈服于这一威胁，最好的选择就是给他一千块。但是，局中人1不应相信这一威胁会实现，因为理性的人在一千块钱和生命的价值之间会区分得很清楚。所以这一威胁是不可置信的，从而局中人1不会给局中人2这笔钱。在动态博弈中，这类问题非常重要，我们将发展一些可行的办法来解决。

### 一、逆向归纳法求解纳什均衡

逆向归纳求解的方法是求解动态博弈的基本方法。具体说来，它是从最后行动的局中人的选择入手，考察其最优的选择是什么，然后，给定这一选择，比他先行一步的局中人考虑到他的这一最优选择后，再作出自己的最优选择，如此倒推，直到第一个行动的局中人作出选择。为简便起见，我们只考察两阶段的动态博弈，即局中人1先行动，局中人2后行动且行动后博弈就结束了。下面我们用规范的语言来介绍逆向归纳法。

当局中人2在博弈的第二阶段行动时，他所面临的问题是，给定局中人1的选择，最大化其支付函数：选择一个$a_2$使$\mathrm{Max}U_2(a_1,a_2)$，其中$a_1$是局中人1的某一选择。

假设对于任意$a_1$，局中人2的最优化问题都有唯一的解，记为

$a_2^* = R_2(a_1)$，这是局中人 2 对局中人 1 的选择的反应函数。由于局中人 1 也会进行局中人 2 的如上计算，所以局中人 1 在第一阶段行动时将会把局中人 2 的最优选择预先就计算在内。这样，局中人 1 的问题就是给定局中人 2 的最佳反应 $R_2(a_1)$ 选择行动 $a_1$ 使 $\text{Max}U_1(a_1, R(a_1))$。

假设局中人 1 也有唯一的最优解，记为 $a_1^*$，那么我们称 $(a_1^*, R_2(a_1^*))$ 为这个博弈的逆向归纳结果，实际上，这也是一个纳什均衡（读者可以验证）。这一逆向归纳结果排除了不可置信的威胁：局

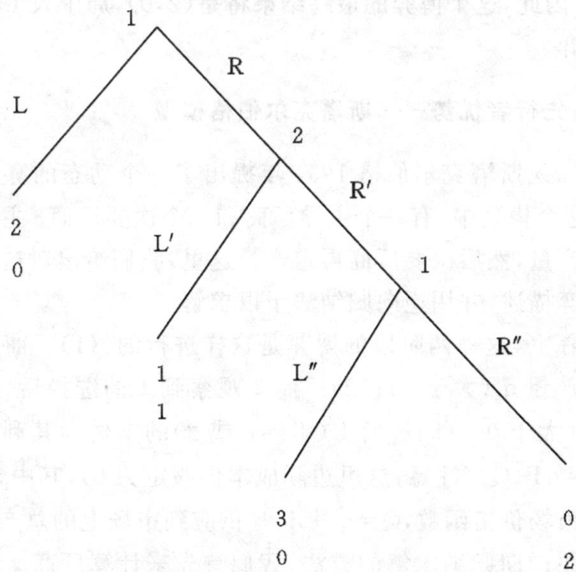


**图 9.6 扩展式的三阶段博弈**

中人 1 预料到局中人 2 通过反应函数 $R_2(a_1)$ 将会对其行动作出最佳的反应，从而局中人 1 不会相信局中人 2 所发出的与其自己利益相背的威胁，即不可置信的威胁。

下面给出一个扩展式的三阶段博弈，并直观地用逆向归纳法

予以求解，见图 9.6 所示。

用逆向归纳法求解这个博弈，我们首先从博弈的第三个阶段开始(即局中人 1 的第二次行动)。这时局中人 1 选择 L″，收益为 3，选择 R″，收益为 0，所以，这时他将会选择 L″；倒推到第二阶段，局中人 2 行动，这时他选择 L′收益为 1，预计到局中人 1 在第三阶段选择 L″，他选择 R′的收益为 0，因此他将选择 L′；倒推到第一阶段，这时该局中人 1 行动，由于他预料到局中人 2 将会在第二阶段选择 L′，因此若他选择 R，他的收益只能为 1，而他若选择 L，他将得到 2。因此，这个博弈的最终结果将是(2，0)，局中人 1 选择 L 并结束博弈。

## 二、先行者优势——斯塔克尔伯格模型

德国人斯塔克尔伯格 1934 年提出了一个动态的寡头垄断模型。在这个模型中，有一个主导厂商和一个次要厂商。主导厂商首先确定产量，然后次要厂商再定产。这里，我们给出对这一模型的动态博弈描述，并用逆向归纳法予以求解。

实际上，这一两阶段的博弈是这样进行的：(1)厂商Ⅰ率先选择一个产量 $q_1$(大于 0)；(2)厂商Ⅱ观察到Ⅰ的选择后，选择一个产量 $q_2$(大于 0)；(3)厂商Ⅰ(Ⅰ=1 或 2)的支付为其利润函数 $\pi_i(q_i, q_j)=q_iP(Q)$(注意，这里边际成本仍假定为 0)，其中，$P(Q)=a-Q$ 是市场价格函数，$Q=q_1+q_2$ 是供应到市场上的总产量。

按照逆向归纳求解的方法，我们首先来计算厂商Ⅱ对厂商Ⅰ可能的选择所作出的反应，即求厂商Ⅱ的反应函数 $R_2(q_1)$，为此解下面的最大化问题：

$$\mathrm{Max}\pi_2(q_1, q_2)=\mathrm{Max}q_2(a-q_1-q_2)$$

解为：$R_2(q_1)=\dfrac{a-q_1}{2}$。

现在我们来看厂商Ⅰ的最大化问题。由于厂商Ⅰ预计到厂商

Ⅱ会以 $R_2(q_1)=\frac{a-q_1}{2}$ 的方式对其选择作出反应，所以，厂商Ⅰ在第一阶段的最优化问题是选择 $q_1$ 使

$$\begin{aligned}\mathrm{Max}\pi_1(q_1,R_2(q_1))&=\mathrm{Max}q_1[a-q_1-R_2(q_1)]\\&=\mathrm{Max}q_1\frac{a-q_1}{2}。\end{aligned}$$

我们有解 $q_1^*=\frac{a}{2}$，代入厂商Ⅱ的反应函数有，$q_2^*=R_2(q_1^*)=\frac{a}{4}$。

这就是斯塔克尔伯格模型的逆向归纳求解的结果。把这一结果与古诺模型比较，可以看出，在古诺模型中，每个厂商的产量为 $\frac{1}{3}a$，总产量为 $\frac{2}{3}a$；而斯塔克尔伯格模型的总产量为 $\frac{3}{4}a$，又因为两个模型的市场需求曲线都一样，所以斯塔克尔伯格模型中的价格水平要低一些(作为一个练习，读者可以自己求出来)。另外，在斯塔克尔伯格模型中，先行动的厂商Ⅰ实际上也可以选择古诺产量 $\frac{1}{3}a$，这时厂商Ⅱ对此的反应是也将选择古诺产量 $\frac{1}{3}a$。厂商Ⅰ本来可以选择古诺产量而选择了斯塔克尔伯格产量，这说明厂商Ⅰ借助先行的机会，获得了更多的利润，这就是所谓的"先行者优势"。

**复习思考题**

1. 解释下列概念：博弈的策略式表述与展开式表述、上策均衡、纳什均衡、逆向归纳求解方法。

2.(寡头的产量竞争练习)如文中的古诺模型的假定条件，现具体规定市场的需求曲线为 $Q=q_1+q_2=120-P$，请求出：(1)古诺竞争下的产量(含各自产量与总产量)、利润和市场价格；(2)若两个厂商进行联合以垄断市场，这时的产量、价格和利润。

3.(斯塔克尔伯格竞争练习)如文中的假定条件，市场的需求曲线亦为 $Q=q_1+q_2=120-P$，求各自的产量、利润和市场价格。

# 第十章　要素价格与使用量

以上各章所讨论的是产品市场的均衡价格和均衡产量的决定，现在我们转向要素价格和使用量的讨论。如前所述，生产要素亦称投入或投入品，其中包括土地、劳动、资本和企业家才能。因为生产要素的价格即地租、工资、利息和利润就是要素所有者的收入，所以，只要各生产要素的价格确定了，各生产要素所有者的收入及其在国民收入中的份额也就确定了。生产要素的价格决定与收入分配（这里指功能性分配——即各种生产要素根据其在生产中所发挥的功能而在国民收入中占有的相对份额）是在同一个过程中实现的。正因如此，要素价格理论也就是收入分配理论。

前面各章所表述过的多数理论除了适用于消费品外，也适用于投入品，例如，供给和需求的相互作用既决定消费品价格，也决定投入品价格。然而，在很多重要的方面对要素的需求不同于对产品的需求，同样，要素的供给与产品的供给也存在着重要的差异。这些差异主要来源于如下事实，即需要投入品的是厂商而不是消费者，而像劳动这样重要的投入品则是由消费者而非厂商提供的。

不仅如此，由于厂商对生产要素的需求是一种派生的需求或"引致需求"，意指消费者对最终产品的需求间接派生出了对生产要素的需求，所以，要素的价格及其使用量，不仅取决于要素市场的结构，而且取决于产品市场的结构。两种市场结构的不同组合，会使本章所研究的问题更加复杂。为简化起见，我们只考虑其中有代表性的几种市场组合。

## 第一节 完全竞争条件下的要素价格与使用量

我们首先考察完全竞争条件下的要素价格与使用量的决定。这里所说的完全竞争即指要素市场，又指产品市场。

### 一、利润最大化与要素使用量

与厂商的产量和价格决策一样，厂商多要素的使用量，也是根据利润最大化原则决定的。具体说，厂商在决定生产要素的最佳投入组合时，总是试图使生产要素的边际技术替代率等于生产要素的价格比率。以厂商只使用劳动 L 和资本 K 两种生产要素为例，其利润最大化的最佳生产要素组合要满足以下条件，即

$$MRTS_{L,K}=\frac{MP_L}{MP_K}=\frac{P_L}{P_K}$$

$$或\quad \frac{MP_L}{P_L}=\frac{MP_K}{P_K}$$

式中，$MP_L$ 和 $MP_K$ 分别为劳动和资本的边际产品；$P_L$ 和 $P_K$ 分别为劳动和资本的价格。如果上式不成立，厂商总是可以通过调整某种投入品的使用量来减少它的成本。例如，若 1 单位价格为 1 美元的投入品 X 的边际产品是 2 单位，1 单位价格为 2 美元的投入品 Y 的边际产品是 6 单位，那么，厂商少用 1 单位投入品 X——它减少了 2 单位产出和 1 美元的成本，并且增加使用 1 单位的投入品 Y——它提高了 2 单位的产出和 0.67 美元的成本，就能降低成本。用投入品 Y 来替代投入品 X 并没有对产出造成什么影响，但是它减少了 0.33 美元的成本。

当厂商使用多种要素进行生产时，其最佳要素组合的公式可表述为：

$$\frac{MP_x}{P_x}=\frac{MP_y}{P_y}=\cdots=\frac{MP_z}{P_z} \tag{10.1}$$

进一步分析表明，如果厂商欲使其生产既定产量的成本最小化，则必须使公式(10.1)中的每一个比率都等于厂商边际成本的倒数。换言之，必须使

$$\frac{P_x}{MP_x}=\frac{P_y}{MP_y}=\cdots=\frac{P_z}{MP_z}=MC \quad (10.2)$$

这里的MC为厂商的边际成本。让我们以要素x为例，来说明公式(10.2)是成立的。

当保持其他要素使用量不变时，如果通过增加要素x使用量而增加1单位产量，那么生产这增加的1单位产量的成本是多少呢？既然增加的1单位要素X的边际产量为$MP_x$，则$1/MP_x$单位要素X的增加将提供1单位边际产量。因为$1/MP_x$单位要素X所花费的成本为$(1/MP_x)\cdot P_x$，所以，$P_x/MP_x$则等于由增加1单位产量所引起的总成本的增加，即等于边际成本。以上的说明同样适用于其他要素，所以说，公式(10.2)是可以成立的。

再进一步说，根据前面对产品市场的分析，如果厂商要实现利润最大化，它必须使其边际成本等于边际收益，即

$$\frac{P_x}{MP_x}=\frac{P_y}{MP_y}=\cdots=\frac{P_z}{MP_z}=MR \quad (10.3)$$

公式(10.3)中的MR为厂商的边际收益。将其重新整理后，可得下列公式：

$$MP_x\cdot MR=P_x \quad (10.4a)$$

$$MP_y\cdot MR=P_y \quad (10.4b)$$

$$\vdots$$

$$MP_z\cdot MR=P_z \quad (10.4c)$$

上述公式的左边被定义为要素的边际收益产品(MRP)，即由于增加1单位要素所引起的总收益的增加。由于完全竞争的厂商在产品市场上所面对的是一条水平的需求曲线，它增加1单位产品的销售所带来的边际收益就等于产品的价格，所以，要素的边际收益产品MRP就等于边际产品的价值(VMP)。所谓边际产值就

是指增加 1 单位某种要素所带来的边际产品 MP 乘以该产品的价格。

从以上分析中可以得出这样一个结论:在完全竞争条件下,追求利润最大化的厂商将总是以一种要素的边际产值与该要素的价格相等的原则,来确定该要素的最佳使用量。这一结论为我们分析厂商对要素的需求曲线提供了基础。

### 二、厂商对要素的需求曲线:单一要素可变

一个厂商对要素 X 的需求曲线表示在 X 的每一种可能的价格下厂商对 X 的需求量。这里我们首先假定其他要素固定不变,只考察单个厂商对一种可变要素(以劳动 L 为例)的需求曲线。由于该要素市场处于完全竞争状态,该要素即劳动的价格 $P_L$ 对所有厂商都要既定的,因此,对于任何一个单个厂商来说,劳动的供给曲线 $S_L$ 如图 10.1 所示,都是一条完全有弹性的水平线,厂商在既定价格 $P_L$ 下可以获得任意数量的劳动供给量。

假定劳动的边际产品 $MP_L$ 曲线如图 10.2 所示,由于 $MP_L$ 随

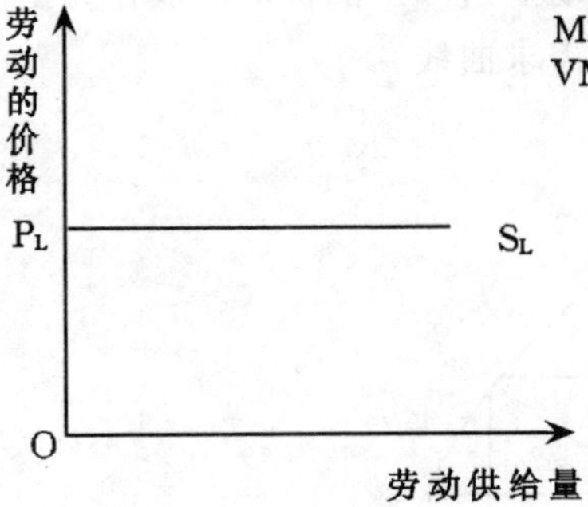


图 10.1 完全有弹性的劳动供给曲线

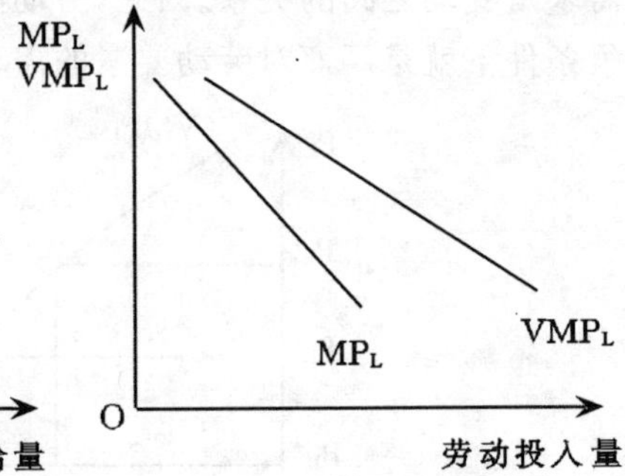


图 10.2 劳动的边际产品和边际产值曲线

劳动投入量的增加而递减，因此，图 10.2 中的 $VMP_L$ 曲线是向右下方倾斜的。劳动的边际产品价值等于其边际产品 $MP_L$ 与产品价格的乘积：$VMP_L = MP_L \cdot P$。由于在完全竞争条件下单个厂商的产品价格 P 不随该厂商的产量增减而变化，它是一个既定不变的常量，因此，如图 10.2 所示，边际产品价值 $VMP_L$ 曲线也必然会向右下方倾斜。$VMP_L$ 曲线的形状表明，由于每增加 1 单位劳动投入所带来的边际产品是递减的，所以，每增加 1 单位劳动投入所带来的产品的价值的增量——边际产值也是递减的。

在完全竞争条件下，厂商对要素价格没有任何影响，在上述只考虑劳动市场的例子中，厂商只能根据劳动的边际产品价值 $VMP_L$ 与既定的劳动价格 $P_L$ 相等的原则来调整对劳动的需求。如图 10.3 所示，假定劳动的价格即工资为 $P_L'$，厂商对劳动的需求量将确定在 $L_1$ 的水平。如果工资下降到 $P_L''$，厂商对劳动的需求量会增加到 $L_2$，如果工资下降到 $P_L'''$则劳动的需求量会增加到 $L_3$。显然，劳动的边际产品价值曲线恰好反映了工资变动与厂商对劳动需求量变动之间的关系。因此，劳动的边际产品价值曲线在完全竞争条件下就是厂商对劳动要素的需求曲线。

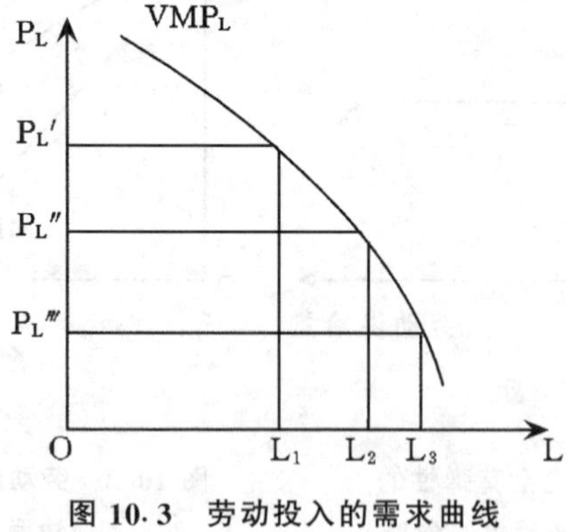


**图 10.3　劳动投入的需求曲线**

前面曾指出，厂商对任何一种生产要素的需求量都要根据利润最大化的原则，使该要素的边际产品价值等于该要素的价格。因此，对任何生产要素来说，其边际产品价值曲线就是厂商对该要素的需求曲线。上述以劳动为例的分析，同样适用于对任何一种生产要素需求曲线的分析。

### 三、厂商对要素的需求曲线：多种要素可变

前面考察了只有一种可变要素投入时，厂商对该要素的需求曲线。如果有多种要素可变时——在长期内，所有要素都是可变的，厂商对某种生产要素的需求曲线就不能再简单地看作是该要素的边际产品价值曲线。以资本和劳动这两种要素为例，当资本的投入量不断增加而劳动投入量不变时，在资本的边际产品递减的同时，劳动的边际产品会增加；当劳动投入量不断增加而资本投入量不变时，劳动的边际产品递减而资本的边际产品递增。但是，当这两种要素同时增加时，就必须考虑它们之间的相互影响。

如图 10.4 所示，假定最初资本投入不变为 $K^0$，劳动的短期需

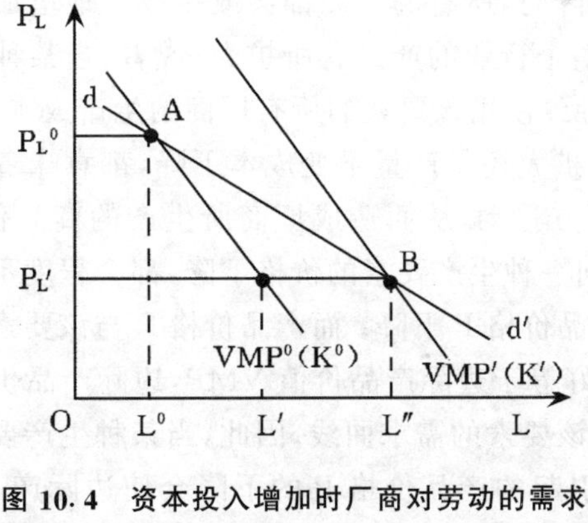


图 10.4　资本投入增加时厂商对劳动的需求

求曲线就是劳动的边际产品价值线 $VMP^0$。在工资为 $P_L{}^0$ 时，厂商将雇佣 $L^0$ 数量的劳动，在工资下降到 $P_L{}'$ 时，厂商会把劳动的雇佣

量增加到 L′。但是，在长期，考虑到资本的投入量也会增加，劳动在工资为 $P_L'$ 时的雇佣量就不是 L′。因为劳动投入量由 $L^0$ 增加到 L′时，资本的边际产品会增加，从而促使厂商将资本的投入量增加到 K′。而资本投入量的增加又会使劳动的边际生产力提高，从而增加劳动的边际产品价值，这意味着劳动的边际产品价值曲线将由 $VMP^0(K^0)$ 移动到 VMP′(K′)。因此，在工资由 $P_L^0$ 下降到 $P_L'$ 以后，由于资本投入量也会增加，厂商实际的劳动需求量将不是 L′，而是 L″。这样，劳动的需求曲线就不能简单地看作是 $VMP^0$ 或 VMP′，而是通过 A、B 两点的 dd′ 曲线。

只要有两种以上的要素是可变的，上述情况就会发生，这时任何一种可变要素的需求曲线，都是该要素的水平的价格曲线与发生相应变动后的该要素边际产品价值曲线之交点的轨迹。

### 四、要素的市场需求曲线

与产品的市场需求曲线不同，生产要素的市场需求曲线不能简单地由各个厂商对该要素需求曲线水平加总而成，当一种生产要素的价格下降时，所有的厂商都会或多或少地增加该要素的投入量，从而使整个行业的产量有所扩大；或者，当某种生产要素价格下降时，会导致使用该要素的所有厂商的生产成本下降。无论是成本不变产量扩大还是产量不变成本下降，都意味着各厂商的供给曲线向右下方移动，从而造成厂商所生产的商品价格 P 下降。这就是说，任何一种生产要素的价格下降，都会程度不同地引起各厂商生产的商品价格 P 下降。而产品价格 P 与该要素的边际产品 MP 的乘积恰好等于边际产品价值 VMP，边际产品价值曲线实际上就是厂商对该要素的需求曲线。因此，当某种生产要素的价格下降时，由此而引起的产品价格 P 的下降会使边际产品价值 VMP 下降。由于 VMP 的这种下降不是直接由要素价格下降造成的，而是直接与产品价格 P 的下降有关，所以，当某种生产要素价格下降时，会或多或少地引起边际产品价值曲线的左移。这样，在分析某种生产要素的市场需求曲线时，就不能不考虑个别厂商的需求曲线会随要素价格下降向左移动的情况。

以劳动市场为例。图 10.5*a* 表示单个厂商对劳动的需求曲线，图 10.5*b* 表示劳动的市场需求曲线。当工资为 $P_L'$时，单个厂商对

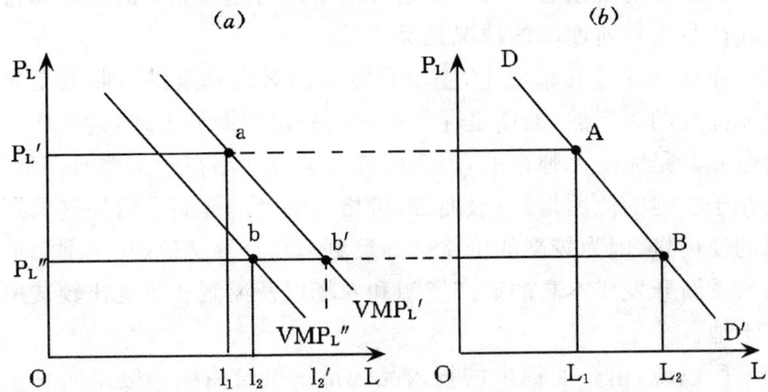


**图 10.5　劳动的个别需求曲线及其市场需求曲线**

劳动的需求量为 $l_1$，将此时所有厂商对劳动的需求量加在一起则得到工资水平为 $P_L'$时市场对劳动的总需求量。如图 10.5b 中的 $L_1$ 所示。假定工资下降到 $P_L''$，单个厂商会沿着其劳动的边际产品价值曲线 $VMP_L'$将劳动的投入量增加到 $L'_2$ 的水平。但是，工资下降引起劳动投入的增加会导致最终产品的产量增加，并相应地使产品价格 P 下降，从而使劳动的边际产品价值曲线由 $VMP_L'$向左移动到 $VMP_L''$。这样，在 $P_L''$的工资水平下，厂商对劳动的实际需求量是 $l_2$ 而不是 $l_2'$，与此相应的市场需求量则为 $L_2$。这样，A、B 就成为劳动的市场需求曲线上的两个点。用同样的方法我们可以得到该市场需求曲线上的其他各点，对劳动的完整的市场需求曲线就是 DD′。

### 五、生产要素的供给

在完全竞争条件下要素的供给对单个厂商来说是具有完全弹性的,但整个行业所面临的要素供给曲线通常不是这样。对于大多数作为生产要素的中间产品来说,除非要素的价格上升,否则,整个市场供给的要素总量是不会增加的。这与完全竞争的厂商和行业在产品市场所面临的情况是类似的。

而在一些特殊情况下,整个行业所面对的要素供给曲线是完全无弹性的。当然,即使是存量给定的一国资源如土地,其市场供给也并非是完全无弹性的,因为问题的关键并不在于土地的存量,而在于土地的使用量。一般而言,价格大幅度的提高会增加这些资源的使用量。因为较高的价格会导致更多地开垦荒地(甚至围海造田)、重新开发成本高的矿产资源和农场以及灌溉和改良比较贫瘠的土地。

所以说,由企业提供的投入品的市场供给曲线一般是向右上方倾斜的。也就是说,较高的要素价格通常会引起该要素供给量的增加。然而,并非所有的投入品都是由企业提供的。一种最重要的投入品——劳动——就是由个人提供的。他们所供给的这种要素也可以留给自己使用,因为他不工作的时间可以用于休闲。这样,供应给厂商的这些要素的数量就既依赖于劳动者可支配的时间总量,又依赖于劳动者的时间在劳动与闲暇之间的分配。

具体说,如果某种生产要素是由某些厂商生产出来的,如机器、设备、原料、厂房等资本品,其供给价格和供给量主要与生产和再生产该种生产要素的成本有关;如果生产要素不是由厂商生产出来的,如土地、劳动、货币资本等,其供给价格和供给量则主要由该种生产要素在某一时期的存量、供给者的偏好、该要素的机会成本等因素决定。

## 六、要素均衡价格和均衡使用量的决定

要素均衡价格和均衡使用量是由该要素的市场供给曲线和需求曲线的交点决定的。如图 10.6 所示，要素的均衡价格为 $OP_0$，如果价格高于 $OP_0$，供给量会超过需求量，从而引起价格下降；如果价格低于 $OP_0$，则需求量会超过供给量，从而引起价格上升。只有当要素价格等于 $OP_0$ 时，该要素的供给量和需求量才一致，该价格才能够维持。

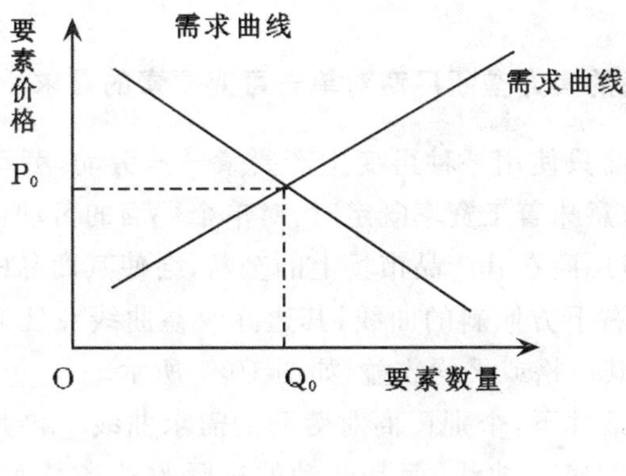


**图 10.6　要素的均衡价格和均衡数量**

以上有关要素价格和使用量决定的一般论述，适用于各种要素。具体地说：劳动的价格即工资，是由劳动的供给曲线和需求曲线的交点决定的；资本品的价格是由资本品的供给曲线和需求曲线的交点决定的；资本的使用价格即租金或利息是由资本的供求关系决定的；土地的租赁价格即地租，是由土地的供给曲线和需求曲线的交点决定的；土地的买卖价格等于单位土地的年收益（地租）除以利息率；企业家才能的价格即正常利润被包括在成本之中，它取决于企业家才能的供求关系；厂商收益超过成本的部分被称作经济利润，它来源于创新、风险和垄断。

## 第二节　卖方垄断的产品市场和完全竞争的要素市场

上一节，我们分析了完全竞争条件下的要素价格和使用量。从本节开始，我们分析不完全竞争条件下的要素价格和使用量。本节首先分析不完全竞争的产品市场和完全竞争的要素市场，在第三节和第四节分别分析买方垄断的要素市场和双边垄断的要素市场。

### 一、产品的卖方垄断厂商对单一可变要素的需求

假定厂商只使用一种可变生产要素——劳动，劳动市场是完全竞争的。这意味着工资率既定时，对单个厂商的劳动供给具有完全的弹性，但厂商在其产品市场上的垄断，会使其商品的需求曲线成为一条向右下方倾斜的曲线，其边际收益曲线在任何产量水平上都会小于其价格或平均收益，如图 10.7 所示。

在上述条件下，个别厂商对劳动的需求曲线不再是劳动的边际产品价值 $VMP_L$ 曲线，而是劳动的边际收益产品 $MRP_L$ 曲线。所谓劳动的边际收益产品，就是每增加 1 单位劳动所带来的总收益的增量，用公式表示就是：

$$MRP_L = MP_L \cdot MR$$ ①

劳动的边际产品价值是劳动的边际产品乘以产品的价格，即 $VMP_L = MP_L \cdot P$。劳动的边际收益产品 $MRP_L$ 则是劳动的边际产品乘以增加 1 单位产品的销售所带来的边际收益 MR。由于在产品市场上厂商处于卖方垄断地位，因此其边际收益 MR 小于其平均收益 AR。由于平均收益总是等于价格（AR＝P），MR 小于 AR

① 参见附录Ⅰ[17]。

也就意味着 MR 小于 P，所以，$MRP_L$ 在所有产量水平上都小于 $VMP_L$，如图 10.8 所示。

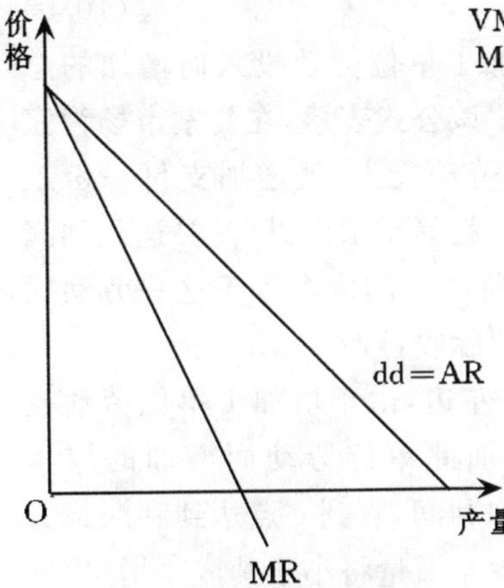


图 10.7　垄断厂商所面对的产品需求曲线

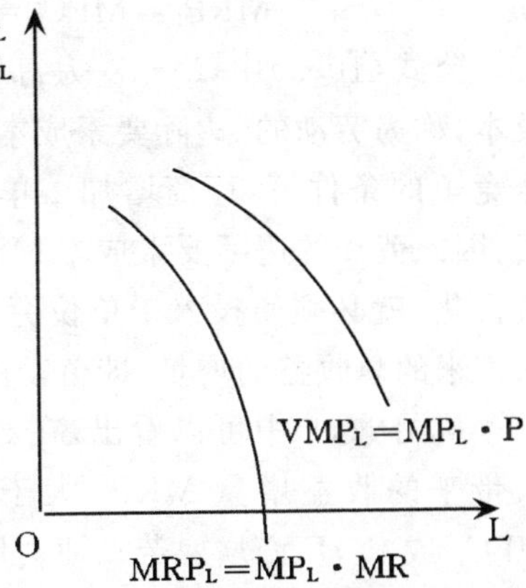


图 10.8　产品的垄断卖方对劳动的需求曲线

那么，为什么厂商对劳动的需求曲线就是劳动的边际收益产品曲线呢？由于假定劳动市场是完全竞争的，因此对单个厂商来

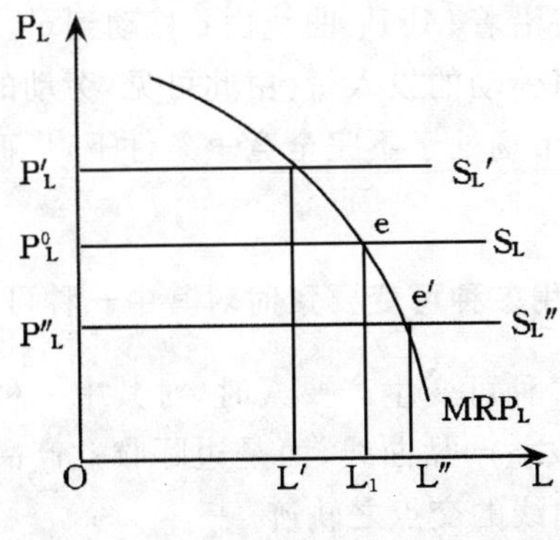


图 10.9　卖方垄断厂商对劳动的需求

说，劳动供给具有完全的弹性。如图 10.9 所示，在劳动价格为 $P_L^0$

时，劳动的供给曲线表现为一条平行于横轴的直线$S_L$。厂商在e点达到均衡，即雇佣$L_1$数量的劳动可以使其利润达到最大。在e点：

$$MRP_L = MFC_L = P_L \qquad (10.5)$$

公式(10.5)中，$MFC_L$为每增加1单位劳动投入而增加的总成本，称为劳动的"边际要素成本"。该公式表示，在要素市场为完全竞争的条件下，厂商增加1单位劳动投入，就增加支付一份工资，因此劳动的边际要素成本$MFC_L$就等于工资。厂商要达到利润最大化，就必须使投入1单位劳动所增加的成本等于这一劳动投入带来的总收益的增量，即劳动的边际收益产品$MRP_L$。

从图10.9中可以看出，在e点左边，由于增加1单位劳动投入带来的收益增量$MRP_L$大于增加此单位劳动而增加的成本$MFC_L$或$P_L^0$，厂商增雇劳动便会增加利润，直到e点达到利润最大化。超过此点再增加劳动投入，其收益增量将小于其成本增量(即$MRP_L < P_L^0$)。因此，厂商雇佣劳动的原则是使劳动的边际收益产品($MRP_L$)等于工资率。在劳动的供给方面是完全竞争的条件下，劳动的供给曲线$S_L$为一完全有弹性的水平线。假定工资率由图10.9中的$P_L^0$降低为$P_L''$，这就意味着劳动的供给曲线由$S'_L$下降为$S''_L$，均衡点也将沿着$MRP_L$曲线由e移动到e′。显然，厂商会根据均衡点选择其对劳动的投入量。由此可见，劳动的边际收益产品曲线，就是在产品市场处于不完全竞争条件下，厂商对劳动的需求曲线。

## 二、厂商在使用多种可变要素时对其中一种可变要素的需求

当厂商使用多种可变生产要素时，对其中一种可变要素的需求就不再是边际收益产品曲线，而是边际收益产品曲线移动时与相应的要素供给曲线的交点之轨迹。

如图10.10所示，假定最初劳动的市场价格为$P'_L$，劳动的边际收益产品曲线为$MRP_{L1}$，这时，厂商投入劳动的均衡点为A，使

用 $L_1$ 单位的劳动。如果工资率下降为 $P''_L$，厂商的均衡点将沿着 $MRP_{L1}$ 曲线移动到 A′。但是，由于有多种可变要素，工资下降会产生替代效应，结果会使边际收益产品曲线向右移动到 $MRP_{L2}$。这样，在工资下降到 $P''_L$ 时，实际的均衡点便不是 A′点，而是 B 点。厂商对劳动的均衡需求量也不是 $L_1$，而是 $L_2$。将工资变动引起的这种均衡点的变动全部找出来，并连成一条曲线（如 AB 曲线），它反映了工资变动与厂商对劳动需求之间的关系，即厂商对劳动的需求曲线。显然，当存在多种可变生产要素时，要素需求曲线的价格弹性要比只有一种可变要素时大。

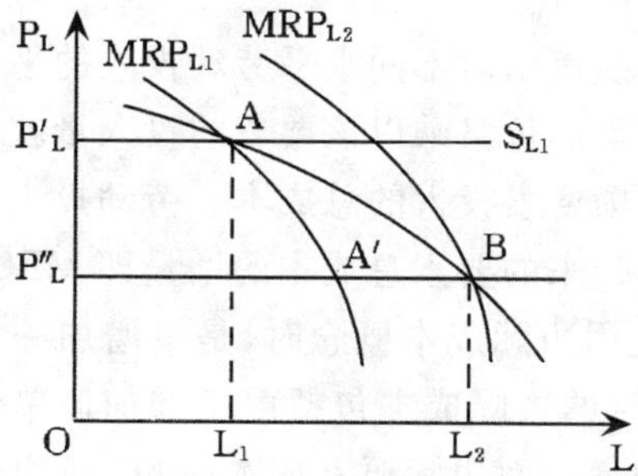


**图 10.10　卖方垄断厂商使用多种要素时对劳动的需求曲线**

## 第三节　要素市场的买方垄断

现在我们来分析厂商在其产品市场处于卖方垄断，在要素市场上又处于买方垄断，而产品的买者和要素的供给者却处于完全竞争条件下的情况。

### 一、使用单一可变要素的买方垄断

当使用一种可变要素的厂商在其产品市场上处于卖方垄断，在要素市场上又处于买方垄断时，它对该要素的需求曲线仍是其边际收益产品曲线 MRP，假定这一要素是劳动，厂商对劳动的需求曲线就是 $MRP_L$。

由于根据假定，该厂商是劳动市场上唯一的买者。所以，它所面对的劳动的供给曲线便不再是一条水平线，而是向右上方倾斜的曲线。这是因为，作为唯一买主的厂商规模很大，在使用较少劳动时，由于劳动者之间竞争激烈，它可以支付较低的工资率，随着厂商使用劳动的数量增加，劳动者之间的竞争减弱，这时它就必须支付更高的工资率。如同产品市场上的卖方垄断会使个别厂商的需求曲线向右下方倾斜一样，要素市场上的买方垄断会使它所面对的要素供给曲线向右上方倾斜。

劳动的供给曲线表示对不同水平劳动投入的平均开支或价格即工资率。投入要素的价格乘以该要素的投入量就等于该项投入要素的总开支或该项要素投入的总成本。劳动投入的边际成本仅指增雇一单位劳动带来的要素总成本的增量即 $MFC_L$。注意，当我们在一般意义上使用边际成本概念时，是指增加一单位产量引起的总成本增量，这时的边际成本包括由于增加该单位产量投入的所有要素的成本增量。而边际要素成本 MFC 或边际支出 ME 则是指由于增加一单位某种要素而引起的总成本的增加。显然，当厂商为要素市场上的买方垄断者时，它增雇一单位劳动所引起的总成本的增量即 $MFC_L$ 将高于劳动的价格——工资率（即劳动投入的平均成本），这是因为所有先前雇佣的劳动都要按新的更高的价格（增雇一单位劳动后增加的工资率）来支付。这样，劳动的边际支出 ME 或边际要素成本 $MFC_L$ 曲线就位于劳动供给曲线 $S_L$ 之上，如图 10.11 所示。

当劳动的边际要素成本等于劳动的边际收益产品（$MRP_L$）的时候，厂商对劳动的雇佣量便处于均衡状态。厂商的均衡由市场均衡 $MFC_L$ 曲线与 $MRP_L$ 曲线的交点 e 决定，厂商将雇佣 $L_e$ 数量的劳动，支付 OA 的工资率。在 e 点左边，增加一单位劳动带来的

MRP 大于该单位劳动的边际要素成本 MFC($MRP_L > MFC_L$),厂商增雇劳动会增加利润。在 e 点右边,增加一单位劳动带来的 MRP 小于该单位劳动的 MFC($MRP_L < MFC_L$),这会减少利润,从而促使厂商减少劳动投入。只有在 e 点,厂商的劳动投入量才达到均衡。

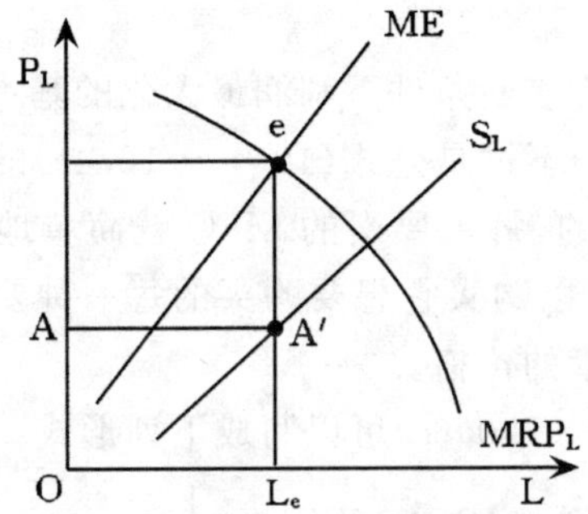


图 10.11 厂商卖方垄断下的劳动市场均衡

## 二、使用多种可变要素时买方垄断的均衡

以上所分析的是买方垄断者只使用一种可变要素的情况,现在把我们的分析扩展到使用多种可变要素的情况。假定有 x,y…z 等多种可变要素,对于其中每一种要素来说,只要从其增加的该要素的使用中得到的增加的收益至少相当于由该要素的增量所增加的成本,买方垄断者增加其使用量就是有利可图的。因此,只要某种要素的 MRP 大于该要素的 MFC,垄断厂商就会增加其使用量,直到其 MRP 等于其 MFC 为止。

即然要素的边际收益产品 MRP 等于其边际产品 MP 乘以厂商的边际收益 MR,所以,垄断厂商在使用多种可变要素时,其均衡使用量的条件可用下列公式来表示:

$$MP_X \cdot MR = MFC_X \tag{10.6a}$$

$$MP_Y \cdot MR = MFC_Y \tag{10.6b}$$

$$\vdots$$

$$\vdots$$

$$MP_Z \cdot MR = MFC_Z \tag{10.6c}$$

这里的 $MFC_X$,$MFC_Y$…$MFC_Z$ 分别为要素 X,Y…Z 的边际要素成本。

上述公式是买方垄断条件下利润最大化的基本条件。实际上,公式(10.6a…10.6c)不过是公式(10.4a…10.4c)的特例。如果要素市场是完全竞争的,每一要素的 MFC 就简单地等于每一要素的价格,因为厂商可以购买它想要购买的每一种要素的任何数量而不会影响这些要素的价格。

由于公式(10.6a…10.6c)可以写成下列形式:

$$MP_X \div MFC_X = \frac{1}{MR}$$

$$MP_Y \div MFC_Y = \frac{1}{MR}$$

$$\vdots$$

$$\vdots$$

$$MP_Z \div MFC_Z = \frac{1}{MR}$$

所以,买方垄断厂商的利润最大化的要素使用原则可以表述为:

$$MP_X/MFC_X = MP_Y/MFC_Y = \cdots = MP_Z/MFC_Z \tag{10.7}$$

显然,如果要素市场是完全竞争的,公式(10.7)与完全竞争条件下成本最小化的条件即公式 $MP_X/P_X = MP_Y/P_Y = \cdots = M_ZP/P_Z$ 是完全相同的,因为按照假定,完全竞争条件下的要素价格就等于要素的边际支出或 MFC。

## 第四节 要素市场的卖方垄断

在要素市场上厂商是买者，各种要素的占有者是卖者。上一节分析了要素市场的买方垄断，本节将介绍有关要素市场卖方垄断的两种情况。

### 一、双边垄断

假定所有的企业都被合并为一个大公司，所有的劳动者都被组织在一个大工会中。这样，在劳动市场上，就存在着两个垄断者，一个是厂商，它垄断着劳动市场的需求方面；另一个是大工会，它垄断着劳动市场的供给方面。

在这种双边的垄断模型中，工资率将由双方的讨价还价来决定，模型只能确定工资率的上限和下限，却不能确定工资率的值。工资率的确定值，在很大程度上依赖于双方讨论还价的能力、工会和厂商在政治上和经济上的力量对比以及其他一些因素。

在图 10.12 中，买方垄断厂商的需求曲线为 $D_b$，它是厂商所需劳动投入的边际收益产品曲线 $MRP_L$。从垄断卖者工会的角度说，$D_b$ 曲线是其平均收益曲线。因为厂商为使用一定量劳动而支付的价格就是劳动者提供该量劳动而得到的价格（即每单位劳动的平均收益）。因此，$D_b = AR_s$（$AR_s$ 为卖者的平均收益）。根据平均收益 $AR_s$ 可以推导出卖者工会的边际收益曲线（$MR_s$），它低于平均收益曲线（$AR_s$）。

厂商面对的劳动供给曲线是向右上方倾斜的 $S_L$ 曲线。该曲线表示厂商用于劳动投入的平均成本 $AC_b$，根据 $AC_b$ 可推导出厂商花在劳动上的边际要素成本曲线 $MFC_b$。从工会角度看，劳动者的劳动供给曲线 $S_L$ 实际上就是其提供劳动的边际成本曲线 $MC_s$。从图 10.12 中可以看出，厂商要实现利润最大化，它就必须根据劳动

的边际要素成本等于劳动边际收益产品(即 $MFC_b = MRP_L$)的原

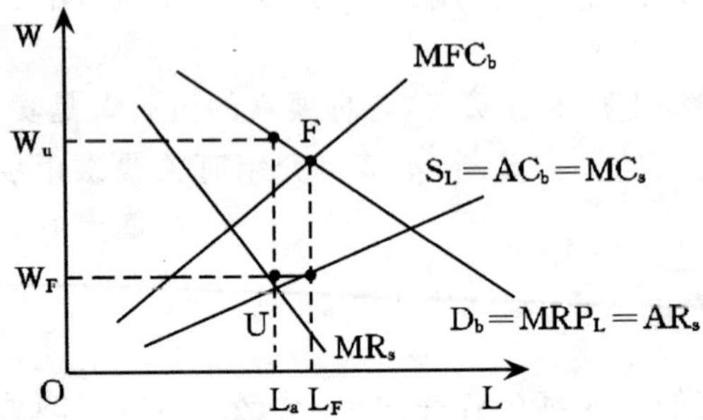


**图 10.12　双边垄断**

则确定劳动使用量及其价格。所以 F 为厂商利润最大化的均衡点,厂商利润最大化的选择是雇佣 $L_F$ 的劳动量,并以 $W_F$ 的工资率来支付。但对于作为垄断者的工会来说,其最大"利润"(也就是收入或收益)的均衡点为 U 点。在 U 点,劳动的边际收益等于其边际要素成本。工会希望以 $W_U$ 的工资率提供 $L_a$ 数量的劳动。厂商希望的工资率 $W_F$ 是劳动价格的下限,这一价格只有在劳动要素的卖方处于完全竞争时才能实现。工会希望的工资率 $W_U$ 是劳动价格的上限,这一价格只有在劳动市场的买方处于完全竞争时才能实现。所以,在双边垄断的情况下,工资率将在 $W_F$ 和 $W_U$ 之间。

## 二、工会对劳动市场的单边垄断

假定厂商既不是要素市场上的买方垄断者又不是其产品市场上的卖方垄断者,而劳动者却是由工会组织在一起的,它成为要素市场上的卖方垄断者。如图 10.13 所示,$S_L$ 为工会劳动供给的边际成本,对劳动的市场需求曲线为 $D_L$,它是从单个厂商的需求曲线加总而来的劳动总边际产品价值曲线 $VMP_L$。这条曲线对工会来说,则是其平均收益曲线 $AR_s$。从 $AR_s$ 曲线可推导出工会的边

际收益曲线 $MR_s$。

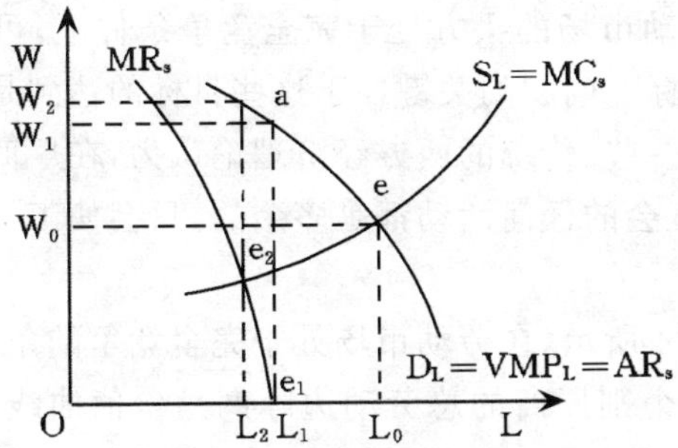


**图 10.13 工会的单边垄断**

1. 工会的目标

在上述假定条件下，工资率的确定将依赖于工会的目标。西方经济学家认为，工会的目标一般有 3 个，即总就业量最大化、总工资最大化和总收益最大化。

(1)总就业量最大化。最大就业量是由劳动的需求曲线 $D_L$ 和劳动的供给曲线 $S_L$ 的交点 e 确定的。工会将把工资率定为 $W_0$，在此工资率下的就业量 $L_0$ 为最大，这也是厂商完全竞争下利润最大化的劳动投入量，因为该投入量会使劳动的边际产品价值等于工资率。

(2)总工资的最大化。如果工会的目标是总工资收入的最大化，它就会把工资确定在劳动的边际收益 $MR_s$ 等于零的就业水平上。工会将在 $e_1$ 点达到工资最大化，这时的工资率将为 $W_1$，就业量为 $L_1$，总工资为 $W_1 \times L_1$，等于矩形 $W_1OL_1a$ 的面积。

(3)工会总收益的最大化。为达到工会总收益的最大化，也就是其总工资收入减去其提供劳动的总成本以后的余额最大化，工会将根据工会的边际成本等于其边际收益($MC_s = MR_s$)的原则来确定工资率。这时，工会的均衡点为 $e_2$，工资将确定在 $W_2$ 的水平上，就业量将为 $L_2$。

2. 工会垄断下的厂商竞争

工会在劳动市场的买方处于完全竞争条件下，可以达到上述各种不同的目标。问题的关键在于这些目标的达到是否能使其会员的境况更好一些。传统的西方经济理论认为，在厂商方面完全竞争的条件下，工会的任何活动都是多余的，只会使工人的情况更糟一些。

如图 10.14 所示，在劳动市场处于完全竞争的条件下，劳动市场需求为所有个别厂商的总劳动边际产品价值曲线 $VMP_L$，劳动的供给曲线 $S_L$ 向右上方倾斜。在厂商达到其最大利润时，市场均衡工资率为 $W_c$，就业量为 $L_0$，这也是最大就业量。

假定劳动者组成工会，工会是不能增加就业量的，它唯一可能的行动是增加工资率，如果工资率提高到 $W'$，劳动的供给曲线就会成为一条折线 $W'AS_L$。对于厂商来说，如图 10.15 所示，新的均衡点将在 e′点，而不是原来的 e 点。在 e′点，$W'=VMP_L$。当所有厂商都将其对劳动的需求由 $L_0$ 减少到 $L_1$ 的时候，市场的均衡点也会由图 10.14 中的 E 移动到 $E_1$，就业量将会减少 $L_1L_0$ 的数量。在新的、更高的工资率 $W'$下将存在 $E_1A$ 数量的失业(它等于这一工资率下劳动的供给量与需求量的差额)。除非将增加后的总工资平均分配于工会会员，否则失业工人的境况将变得更糟。

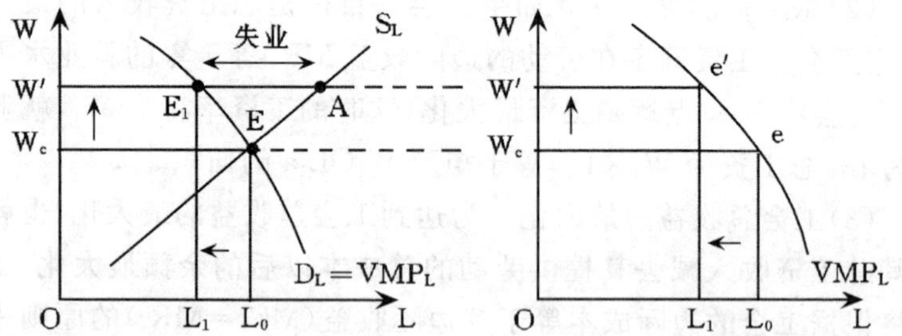


图 10.14 劳动市场的供求　　　图 10.15 厂商对劳动的需求

工资率的增加是否会引起总工资的增加依赖于劳动的需求弹

性。如果对劳动的需求缺乏价格弹性，工会努力增加工资率就会增加总工资收入。如果工会重新分配这一更大的工资收入，它就确实会使其会员境况更好。如果对劳动的需求富于价格弹性，增加工资不仅会使就业量减少，而且也会使总工资收入减少。这时，工会任何谋求增加工资的行动都会使其会员的总体境况更糟。

## 第五节　固定要素的价格：租金和准租金

在以边际生产力理论为基础的分配理论中，生产要素的价格决定都是以其边际产品为基础的。而边际产品的存在又以该要素的投入量可变为前提。严格地说，真正的固定生产要素由于其投入量固定不变，因此是没有边际产品的。这样，其价格决定就应与可变要素不同。

### 一、供给量长期固定不变的生产要素价格：租金

固定生产要素的价格决定是建立在经济租金概念的基础上的。经济租金是超过“吸引并保持该固定要素被使用的费用”以上的支付，或者说经济租金是超过固定要素的机会成本的支付。如果一种固定生产要素除此一种用途之外别无他用，其机会成本就是零，这时使用该要素的所有支付就都是租金。

在 19 世纪，租金概念只与土地的使用有关，后来，这一概念被扩大到所有的生产要素。在一种生产要素是完全固定的时候最容易说明租金的概念。如图 10.16 所示，在要素供给是完全固定的时候，关于地租的理论适用于一切供给不变的生产要素。这时的供给是没有成本的，价格将完全由需求来决定。在长期内，租金是由该要素生产的产品价格决定，而不是相反由租金来决定产品价格。例如，生产谷物的土地租金是由对土地的需求决定的。当谷物的价格上涨时，对生产谷物的土地需求就会提高，如图 10.16 所示，从 $D_1$

提高到 $D_2$，这会引起租金由 $R_1$ 提高到 $R_2$。租金的上升完全是谷物价格上涨的结果。但在短期，单个厂商都会把所有的租金计入其成本，不过这并不影响上述的因果关系。一般地说，固定要素的供给不受其价格高低的影响。如果固定要素只有一种用途，那么为保持使用该要素而必须支付的全部款项就都是租金。

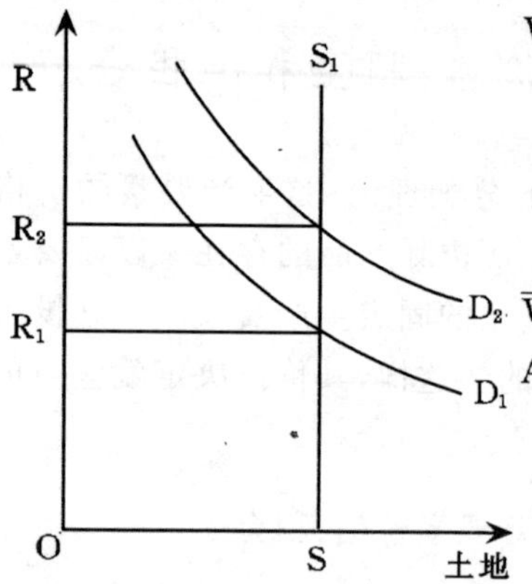


**图 10.16　供给无弹性的要素租金**

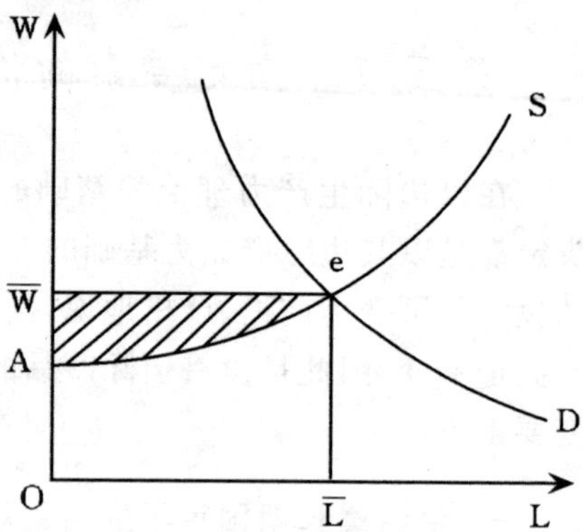


**图 10.17　供给有弹性的要素租金**

如果要素的供给有一定的弹性，如图 10.17 所示，租金就只是该要素价格中的一个组成部分而不是全部。在图 10.17 中，该要素的均衡价格为 $\overline{W}$，均衡数量为 $\overline{L}$，支付给该要素使用量 $\overline{L}$ 的总价格为 $\overline{W}\cdot\overline{L}$，它恰好等于矩形 $\overline{OLeW}$ 的面积。但这一支付分为两部分，一部分是为保持所使用 $\overline{L}$ 数量的该要素不被移为他用（如种植谷物的土地不被改种葡萄）而必须支付的该要素的机会成本，另一部分才是租金。在图 10.17 中，S 曲线虽仍可看作该要素的边际成本，但却不一定是生产成本。如果该要素不是生产出来的（如矿山等），供给曲线 S 就表示其边际机会成本，即每增加一单位该要素的供给而损失的将该要素用于其他用途的收入。在图 10.17 中，机会成本的总量为 $\overline{OAeL}$ 的面积。对该要素（$\overline{L}$）总支付中的另一部分（如 $\overline{AeW}$ 的阴影面积所示）则是使用该要素而支付的经济租金。马歇尔将此租金称为“生产者剩余”，它是要素收入中超过其成本（或机会成本）的部分。

西方经济学家认为，由于多数固定生产要素都不只一种用途，所以固定生产要素（如土地）的价格——租金在调节要素用于何种生产上起着重要作用。

## 二、短期内供给固定的生产要素价格：准租金

有许多长期可以变化的生产要素在短期内往往是供给固定的生产要素，对这种短期内固定的要素的支付称为准租金（Quasirent）。因为在长期，当该要素成为可变要素时，这一租金会消失，因此不能与长期固定要素的经济租金划等号。

如图 10.18 所示，假定一个完全竞争市场中的厂商处于短期

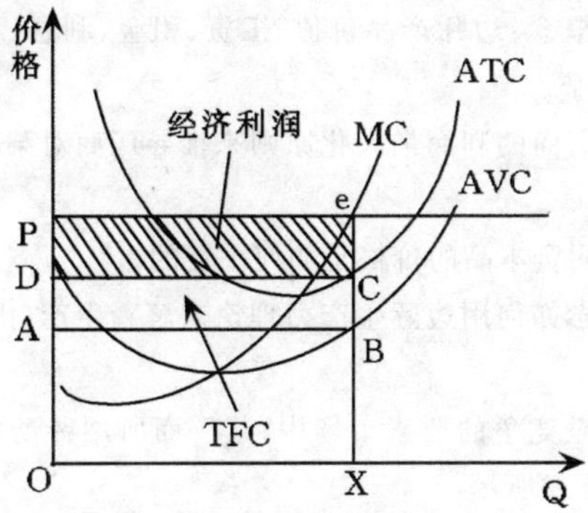


图 10.18 短期存在的准租金

均衡状态。厂商获得最大利润的价格为 P，产量为 X，它所得到的总收益 TR 等于矩形面积 OPeX。厂商对可变要素所有者支付的总可变成本 TVC 为 OXBA 的面积，固定生产要素所有者获得其余相当于 ABeP 面积的支付，这就是准租金。这样，准租金公式就可写为：

$$准租金 = TR - TVC$$

准租金也可分为两部分：总固定成本 TFC（等于 ABCD 的面积）和经济利润（等于 DCeP 的面积）。总固定成本 TFC 可以是短期固定要素的生产成本，也可以是其机会成本。在长期，当固定生产要素转变为可变生产要素时，该要素的成本便被看作是可变成本包括在 AVC 曲线之内。这时，该要素在短期内被当作固定要素时的总固定成本 TFC 也就不复存在。当短期固定生产要素全部转变成可变要素以后，厂商的平均总成本曲线 ATC 就会与平均可变成本曲线 AVC 重合。当厂商处于长期均衡时，经济利润便会与短期内的总固定成本 TFC 一起消失，使准租金等于零，这时的厂商只能获得正常利润。

**复习思考题**

1. 解释下列概念：边际产品价值、工资、租金、利息、利润、买方垄断、边际收益产品、准租金。

2. 如何根据厂商的利润最大化原则来推导厂商对某种生产要素的需求曲线？

3. 用图示说明资本品的价格是如何决定的。

4. 西方经济学如何用边际生产力理论来解释生产（由生产函数体现）与收入分配的关系？

5. 假定在完全竞争的要素市场中，某厂商所用劳动的平均产品曲线和边际产品曲线如下式所示：

$$AP_L = 150 - Q_L$$

$$MP_L = 150 - 2Q_L$$

如果该厂商的产品价格为每单位 5 美元，则：

(1)列出厂商对劳动的需求函数，并画出其曲线；

(2)如果市场工资率为每单位劳动 50 美元，厂商将雇佣多少劳动？固定要素投入将得到多少租金？

6. 假定某厂商用劳动和资本两种生产要素生产某种产品，劳动的边际产品与资本的边际产品相等，如果每单位资本的租金(r)是每单位劳动工资的两倍，请列出厂商均衡的条件。

7. 已知某厂商的生产函数为：

$$Q=50L^{.6}K^{.4}$$

如果使劳动投入的总开支等于总收入的 60%，厂商将在何处达到其均衡状态？

8. 假定某厂商的总产量曲线和需求曲线的有关资料如下：

| L | Q |
|---|---|
| 5 | 100 |
| 6 | 120 |
| 7 | 135 |
| 8 | 145 |
| 9 | 150 |
| 10 | 152 |

| Q | P |
|---|---|
| 100 | $10.00 |
| 120 | 9.75 |
| 135 | 9.50 |
| 145 | 9.25 |
| 150 | 9.00 |
| 152 | 8.75 |

假定劳动市场是完全竞争的，且工资为每单位劳动 10 美元，厂商根据利润最大化原则，将雇佣多少劳动？

9. TD 煤炭公司是某偏远城镇中劳动的唯一买主，但煤的销售市场却是完全竞争的，煤价为每单位 2 美元，煤的生产函数为：

$$Q=100L-0.025L^2\text{(假定无资本投入)}$$

该地区劳动的供给函数为：$W=20+0.2L$，则：

(1)确定 TD 公司的最佳劳动雇佣量并确定支付给工人的工资。

(2)该镇的工人是否被剥削了？请用图形加以说明。

10. 根据第 9 题的情况，假定该镇的工人组成了工会，则：

(1)如果工会的目标是“利润最大化”，请说明可能出现的结果。

(2)如果工会的目标是工资收入最大化，请说明可能出现的结果。

(3)如果工会的目标是就业量的最大化，会出现什么结果。

# 第十一章 一般均衡与经济效率

以上各章在考察产品市场和要素市场的均衡时，所采用的是局部均衡分析法，即假定每一种商品的价格都是由该商品的供给曲线和需求曲线决定的，而这些供求曲线本身，又是在其他商品的价格给定的前提下画出的。因此，该商品的价格变化对其他商品的价格并不产生重要的影响。

但是，整个经济是一个整体，其各个组成部分之间总是相互联系在一起的，任何局部的变化总会波及其他各个方面。这就往往使人们对局部均衡理论产生这样的疑问：当某一局部市场已经达到均衡，而其他市场尚未均衡的时候，这一局部市场的均衡能否稳定，这一均衡是否会在其他市场达到均衡的过程中被破坏。要对此做出回答就必须搞清所有市场之间的关系和相互影响。将所有产品市场和要素市场联系在一起来分析所有商品价格相互影响共同达到均衡的过程及其条件，这就是一般均衡的分析方法。根据这一方法建立的理论就是一般均衡理论。

本章在简要介绍一般均衡理论的基础上，将进一步分析竞争性均衡与经济效率以及公平之间的关系。

## 第一节 一般均衡理论

一般均衡理论是由在瑞士洛桑学院任教的法国经济学家里昂·瓦尔拉斯(Leon Walras)于19世纪70年代创立的。瓦尔拉斯认为，任何一种商品的价格都不能单独由其市场的供求关系决定，而必然受到其他市场供求关系的影响。只有将所有市场联系在一起共同考虑它们的价格决定，才能建立较完整的价格理论。他把所有市场供求都相等的经济状态称为“一般均衡”，并将所有市场的供求均衡等式组成一个庞大的方程组，然后求出所有商品的价格解。19 世纪末，马歇尔建立了以局部均衡分析为基础的价格理论。直到 20 世纪 30 年代，这两种理论一直被看作是互不相干、各自独立的价格理论。1939 年，英国经济学家希克斯出版了他的《价值与资本》一书，用局部均衡分析方法去研究一般均衡问题，简化和丰富了一般均衡理论，并在局部均衡分析与一般均衡分析之间架起了一座桥梁。由于希克斯的方法简单易懂，所以在当代西方经济学教科书中多采用他的方法来说明一般均衡理论。

### 一、一般均衡的含义

如果经济处于完全竞争条件下，所有市场上的买者和卖者都是价格的接受者，当经济中出现一组价格(包括所有产品和要素的价格在内)，能使所有消费者对商品的消费选择和生产者对投入——产出组合的选择都满足下列条件时，整个经济便达到一般均衡状态：

(1)每一消费者都在其既定的收入下达到了效用最大化；

(2)每一厂商都在其生产函数决定的投入——产出组合下达到了利润最大化；

(3)所有市场同时出清，即各自的供求都相等；

(4)每一厂商都只获得正常利润，即其经济利润为零。

上述的每一条件都在前面详细讨论过，现在只是把它们合在一起来说明整个经济的均衡状态。第一、第二两个条件是说消费者和厂商必须处于均衡状态。消费者的均衡意味着需求将会稳定在某一水平上，而厂商的均衡则意味着供给已经稳定于某一水平。第三个条件保证了所有市场的供求都相等，它意味着所有市场都有一稳定的均衡价格。第四个条件则意味着经济中不再有使厂商扩大或减少其产量的动机。

一般均衡状态的实现有两个重要的假定前提:一是完全竞争的假定;二是资源具有稀缺性的假定。前者至少在理论上保证了市场机制的充分作用,从而使一般均衡状态能够实现。后者则把资源的分配和经济效率问题引入经济活动之中,从而使一般均衡过程的研究具有了必要性。

## 二、生产的均衡过程及其条件

假定一个经济体系只生产X和Y两种产品,而且只使用劳动和资本两种生产要素,其数量分别为$L_0$和$K_0$,其中$L_X$、$L_Y$分别表示分配给X生产和Y生产的劳动投入量,$K_X$和$K_Y$分别表示分配给X生产和Y生产的资本投入量,这样,我们便得到如下两个生产函数:

$$X=F_1(L_X,K_X)$$

$$Y=F_2(L_Y,K_Y)$$

为简化起见,假定两个生产函数的规模收益不变,X的生产是资本密集型的,Y的生产是劳动密集型的。也就是说,在任一既定的要素价格比率(W/r)上,X生产中的资本与劳动投入比例大于Y生产中的资本与劳动之比,即$K_X/L_X>K_Y/L_Y$。如图11.1和11.2所示,$X_1$、$X_2$、$X_3$和$X_4$为一套表示X产量的等产量线。它的边际技术替代率($MRTS^X_{L,K}$)在E点恰好等于价格比(W/r),即等于1。在规模收益不变的前提下,X的厂商将沿着等斜线(即所有等产量线在与该线交点上的斜率$MRTS^X_{L,K}$都相等)OE扩张其产量。该等斜线就成了X的生产扩张线,其斜率恰是产量扩张时资本与劳动的投入比例$K_X/L_X$,其值为2。$Y_1$、$Y_2$、$Y_3$、$Y_4$为一套表示Y产量的等产量线。Y的生产在同样价格比W/r=1时将沿OE′扩张其产量,它的资本与劳动投入比例为0.5。显然,X生产是资本密集型的，Y 的生产是劳动密集型的。

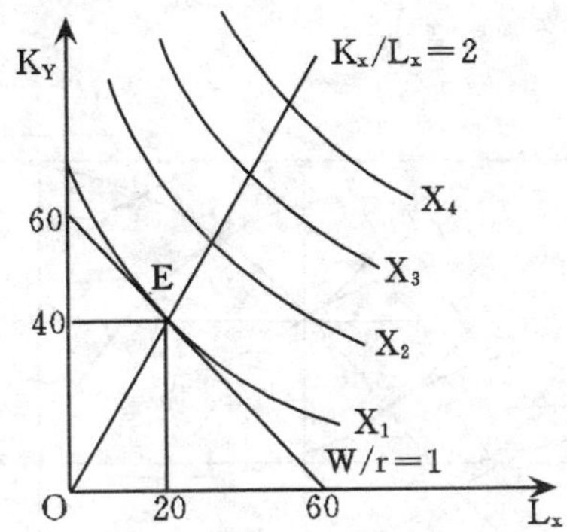


**图 11.1　X 的等产量线**

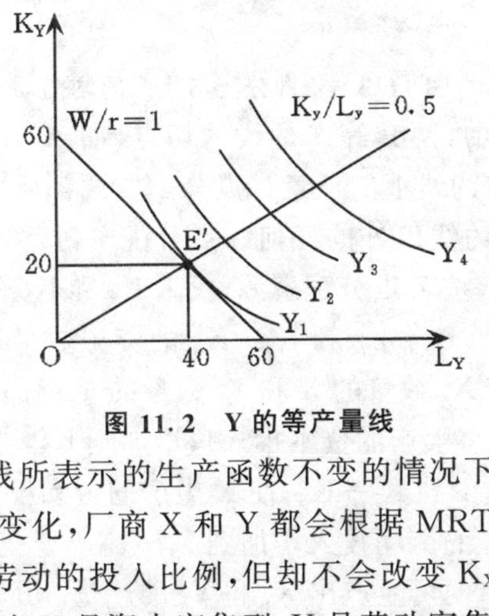


**图 11.2　Y 的等产量线**

在等产量线所表示的生产函数不变的情况下，如果要素的价格比 W/r 发生变化，厂商 X 和 Y 都会根据 MRTS＝W/r 的原则调整其资本和劳动的投入比例，但却不会改变 $K_X/L_X>K_Y/L_Y$ 的情况，即不会改变 X 是资本密集型，Y 是劳动密集型生产的情况。

现在我们来分析既定的资源数量 $L_0$ 和 $K_0$ 如何分配 X 和 Y 的生产。将图 11.2 倒扣在图 11.1 上，只留下 X 和 Y 的两套等产量线，并限定资本和劳动的数量 $K_0$、$L_0$，就形成了图 11.3 所示的埃奇沃斯盒状图。盒状图的长表示劳动资源的既定数量 $L_0$，宽表示资本资源的既定数量 $K_0$。左下角为 X 生产的资源分配原点，右上角为 Y 生产的资源分配原点。

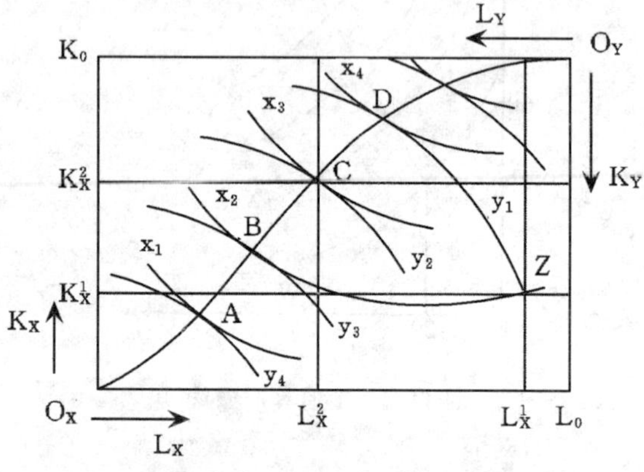


**图 11.3　资源分配与生产的均衡**

在图 11.3 中，两套等产量线的切点，如 A、B、C、D 形成了一条契约线。按契约线上的任意一点分配资源都可以使资源得到充分利用，而按契约线以外的任何一点分配资源都不会使资源得到充分利用。例如，按 Z 点分配资源，投入 $L_X^1$ 和 $K_X^1$ 的资源数量用于 x 的生产，余下的 $L_0-L_X^1$ 和 $K_0-K_X^1$ 的资源数量用于 Y 的生产。但这时只能生产 $X_2$ 数量的 X 和 $Y_1$ 数量的 Y 商品。如果将资源分配改在 C 点，使 X 生产的资本投入量增加到 $K_X^2$，这意味着 Y 生产的资本投入量减少到 $K_0-K_X^2$，使 X 生产的劳动投入量减少到 $L_X^2$，这意味着 Y 生产的劳动投入增加到 $L_0-L_X^2$。于是，利用同样的资源总量 $L_0$ 和 $K_0$，便可生产出 $X_3$ 和 $Y_2$ 的产量。由于等产量线离原点越远表示的产量越大，$X_3>X_2$，$Y_2>Y_1$，所以，在 C 点，X 和 Y 的产量都增加了。这就是说，要充分利用有限的资源，就必须按契约线上的点来分配资源。而契约线又是两套等产量线的切点形成的，因此，资源有效利用的条件就是两套等产量线的斜率——边际技术替代率相等。其公式为：

$$\mathrm{MRTS}_{L,K}^{X}=\mathrm{MRTS}_{L,K}^{Y} \tag{11.1}$$

然而,满足公式(11.1)的点有无数个,究竟按哪一点来分配资源则取决于两种要素的价格之比值 W/r。只要 W/r 是确定的,那么两个厂商都会调整自己的要素投入组合,直到要素的边际技术替代率与这一价格比相等,即

$$\mathrm{MRTS}_{L,K}^{X}=W/r=\mathrm{MRTS}_{L,K}^{Y} \tag{11.2}$$

如果将公式(11.2)推广到具有 m 种生产要素和 n 个生产者的体系,则生产的一般匀衡条件可表述为:对于任何两个生产者来说,任何两种要素之间的边际技术替代率都必须等于这两种要素的价格比率。

公式(11.2)表明,要素价格 W 和 r 是调节资源分配的机制,而使这一机制起作用的则是厂商的利润最大化行为。在第十章论述厂商对要素的购买或需求时曾经指出,在完全竞争条件下,厂商为了使其利润达到最大,必须将其各要素的投入量调整到这样一种水平,即在这一水平上,要素的边际产品价值(VMP)等于要素的价格。这样,在只有两种产品和两种投入要素的完全竞争条件下,便有下式成立:

$$\mathrm{VMP}_{L}^{X}=W, \qquad \mathrm{VMP}_{L}^{Y}=W$$

$$\mathrm{VMP}_{K}^{X}=r, \qquad \mathrm{VMP}_{K}^{Y}=r$$

由于要素的边际产品价值等于产品价格乘以该要素的边际产品,即 $\mathrm{VMP}_{L}^{X}=P_X\cdot \mathrm{MP}_{L}^{X}$,所以上面四个公式可写成如下形式:

$$P_X\cdot \mathrm{MP}_{L}^{X}=W,\ P_Y\cdot \mathrm{MP}_{L}^{Y}=W$$

$$P_X\cdot \mathrm{MP}_{K}^{X}=r,\ P_Y\cdot \mathrm{MP}_{K}^{Y}=r$$

将第一行的两式分别除以第二行的两式,则:

$$\frac{P_X\cdot \mathrm{MP}_{L}^{X}}{P_X\cdot \mathrm{MP}_{K}^{X}}=\frac{W}{r},\ \frac{P_Y\cdot \mathrm{MP}_{L}^{Y}}{P_Y\cdot \mathrm{MP}_{K}^{Y}}=\frac{W}{r}$$

消去两式中 X 的价格 $P_X$ 和 Y 的价格 $P_Y$,则:

$$\frac{MP_L^X}{MP_K^X}=\frac{W}{r},\ \frac{MP_L^Y}{MP_K^Y}=\frac{W}{r}$$

由于要素的边际技术替代率等于两种要素的边际产品之比，即

$$\frac{MP_L^X}{MP_K^X}=MRTS_{L,K}^X,\ \frac{MP_L^Y}{MP_K^Y}=MRTS_{L,K}^Y$$

因此我们得到下列公式：

$$\frac{MP_L^X}{MP_K^X}=MRTS_{L,K}^X=W/r=MRTS_{L,K}^Y=\frac{MP_L^Y}{MP_K^Y} \qquad (11.3)$$

该式是由厂商的利润最大化条件推导而来的。它说明，只要厂商是追求最大利润的，在价格比 W/r 已定的条件下，会自动调整其要素的投入量，最终会自动满足资源充分利用的条件。反过来说，如果两个厂商的边际技术替代率已经相等，而且资源分配已经确定在契约线上的某一点，那么价格比 W/r 就必然被确定在某一值上。这就是说，如果厂商的要素分配数量已经确定在契约线上的某一点，要素的相对价格或价格比就是确定的。契约线的所有点都满足 $MRTS_{L,K}^X=MRTS_{L,K}^Y$。如果要素价格比 W/r 确定了，边际技术替代率就会被确定，资源在契约线上的分配点也就会被确定；如果资源分配点已经在契约线上确定，边际技术替代率的值也就被确定，要素的价格比 W/r 也就被确定。实际上，边际技术替代率和价格比都是尚待确定的值，也就是说，满足公式(11.1)的值有许多。如果我们能够确定 X 和 Y 的产量，就意味着在图 11.3 中的契约线上确定了资源的分配点，从而边际技术替代率和要素价格比 W/r 就是确定的。

现在，我们用生产可能性边界来考虑产量 X 和 Y 的确定问题。用 X 的产量作横轴，用 Y 的产量作纵轴，根据图 11.3 中契约线上所有表示 X 和 Y 的产量组合的点，如 A 点($X_1$，$Y_4$)和 B 点($X_2$，$Y_3$)等等，可画出图 11.4 中的 $Y^*X^*$ 曲线。由于该线表示在资

源 $L_0$ 和 $K_0$ 限制下，该经济体系可能生产的各种 X 和 Y 的产量组合。因此被称为生产可能性边界，又称产品转换线。凡是契约线上的点，都会位于生产可能性边界线上。因此，凡在生产可能性边界线上的产量组合点都表示资源是在充分利用基础上被分配的，凡是不能使资源有效利用的产量组合点都位于生产可能性边界以内。如图 11.4 中的 Z 点，其产量组合为 $X_2$，$Y_1$，相当于图 11.3 中契约线外的 Z 点。

生产可能性边界线的斜率称为边际产品转换率，用 MRT 来表示。其公式为：

$$MRT_{X,Y}=-\frac{dY}{dX} \tag{11.4}$$

它表示从一种商品生产转移到另一种商品生产时，一种产品减少数量与另一产品增加数量的比率，也就是边际成本之比。例如，在图 11.4 中的 B 点，X 的产量为 $X_2$，生产这一产量的机会成本便是 $Y^*-Y_3$，因为生产了 $X_2$，在资源有限的前提下，就必须放弃 $Y^*-Y_3$ 数量的 Y 的产量。当产量组合点由图 11.4 中的 B 点转变为 D 点时，X 的产量增加了 $\Delta X$，而 Y 则减少了 $\Delta Y$ 的数量，这时，$\Delta Y$ 可以看作是 X 产量增加 $\Delta X$ 而增加的机会成本，即边际机会成本。于是 $\Delta Y=MC_X$。同理可得出 $\Delta X=MC_Y$。将此二式相除，便有：

$$-\frac{\Delta Y}{\Delta X}=\frac{MC_X}{MC_Y}$$

当 $\Delta X$ 或 $\Delta Y$ 为无限小时，上式便可写成：

$$-\frac{dY}{dX}=\frac{MC_X}{MC_Y}$$

这样，边际产品转换率 $MRT_{X,Y}$ 便可写成两种产品的边际成本之比：

$$MRT_{X,Y}=-\frac{dY}{dX}=\frac{MC_X}{MC_Y}$$

在完全竞争的产品市场上，厂商实现利润最大化的条件是使其产品的边际成本等于该商品的价格。其公式为：

$$P_X = MC_X$$
$$P_Y = MC_Y$$

用上式除以下式得：

$$\frac{P_X}{P_Y} = \frac{MC_X}{MC_Y}$$

因为 $MRT_{X,Y} = -\frac{dY}{dX} = \frac{MC_X}{MC_Y}$

所以上式可写为：$MRT_{X,Y} = P_X/P_Y$ （11.5）

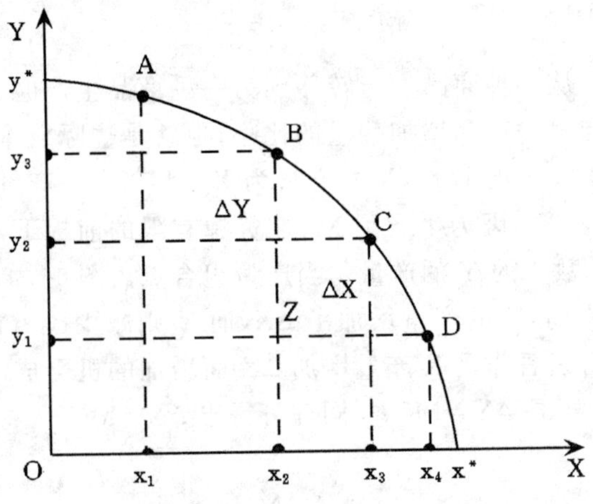


**图 11.4 生产可能性边界**

公式(11.5)说明，产量组合的确定是受两种产品的价格之比来调节的，一旦 $P_X/P_Y$ 已定，厂商就根据利润最大化原则分别调整 X 和 Y 的产量，直到使其边际成本之比与此价格之比相等，即满足公式(11.5)。反过来也可以说，一旦产量组合点已经确定在生产可能性边界线上的某一点上，边际产品转换率 $MRT_{X,Y}$ 就已确定，两种产品的价格比 $P_X/P_Y$ 也就能够确定。

公式(11.5)可用来表示生产达到均衡状态的一般条件,一个经济如能满足上式,就表示厂商的利润达到了最大,且所有厂商都只获得正常利润(经济利润为零),资源分配也处于所有资源都被有效利用的基础上。

## 三、消费与交换的均衡

上面的分析只说明了生产的均衡过程及其条件,并没有告诉我们生产出来的产品将如何在消费者中间分配和消费。要全面了解经济的一般均衡过程还必须分析消费与交换的均衡过程。

在前面假定经济中只有两种产品 X 和 Y、两种生产要素 L 和 K 的基础上,我们还要假定有 A、B 两个消费者,他们分别消费 X 和 Y 的数量为:$X_0^A$ 和 $Y_0^A$、$X_0^B$ 和 $Y_0^B$。假定 X 和 Y 的产量已经确定为 $X_0$ 和 $Y_0$,我们可用埃奇沃斯盒状图来说明消费和交换的均衡过程和条件。

如图 11.5 所示,盒状图的长为 X 产品的既定数量 $X_0$,宽为 Y 产品的既定数量 $Y_0$。盒状图的左下角为消费者 A 分配 X 和 Y 的原点,右上角为消费者 B 分配 X 和 Y 的原点。$U_1^A \sim U_5^A$ 为一套表示消费者 A 所得到的效用的无差异曲线,$U_1^B \sim U_5^B$ 为一套表示消费者 B 所获效用的无差异曲线,两套无差异曲线的切点形成一条契约线。同资源分配中所使用的盒状图类似,该盒状图可以用来分析产品的分配。从图 11.5 中不难看出,只有按契约线上的点来分配产品,才能使消费者的效用达到最大。例如,在 Z 点分配 X 和 Y,消费者 A 将获得 $U_2^A$ 的总效用,消费者 B 获得 $U_2^B$ 的总效用。如果按契约线上的 C 点来分配产品,A 的总效用会增加到 $U_3^A$,B 的总效用会增加到 $U_3^B$。只要按契约线分配产品就意味着消费者获得了最大效用。由于契约线是两套无差异曲线切点的轨迹。因此,效用最大化的产量分配公式可以写为:

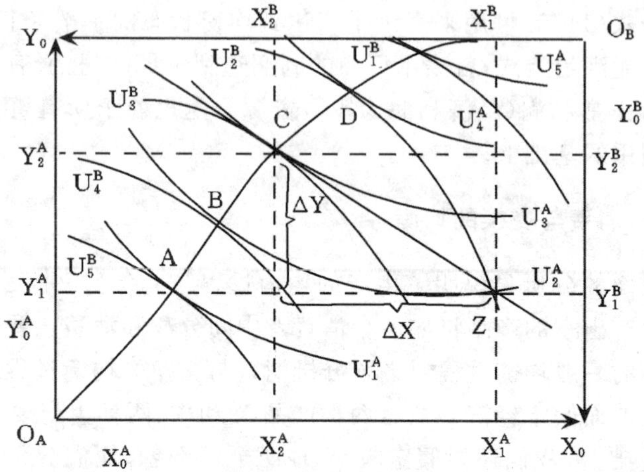


**图 11.5　消费者均衡与产品的分配**

$$MRS^A_{X,Y}=MRS^B_{X,Y} \tag{11.6}$$

在完全竞争的条件下，消费者的效用最大化行为会保证实现上述条件。消费者的效用最大化选择是受其预算线约束的。预算线由两个因素构成，一是消费者的收入，二是两种产品的价格比 $P_X/P_Y$。现在我们用消费者最初分配到的产品数量，即 X 和 Y 的数量来表示他们的收入。如图 11.5 所示，假定最初产品的分配点是 Z 点，消费者 A 得到 $X_1^A$ 和 $Y_1^A$ 的产品，消费者 B 得到余下的 $X_0-X_1^A=X_1^B$ 和 $Y_0-Y_1^A=Y_1^B$ 的产品，他们各自占有的产品数量分别乘以其价格便是他们各自的预算收入。这样，消费者 A 和 B 的收入 $I^A$ 和 $I^B$ 就可写为：

$$I^A=P_XX_1^A+P_YY_1^A$$

$$I^B=P_XY_1^B+P_YY_1^B$$

式中，$X_1^A$、$Y_1^A$ 为消费者 A 最初占有的两种产品数量，$X_1^B$、$Y_1^B$ 为消费者 B 最初占有的两种产品数量。

在图 11.5 中，上述消费者最初的产品占有量是由分配点 Z 决定的，它位于契约线以外，消费者如改变其分配点会使双方的总效用都增加。假定过 C 点与 $U_3^A$ 和 $U_3^B$ 相切的一条直线恰好通过 Z 点。消费者 A 如果用图中的 $\Delta X$ 去换消费者 B 的 $\Delta Y$，就可达到新的产品分配点 C。这时，A、B 双方的效用将是在由 Z 点所决定的收入限制下的最高水平。直线 CZ 为双方共同的预算线，其斜率 $\Delta Y/\Delta X$，恰好就是价格比 $P_X/P_Y$。

用消费者 A 的例子来说明上述结果。假定消费者 A 达到效用最大化所最终消费的 X 和 Y 的数量分别为 $X_Z^A$ 和 $Y_Z^A$，于是其预算线可以写为：

$$I^A = P_X X_2^A + P_Y Y_2^A$$

但是消费者的收入是由其最初占有的产品数量决定的，即 $I^A = P_X X_1^A + P_Y Y_1^A$。将此收入代入上述预算线公式可得：

$$P_X X_1^A + P_Y Y_1^A = P_X X_2^A + P_Y Y_2^A$$

移项整理后可得：

$$P_X(X_1^A - X_2^A) = P_Y(P_2^A - Y_1^A)$$

式中，$X_1^A - X_2^A$ 恰为图中的 $\Delta X$，$Y_2^A - Y_1^A$ 恰为图中的 $\Delta Y$，于是该式可写为：

$$P_X \cdot \Delta X = P_Y \cdot \Delta Y$$

即

$$P_X/P_Y \cdot \Delta X = \Delta Y$$

该式表示，只要用 $\Delta X$ 按 $P_X/P_Y$ 的比例去交换 $\Delta Y$，市场就可出清，由于该式表示的是物物交换，因此等式左边是对 Y 商品的需求和 X 商品的供给，等式右边是对 X 商品的需求和对 Y 商品的供给，$P_X/P_Y$ 则是两种商品相交换的比例，即它们的相对价格。如果将上式的两边同时除以 $\Delta X$，可得下式：

$$P_X/P_Y = \frac{\Delta Y}{\Delta X}$$

该式表明，当收入分配的最初状况是由图 11.5 中的 Z 点所示时，消费者 A 和 B 的效用最大化动机将促使他们用 $\Delta X$ 和 $\Delta Y$ 相交换，而这一比率($\Delta Y/\Delta X$)恰好就是产品的价格比。也就是说直线 CZ 的斜率 $\Delta Y/\Delta X$ 恰好是价格比 $P_X/P_Y$，所以 CZ 线也就是预算线，它确定了两种产品的价格比。如果最初的收入分配点不在 Z 点，也不在 CZ 线上，预算线的斜率就可能变化，这意味着两种产品的价格比会发生变化；消费者需要交换的商品量($\Delta X$ 和 $\Delta Y$)也会发生变化；消费者最终分配产品的点也不再是 C 点，而是契约线上的其他点。可见，最初用产量表示的收入分配决定了两种产品的价格比 $P_X/P_Y$，而 $P_X/P_Y$ 又是两个消费者通过交换达到契约线上最终分配点的调节机制。因此，消费和交换的均衡条件为：

$$MRS_{X,Y}^{A}=MRS_{X,Y}^{B}=P_X/P_Y \qquad (11.7)$$

公式(11.7)有两个基本含义，第一，两个消费者都在其收入预算的限制下达到了效用最大化；第二，两种商品 $X_0$ 和 $Y_0$ 全部被 A 和 B 消费，市场出清。

如果将公式(11.7)推广到具有 m 种商品和 n 个消费者的体系，则交换和消费的一般均衡条件可表述为：对于任何两个消费者来说，任何两种商品之间的边际替代率都必须等于这两种商品的价格比率。

需要指出的是，如果最初表示收入分配的产量分配点已经处于契约线上，那么，交换就只能是以一方效用的增加以另一方效用的减少为前提(假定交换是沿着契约线进行的)，或者使双方的总效用减少(如果交换偏离了契约线)。

### 四、生产与消费的一般均衡

将生产可能性边界与表示产品在消费者之间分配的埃奇沃斯盒状图合在一起可以分析生产与消费的共同均衡过程，也就是整个经济的一般均衡过程。

如图 11.6 所示，假定最初的生产均衡已经确定，在生产可能性边界 $Y^*X^*$ 上的 $A_0$ 点生产 $Y_0$ 和 $X_0$ 的产量组合，这时资源已处于最佳利用状态。对于消费者来说，$Y_0$ 和 $X_0$ 是既定的产量组合，他们必须在这一既定的产品数量限制下分配这两种产品。矩形 $OY_0A_0X_0$ 就是消费者 A 和 B 进行产品分配和交换的埃奇沃斯盒状图。其中，原点 O 是消费者 A 的分配原点，$A_0$ 为消费者 B 的分配原点，$U_A$ 为消费者 A 的无差异曲线，$U_B$ 为消费者 B 的无差异曲线。

假定，最初的产量分配点为 C，根据效用最大化的原则，消费者 A 会与消费者 B 进行交换，以达到契约线上的 D 点。在 D 点，消费者的效用最大化条件为：

$$P_X/P_Y = MRS_{X,Y}^{A} = MRS_{X,Y}^{B}$$

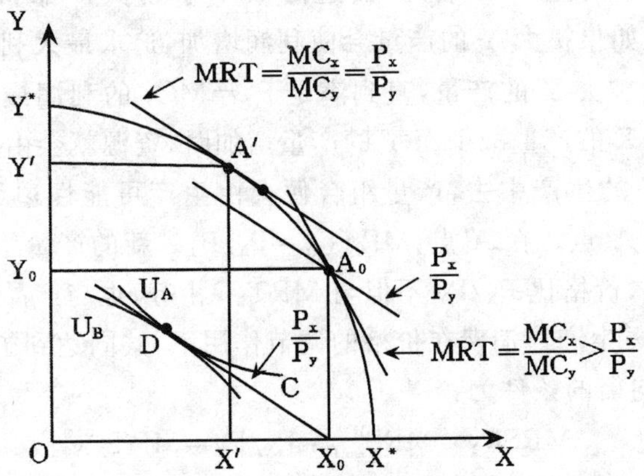


图 11.6　生产与消费的一般均衡

另一方面，对生产者来说，要使利润最大化就必须满足生产的均衡条件：$MRT_{X,Y} = P_X/P_Y$。但是在 $A_0$ 点，与消费者均衡相一致的产品价格比却小于边际产品转换率，即 $P_X/P_Y < MRT_{X,Y}$。

由于边际产品转换率就是两种产品的边际成本之比，即 $MRT = \frac{MC_X}{MC_Y}$，因此，上式可写为：

$$P_X/P_Y < \frac{MC_X}{MC_Y}$$

该式可分解为如下两个不等式：

$$P_X < MC_X,\ P_Y > MC_Y$$

在完全竞争的条件下，边际成本不等于产品价格意味着厂商得不到最大利润。也就是说在上述情况下，消费的均衡与生产的均衡不能同时成立，消费均衡所确定的价格比不能使厂商得到最大利润。因为对于X的生产者来说，边际成本大于产品价格($P_X < MC_X$)意味着他生产的X数量过多，为获得最大利润他必须减少X的产量，从而降低边际成本，最后满足$P_X = MC_X$的利润最大化条件；对于Y的生产者来说，其边际成本小于其产品价格($P_Y > MC_Y$)，他如果扩大Y的产量会使利润增加，追求最大利润的动机会驱使他扩大Y的产量，直到满足$P_Y = MC_Y$的利润最大化条件为止。当X的产量减少而Y的产量增加时，资源就会由X的生产中流到Y的生产中去，产量组合便会由生产可能性边界上的$A_0$点移动到$A'$点。在$A'$点，$MRT_{X,Y} = P_X/P_Y$。新的产量组合为$X'$，$Y'$。这时，价格比$P_X/P_Y$不但与$MRT_{X,Y}$相等，也与产品的边际替代率相等。生产与消费在价格的调节作用下，共同达到了均衡。这样，一般均衡的条件为：

$$MRS^A_{X,Y} = MRS^B_{X,Y} = P_X/P_Y = MRT_{X,Y} \qquad (11.8)$$

公式(11.8)满足了一般均衡的全部含义：

(1)所有的消费者都在其预算限制下达到了效用最大化。

(2)每一厂商都达到了利润最大化，且资源分配也处于最佳状态。

(3)所有的市场出清，包括要素全部用于生产、产品全部用于消费。

(4)所有厂商都只获得正常利润($P_X/P_Y = \frac{MC_X}{MC_Y}$)。

如果将公式(11.8)扩展到具有 m 种商品和 n 个生产者的体系,则生产与消费的一般均衡条件可表述为:对任何两个生产者来说,任何两种商品的边际替代率必须等于这两种商品的边际转换率和价格比率。

## 第二节　竞争性均衡与经济效率

上一节分析了一个竞争性经济实现一般均衡所必需的条件,本节进一步分析竞争性均衡与经济效率之间的关系。

### 一、经济效率的定义

一个经济是否有效率,简单地说,就是要看经济中所能作出的改进是否都已经作出了。然而,要确定改进的标准,却不那么容易。以收入分配为例,将你两倍于我的收入变成我两倍于你的收入,或者相反,这是不是一种改进?显然,经济学家无法对此作出判断。然而,意大利的经济学家费尔弗雷多·帕累托(Vilfredo Pareto,1848~1923)提出了一个广为人们接受的标准:一种不损害任何人而改善了某些人境遇的变化,就是一种改进。这一标准通常被称为帕累托标准(Pareto criterion),这种改进也叫作帕累托改进(Pareto improvement)。按照帕累托标准,如果一个经济中所有帕累托改进都已经实现,再无这种改进的余地,这种经济就是有效率的。上一节的分析表明,从初始的配置开始,通过互利的贸易可以达到许多可能的有效配置。图 11.3 和图 11.5 中显示通过所有这些有效配置点的曲线,叫作契约曲线。契约曲线显示了所有可能进行互利贸易的配置点,这些配置点也叫做帕累托有效配置。在图 11.3 和图 11.5 中,以 A、B、C、D 表示的四种配置,都是帕累托有效的,因为一个人不可能在不使别人境况不变糟的情况下使自己的境况得到改善。

契约曲线包含了所有消费者无差异曲线相切的配置和所有生产者等产量线相切的配置。曲线上的每一点都是有效率的，因为一个人不能在不使另一个人状况变糟的情况下使自己的境况得到改善。帕累托效率是一个强有力的概念。如果一种交换能够提高效率，支持它对每一个人的自身利益都是有利的。

**二、竞争性均衡是实现经济效率的必要条件**

从上一节的分析中可以看到，完全竞争的市场既是实现一般均衡的前提，也是实现资源有效配置的条件。

首先，看交换的效率。它的实现要求所有的交换都必须位于交换契约曲线上，使任意两个消费者对任意两种消费品的边际替代率都相同，即

$$MRS_{X,Y}^{A}=MRS_{X,Y}^{B}\text{（对所有消费者和所有消费品）}$$

一个竞争性市场之所以能实现这一有效率的结果，是因为对所有消费者来说，其预算线斜率与商品的边际替代率相等，即

$$MRS_{X,Y}^{A}=P_X/P_Y=MRS_{X,Y}^{B}$$

其次，看生产中投入品使用的效率。它的实现要求所有投入品组合都必须位于生产契约曲线上，使每个生产者的劳动对资本的边际技术替代率在两种商品的生产中都相等，即

$$MRTS_{L,K}^{X}=MRTS_{L,K}^{Y}\text{（对所有生产者和所有投入品）}$$

一个竞争性市场实现这一有效率的结果，是因为每个生产者通过选择劳动和资本投入来使利润最大化，使得投入品的价格比例等于边际技术替代率，即

$$MRTS_{L,K}^{X}=P_L/P_K=MRTS_{L,K}^{Y}$$

最后，看产出市场的效率。它的实现要求产出品之间的边际转换率等于消费者的边际替代率，即

$$MRT_{X,Y}=MRS_{X,Y}\text{（对所有消费者）}$$

一个竞争性市场实现这一有效率的结果，是因为利润最大化

的生产者会把产出提高到边际成本与价格相等那一点，即

$$P_X = MC_X,\ P_Y = MC_Y$$

其结果是：

$$MRT_{X,Y} = MC_X/MC_Y = P_X/P_Y$$

但是，消费者要使他们在竞争性市场中的满足最大化，只有（对所有的消费者）

$$P_X/P_Y = MRS_{X,Y}$$

因此，有

$$MRT_{X,Y} = MRS_{X,Y}$$

效率条件得到满足。

## 第三节　公平和效率

以上的分析表明，一个完全竞争的经济可以产生有效的资源配置，但有效配置是否一定公平呢？这取决于如何定义公平或如何界定公平的标准。

### 一、公平的标准

在西方经济学中，有关公平分配的标准，主要有以下几个：

1. 效率原则或禀赋（Endowment）标准

持这种标准的人（如霍布斯（Hobbes）和洛克（Locke））认为，一个人对于其自身努力所得到的成果应具有当然的权利，他们用要素禀赋和要素定价理论给分配以道德上的支持。当然，在持上述标准的人中，有的主张凡是通过市场赚得的，都是公平的收入；有的主张，只有在竞争市场上赚到的，才是公平的，而对垄断利润的要

求是不合法的；[①] 有的主张，只有劳动收入才是公平所得，其他非劳动收入（如利润、利息和地租）都是剥削收入。[②]

2. 平等(Equality)标准

持这种标准的人认为，每个人都应得到均等的收入，如果社会是由 n 个人组成的某一集合，这种分配应当是把每种商品总数的 1/n 精确地分给每个人。大多数人也许会认为，这并不是人们所希望的一种状态，没有理由认为两个人非要消费完全相同的一篮子商品——这样做他们是平等了，但并不愉快。也许正是出于这样一

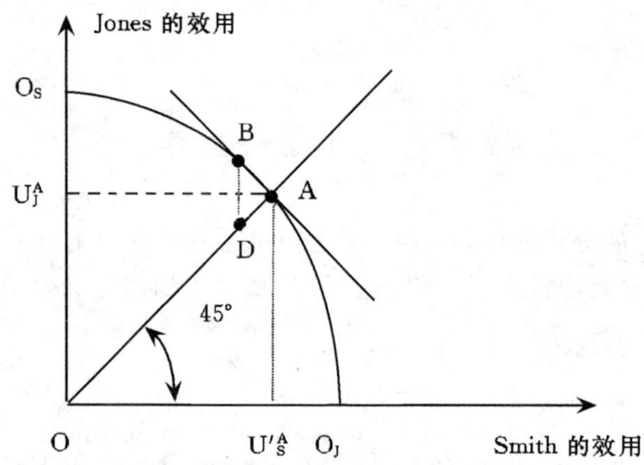


**图 11.7　效用可能性边界**

种考虑，有的人强调的是效用的均等而不是商品分配的均等。如图 11.7 所示，$O_S$、$O_J$ 代表由 Jones 和 Smith 组成的社会所可能取得的效用可能性曲线。效用均等必然要求在该曲线上选择 A 点，以便使 Jones 和 Smith 能享受均等的效用。因为从原点引出的 45°线

① 例如，琼·罗宾逊认为，买方垄断会造成对劳动的剥削，而卖方垄断则会造成对厂商的剥削（见琼·罗宾逊：《不完全竞争经济学》，商务印书馆，1961 年版）。

② 其实，马克思的按劳分配原则，也是一种禀赋原则，因为它承认不平等的劳动能力是天然的特权（参见《马克思恩格斯全集》第 23、25 卷）。

在 A 点与 $O_SO_J$ 曲线相交。注意，A 点所表示的仅仅是效用相等，而不是商品的分配或消费量相等。如果 Jones 和 Smith 具有不同的偏好，比如说，Jones 是一个禁欲主义者，而 Smith 是一个享乐主义者，那么，要实现同等的效用，Jones 必须得到较多的商品。

3. 功利主义(Utilitarian)标准

这一标准旨在实现社会总福利最大，仍以图 11.7 为例，按照这一标准，社会应选择 B 点以使($U_J+U_S$)在效用可能性边界约束下达到最大化。

4. 最大最小标准(Maximin)

这一标准是由美国哲学家劳尔斯(Rawls，1971 年)提出的。劳尔斯假定，在一个处在初始状态下的社会中，任何人都不知道未来的变化究竟会使其状况变好还是变坏。在这种不确定的情况下，回避风险的人们宁可选择能使他们在未来的变化中处于平均状态的分配，只有当不平等的分配能使处在最坏状态下的人比实行均等分配得到改善时，不平等的分配才是可取的。从图 11.7 上看，只有当可达到的均等分配低于 D 点时，不均等的分配才是可取的。根据劳尔斯的理论，位于 D 和 A 之间的均等分配，都优越于 B，因为它们使处于最坏状态下的 Smith 的状况得到改善。劳尔斯的理论表明，许多有效率的配置从社会角度看并不是理想的，社会可能以明显的效率损失为代价而选择均等的分配。

## 二、公平与效率的替换

正是由于有效配置并不必然是公平的，社会就必须在某种程度上依靠政府在家庭之间再分配收入或商品以实现公平的目标，这些目标可以通过税收系统来实现，例如，累进税把收入从富人那里再分配给穷人。政府也可以为穷人提供医疗帮助(医疗照顾方案)，或通过像制定食品券这样的计划来转移资金。遗憾的是，我们社会中所有收入再分配方案都是有代价的。税收可能鼓励人们少工作,或使得厂商将资源用于避免缴税而不是生产产出。因此,从这个意义上看,公平和效率之间存在着一定的替换(Trade- off)关系。

**复习思考题**

1. 解释下列概念:一般均衡、边际产品转换率、帕累托标准、帕累托最优化、效用可能性边界。

2. 说明一般均衡状态的条件,并说明实现这一状态的调节过程和机制。

3. 一般均衡状态的条件与帕累托最优化条件有何区别和联系?

4. 假定一种经济中只有两种商品,已知X和Y的生产函数分别为:

$$X=100L_x^{.75}K_x^{.25}$$

$$Y=100L_y^{.25}K_y^{.75}$$

请解释,为什么产品转换线必然是凹向原点的?

5. 假定在一个"2×2×2"的经济中已经达到了一般均衡状态:

(1)如果消费者偏好发生变化,消费者消费更多的X和更少的Y,经济将如何调整到新的均衡状态?

(2)如果消费者分别占有的资源(即生产要素)数量发生变化,一般均衡状态是否会发生相应的变化?怎样的变化?

6. 假定在一个"2×2×2"的经济中,劳动的供给是由工会垄断的,其他市场都是完全竞争的,请用埃奇沃斯盒状图及产品转换线来回答下列问题:

(1)一般均衡点是否必然会位于产品转换线以内?

(2)如果生产X产品的劳动密度大于生产Y产品的劳动密度,工会垄断会对X和Y的产量产生什么影响?

(3)如果通过某项政策打破了工会垄断,根据帕累托标准,这是否为帕累托最优分配?如果不是,谁会从该项政策中受益?谁会受损?

7. 在利用埃奇沃斯盒形图的交换分析中,解释为什么在契约曲线上的每一点两个消费者的边际替代率都相等。

8."由于契约曲线上的所有点都是有效率的,因此从社会的观点来看它们都是同样理想的"。你同意这种说法吗?请解释。

9. 效用可能性边界是如何与契约曲线相联系的?

10. 在埃奇沃斯生产盒状图中，要使配置处在契约曲线上，什么样的条件必须成立？为什么竞争性均衡是在契约曲线上的？

11. 生产可能性边界是如何与生产契约曲线相联系的？

12. 什么是边际转换率(MRT)？为什么一种商品对另一种商品的边际转换率等于生产两种商品的边际成本之比？

13. 解释为什么当边际转换率不等于消费者的边际替代率时，商品在消费者中间就不会有效率地分配？

14. 为什么两个国家间的自由贸易使两国消费者的境况都得到改善？

# 第十二章　市场失灵与政府的作用

上一章指出，在完善的市场经济制度下，市场作用的充分发挥能达到最高的经济效率。不过，在现实社会中，由于存在着一些限制，上述理想境界无法实现。当然，在一个社会中，经济效率也不是唯一的追求。这样，政府的作用就有两个：(1)减少影响市场发挥的限制，使市场作用得以最大程度的发挥以改进经济效率；(2)帮助社会实现公平、正义等非经济效率但又很重要的目标。本章将主要探讨政府改进经济效率的作用。为此，我们首先需要讨论影响市场机制发挥的一些限制——市场失灵。另外，需要指出的是，政府的作用并非尽善尽美，同样存在着政府失灵。

## 第一节　市场失灵的基本原因

所谓市场失灵(Market Failure)是指即使市场可以充分发挥作用，也不能圆满实现帕累托有效。市场失灵有四种基本原因：市场势力、不完全信息、外部性和公共物品。

### 一、市场势力(Market Power)

简单地说，市场势力是指厂商或要素所有者对市场价格的控制能力。当厂商们有市场势力时会产生无效率：垄断市场和不完全竞争市场的经济效率不及完全竞争市场。

为了说明这一问题，我们假设经济中有两个行为，即食品和服装。食品是垄断经营，服装是竞争性经营。由于食品厂商将选择边际收益(而不是价格)与边际成本相等的产出,并以高于竞争性市场的价格出售较少的产出。较少的产出不仅意味着较低的边际成本,也意味着较低的要素需求。这样,多出的要素就会投入服装行业,使服装的生产成本上升。结果边际转换率就会下降,使得边际转换率不再等于边际替代率,这时将造成太少的食物和太多的衣服,如图 12.1 所示。

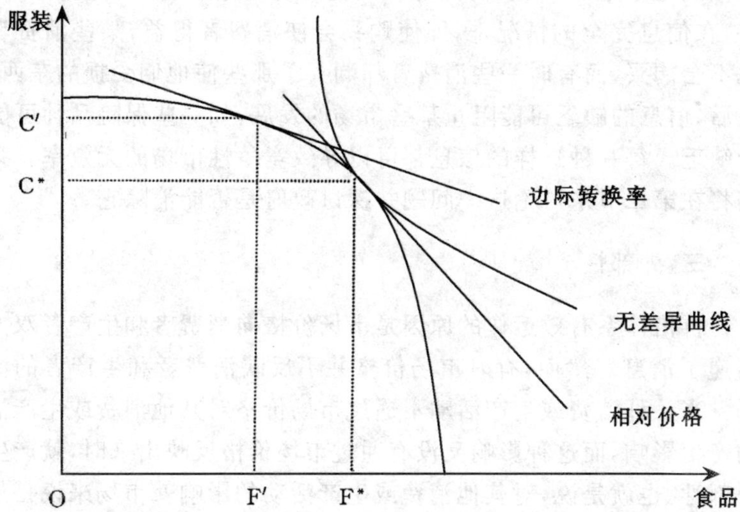


**图 12.1　垄断的效率分析**

图 12.1 中 C* 和 F* 分别代表完全竞争条件下的产出,这时,边际转换率等于边际替代率且等于相对价格,满足一般均衡条件和帕累托标准。反观 C′和 F′所代表的点,这时边际转换率并不等于边际替代率,所以没有达到一般均衡,不是一种有效的配置。

同样的分析也适用于投入品市场。假定工会的存在使食品行业的劳动供给具有市场势力,则为食品行业提供的劳动就会太少,而且工资要求会很高;而为服装行业提供的劳动会太多,而且工资较低，其结果是投入的无效率，因为效率要求所有商品生产的边际技术替代率都相等。

## 二、信息不完全

如果消费者对市场价格或产品质量没有准确的信息，市场体系就不会有效运作。这种信息的不完全可能会给生产者一种激励，使他们把某些东西生产得太多，而把另外的东西生产得太少。另外，在信息完全的情况下，即使购买会使消费者得益，某些消费者也不会购买，而有时一些消费者却购买了那些使他们受损的东西。最后，信息的缺乏可能阻止某些市场的发展，如一些保险品种可能会缺乏。每一种这样的信息都可以导致竞争性市场的无效率。我们将在第二节来讨论这一问题并探讨政府是否能消除它。

## 三、外部性

价格体系有效运作的原因是市场价格向消费者和生产者双方传递了消息。然而，有时市场价格并不反映消费者和生产者的活动。当一种消费或生产活动不通过市场价格对其他消费或生产活动产生影响，而这种影响又没有通过市场价格反映出来时，就产生外部性。也就是说，对其他消费或生产活动的影响就市场来说是外在的。

例如，假定一家钢厂向河中倾倒废水，导致下游的娱乐场所不能游泳，这里就有外部性，因为钢的生产者并没有承担废水的真实成本，从而在其钢的生产中使用了过多的废水，这导致投入的无效率。如果这种外部性在整个行业流行，钢的价格就低于反映废水成本在内的生产成本。结果，太多的钢生产出来了，出现了产出的无效率。

### 四、公共物品

公共物品是这样一种物品，它能够便宜地向一部分消费者提供，但是，一旦该商品向一部分消费者提供，就很难阻止其他人也来消费它。这时，单纯依靠市场的力量，该物品可能会出现供给不足的局面。例如，一家厂商正在考虑是否要对一项没有专利保护的技术进行开发，可一旦公之于众，其他厂商就可能模仿和复制，使得该厂商获利很小甚至无利可图。这样，就需要政府通过自己的生产或改变对私人厂商的激励来解决这一问题。

## 第二节　信息不对称问题

信息的不对称是许多商业活动的特点。通常，销售者比起消费者更了解产品的质量，雇员们也比雇主更了解自己的能力，企业经理对于企业状况也比企业的所有者知道得多。在本章，我们主要关注商品市场上的信息不对称问题。

### 一、"柠檬"市场

"柠檬"在美国俚语中指的是"次品"或"不中用的东西"。在信息不对称的情况下，对于所接触到的商品，消费者总是对它的质量有所疑虑，怀疑它中看不中用，是个"柠檬"，由此导致出价较低。而真正的好东西又不会按低价出售，也就是说，按低价销售的东西质量真得不行。这将会进一步降低消费者对质量的期望值，最终的结果是所出售的东西确实低劣，消费者出的价钱也极低，高质量的产品被驱逐出这一市场。这种劣货驱逐良货的现象还存在于保险、金融以及就业市场等地方。我们借助阿克洛夫(Akerlof)的旧车市场模型来说明这一问题。

在一个旧车市场上，有两种旧的轿车，高质量的和低质量的。

如果信息对称,买卖双方都对旧车有相同的信息,那么,就会出现如图 12.2 所示的两个分离的市场($a$)和($b$)。

在图 12.2 中,S′是高质量车的供给曲线,D′是高质量车的需求曲线,D 是低质量车的需求曲线,S 是低质量车的供给曲线。注意 S′高于 S,因为高质量车的卖主必须得到较高的价钱才会出让他的车。同样,D′须高于 D,这是因为买主愿意为得到一辆高质量的车支付更多的钱。这样,不同的交易就会分开进行。结果是高质量车的均衡价格为 10000 元,而低质量车的价格为 5000 元,每种车的出售数量都为 50000 辆。

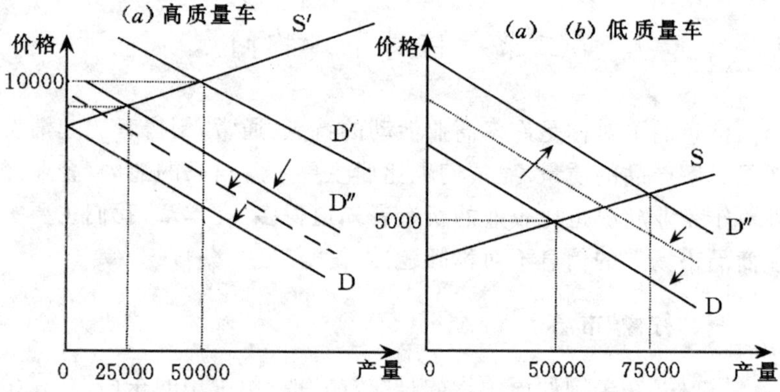


**图 12.2 柠檬问题**

现在假定,旧车市场出现信息不对称的情况,卖主比买主对旧车的质量了解得更多。这时,买主会估计他遇到一辆旧车为高质量车的概率为多少。由前面已知,在信息对称的情况下,市场上的高质量的车和低质量的车愿意出售数量都一样。因此,他将会预计遇到高质量车的概率为 50%。这样,在购买时,买主会把所有的车都看作是“中等”质量的。我们用 D″表示对这类车的需求。结果,需求曲线就变成了 D″,它低于 D′,高于 D。如图 12.2 所示,结果将有较少的高质量的车(25000)和较多低质量的车(75000)出售。

当消费者明了市场上大多数(约 3/4)出售的车都是低质量车时,他们的需求就会发生转移。如图 12.2 所示,新的需求曲线可能移动到虚线。它意味着平均来说,轿车是中低质量的。结果会导致高质量旧车的供给进一步减少,从而使消费者需求又会发生进一步变动,虚线继续往下移动,使出售的旧车质量进一步转向中低质量。这一结果会持续下去,直到低质量的旧车全部卖完。这时由于价格过低,任何高质量的车都不会进入市场销售。因此,消费者又会进一步假定他们所购买的任何车都是低质量的,从而需求曲线将就是 D。可见,由于信息不对称,低质量商品会把高质量的商品驱逐出市场,这实际上是一个逆向选择(Adverse Selection)的过程,即把好东西都淘汰掉了。

这个例子说明,不对称信息是如何导致市场失灵的。在一个市场运转完善的理想世界里,消费者将能够在低质量的车和高质量的车之间作出选择。但信息的不完全却使高质量车的市场消失。

下面我们来看私人部门和政府是如何解决这一问题的。对于政府来说,在商品市场上,政府可以通过组织中介机构对商品的质量作出评价,并向市场公布。这里,我们假定政府是一个社会中公正的提供者,对于它来说,不会因为私利而传递虚假信息。有这样的一个政府机构存在,显然会出现两个分离的市场,并达到各自的均衡,从而消除了逆向选择带来的市场混乱。

假如政府没有在商品市场上设置中介机构,这时私人可以通过自己向市场传递信号或建立自己好的声誉来解决这一问题。由于高质量的产品或服务的销售者极想让消费者相信他们的产品质量确实很高,因此,他们可能会作出低质量产品销售者不敢作出的保证或承诺。比如,他会同意你退回有缺点的商品,或作出保修很长时间的承诺。总之,他有积极性通过一切手段向市场传递出他的产品是高质量的信息。

另外,建立自己的声誉也是一个有效的手段。我们在消费过程中，会注意消费品的品牌。比如，你会购买一个或几个特定品牌的衣服，因为它们的质量有保证，你会经常光顾某一两家餐馆，因为它们在服务方面的信誉很好等。但应指出，建立信誉需要产品或服务的提供者和消费者有经常的互动，也就是说，生产者的行为是一种长期行为。实际上，在特定条件下，生产者没有积极性建立自己的信誉。例如，大多数旅游景区的餐馆、市场上流动销售的小贩，他们所做的大多是一锤子买卖，回头客很少，从而他们没有积极性建立自己的信誉，在他们那里消费经常会面对无奈的欺诈，最终导致交易的萎靡。这时，如果政府能够制定某些标准并强制执行的话，将会减少这些商人的投机行为，使交易得以实现和扩展。

## 二、道德风险

下面我们来考察保险市场上的道德风险问题。这是一个事后信息不对称问题，因为它是指在交易的双方签定契约后，具有私人信息或私人行动的一方采取自利的行为，使交易的另一方所面对的不利的情况或风险。就保险市场来说，投保的一方往往在签约后具有私人行动，当这种行动能够影响导致赔偿的事件的可能性或程度时，对承保方来说，道德风险就发生了。

例如，如果一个人为他的财产买了全险（即损失多少保险公司赔多少），那么，他就可能对采用较为昂贵的防盗措施（如高级防盗门、汽车防盗器）动力不足，而保险公司对于这些行为也无法一一监督，也就是说，投保方具有私人行动。显然这一私人行动将导致损失发生的概率增加。在这种情况下，保险公司可能被迫提高保费甚至拒绝出售保险。

道德风险改变了市场配置资源的能力。

如图 12.3 所示，曲线代表对汽车每周行驶公里数的需求。向下倾斜的原因在于随着行驶成本的提高，有些人会选择改用其他交通工具。假定一开始行驶成本包括保险成本，并且保险公司能准

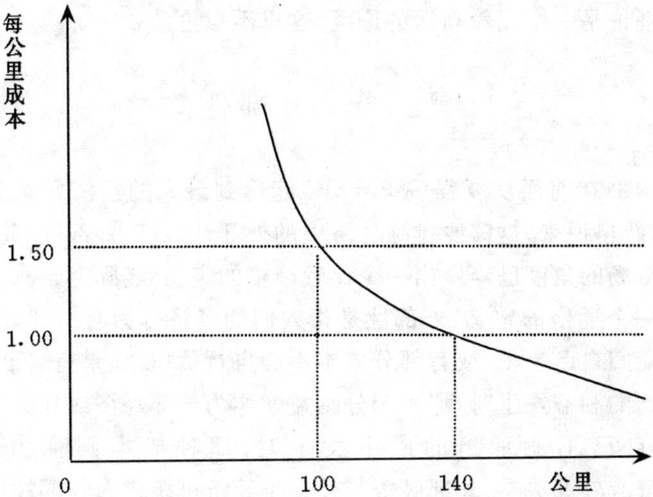


**图 12.3　道德风险的影响**

确衡量该车行驶的公里数，那么就不会有道德风险问题。车主知道行驶得多就会增加他们的保费从而提高总的行驶成本（注意，假定每公里的成本不变）。例如，如果行驶成本是每公里 1.50 元（其中，0.50 元为保费），车主就会每周行驶 100 公里，这是一个有效率的行程。

如果保险公司难以检查个人驾驶的公里数，这时保费将不取决于行驶的公里数。结果，对于车主来说，多走一公里的额外成本将是 1.00 元（但就社会来说仍是 1.50 元），这时行驶的公里数就会从 100 增加到 140，而这是一个社会无效率的水平，因为它没有包含全部的驾驶成本。

对于道德风险的消除，固然需要一定的监督技术条件，但主要是对契约的设计提出一个特别的要求：激励相容。也就是说，要求该契约具有私人行动或私人信息的交易方的自利行为得到激励的引导，以符合或不违背缺乏信息的另一方的利益。有关激励相容的设计理论是一个比较高深的论题，这里不拟论及。[①]

## 第三节　外部性

本书在前面反复强调 P＝MC 能达到最大的经济配置效率。不过，严格说来，这需要排除经济中的外部性。对于外部性，前面我们从市场的角度已经做出一个比较严格的定义。实际上，我们还可以下一个通俗的定义：外部性是指人们的经济行为有一部分的利益不能归自己享受，或有部分成本不必自行负担。如果有自己不能享受到的利益发生时，那一部分利益就称为外部经济或外部利益；当有自己不能承担的成本发生时，那种成本则称为外部不经济或外部成本。外部经济与外部不经济可统称为外部性。这实际上是从效果作用的对象来谈外部性的。

下面我们就分析这两种外部性对经济运行的影响。

### 一、外部不经济与无效率

由于外部性并不反映在市场价格中，因此它们会成为经济无效率的一个来源。我们以钢厂向河中倾倒废物为例来说明，如图 12.4 所示。

图 12.4$a$ 表示钢厂在竞争性市场中的生产决策，图 12.4$b$ 是假设所有厂商都产生相同外部性时的市场需求和供给曲线。我们假设厂商要减少废水的排放只有降低产量。下面分两步来分析：首先是只有一家钢厂产生污染，然后是所有的钢厂都以同样的方法产生污染。

由图 12.4$b$ 可知，钢的价格为 P′，这是由供给曲线和需求曲线

---

① 对激励相容的设计理论感兴趣的读者可参阅张维迎著，《博奕论与信息经济学》，第 284 页、397－430 页，上海三联书店，1996 年版。

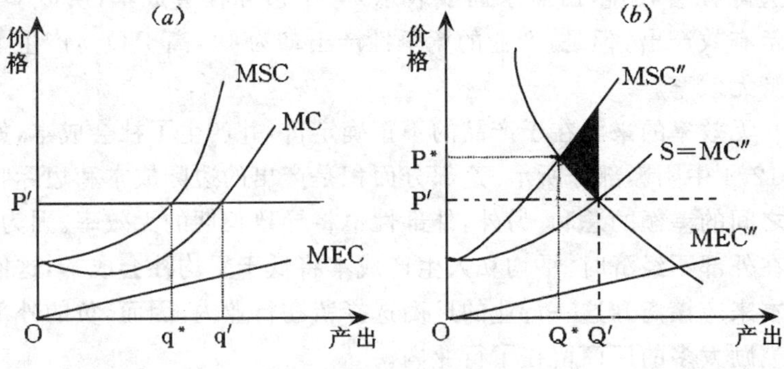


**图 12.4　外部成本**

的交点所确定的。图 12.4*a* 的 MC 曲线给出了典型钢厂的边际生产成本，该厂商的产出为 q′时可达到利润最大化，这时边际成本等于价格。然而，随着厂商的产出改变，给下游的渔民带来的外部不经济也在改变。这一外部成本由图 12.4*a* 中的边际外部成本(MEC)曲线给出。对于大多数形式的污染来说，这一曲线是向上倾斜的，因为厂商产出的增加使排污增加，它对渔业的危害也是在迅速增加的。

从社会的角度来看，厂商的产出太多了。有效产出水平应当是价格等于生产的边际社会成本——边际生产成本加上倾倒废水产生的边际外部成本。这在图 12.4*a* 中，边际社会成本曲线 MSC 是用每一产出水平上的边际成本加上边际外部成本得到的，即 MSC＝MC＋MEC。MSC 与价格曲线在 q* 处相交，较之于这一产出 q′太多了并产生了太多的污水。

现在考虑全部厂商都把废水倒入河中将发生什么情况。在图 12.4*b* 中，MC″是该产业的供给曲线。MEC″是把每个渔民在每种产出水平下受害的边际成本相加得到的，MSC″表示所有钢厂的边际生产成本和边际的外部成本的总和，即 MSC″＝MC″＋MEC″。当存在外部性时，产业的产出也是无效率的。由于有效的产出水平应是边际社会收益(由需求曲线表示)等于边际社会成本,所以 $Q^*$ 表示有效产出。但是,产业的竞争性产出却为 $Q'$,高于 $Q^*$,产生了经济无效率。

无效率的来源在于产品的不正确定价,并产生了社会成本,如图 12.4 中阴影部分所示。这部分面积是产出的边际成本和边际收益之间的差额的总和。另外,外部性也将导致长期的无效率。因为,存在外部不经济时,平均私人生产成本将低于平均社会成本,这使得本来应该离开这一行业的厂商选择留在行业内。因而,负的外部性鼓励太多的厂商留在了行业内。

## 二、外部经济与无效率

外部经济又叫正的外部性。我们考虑一个修理房屋美化家园的例子。显然,这种活动将使社会从中受益。我们借助图 12.5 来分析这一问题。

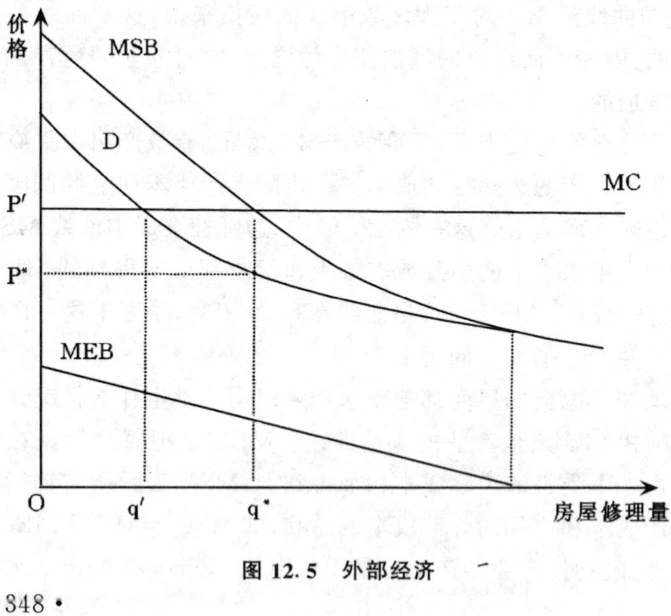


图 12.5 外部经济

在图 12.5 中，房屋修理的边际成本曲线是水平的，表明这一成本不受修理量的影响。需求曲线衡量修理对房主的边际私人收益。房主将选择在他的需求曲线与边际成本曲线相交处，投资 $q'$ 对房子进行修理。但是，正如边际外部收益曲线 MEB 所示，修理给邻居带来外部收益。我们这里假定它是向右下方倾斜，即外部边际收益随修理工作量的扩大而下降。

边际社会收益曲线 MSB＝D＋MEB 是通过把每个产量水平上的边际收益和边际外部收益相加得到的。有效产出水平为处于 MSB 和 MC 曲线相交之处的 $q^*$，这时增加的边际社会收益等于这些修理的边际成本。由于房主没有得到他对修理和美化投资的所有收益，就出现了无效率。其结果是价格 $P'$ 太高，不能鼓励他对房屋修理的投资达到社会理想的水平。要鼓励达到有效率的供给水平 $q^*$，就需要较低的价格 $P^*$。

另一个比较常见的具有正的外部性的例子就是厂商的研究与开发(R&D)，研究与开发所带来的创新常常难以得到保护。例如，假定一家厂商设计了一种新的产品，如果该设计能够申请专利，厂商可能通过生产和销售该产品获利。但是如果该设计没有专利保护，则其他厂商将会模仿制造和销售，从而使得该厂商利润减少，甚至赔本。这样，进行研究与开发就没有什么回报，市场对此提供的资金就不足。

### 三、外部性的防治

外部性之所以发生，最根本的原因在于无法建立适当的市场以供外部性的制造者和承受者之间进行交易。而市场不存在的原因又有以下两点：

(1)公共财产。例如，空气、河水以及环境都是由社会大众共同拥有，法律上通常不能明确划分其所有权，污染它们也就不必支付成本。

(2)无法排他或财产权难以保障。所谓无法排他是指很难禁止别人坐享其成。例如，某人庭院花香四溢，邻居与路人陶醉在花香中，这是阻止不了的；在空气污染的例子中，即使法律对空气所有权之归属有明文规定，因所有权人难以有效地维护其空气财产权，不让废气侵袭，故污染所形成的外部成本仍将存在。

除了无市场以外，忽视对未来的影响，亦是造成外部性的另一原因。人们因为无知、短视、事不关己或者说是冷漠，故对行为的后果未加应有的考虑，以致于造成对环境的破坏。

针对上述外部性的成因，可采用的补救办法，主要有以下几种：

1. 赋予财产权

可对原为公共财产的物品赋予私人财产权，如公海变私海，街巷变成私人土地等。只要无主物一旦变成有主物，要使用或污染就必须付费给所有者，否则所有者将可以提请诉讼。如此，资源的使用就不会流于过量和浪费以及不足了。

2. 课税和补贴

在成熟的市场经济中，可以赋予私人财产权的客体大多已经私有化了，因此对产生外部效果的行为，只有借助政府的公共权力进行干预了。干预的原则就是将外部效果内部化。

如何内部化呢？即对产生外部不经济的行为进行课税，并对提供外部经济的行为加以补贴，让外部效果由产生者自行负担或享受，这就是外部性的内部化。

3. 政府的直接管制

这是在污染防治上面最通用的手段。例如，政府对各种污染制造者与污染物，制定可容忍的污染标准。这样，在某种程度内可降低污染率，或减轻污染所造成的社会成本。

以上三种措施虽然都有助于外部性的解决，但各有其缺点：(1)财产权明晰后，如有侵权，虽然可以借助法律来解决问题，但这不仅费事耗时，且在涉事方众多的情况下，意见纷纭，难以确定被告、以及应向原告方赔偿的金额。(2)课税与补贴的办法必须能精确地衡量出外部成本与外部经济的大小，这在实际执行时并不容易。(3)政府在防治污染标准的制定上，难有客观标准，且一旦标准定下后，厂商只要符合该标准，就不再有进一步降低其污染程度的动机；此外，政府进行直接管制所需花费的监督与执行成本，通常也极为可观。因此，外部性问题并无可全部适用的最佳解决办法，我们必须依问题的性质，考虑每一个情况的特殊之处，再提出适当的解决方法。

## 第四节　公共物品

上面我们提到，公共物品因通常具有外部性而影响市场作用的发挥。事实上，公共物品最关键的特征并不在于它的外部性，而在于它可共享，且这种特性将影响市场的作用。所以，我们这里单列一节来讨论公共物品。

### 一、公共物品的含义

公共物品是相对于私有财产而言的。因此，欲了解何谓公共物品，有必要先对私人物品予以规定。

我们日常生活所消费的物品或劳务，大都具有独享及可排他两种特性，对此，我们称为私人物品。独享指的是东西让一个人消费之后，无法再让他人享受；而可排他性指的是可以防止其他人坐享其成。兼具独享和排他性的物品，一般都是私人物品，即只能归所有者和付费者私人享用。

与私人物品相对应的，就是公共物品。公共物品具有共享和无法排他的两种特性。共享指的是可以让多人共用而不损及其中任何人的效用；而无法排他则很难禁止他人不付代价地坐享其成。兼具共享和无法排他的物品就是公共物品。公共物品的一个例子，就是国防。国防所产生的防卫利益是大家可共享的，同时国防的保护也是不可排他的，即很难不让不支付代价的国民共享国防保护的好处。

界于私人财产和公共物品之间还有准公共物品，如戏院、有线电视、收费的高速公路等。

公共物品并不是一般所说的“公物”。公物通常是指多数人共有所有权的东西。实际上，大部分公物都是本节定义的私人物品。

## 二、公共物品与经济效率

公共物品具有共享和无法排他的这两个特点，对市场达到最高经济效率都构成了严重障碍。由于无法排他的缘故，若公共物品由私人生产，并在市场销售，其产量一定偏低。因为无法排他使得不付费的人也可同享公共物品的好处，那么社会上必存在着许多想“搭便车”、坐享其成的人。即使有部分消费者不存在“搭便车”的心理，愿意自己付费购买，他也只会按照他所得到的边际收益来出价，而不会按整个社会所得到的好处来出价。这样，就象具有正的外部性的物品一样，这类产品的供给小于社会福利最大的产量。

此外，公共物品的共享性，还会给市场带来另一种困扰。共享使公共物品的市场需求曲线（即社会总需求）与个人需求曲线之间的关系，迥异于私人物品市场上两条曲线的关系：因为后者是个人的需求曲线水平加总得到总需求曲线，而前者是将个人需求曲线垂直加总得到市场需求曲线，因为同一种供给量既可满足一个人的需求，也可满足其他人的需求。

因此，公共物品通常无法由私人来充分提供，而必须由政府或其他可强迫摊收费用的团体来生产。政府提供这类公共物品可用来自消费者的全体税收来支持，或其他方式分摊。至于如何课税那将是财政学的研究问题，不在本书讨论之列。

## 第五节　公共决策与政府失灵

由以上各节，我们知道了现实社会对市场机制的发挥确实存在着不少限制。而这些限制多少可借助政府的作用以求得某种程度的缓解或解决。因此，在一个自由经济社会中，政府应执行的公共决策，除了制定并且有效地执行健全法规外，还应从事以下工作：

(1)成立公营事业，经营自然垄断产业，或对民营的自然垄断产业进行价格管制；

(2)对制造外部成本者课税或管制，并对产生外部收益者进行补贴；

(3)提供生产具有“共享”以及“无法排他”之特性的公共物品；

(4)采取适当的收入分配与公共开支措施，改善贫富不均或福利状况不均的现象。

此外，在本书下册的宏观经济学部分，我们将看到，政府还须采取适当的财政政策和货币政策等宏观经济政策来维持经济的稳定，减少失业，平衡国际收支，并促进经济发展。因此，政府在经济活动中，实际上，可以发挥“防弊”与“兴利”的双重功能，作用甚大。

然而，我们有必要探讨的是，经由政府的介入，市场失灵是否确实能得到妥善的弥补呢？固然，在理论上，政府可以修正许多市场的缺点，但在实际执行上，却存在许多障碍，以至于政府干预的结果未必能真正解决问题，或是虽然解决了部分问题，但也引进了新的困扰。相对于市场失灵，我们把政府干预所引发的不良副作用以及能力的限制，称之为政府失灵。引发政府失灵的障碍，主要包括下列几个方面：

第一，由于各人偏好不同，意见相异，如何通过民主政治的运作，来选出对整个社会最有利的情况，是一个至今仍无圆满答案的问题。我们以经常使用的投票表决为例来说明这一问题。

假设有甲、乙、丙三个投票人来投票决定造桥经费的来源。可选择的方法有三：收过桥费(A)、课税(B)、发行公债(C)(注：发行公债最后仍需课税偿还，因此，目前发行公债等于对未来子孙课税)。设这三个投票人的偏好顺序如下：

甲：A、B、C

乙：B、C、A

丙：C、A、B

三人中的多数(甲和乙)偏好B甚于C，故若让三人就B与C进行投票，B会被采取；三人中的多数(甲和丙)偏好A甚于B，故若就A与B进行投票，通过的就是A。根据这两次投票的结果，我们是否可确定最好的选择呢？不能，因为三人中的多数(乙和丙)偏好C甚于A。因此，采取多数的原则，就会产生玩游戏剪刀石头布那样的循环情况。这种可能的选举结果，成为投票循环，是英国经济学者布雷克首先提出的。这种无一个选择优于其他选择的投票结果，又称为投票的悖论(Paradox of voting)。若采用其他的决策方式，也有类似的麻烦。

政治为管理众人之事，所作的任何决定，都具有公共物品的性质，即众人将同享其利或同蒙其弊。而参与投票活动是必须花费成本的，如参加投票前，须花时间看候选人的资料，投票时也必须花费时间与交通费到投票点去投票。故存在“搭便车”的心理，不愿过问政治，这在现实社会中极为普遍(欧美一些国家的投票率甚至低于50%)。这种政治冷漠当然对政治决策的品质带来不利影响，故政府干预之结果也未必理想。

第二，政府官员与民意代表一样，也具私心，不能指望他们无私地做到一切决策皆以全民利益为重。公共选择理论认为，一个人从私人部门进入公职后，其行为动机不可能会从追逐私利转变为讲求公益。公共选择理论就以此为基础，讨论公共决策实际是在

“做什么”、“如何做”以及“为谁做”等实证问题。由于政府的许多决策都涉及利益分配，从而许多利益团体都将游说政府官员，以争取对他们有利的决定。因此，政府决策所考虑的，未必是全民的利益，而可能只是某些团体的利益，甚或只是决策人个人的利益。

既然民主政治通常都是取决于多数，那么，为什么少数的压力集团得到好处而人数占大多数的民众却吃亏呢？其中的奥妙就在于，公共决策本身具有公共物品的特点——共享且无法排他。仔细说来，人数较多的一方，若团结起来的话，诚然可使那些有利于压力集团而不利于大众的决策无法通过；但问题是，人多易形成一盘散沙，难以凝聚。因为人多时，不利于众人的决策对每个人平均造成的伤害就不会太大，每个人也就可能觉得无关痛痒而懒得去理会。即使有人觉得有所谓，并起而反对，则他需要投入时间与金钱等成本；一旦反对成功，不会参与反对行动的人却可坐享其成。如此，真正愿意去努力反对的人也就寥寥无几了。这与三个和尚没水吃的道理是一样的。相反，压力集团虽然人数较少，但因每个成员都有休戚与共的切身厉害关系，故较有凝聚力，众志成城，终能影响决策。

因此，在现实社会中，政府虽有必要采用公共权力，对市场的缺陷进行补救，但我们对其效果不能抱太大的期望。不过，从积极一面来看，若我们能设计出较为有效的政治运作方式，以使公共决策能确实发挥改善社会福利的功能，倒也幸莫大焉。在经济学理论中，公共选择作为研究政府行为的一门理论正方兴未艾，人们可以从中得到许多有益的启示。

**复习思考题**

1. 解释下列概念：市场失灵、逆向选择、道德风险、外部性、公共物品。

2. 回答下列问题：

(1)信息不对称是如何导致市场机制不能达到最大效率的？

(2)外部性是如何造成市场失灵的？如何解决外部性问题？

(3)公共物品如何会导致市场失灵？

(4)什么是政府失灵？为什么会产生政府失灵？

# 附录 I　数学注释

本附录旨在说明微观经济学的一些比较重要的结论可以借助于微积分从数学上得到阐释。这里的内容是按照书中各章注释符号〔1〕,〔2〕,〔3〕…顺序排列的。

**第二章**

〔1〕在这一章中,我们曾把需求的价格弹性定义为需求量的相对变化(即百分比变化)与价格的相对变化(即百分比变化)之比。当价格的变动趋近于零时,这一定义可用微积分的语言表述为:

$$E_d=\frac{dQ/Q}{dP/P}=\frac{dQ}{dP}\frac{P}{Q} \tag{1}$$

这实际上也就是点弹性的更确切的公式,其中需求函数被表述为 $Q=f(P)$。

关于这一定义有两点应该注意,首先,把 Q 表示为 P 的函数,这与常规是相反的,而从图形上看,这和用纵轴表示 Q 是一样的,如此这般设定,dQ/dP 就是需求曲线的斜率。如果 P 被表示为 Q 的函数(常规如此),那么,dQ/dP 就是需求曲线斜率的倒数。其次,对于一条向下倾斜的需求曲线来说,dQ/dP 将永远是负的,由于 P/Q 永远是正的,所以,由公式(1)定义的弹性系数将是负的。正如书中所注明的,经济学家通常取价格弹性的绝对值,所以把弹性定义为(—)$dQ/dP\times P/Q$。在数学处理中,要注意所使用的符号习惯,这常常是很重要的。

〔2〕具有单元弹性的需求曲线是由下列公式给定的:

$$Q=kP^{-\alpha} \tag{2}$$

这里的 k 和 α 都是正的常数。对于这种类型的需求曲线来说，其各点上的需求的价格弹性都是相同的，并且等于 $-\alpha$（或者当把弹性看作是正数时，直接等于 α）。为证明这一点，我们就 P 对公式(2)求导：

$$\frac{dQ}{dP}=-\alpha kP^{-\alpha-1} \tag{3}$$

这样，其价格弹性就等于公式(3)乘以 P/Q，即

$$E_d=-dkP^{-\alpha-1}\frac{P}{Q}=-\frac{\alpha kP^{-\alpha}}{Q}=-\alpha \tag{4}$$

最后一步之所以得出，是因为分子中的 $kP^{-\alpha}$ 等于 Q（见公式(2)）。所以，由公式(2)给定的需求曲线，其各点上的价格弹性都等于 α。如果我们令 $\alpha=1$，上述命题就更容易理解了，因为这样一来，公式(2)就成为 $PQ=k$ 的直角双曲线的方程，从而无论价格如何变动，总支出都等于 k。

要证明价格发生变动时消费者的货币总支出与需求的价格弹性之间的关系，我们首先将总支出规定为：

$$E=PQ \tag{5}$$

并记住 Q 是 P 的函数，然后对公式(5)求导：

$$\begin{aligned}\frac{dE}{dP}&=Q+P\,\frac{dQ}{dP}\\&=Q\left(1+\frac{P}{Q}\frac{dQ}{dP}\right)\\&=Q(1-E_d)\end{aligned} \tag{6}$$

在公式(6)中，我们是把价格弹性当作正数的。请注意，如果价格弹性是单元的（即等于 1），那么，dE/dP 则等于 0，这表明价格的变动对总支出没有影响。当价格弹性大于 1 时，dE/dP 为负，这表明对于富于弹性的需求而言，价格上升会引起总支出下降。当价格弹性小于 1 时，dE/dP 为正，这表明对于缺乏弹性的需求而言，价格上升会引起总支出提高。

〔3〕如果需求曲线是线性的，它就可以表示为：

$$Q=a-bP \tag{7}$$

这里 a 和 b 是正的常数（如果 P 被当作因变量，这种需求曲线将会是 P=a/b－Q/b）。注意，公式（2）的导数 dQ/dP 为－b，它是线性的需求曲线斜率的倒数。从公式（2）中我们可以看到，在任何一点的需求的价格弹性是由下列公式给定的：

$$E_d=-b\frac{P}{Q} \tag{8}$$

因为 b、P 和 Q 都是正的，所以，弹性将永远是负的；如果我们采用取绝对值的惯例，那么，该弹性就是 bP/Q。既然 P/Q 在向下倾斜的需求曲线的每一点上都是不同的，所以，公式（3）表明，在线性的需求曲线的不同点上，价格弹性是不同的，这一点正如本章正文所阐明的。具体地说，当我们沿着需求曲线向上移动时，P/Q 变大，所以，弹性系数（在绝对值上）将变大，为图 2.6 所示。

**第三章**

〔4〕消费者均衡的原则或条件可以这样推导出来。消费者所面临的问题是在给定的收入限制下，如何选择购买两种物品 x、y 的数量以便获得最大可能的效用或满足。从数学上说，这可以表述为条件极值问题：在预算约束下使效用最大化。解决这一问题最直接的方法是拉格郎日乘数法。

我们首先建立拉格朗日函数：

$$L=U(Q_x,Q_y)+\lambda(I-P_x\cdot Q_x-P_y\cdot Q_y) \tag{9}$$

在公式（9）中，λ 为拉格朗日乘数（在这里可以解释为单位货币的不变的边际效用），被乘数为预算约束方程（其形式为 $I-P_x\cdot Q_x-P_y\cdot Q_y=0$）。在表现为上述形式的约束条件得到满足时，使 L 最大化也就会使 U 最大化，因为括号内的式子将等于零。这里，使 L 最大化的一阶条件是 L 对 $Q_x$、$Q_y$ 和 λ 三个变量的偏导数必须为零，即

$$\frac{\partial L}{\partial Q_x}=\frac{\partial U}{\partial Q_x}-\lambda P_x=0 \tag{10}$$

$$\frac{\partial L}{\partial Q_y}=\frac{\partial U}{\partial Q_y}-\lambda P_y=0 \tag{11}$$

$$\frac{\partial L}{\partial \lambda}=I-P_x \cdot Q_x-P_y \cdot Q_y=0 \tag{12}$$

将方程(10)除以方程(11),得到:

$$\frac{\partial U/\partial Q_x}{\partial U/\partial Q_y}=\frac{P_x}{P_y} \tag{13}$$

方程(13)表示,如果消费者要实现效用最大化,边际效用的比率必须等于价格比率。

〔5〕假定一个消费者的境况取决于所消费的商品 x 和 y 的数量。这样,该消费者的偏好就可以用一个效用函数来表示,后者把效用(福利)当作所消费的商品数量的函数:

$$U=U(x,y) \tag{14}$$

在本教程中,偏好是由一组无差异曲线来表示的。沿着同一条无差异曲线移动,总效用(U)是一个常数,所以,将 U 确定在某一固定水平上,就可以使方程(14)由一个一般的函数转变为一条无差异曲线的方程。为了更详细地考察效用函数与无差异曲线的关系,我们取方程(14)的全微分,即

$$dU=\frac{\partial U}{\partial Q_x}dQ_x+\frac{\partial U}{\partial Q_y}dQ_y \tag{15}$$

(注意:方程(15)中的偏导数$\frac{\partial U}{\partial Q_x}$和$\frac{\partial U}{\partial Q_y}$就是两种商品的边际效用)当我们沿一条给定的无差异曲线作某种移动时,总效用保持不变,所以,我们可以令 $dU=0$ 从而得到:

$$\frac{\partial U}{\partial Q_y}dQ_y=-\frac{\partial U}{\partial Q_x}dQ_x \tag{16}$$

则:

$$\frac{dQ_y}{dQ_x} = -\frac{\partial U/\partial Q_x}{\partial U/\partial Q_y} \tag{17}$$

方程(17)表示，一条无差异曲线的斜率 $dQ_y/dQ_x$，等于(负的)边际效用比率。当然，这无异于说边际替代率等于两种商品边际效用的比率，因为 $dQ_y/dQ_x = MRS_{x,y}$。

〔6〕假定一个消费者把他的全部收入 I 都花在 x 和 y 两种商品上，x 和 y 的价格分别为 $P_x$ 和 $P_y$，那么，消费者所能购买的两种商品的数量 $Q_x$ 和 $Q_y$ 必须满足如下预算约束(预算线的代数表示)：

$$I = P_x \cdot Q_x + P_y \cdot Q_y \tag{18}$$

这一关系表明，在 x 和 y 上的支出总额等于总收入。在收入和价格不变的情况下，y 的购买量可以表示为 x 的购买量的函数：

$$Q_y = \frac{I}{P_y} - \frac{P_x}{P_y} Q_x \tag{19}$$

取 $Q_y$ 对 $Q_x$ 的导数，得到：

$$\frac{dQ_y}{dQ_x} = -\frac{P_x}{P_y} \tag{20}$$

方程(20)表明，预算线的斜率($dQ_y/dQ_x$)等于价格比率的负数，如图 3.10 所示。

**第四章**

〔7〕当只有一种投入可变，其他所有投入保持不变时，产出可以表示为该种可变投入的函数，如下列方程所示：

$$Q = Q(L) \tag{21}$$

这里在假定其他投入(如资本和土地)的量以及技术保持不变的情况下，产量就只取决于劳动的投入量。这时，可变投入劳动的边际产量和平均产量由下列方程给定：

$$MP_L = \frac{dQ}{dL} \tag{22}$$

$$AP_L = \frac{Q}{L} = \frac{Q(L)}{L} \tag{23}$$

现在,我们可以很容易地推导出边际产量与平均产量之间的关系。让我们求 $AP_L$ 对 L 的导数以说明 $AP_L$ 如何随劳动量而变动:

$$\frac{dAP_L}{dL} = \frac{d(Q/L)}{dL} = \frac{(L\frac{dQ}{dL} - Q)}{L^2} \tag{24}$$

从方程(24)中提出(1/L),得到:

$$\frac{dAP_L}{dL} = \frac{1}{L}\frac{dQ}{dL} - \frac{Q}{L} = \frac{1}{L}(MP_L - AP_L) \tag{25}$$

方程(25)概括了边际产量和平均产量的关系。从方程(25)中可以看出,当 $MP_L > AP_L$ 时,方程右边为正,这说明平均产量随劳动投入量的增加而增加;当 $MP_L < AP_L$ 时,方程右边为负,这说明平均产量随劳动投入量增加而减少;最后,要使 $AP_L$ 达到最大值,其导数必须等于零,也就是说,方程右边必须等于零,这恰好发生在 $MP_L$ 与 $AP_L$ 相等时。

〔8〕当生产中使用两种可变投入时,产量可表示为这两种投入的函数,其生产函数为:

$$Q = Q(L, K) \tag{26}$$

这里 L 和 K 为劳动和资本这两种投入的量,并设定技术保持不变。在这种情况下,边际产量是由偏导数 $\partial Q/\partial L$ 和 $\partial Q/\partial K$ 给定的,因为边际产量所表示的就是当只有一种投入变动而其他投入保持不变时总产量的变动。

要说明这一生产函数与在书中用图形代表它的等产量线之间的关系,我们取方程(26)的全微分,即

$$dQ = \frac{\partial Q}{\partial L}dL + \frac{\partial Q}{\partial K}dK \tag{27}$$

因为沿着同一条等产量线移动,总产量并不发生变化,即 dQ

$=0$,这意味着：

$$\frac{\partial Q}{\partial K}dK=-\frac{\partial Q}{\partial L}dL \tag{28}$$

或者：

$$\frac{dK}{dL}=-\frac{\partial Q/\partial L}{\partial Q/\partial K} \tag{29}$$

方程(29)表明,等产量线的斜率 $dK/dL$ 等于(负的)要素边际产品的比率,这也就是说,边际技术替代率等于边际产品比率,因为 $-dK/dL=MRTS_{L,K}$。

〔9〕如书中所述,厂商的最佳要素组合或最佳投入选择既可以看作当总成本给定时使产量最大,也可以看作当产量给定时使成本最小。下面首先考察第一种方式,即在成本约束下使产量最大化。

假定某厂商将一笔给定的成本 $C^0$ 花在劳动和资本上,这两种要素按照单位成本 w 和 r 可以得到。这样,厂商所能购买的劳动和资本的组合必须满足：

$$C^0=wL+rK \tag{30}$$

方程(30)是成本约束,厂商在满足这一约束条件的情况下希望尽可能多地加大产量。也就是说,厂商试图在成本约束下使产量 Q(L,K)最大化。为此,我们先建立拉格朗日函数：

$$Z=Q(L,K)+\lambda(C^0-wL-rK) \tag{31}$$

使 Z 最大化的一阶条件是令 Z 对 L、K 和 λ 的导数等于零,即

$$\frac{\partial Z}{\partial L}=\frac{\partial Q}{\partial L}-\lambda w=0 \tag{32}$$

$$\frac{\partial Z}{\partial K}=\frac{\partial Q}{\partial K}-\lambda r=0 \tag{33}$$

$$\frac{\partial Z}{\partial \lambda}=C^0-wL-rK=0 \tag{34}$$

将方程(32)除以方程(33),得到：

$$\frac{\partial Q/\partial L}{\partial Q/\partial K}=\frac{w}{r} \tag{35}$$

方程(35)的左边为要素的边际产量之比，或 $MRTS_{L,K}$，右边为要素价格之比。因为这两个比率分别为等产量线和等成本线的斜率，所以，方程(35)不过是将书中所述的最佳要素组合原理公式化了，按照这一原理，一个厂商将选择等产量线与等成本线相切时的要素组合。

方程(32)和(33)也可以重新组合成下列形式：

$$\frac{\partial Q/\partial L}{w}=\frac{\partial Q/\partial K}{r}=\lambda \tag{36}$$

方程(36)表示，厂商对其资金的配置，应使价值每一美元的所有要素的边际产品都相等；而方程中的拉格朗日乘数就是每一美元的各种要素所提供的额外产量的这一公共值。

下面，让我们说明如何将有约束的最小化问题公式化。假定厂商要以尽可能低的成本生产既定的产量，或者说，厂商在方程(37)所表示的一定产量水平的约束下，力图使总成本 $wL+rK$ 最小化：

$$Q^0=Q(L,K) \tag{37}$$

为此建立的拉格朗日函数为：

$$Z=wL+rK+\lambda[Q^0-Q(L,K)] \tag{38}$$

与有约束的最大值相同，有约束的最小值的一阶条件，也要求下列三个偏导数等于零：

$$\frac{\partial Z}{\partial L}=w-\lambda\frac{\partial Q}{\partial L}=0 \tag{39}$$

$$\frac{\partial Z}{\partial K}=r-\lambda\frac{\partial Q}{\partial K}=0 \tag{40}$$

$$\frac{\partial Z}{\partial \lambda}=Q^0-Q(L,K)=0 \tag{41}$$

用方程(39)除以方程(40)得到：

$$\frac{w}{r}=\frac{\partial Q/\partial L}{\partial Q/\partial K} \tag{42}$$

方程(42)与方程(35)是相同的,这两种方法都告诉我们,厂商应该选择等产量线与等成本线的切点。或者如书中所述,切点所表示的是成本给定时所能得到的最大产量或生产这一产量所必须支付的最小成本。

〔10〕平均成本与边际成本曲线之间的几何关系,很容易从数学上推导出来。这种分析类似于我们前面推导平均产量与边际产量曲线之间关系的方法。

平均成本是由总成本(C)除以总产量(Q)得来的,即

$$AC=\frac{C}{Q} \tag{43}$$

下面,我们取平均成本对产量的导数:

$$\frac{dAC}{dQ}=\frac{d(C/Q)}{dQ}=\frac{(QdC/dQ-C)}{Q^2}$$

提出 1/Q,得到:

$$\frac{1}{Q}(\frac{dC}{dQ}-\frac{C}{Q})=\frac{1}{Q}(MC-AC) \tag{44}$$

方程(44)概括了 AC 曲线与 MC 曲线之间的关系。它表明,当 MC<AC 时,AC 曲线的斜率(dAC/dQ)是负的(因为方程的右边为负);当 MC>AC 时,AC 曲线的斜率是正的(因为这时方程右边为正);当 MC=AC 时,AC 曲线的斜率为零。

上述关系无论对长期成本函数还是短期成本函数来说,都是存在的。

**第五章**

〔11〕利用微积分很容易说明一个竞争性厂商必需在价格等于边际成本的那一点进行生产,才能实现利润最大化。厂商的总利润(π)等于总收益(R)与总成本(C)之间的差额,即

$$\pi=R-C \tag{45}$$

R 和 C 都是产量的函数,总收益等于价格乘以产量,即 PQ。对于一个竞争性厂商来说,价格是一个不变量,我们用 $P_0$ 来表示。

这样，竞争厂商的总利润就由下列方程给定，即

$$\pi = P_0 Q - C \tag{46}$$

实现利润最大化的一阶条件要求总利润函数对产量的一阶导数等于零，即

$$\begin{aligned}\frac{d\pi}{dQ} &= P_0 \frac{dQ}{dQ} - \frac{dC}{dQ} = 0 \\ &= P_0 - MC = 0\end{aligned} \tag{47}$$

因此，竞争厂商应该生产 $MC = P_0$ 时的产量。

上述推导，无论对短期和长期，都是适用的。就短期而言，因为厂商的总成本等于总可变成本（TVC）与总固定成本（TFC）之和，所以，总利润等于 $P_0Q - TVC - TFC$，而一阶导数等于 $P_0 - dTVC/dQ - dTFC/dQ$。由于在短期内固定成本保持不变，即 $dTFC/dQ = 0$，所以，$dTVC/dQ$ 就是短期边际成本，这与长期利润最大化的条件是相同的。

边际成本等于边际收益（在这里等于价格）仅仅是利润最大化的一阶条件（或必要条件）。利润最大化的二阶条件（或充分条件）要求总利润函数的二阶导数为负，即

$$\frac{d^2\pi}{dQ^2} = 0 - \frac{d^2C}{dQ^2} < 0 \tag{48}$$

从方程（48）中可以看到，要使利润取得一个最大值，$d^2C/dQ^2$ 必须是正的。这一关系意味着，在边际收益等于边际成本的那一点上，边际成本的斜率必须为正（因为 $d^2C/dQ^2$ 就是边际成本曲线的斜率）。之所以提出这一条件，是因为边际成本与边际收益曲线的交点可能不只一个。例如，对于U型的边际成本曲线来说，它与边际收益曲线的交点可能有两个：当边际成本曲线下降时与边际收益曲线的交点不是利润最大化点（恰恰相反，它是利润最小化点）；二阶条件告诉我们，在寻找利润最大化的产量时，要忽略这一交点。

**第六章**

〔12〕让我们考察一下边际收益与需求之间的关系。我们知道，总收益等于价格乘以销售量，即

$$R=PQ \tag{49}$$

既然我们所讨论的是市场需求曲线，那么，价格就不再是一个常量，而是产量的反函数（即 $P=f(Q)$，而 $dP/dQ<0$）。边际收益可以简单地看作是总收益对 Q 的导数。根据乘积的求导法则，得到：

$$\frac{dR}{dQ}=MR=P+Q\,\frac{dP}{dQ} \tag{50}$$

方程(50)表明，对于一条向下倾斜的需求曲线来说，边际收益总是小于价格，因为价格为正，而 $dP/dQ$ 为负（当需求曲线为水平时，如一个完全竞争厂商所面对的那样，$dP/dQ$ 等于零，从而 $MR=P$）。进一步说，边际收益小于价格的量等于 $Q(dP/dQ)$。这就证实了我们在书中有关图 6.1 的讨论，在那里，边际收益被表示为面积 B 减去面积 A，面积 B 相当于方程(50)中的 P，而面积 A（从原单位销售额中减少的收益）则相当于 $Q(dP/dQ)$。

从方程(50)中提取出 P，可得：

$$\begin{aligned} MR &=P\left(1+\frac{Q}{P}\frac{dP}{dQ}\right) \\ &=P\left(1-\frac{1}{Ed}\right) \end{aligned} \tag{51}$$

方程(51)与书中的公式 3.11b（第三章第三节）是相同的。

〔13〕除了价格不再当作常数而是产量的反函数之外，垄断厂商的利润最大化与竞争厂商是相同的。其利润为：

$$\pi=R-C \tag{52}$$

其利润最大化的一阶条件是使 π 对产量 Q 的一阶导数等于零，即

$$\frac{d\pi}{dQ}=\frac{dR}{dQ}-\frac{dC}{dQ}=0 \tag{53}$$

方程(53)表明，对于实现利润最大化的产量水平来说，边际收益(dR/dQ)必须等于边际成本(dC/dQ)。

另一种推导有助于我们把垄断与竞争联系起来。我们把方程(52)中的收益用价格乘以产量来表示，得到：

$$\pi = PQ - C \tag{54}$$

取方程(54)对 Q 的一阶导数(并记住 P 是 Q 的一个函数)并令其等于零，得到：

$$\frac{d\pi}{dQ} = P + Q\frac{dP}{dQ} - \frac{dC}{dQ} = 0 \tag{55}$$

方程(55)是利润最大化的一般条件，它既适用于竞争性厂商，也适用于垄断厂商。如果一个厂商是竞争性的，那么，dP/dQ 等于零(需求曲线是水平的)，从而方程(55)就会化简为价格等于边际成本法则(即方程(47))。如果该厂商是个垄断者，方程(55)则表明，边际收益(在这里小于价格)必须等于边际成本，因为 $P + Q(dP/dQ) = MR$。最后，我们要注意到，在垄断均衡点上，价格将高于边际成本。

〔14〕一个实行价格歧视的垄断厂商被假定具有与任何其他厂商相同的目标：利润最大化。其利润最大化的条件很容易推导出来。假定垄断厂商在 A、B 两个市场上销售其产品，该厂商的利润等于来自两个市场销售额的收益之和减去总生产成本，即

$$\begin{aligned}\pi &= R_A + R_B - C \\ &= P_AQ_A + P_BQ_B - C\end{aligned} \tag{56}$$

在方程(56)中，总成本被看作是总产量 $Q_A + Q_B$ 的函数。

这里利润最大化的一阶条件是令利润函数对 $Q_A$ 和 $Q_B$ 的两个偏导数都等于零，即来自每一市场销售额的边际利润都等于零：

$$\frac{\partial\pi}{\partial Q_A} = \frac{\partial R_A}{\partial Q_A} - \frac{\partial C}{\partial Q_A} = 0 \tag{57}$$

$$\frac{\partial\pi}{\partial Q_B} = \frac{\partial R_B}{\partial Q_B} - \frac{\partial C}{\partial Q_B} = 0 \tag{58}$$

方程(57)仅仅表明，垄断厂商应该在从市场A得到的边际收益($\partial R_A/\partial Q_A$)等于为该市场生产的边际成本($\partial C/\partial Q_A$)那一点上从事经营。同样的条件也适用于市场B。但是，由于边际成本取决于总产量，对于任何给定的总产量来说，销往两个市场的产品的边际成本是相等的，所以，两个市场的边际收益必须等于同一边际成本。这样，利润最大化的条件可以简要地写成：

$$MR_A = MR_B = MC \tag{59}$$

**第八章**

〔15〕厂商A的最终产量可表示为：

$$OT\left[1-\left(\frac{1}{2}+\frac{1}{8}+\frac{1}{32}+\cdots\right)\right]$$

$$=OT\left\{1-\left[\frac{1}{2}\left(1+\frac{1}{4}+\frac{1}{16}+\frac{1}{64}+\cdots\right)\right]\right\}$$

因为圆括号中的数字为一个无穷级数，到极限时的和可表示为$\alpha(1+r+r^2+r^3+\cdots)$，设$0<r<1$，则该级数和为$\frac{\alpha}{1-r}$。在上面的圆括号中，$\alpha=\frac{1}{2}$，$r=\frac{1}{4}$，所以，上式等于

$$OT\left[1-\frac{1}{2}\left(\frac{1}{1-\frac{1}{4}}\right)\right]=OT\left(1-\frac{2}{3}\right)=\frac{1}{3}OT$$

而厂商B的最终产量可表示为：

$$OT\left(\frac{1}{4}+\frac{1}{16}+\frac{1}{64}+\cdots\right)$$

$$=OT\left[\frac{1}{4}\left(1+\frac{1}{4}+\frac{1}{16}+\frac{1}{64}+\cdots\right)\right]$$

根据同样的原理，它等于

$$\frac{1}{4}OT\left(\frac{1}{1-\frac{1}{4}}\right)=\frac{1}{3}OT$$

**第九章**

〔16〕设需求曲线是线性的，成本为零，市场需求函数为$P=a$

$-bQ_0$，其中 P 为价格，$Q_0$ 为双头垄断行业的总产量，a 和 b 为正的常数，厂商Ⅰ和厂商Ⅱ的产量分别为 $q_1$ 和 $q_2$，则二者的总收益分别为 $Pq_1=aq_1-bq_1^2-bq_1q_2$ 和 $Pq_2=aq_2-bq_2^2-bq_1q_2$；厂商Ⅰ的边际收益 $MR_1=\frac{dPq_1}{dq_1}=a-2bq_1-bq_2$，厂商Ⅱ的边际收益 $MR_2=\frac{dPq_1}{dq_1}=2abq_2-bq_1$。因为 $MC_1=MC_2=0$，所以，当利润最大时，$MR_1=MR_2=0$，即

$$a-2bq_1-bq_2=a-2bq_2-bq_1$$

$$Q_0=q_1+q_2=\frac{2a}{3b}$$

若以 n 个厂商来代替两个厂商的假定，则：

$$Q_0=\frac{na}{(n+1)b}$$

令 $P=MC=0$，则 $a-bQ=0$

$\frac{a}{b}=Q_c$，这里的 $Q_c$ 即为竞争产量。

**第十章**

〔17〕为证明 $MRP_L=MP_L\cdot MR$

(1)设产品的需求函数为：$Q=f_1(P)$

厂商的总收益为：$TR=P\cdot Q$

其边际收益为总收益的微分为：

$$MR=\frac{d(TR)}{dQ}=P\cdot\frac{dQ}{dQ}+Q\cdot\frac{dP}{dQ}$$

$$MR=P+Q\frac{dP}{dQ}$$

(2)在只有劳动一种可变生产要素时，生产函数为：$Q=f_2(L)$

劳动的边际产品为该函数的微分为：$MP_L=\frac{dQ}{dL}$

(3)根据劳动的边际收益产品的定义，即

$$MRP_L = \frac{d(TR)}{dL}$$

已知 TR＝P·Q,对总收益函数求关于 L 的导数,得到:

$$\frac{d(TR)}{dL} = P \cdot \frac{dQ}{dL} + Q\left[\frac{dP}{dQ} \cdot \frac{dQ}{dL}\right]$$

或者:

$$MRP_L = \frac{dQ}{dL}\left[P + Q\frac{dP}{dQ}\right]$$

从第(2)步可有$\frac{dQ}{dL} = MP_L$

从第(1)步可有$\left[P + Q\frac{dP}{dQ}\right] = MR$

因此可得出:

$$MRP_L = MP_L \cdot MR$$

# 附录Ⅱ　复习思考题中计算题答案要点

**第二章**

2.(1)$E_d=\frac{Q_2-Q_1}{P_2-P_1}\cdot\frac{P_2+P_1}{Q_2+Q_1}=\frac{18-20}{100-80}\cdot\frac{100+80}{18+20}$

$=-4.7$

(2)$E_s=\frac{Q_2-Q_1}{P_2-P_1}\cdot\frac{P_2+P_1}{Q_2+Q_1}=\frac{19-18}{120-100}\cdot\frac{120+100}{19+18}$

$=0.3$

(3)均衡价格 P=100 美元

如果 P=80 美元,会出现短缺。

如果 P=120 美元,会出现过剩。

(4)Ⅰ.作图法:

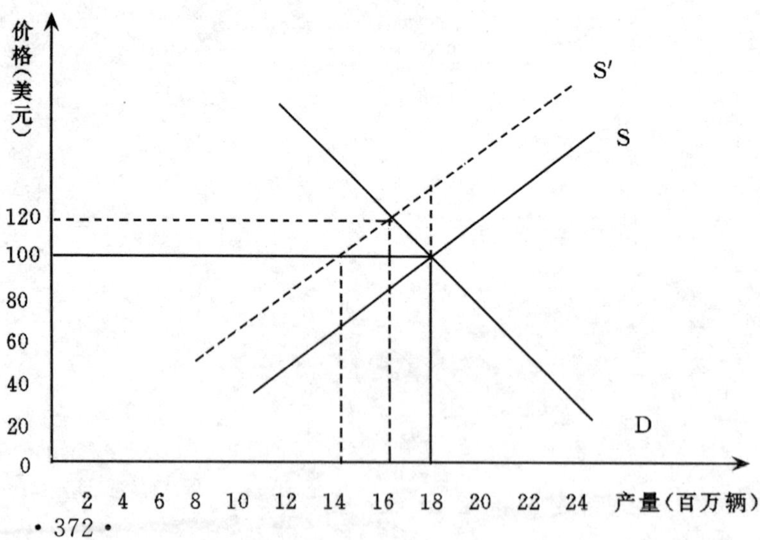

均衡价格 P＝120 美元，均衡交易量 Q＝16 百万辆，消费者承担 20 美元。

Ⅱ. 公式法：

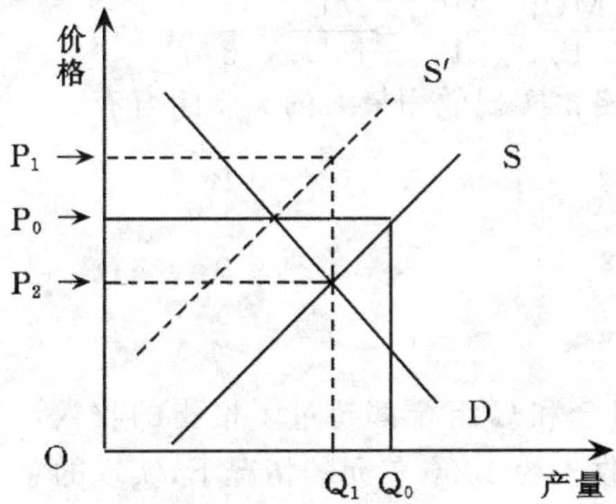


利用最小二乘法求出供求函数：

$$Q_s=9.1+0.09P \tag{1}$$

$$Q_d=28-\frac{1}{10}P \tag{2}$$

根据(1)、(2)式可求出 $P_0=100$ 时点弹性为 $|E_s|=0.5$；$|E_d|=0.5$

由于 $\frac{|E_s|}{|E_d|}=\frac{P_0P_1}{P_0P_2}$，得 $\frac{P_0P_1}{P_0P_2}=\frac{0.5}{0.5}$ (3)

由于 $P_0P_1+P_0P_2=40$ (4)

根据(3)、(4)式得 $P_0P_1=P_0P_2=20$ 美元。

由此可得均衡价格为 P＝120 美元，消费者承担 20 美元。

(5)会出现短缺。

Ⅰ. 图形法：短缺量为 18－14＝4 百万辆

Ⅱ. 公式法：征税后的供给函数为：$Q_s=9.1+0.09P-40\times0.09$

P＝100 时的供给量为 $Q_s=14$ 百万辆

P＝100 时的需求量为 $Q_d=18$ 百万辆

则短缺量为 18－14＝4 万辆

(6)a.左移　b.右移　c.不变　d.不变　e.右移

**第三章**

4.(1)根据$\frac{MU_x}{P_x}=\frac{MU_y}{P_y}\Rightarrow\frac{MU_x}{MU_y}=\frac{1}{5}$

因此能使格雷实现效用最大的 x、y 组合有：

| | A | B | C |
|---|---|---|---|
| x | 5 | 6 | 7 |
| y | 1 | 5 | 7 |

显然，B 组合和 C 组合都超过了格雷的收入，只有 A 组合才能保证格雷在收入为 1000 美元的情况下，实现的总效用最大。

(2)如图所示：

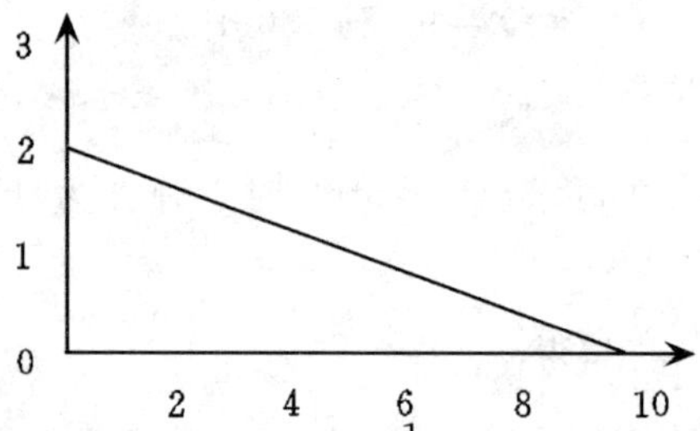


5. 设 $MU_{牛排}=M$，则 $MU_{汉堡}=\frac{1}{3}M$；$P_{牛排}=P$，则 $P_{汉堡}=\frac{1}{2}P$，由于 $MU_{牛排}/P_{牛排}=M/P$，$MU_{汉堡}/P_{汉堡}=2M/3P$，所以，应该增加对牛排的消费，减少对汉堡包的消费。

6.(1)能

(2)能，就是自己亲自去打一次电话，买一份报纸。

(3)能，$MRS_{xy}=\frac{P_x}{P_y}=\frac{15}{25}=0.6$

**第四章**

9. 根据 $MP_L/P_L=MP_K/P_K$ 时成本最小或产量最大，由 Q＝

$L^{3/8}K^{5/8}$得：

$$MP_L = K^{5/8} \cdot 3/8 \cdot L^{-5/8}$$

$$MP_K = L^{3/8} \cdot 5/8 \cdot K^{-3/8}$$

所以可以推出 $K=L$

(1)$Q=10$　　　$K=L=10$

(2)$Q=25$　　　$K=L=25$

(3)$160=3L+5K \Rightarrow L=K=20$

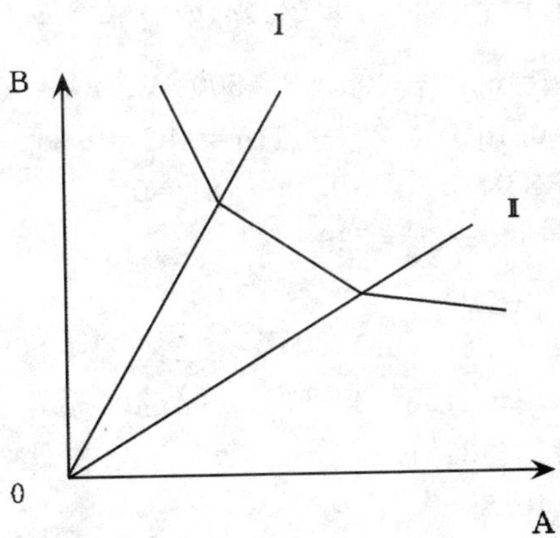


10.(1)根据 $Q=aA^{0.25}B^{0.75}$得

$$MP_A = aA^{-0.75}B^{0.75}$$

$$MP_B = aA^{0.25}B^{-0.25}$$

$$\frac{MP_A}{1} = \frac{MP_B}{P},\ P = \frac{MP_B}{MP_A} = \frac{A}{B}$$

根据 $Q=6A^{0.75} \cdot B^{0.25} \Rightarrow P = \frac{B}{A}$

$\frac{B}{A} \geqslant P \geqslant \frac{A}{B}$,两种生产方法对厂商没有差别。

(2)当 $P < \frac{A}{B}$时,应选择方法Ⅰ;当 $P > \frac{B}{A}$时,应选择方法Ⅱ。

## 第五章

5.(1)已知 $LTC=0.1q^3-1.2q^2+111q \Rightarrow LAC=0.1q^2-1.2q+111 \Rightarrow$ 当 $\frac{dLAC}{dq}=0$ 时 LAC 最小

$$0.2q-1.2q=0,\ q=6$$

$$LAC=0.1\times6^2-1.2\times6+111$$
$$=107.4 \Rightarrow P=107.4$$

(2)根据 $Q=6000-20P \Rightarrow Q=6000-20\times107.4=3825$

(3)该行业厂商数目$=\frac{3825}{6}=638$(家)

(4)(a)$60q=6000-20p \Rightarrow P=300-3q$

由 $LTC=0.1q^3-1.2q^2+111q \Rightarrow MC=0.3q^2-2.4q+111$

根据 $P=MC \Rightarrow 0.3q^2+0.6q-181=0$

$q=24, P=300-3q=228$

(b)$\pi=p\cdot q-TC$

$=24\times228-(0.1\times24^3-1.2\times24^2+111\times24)$

$=5472-(1382.4-691.2+2640)$

$=5472-3331.2$

$=2140.8$

(c)只要对每张营业证收费 2140.8,每个厂商的超额利润即为零。

## 第六章

5.$MR_1=MC \Rightarrow \quad 20-2Q_1=6 \Rightarrow Q_1=7$

同理:$MR_2=MC \Rightarrow \quad 15-3Q_2=6 \Rightarrow Q_2=9$

7.$P=100-Q \Rightarrow TR=PQ=Q\cdot(100-Q)=100Q-Q^2$

$MR=100-2Q$

$MR=MC \Rightarrow 60+2Q=100-2Q$

$Q=10$

## 第七章

5.$C=0.0025q^3-0.5q^2+384q \Rightarrow MC=0.0025\times3q^2-$

$0.5\times 2q+384$

$P=A-0.1q \Rightarrow TR=p\cdot q=Aq-0.1q^2 \Rightarrow MR=A-0.2q$

$MR=MC \Rightarrow 0.0075q^2-0.8q+384=A$ (1)

$C=0.0025q^3-0.5q^2+384q \Rightarrow LAC=0.0025q^2+0.5q+384$

根据 P(AR)＝LAC 得

$A=0.0025q^2+0.4q+384$ (2)

联合(1)(2)式得：q＝80；A＝368；P＝360

**第八章**

4.

| | $MC_1$ | $MC_2$ | $MC_3$ |
|---|---|---|---|
| 0 | 5 | 10 | 7 |
| 1 | 10 | 15 | 10 |
| 2 | 15 | 30 | 15 |
| 3 | 30 | 40 | 30 |
| 4 | 40 | 40 | 40 |
| 5 | —— | —— | —— |

厂商Ⅰ、Ⅱ生产4单位，厂商Ⅲ生产3单位。

5. 支配型厂商的需求函数为 $Q_d=Q-Q_s \Rightarrow Q_d=300-50P$

$TR=6Q_d-\frac{1}{50}Q_d{}^2$，$MR_d=6+\frac{1}{25}Q_d$

$MR_d=MC \Rightarrow Q_d=2$；$P=5.96$；$Q_s=292.04$；$Q=294.04$

6. (1) $C=0.00024Q^3-0.0728Q^2+64.32 \Rightarrow MC=0.00072Q^2-0.1456Q+64.32$

当 Q＝200 吨时，MC＝64 美元

当 Q＝200 吨时，若提高价格，边际收益 $MR_1=P\cdot(1-\frac{1}{EP_d})=80$(美元)；若降低价格，边际收益 $MR_2=P(1-\frac{1}{EP_d})=50$(美元)

由此可判断 MC 在 50～80 范围内变动，不会改变销售价格

100 美元。当各种生产要素价格上升 25%时，MC＝64(1＋25%)＝80(美元)，因此不会改变销售价格；若要素价格上升超过 25%，MC 超过 80，厂商提高价格。

(2)当要素价格不变时，产量上升会使成本上升，当 MC 上升到 80 时，仍可达到均衡而不改变价格。当 MC＝80 时，Q＝280，这说明，当产量 Q＝280 时，仍可按 100 美元价格销售。(280－200)/200＝40%，即按现行价格可以使销量增加 40%。

**第九章**

1. 参考答案：(1)$q_1=q_2=40$，$Q=80$，$P=40$，$\pi_1=\pi_2=1600$；(2)$Q=60$，$P=60$，$\pi=3600$

2. 参考答案：$q_1=60$，$q_2=30$，$P=30$，$\pi_1=1800$，$\pi_2=900$

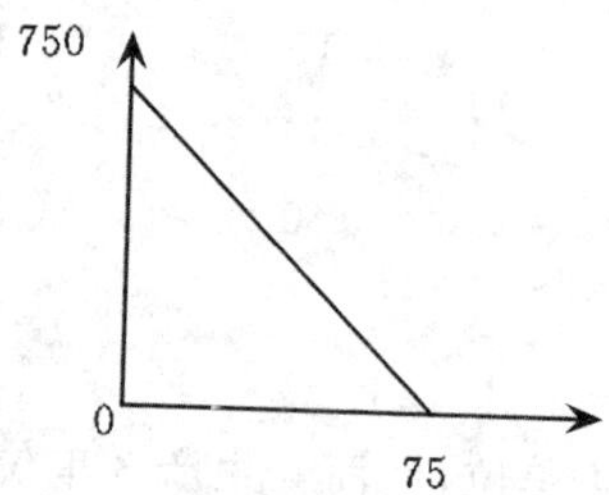


**第十章**

5. (1)$VMP_L=(150-2Q_L)\times 5 \Rightarrow VMP_L(MRP_L)=750-10Q_L$

(2)$MFC=P_L=50$ 美元

$750-10Q_L=50$，$Q_L=70$

企业支付给劳动的报酬＝70×50＝3500(美元)；

企业的总收益＝$AP_L \cdot Q_L \cdot P=(150-70)\times 70\times 5=28000$(美元)；

固定要素的租金＝28000－3500＝25500(美元)。

7. $Q=50L^6K^4 \Rightarrow VAP_L=50L^5\cdot K^4\cdot P$

$VMP_L=50\times 5L^4K^4P$

$VMP_L=P_L \Rightarrow P_L=50\times 5L^4K^4P$

$P_L \cdot L = P \cdot Q \cdot 60\% \Rightarrow L \cdot 50 \times 5L^4 \cdot K^4 \cdot P = P \cdot 50 \cdot L^6K^4 \cdot 0.6$

$L = 8$

同理,$K = 12.5$

8. $P_L = MP_L \cdot P \Rightarrow$ 厂商将雇佣 9 个劳动力

9. $Q = 100L - 0.025L^2 \Rightarrow MP_L = 100 - 0.05L$

$VMP_L(MRP_L) = (100 - 0.05L) \times 2 = 200 - 0.1L$

由 $W = 20 + 0.2L \Rightarrow TC_L = 20L + 0.2L^2 \Rightarrow MFC_L = 20 + 0.4L$

由 $MFC_L = MRP_L \Rightarrow 200 - 0.1L = 20 + 0.4L$

$L = 360, W = 92$

10. (1)由 $MRP_L = 200 - 0.1L \Rightarrow MR_S = 200 - 0.2L$

$MR_S = MC_S \Rightarrow 20 + 0.2L = 200 - 0.2L$

$L = 450, W = 200 - 0.1 \times 450 = 155$

(2)$MR_S = 0 \Rightarrow 200 - 0.2L = 0$

$L = 1000$

(3)$D_S = S_S \Rightarrow 200 - 0.1L = 20 + 0.2L$

$L = 1800$

## 第十一章

6. (1)假设在"2×2×2'的经济类型中,所有市场都处在完全竞争时的一般均衡状态,其均衡点为 A。如果工会对劳动资源垄断,其价格要高于完全竞争时的价格,因此在资源相同的情况下,这时的产品转换曲线 T′R′一定在完全竞争条件下的产品转换曲线 TR 的左下边。所以,均衡点 A′必然在 TR 之内,而不会在 TR 之外。如下图所示:

(2)如果生产 X 的劳动密度大于生产 Y 的劳动密度,在工会对劳动垄断的情况下,$\frac{P_x}{P_y} = \frac{P'_x}{P'_y} > \frac{P''_x}{P''_y}$,这时均衡点将是 A″而不是

A′。由此，这时将会增加 Y 产品的产量而减少 X 产品的产量。

(3)如果取消工会垄断，很显然受益者是消费者和生产者，因为生产者利用同样的资源可以生产更多的产品，消费者在同样支出的情况下也可以得到更多的产品消费，而受损者是劳动要素的所有者。因为他们的工资率将会下降，因此这不是帕累托最优分配。

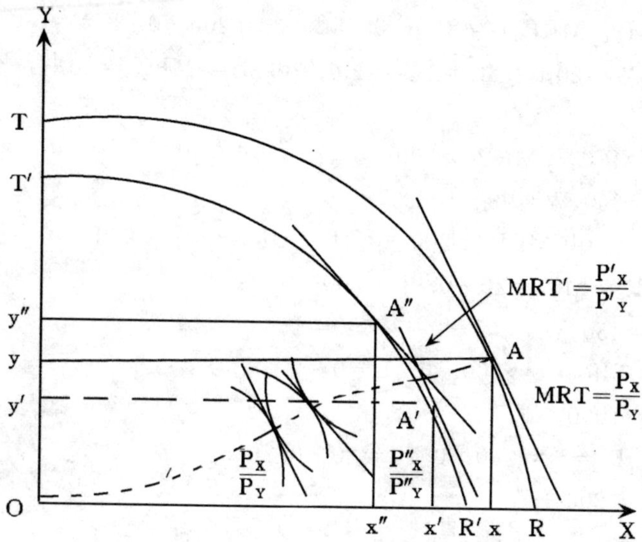

# 再版跋

本书自1992年初版至今，已8年有余。在历时8年中，它为许多高校所采用。作为本科生的教科书或教学参考书，先后印刷9次，发行逾14万册。

现在这个再版本，除去将初版书中明显的差错和阐述不十分清楚的地方做了修正和改进之外，主要是根据我们自己的教学实践，听取一些师生们的修改意见和建议，并吸取最近中外出版的新教材中的新成果，从加强其理论性、实用性、准确性出发，进行了修订，以求其更臻完善。其主要改动有：

上册，微观经济学部分，原第8章第2节第3目“博奕论”，将其扩展为1章，即第9章“博弈论与寡头市场分析”，以对寡头市场做进一步的分析和探讨；原有关要素价格的第9章和第10章，将其合并为第10章，即“要素价格与使用量”；对原第11章有关一般均衡的数学分析加以简化了，增加了有关竞争性均衡与经济效率以及公平与效率关系的讨论；新增加了一章第12章“市场失灵与政府的作用”。另外，补充了两个附录：即附录Ⅰ数学注释，附录Ⅱ复习思考题中计算题答案要点。

下册，原第1章“古典宏观经济理论”改为“宏观经济学的产生和发展”，原“导言”的有关内容吸收到其中；第2、3、4章中的一些内容做了一些不大的改动；第5章增加了IS-LM模型的数学表达式；第6章删去了第五节“庇古效应”的内容，改为“工资粘性与总供给曲线”；将原来第9章综合财政政策的一部分内容分别放在第7章和第8章，第9章改为“宏观经济的行为基础”，增加了对消费函数和投资函数的深入讨论；第 10 章做了一些必要的改动；将“经济增长理论”放在第 11 章，其内容有较大篇幅的增加；原第 14 章删去，其中一些必要的内容，如理性预期学派的理论和主张已经在新增改的内容中有了更具体的体现。其他章节也都做了一些必要的修正和改动。

本书的上册、下册由魏埙教授负责总编纂。上册主要是由蔡继明教授负责修改，其中的第 9 章和第 12 章由北京大学光华管理学院博士生王勇撰写；下册主要由刘骏民教授和柳欣教授负责修改，张俊山副教授、刘澜飙副教授、姚国庆博士和陈英副教授参加了下册的修改和新内容的撰写工作。

本书再版中难免有不妥之处，恳请读者批评指正。

魏　埙

2000.12.